발견을 위한 한국어 문법론

서강학술총서
040

발견을 위한 한국어 문법론

이정훈 지음

서강대학교출판부

서강학술총서 040

발견을 위한 한국어 문법론

초판 1쇄 발행 | 2012년 8월 1일
2쇄 발행 | 2018년 8월 5일

지 은 이 | 이정훈
발 행 인 | 박종구
편 집 인 | 전종호
발 행 처 | 서강대학교출판부
등록 번호 | 제2002-000170호

주 소 | 서울특별시 마포구 백범로 35(신수동)
전 화 | (02) 705-8212
팩 스 | (02) 705-8612

ISBN 978-89-7273-204-4 94710
ISBN 978-89-7273-139-9(세트)

값 24,000원

* '서강학술총서'는 SK SUPEX 기금의 후원으로 제작됩니다.

우리는 모두 말(언어) 속에서 살아간다. 말을 하고 말을 듣는 것을 즐기는 사람이건 그렇지 않은 사람이건 간에 누구든 말을 떠나서는 살기 어렵다. 그러면 우리와 늘 함께하는 말이라는 것은 도대체 무엇일까? 또 우리와 함께 호흡하는 한국어가 보이는 갖가지 현상은 어떻게 이해할 수 있을까? 이 책은 이러한 궁금증에 대한 답을 찾기 위한 조그마한 노력의 '중간 보고서'이다.

* * *

'보고서'라는 것은 무릇 혼자만 알아 볼 수 있어서는 안 되고 다른 사람도 알아 볼 수 있어야 한다. 이런 맥락에서 이 책에서는 국어학자나 언어학자처럼 언어를 전문적으로 연구하는 언어 전문가뿐만 아니라 다른 분야의 전문가나 언어에 관심을 가진 이라면 누구나 그리 어렵지 않게 이해할 수 있게끔 논의를 진행하고자 한다. 그렇다고 해서 내용을 쉬운 것으로만 채우려는 것은 아니다. 앞으로 우리는 기초적인 것에서부터 시작해서 꽤 까다로운 문제까지 섭렵하게 된다.

한편 이해와 소통을 어렵게 하는 장벽 가운데 하나가 소위 전문용어이다. 전문용어는 개념을 명확히 할 수 있다는 점에서는 퍽 유용하지만 해당 분야의 전문가 말고는 이해가 어렵다는 점에서는 그닥 탐탁지 않다. 양날의 칼인 셈인데, 이 책에서는 전문용어에 대한 기술적이고 정교한 정의에 몰두하기보다는 그 전문용어가 나타난 근본적인 원인, 전문용어의 존재 이유 등에 우선 초점을 맞추고자 한다. 전문용어의 원인이나 이유는 결국 언어 현상인바, 친숙하고 다양한 언어 현상을 통해 전문용어의 근본 취지를 확인하다 보면 그리 어렵지 않게 전문용어에 익숙해지게 될 것이며, 나아가 언어 현상을 전문적으로 분석하고 설명할 수 있는 안목을 갖추게 될 것이다.

* * *

보고서면 그냥 보고서지 '중간' 보고서라는 것은 무슨 뜻인가? 그것은 이 책이, 지금 당장은 내놓지 못하지만 언젠가는 내놓게 되기를 바라는 '결과' 보고서를 향한 여정임을 의미한다. 이에 '이건 이렇고, 저건 저렇다!'는 식의 확실한 결론에 억지로 집착하지는 않는다. 그보다는 우리 모두에게 익숙한 한국어 현상을 놓고 편안하게 대화하듯이 이런저런 생각을 전개해 가면서 타당한 이해는 무엇인지, 또 타당한 이해의 후보들은 무엇인지를 살필 것이며, 어떤 곳에서는 결론을 내렸다가도 다시 그 결론을 의심하는 과정을 덧붙이기도 할 것이다. 확실치 않다는 것은 물론 짜증나는 일이다. 하지만 확실한 것이 아닌 것을 확실한 것으로 우기고 믿는 것은 더 짜증나는 일이다. 이 책이 적당히 짜증나게 할 수는 있지만 그 짜증은 언젠가 나타나게 될 확실한 결론의 편안함을 즐기기 위한 삯이라고 생각하면 좋겠다.

*　　*　　*

한국어, 나아가 언어에 대한 탐구의 '중간 보고서'라는 형식으로 이야기를 나누기 위해서는 어디서부터 시작해서 어디까지 가는 것이 좋을까? 대화가 성공적이기 위해서는 대화 내용 못잖게 대화의 흐름과 전개에도 주의를 기울여야 할 텐데, 이 책은 한국어와 언어에 대한 궁금증 속에서 싹튼 여러 가지 글과 강의실에서 오고 간 대화에 기대서 아래와 같이 이야기를 진행하려고 한다.

먼저 1부 '토대'에서는 언어를 연구하는 목적, 언어 연구의 속성 그리고 언어의 정체에 대한 기본적인 모형을 논의한다. 본격적이고 세부적인 논의에 앞서 연구의 의의를 확인하고, 연구 대상인 언어에 대한 전체적인 조감도를 그려봄으로써 이후에 전개되는 논의의 바탕을 닦게 된다.

이어 2부 '구조와 규칙'에서는 언어의 중요한 속성 중 하나인 구조에 대해서 살피고 그 구조가 나타나게끔 하는 규칙의 정체에 대해서 논의한다. 이 과정에서 한국어가 보이는 실제적인 현상을 바탕으로 단어와 구, 절, 문장이 형성되는 방식에 대한 기본적인 이해를 도모하게 된다.

1부와 2부의 논의를 토대로 3부 '탐구'에서는 한국어에서 발견되는 주요한 현상 몇 가지를 선택하여 면밀히 분석하고 설명한다. 구체적인 현상을 본격적으로 다루다 보니 논의의 수준이 1부나 2부에 비해서 높기 마련인데, 1부~2부의 내용과 논의 과정에서 소개되는 연구들을 참고하면 그리 어렵지 않게 3부로 도약할 수 있을 것이다. 어차피 공부는 완만한 경사를 이루며 진행되지만은 않는다. 때로는 단절이 나타나고 도약이 필요하다. 1부와 2부를 디딤판 삼아 3부에서 도약하는 연습을 해 보는 것도 꽤 의미 있는 경험이 될 것이다.

1부~3부로 이어지는 논의는 결국 한국어 문법을 '발견'하는 과정으로 요약된다. 토대를 닦는 단계, 구조와 규칙을 발견하고 한국어 문법에 대한 기본적인 이해를 도모하는 단계, 그리고 흥미롭고도 복잡한 현상에 내재하고 있는 질서를 발견하기 위한 탐구의 단계, 이러한 일련의 단계는 결국 한국어 문법을 '발견'하는 과정이라 할 수 있고, 그래서 이 책은 '발견을 위한 한국어 문법론'이다.

* * *

공부를 하고 책을 쓰는 것은 혼자서 하는 일인 듯하지만 가만 생각해 보면 사실은 공동작업의 성격을 강하게 띠기 마련이다. 논의 과정에서 언급되는 연구들이 없었더라면 이 책은 존재하지 못했을 것이다. 또 따로 밝히지는 않은 채 이 책이 기대고 있는 다른 연구들의 도움도 빼 놓을 수 없다. 여러 연구들에 의지하면서 그 연구들의 성과를 제대로 이해하고 반영하려고 노력하였으나 여기저기 오해와 실수가 있을 것이다. 모자란 부분은 계속 바로잡고 채워 나가겠다는 약속을 드리면서 용서를 구한다.

* * *

이렇게 작은 책을 쓰는 데에도 여러분들이 참으로 많이 도와주셨다. 학과의 선생님은 물론이고 주위의 여러 선생님도 알게 모르게 여러 가지를 가르쳐 주시고 배려해 주셨다. 특히 이십여 년 가까이 지켜봐 주시며 아낌없이 가르치고 베풀어 주시는 서정목(徐禎穆) 선생님께, 그리고 한쪽으로 쏠리려 할 때마다 균형을 잡아 주시고 지향점을 되새겨 주시는 곽충구(郭忠求) 선생님께 깊은 감사의 말씀을 올린다. 형제애로 보듬어 주시는 정유성(鄭有盛) 선생님과 김경수(金慶洙) 선생님, 우찬제(禹燦濟) 선생님께도 감사드린다. 끝으로 삶을 함께 하면서 온갖 궂은일을 감내하고 즐거운 일을 나누며 희망을 일구는, 사랑하는 아내 김현주(金炫柱)에게 고마운 마음을 전한다. 보잘것없는 책이지만 아내에게 조그마한 행복이었으면 한다. 다음에는 좀 더 그럴듯한 책을 꾸며서 뿌듯한 행복을 주리라 다짐한다.

2012년 2월 11일 아내 생일날

K237에서 X208을 거쳐 정착한 J1114에서

저자 씀

차례

제3부 탐구

제1부

토대

제1장
문법 연구

1. 문법 연구의 목적

우리는 왜 문법을 연구하는가? 말을 바꾸어서 다시 물으면 우리는 왜 언어를 지배하는 원리 혹은 규칙을 연구하는가? 언어를 연구해서 알게 되고 얻게 되는 것은 무엇인가?

문법을 연구하는 이유 혹은 목적은 언뜻 잘 떠오르지 않지만 인간의 몸을 지배하는 원리를 연구하는 목적은 어렵잖게 떠오른다. 가끔씩 몸이 아프고, 아픈 것은 싫은 것이니 피하고 싶고, 피하려다 보니 피하는 방법을 알아야겠고, 그러니까 인체의 원리를 탐구하게 된다. 물론 이런 것이 몸의 원리를 탐구하는 목적의 전부는 아닐 것이다. 그 외에도 여러 가지 목적이 있을 것이기 때문이다. 그런데 우리가 탐구하려고 하는 언어의 원리, 다른 말로 문법은 그것을 탐구하는 구체적인 목적, 즉 '아, 그래서 연구해야 하는구나!' 하고 선뜻 말할 수 있는 그런 목적이 잘 떠오르지 않는다.

그래도 좀 더 생각해 보면 예전에 어디선가 들었던 말, 즉 인간을 이해하기 위해서 언어를 연구한다는 말이 생각날 것이다. 언제 어디서 들었는지는 기억나지 않지만 인간을 이해하려면 언어를 이해해야 한다는 말은 마치 진리처럼 대부분의 사람들에게 각인되어 있다. 좀 더 상투적인 말을 사용해서 비유적으로 표현하면 언어는 마음의 창이라고들 한다. 세상을 살기 위해서는 더불어 살아가는 사람들의 마음을 알아야겠고, 언어를 마음의 창으로 간주하는 것은 언어를 마음의 신비를 푸는 열쇠로 보는 것이니 언어는 연구할 만하다고 할 수 있게 된다.

그런데 과연 그런가? 언어를 이해하면 진짜 인간을 이해하게 되는 것인가? 예를 들어 '영이는 철수를 사랑한다', '철수는 순이를 사랑한다', '순이는 민수만 사랑한다' 등의 문장이 주어, 목적어, 서술어 등으로 이루어진다는 문법적 지식이 인간에 대한 이해와 통하는가?

여기서 우선 확실히 해야 할 것은 '인간에 대한 이해'가 무엇인가 하는 점이다. '인간에 대한 이해'를 해석하는 방법도 여러 가지이겠지만 우리는 '인간에 대한 이해 = 인간의 마음과 행동에 대한 체계적 이해'로 보고자 한다. 즉 인간에 대한 이해란 눈에 보이지 않고 손으로 잡을 수 없지만 엄존하는 추상적 존재인 '마음'(mind)과 눈으로 직접 관찰할 수 있고 손으로 직접 만져볼 수 있는 '행동'(behavior)에 대한 이해인 것이다.[1]

물론 마음과 행동은 각각 독립적으로 존재하는 동시에 서로 관계를 맺는다. 마음은 행동으로 드러나고 행동의 이면엔 마음이 존재하는 것이다. 이에 마음이 행동과 분리되고 행동이 마음과 분리되어서 마음과 행동이 따로따로 존재한다는 것이 어색하게 느껴질 수도 있다. 마음과 행동은 분

1 흔히 '행동'은 어떤 움직임을 뜻하지만 여기서는 보다 넓은 뜻으로 사용한다. 여기서의 '행동'은 직접 관찰할 수 있고, 직접 느낄 수 있는 모든 현상을 포괄하는 용어이다. 예를 들어 '하늘에서 비가 오는 현상', '영이가 책을 읽는 장면', '장미의 붉은색', '달콤한 맛', '친구의 다정한 말소리', '이불의 포근한 감촉' 등이 모두 '행동'이다.

리될 수 없는 불가분의 관계인 듯하기 때문이다. 하지만 조금만 생각해보면 마음은 마음이고, 행동은 행동이라는 것을 잘 알 수 있다.

예를 들어보자. 사람은 위험을 감지하면 그 위험에서 벗어나고자 노력한다. 그런데 귀여운 고양이도 위험을 느끼면 숨을 곳을 찾는다. 마음이란 것이 있을 것 같지 않은, 최대한 양보해서 마음이 있어도 인간의 마음과는 아주 다른 마음을 지녔을 것 같은 조개도 위험이 닥치면, 예를 들어 굽지도 않은 채 날로 먹으려고 젓가락으로 뒤적이고 후비면, 입을 닫아버린다. 인간과 고양이와 조개의 마음은 서로 다를 텐데 관찰되는 행동은 비슷하다. 서로 다른 마음이 비슷한 행동과 연결되고 있으니 우리가 추론할 수 있는 것은 다음과 같다. 마음과 행동은 엮여 있으며(위험 감지와 피하는 행동) 서로 다른 마음(인간의 마음, 고양이의 마음, 조개의 마음)이 동일한 행동(위험 피하기)과 엮일 수 있으므로 마음과 행동은 서로 독립적이다.

하나의 예를 더 들어보자. 어두운 밤거리를 친구랑 걸어가는데 어디선가 불안한 발소리가 들린다. 그리고 그 소리는 점점 더 우리한테 가까이 다가온다. 가만 들어보니 쇠사슬을 질질 바닥에 끄는 소리도 들린다. 무섭다. 어떻게 할까? 나는 전봇대 뒤로 가서 웅크리고 숨는다. 친구는 냅다 소리가 나는 방향의 반대로 달린다. 이렇게 하나의 마음 상태(두려움)와 엮이는 행동은 다를 수 있다(숨기와 달리기).

또한 서로 다른 마음이 동일한 행동과 관련되는 것이 사람 · 고양이 · 조개처럼 매우 이질적인 마음들 사이에서만 나타나는 것도 아니다. 예를 들어 사람 마음만 고려해도 마음은 다른데 행동이 같은 경우가 비일비재하다. 부모님과 선생님은 나 잘되라고 종아리를 치지만, 으슥한 뒷골목 건달은 돈 달라며 나를 때린다. 부모님이나 선생님이나 건달이나 내게 물리적인 고통을 주는 행동은 같지만 그 행동을 유발한 마음은 전혀 다르다.

이렇게 마음과 행동은 서로 독립되어 있으면서 동시에 서로 엮여 있다. 그리고 우리는 인간을 이해하기 위해서 마음과 행동을, 그리고 그들이 엮이는 양상을 '체계적'으로 이해하고자 한다. 여기서 '체계적'이라는 것은 무엇을 뜻하는가? 아마도 '과학적'이라는 말과 대동소이한 것으로 보는 것이 좋을 것이다. 즉, 과학자가 세상만물이 빚어내는 갖가지 현상을 보고 그 현상에 내재하는 법칙, 원리를 밝히기 위해서 노력하고, 밝혀진 법칙과 원리를 다시 다른 현상에 비추어 검증하듯이 '마음과 행동'에 대한 탐색도 검증할 수 있는 법칙과 원리에 기반을 두어야 한다. 과학자와 마찬가지로 한국어를 연구하는 한국어학자도 현상, 즉 말과 글로 표현되고 의도와 의미를 담고 있는 언어 현상을 관찰하고 그 현상을 설명하기 위한 가설을 설정하며, 세워진 가설을 거듭 확인하고 일반화함으로써 깊이 숨어 있는 한국어(와 나아가 언어)의 법칙과 원리를 밝히려고 한다.

* * *

언어의 법칙, 언어의 원리, 언어의 작동 방식 등 여러 가지로 표현할 수 있지만 이 말들이 가리키는 것은 바로 문법(grammar)이다. 그러면 문법이란 도대체 무엇인가? 앞으로 차근차근 문법이 무엇인지, 특히 한국어 문법이 무엇인지 살피겠지만 그 전에 간단한 예를 통해 문법이 무엇인지 감을 잡아보자.

(1) 철수랑 영이는 <u>열심히들</u> 놀았다.

(2) *철수는 영이랑 <u>열심히들</u> 놀았다.[2]

---

2 꽃표(*)는 말이 되지 않고 비문법적임을 표시하는 기호이다. 그래서 '영이가 철수를 사랑한다'

왜 (1)은 성립하지만 (2)는 성립하지 않는가? 이렇게 관찰된 언어 자료 혹은 언어 현상, 즉 언어로 이루어진 행동에 대한 '체계적' 설명은, 다시 말해 '과학적' 설명은 무엇인가?

(3) 가. 논 사람이 두 명 이상이어야 한다.
나. 'A랑 B'처럼 두 명 이상이 묶여서 놀아야 한다.
다. 천사들이 (1)은 해도 되는 말이고 (2)는 해서는 안 되는 말로 정해 놓았다.

검증 가능성을 고려할 때 일단 (3다)는 제외된다. 왜냐하면 (3다)는 그 옳고 그름을 판단할 수 없기 때문이다. 다시 말해 천사들이 그랬는지 안 그랬는지를 아예 따질 수 없으므로 (3다)는 검증이 불가능하다. 천사들이 어쩌고 저쩌고 하는 것은 검증이 아니라 믿음의 영역일 따름이다. 따라서 체계적 · 과학적 진술로서 마음과 행동을 이해하는 데 기여할 수 있는 진술은 (3가)와 (3나)이다. 물론 둘 중 (3나)가 보다 적절한 것으로 판정된다. (3가)에 따르면 (1)과 마찬가지로 (2)도 적합해야 하는데 이는 현상과 배치되기 때문이다. (1)이든지 (2)이든지 논 사람은 두 명인 것이다. 이렇게 언어 현상을 보고 그 현상을 설명하기 위한 과학적 가설을 설정하여 그 가설의 타당성 여부를 확인하고, 확대해 나가는 것이 바로 문법을 밝히는 작업이 된다. 그러면 문법은 언어 행동을 설명하는 과학적 가설이 된다.

에는 꽃표가 붙지 않지만 '*영이에게 철수로 사랑한다'에는 꽃표가 붙는다. 때로 비문법적이지는 않지만 왠지 어색하거나, 사람마다 문법성에 대한 판단이 다른 경우가 있기도 한데 이럴 때는 물음표 '?'를 붙인다.

* * *

앞의 질문으로 돌아가 보자. 문법 연구가 인간에 대한 이해인 이유는 무엇인가? 그 이유는 인간에 대한 이해가 인간의 마음과 행동에 대한 이해인데 그 마음과 행동의 일정 부분을 언어가 차지하고 있기 때문이다. 인간의 마음을 이해하기 위해서는 언어와 관련된 마음을 이해해야만 하고, 인간의 행동을 이해하기 위해서는 언어와 관련된 행동을 이해해야 하므로 인간에 대한 이해는 언어에 대한 이해를 필요로 하게 되는 것이다.

다시 묻자. 왜 문법을 연구하는가? 이제 논의를 시작하면서 제시한 답이 무엇을 뜻하는지 알게 되었으므로 거기서 제시한 답이 쓸 만한 답임을 확인하자. 왜 문법을 연구하냐고? 인간을 이해하기 위해서!

이쯤 되면 또 다른 질문이 꼬리에 꼬리를 물듯이 제기된다. 인간을 이해하기 위해 언어를 이해하려 한다고 하자. 그러면 왜 인간을 이해하려고 하는가? 매우 중요하고 어쩌면 궁극적인 의문이라고 할 수도 있지만 이 질문에 대한 답까지를 이 자리에서 추구하기는 어렵다. 그러다가는 언어, 특히 한국어에 대한 이해라는 목적에서 멀어지기 때문이다. 왜 인간을 이해해야 하는지는 각자가 고민해보기로 하고 여기서는 언어에 대한 이해에 집중하기로 한다.

2. 문법 연구의 속성

우리는 인간에 대한 이해라는 원대한 목적을 달성하기 위해 언어를 탐구하고 문법을 규명하려고 한다. 그런데 실제로 문법을 연구하는 데 있어서 주의할 것이 한두 가지 있다.

먼저 행동, 즉 관찰할 수 있는 언어 자료를 그렇게 나타나게끔 하는 문법은 우리 마음속에 있는 것이지만 그것을 의도적으로 의식할 수는 없다는 점을 유념해야 한다. 내 마음속에 있는 것이지만 그 구체적인 모습과 작동 방식을 의식적으로 알 수는 없는 것이다. 마치 오디오에 CD를 넣고 Play 버튼을 누르면 음악이 흘러나온다는 것은 잘 알지만, 즉 이 과정을 관찰할 수는 있지만, 오디오 속에 어떤 부품이 있고 각 부품이 어떻게 작동해서 그렇게 되는지는 알 수 없듯이, 어떤 생각을 가지고 입을 벌리면 말이 나오지만 마음속에서 무슨 일이 벌어지기에 그러한 일이 가능한지는 알 수 없다.

따라서 우리는 우리 마음속에 있는 언어와 관련된 마음, 흔히 언어 능력(linguistic competence) 또는 신체기관에 비유해서 언어기관(language faculty 또는 language organ)이라고도 하는데, 이것을 직접 관찰하는 방법이 아니라 추론이라는 간접적인 수단을 통해 이해하는 방법을 취한다. 즉 직접 관찰할 수 있는 언어 자료를 통해 마음속 언어 능력의 구체적인 모습과 그 작동 방식을 상상해보고 그 구체적인 양상에 대한 근사한 상상화를 그려보는 것이다.

그런데 생산 과정(문법)을 살펴보고 상품(언어 자료)을 이해하는 것이 아니라 역으로 상품을 보고 그 상품이 존재하려면 있어야 하는, 혹은 그 상품을 만들어낼 수 있는 생산 과정을 추론하는 역공학적 방법(reverse engineering)을 취하다 보니 상품은 하나여도 거기서 추론을 통해 얻어진 생산 과정은 둘 이상이기 마련이다. 로보트 태권 V를 조립하는 공장을 상상해보자. 동일한 부품이고 최종 결과물도 동일하지만 조립 방식은 다양할 수 있지 않은가? 오른팔을 먼저 몸통에 끼우는 방식, 왼팔을 먼저 몸통에 끼우는 방식, 오른팔과 왼팔을 동시에 몸통에 끼우는 방식……. 이것만 생각해도 벌써 조립 과정이 세 가지나 된다.

아무튼 언어 능력의 구체적인 내용을 직접 의식할 수 없으므로 추론을 통한 가설로 이해해야 하는데 추론과 가설의 속성상 언어 능력에 대한 그림은, 즉 언어 능력에 대한 이론(theory)은 하나가 아니라 여럿이기 마련이다. 따라서 우리는 언어 능력에 대한 여러 가지 이론을 평가할 수 있는 도구가 필요하다. 여러 이론 가운데 어떤 이론을 더 우수한 것으로 평가하려면 당연히 이론을 평가할 수 있는 척도가 있어야 하는데, 여기서는 생성 능력(generative power)과 단순성(simplicity) 혹은 경제성(economy)을 이론 평가의 잣대로 보고자 한다. 적합한 언어 표현을 만들어 내는 동시에 적합하지 않은 언어 표현은 아예 만들어내지 않으며(생성 능력), 동원된 가설이 필요에만 정확히 부응하고 필요하지 않은 가설은 일절 포함하지 않은(단순성과 경제성) 이론을 우월한 이론으로 보는 것이다.

물론 이와 같은 척도를 적용해도 언어 능력에 대한 이론은 하나가 아니라 둘 이상일 수 있다. 다만 여기서 주의할 것은 생성 능력과 단순성의 시험대를 통과한 이론이 A와 B 두 가지일 때 가만 살펴보면 기실 A 이론과 B 이론이 다르지 않은 경우가 많다는 점이다. 같은 생각을 서로 다른 언어로 표현하거나(문학), 서로 다른 색깔로 표현할 수 있듯이(미술), A 이론과 B 이론이 내용은 같지만 표현 방식만 다를 수 있기 때문이다. 따라서 언어 능력에 대한 여러 이론을 접할 때에는 과연 진정 다른 이론들인지, 아니면 표현 면에서의 사소한 차이를 지닌 이론들인지를 고려해야 한다.

더불어 전제로 하는 것이 무엇이냐에 따라 이론이 달라질 수 있다는 점에도 유념할 필요가 있다. 서울에서 광주까지 가려면 걸어서 갈 수도 있고, 고속버스를 타고 갈 수도 있다. 서울에서 광주로 가는 두 가지 이론이 나타난 셈인데, 뚜벅이 이론과 고속버스 이론 이 두 이론 가운데 물론 고속버스 이론이 광주로 가는 더 빠른 방법이다. 그러면 고속버스 이론이 시간 면에서 뚜벅이 이론보다 우월하다고 할 수 있다. 그런데 과연 그렇기만 할까? 그렇지 않을 수도 있다. 고속도로 이론이 제 기능을 발휘하기 위해서는 휘발유도 있어야 하고, 도로도 깔려 있어야 한다. 휘발유도 없고, 도로도 없는 상황에서 고속도로 이론은 공상에 그칠 뿐이고 뚜벅이 이론이 훌륭한 이론으로 평가된다. 따라서 서로 다른 이론들을 비교 · 평가하기 위해서는 그 이론들이 전제를 공유해야 한다. 도로를 전제로 공유하면 고속도로 이론이 더 낫고, 도로가 없다는 전제를 공유하면 뚜벅이 이론이 더 나은 것이다. 물론 서로 다른 것을 전제로 하는 이론들은 비교의 대상이 되지 않으며 그냥 서로 다른 방식으로 따로따로 존재할 따름이다.

*　　*　　*

언어 능력에 대한 이론을 이야기하다가 다소 뜬금없긴 하지만 살짝 방향을 틀어서 물이 얼음이 되는 현상에 대한 이론을 생각해보자. 혹은 사과가 나뭇가지에서 분리되면 하늘로 솟구치지 않고 땅으로 떨어지는 현상을 설명하는 이론을 떠올려보거나, 피가 온몸 구석구석의 세포에 산소와 영양분을 전달하는 현상을 설명하는 이론을 생각해보자. 그러면 아마도 그 이론들에 대한 다음 대화에 공감하게 될 것이다.

(4) 철수: 그 이론들은 어떤 거 같아?
영이: 참 복잡하고, 이해하기도 어려워.
철수: 실감나? 과연 물과 얼음, 사과나무, 그리고 우리 몸에서 그런 일이 일어날까?
영이: 완전 다른 세상 얘기지.
철수: 그러면 우리 주위와 우리 몸에서 그런 일이 일어난다고 생각해?

영이: 응.

철수: 다른 세상 얘기라면서 그 이론들을 신뢰한다고?

영이: 그렇다니까.

철수: 왜?

영이: 이해하기 어렵고 납득하기 쉽지 않은 이론이지만 세상만물이 빚어내는 현상을 설명해 주니까 믿을 만한 것이고 또 믿어야 한다고 생각해.

그러면 다음의 이론적 설명은 어떠한가? 믿을 만한가, 아니면 전혀 말도 되지 않는 헛소리 같은가?

(5) 문장 '철수가 영이를 만났다'는 다음의 도출 과정을 거쳐 생성된다. 먼저 주격조사 J '–가'와 대격조사 J '–를'은 보충어 자질에 의해 각각 NP '철수', NP '영이'와 결합하여 JP [철수가]와 JP [영이를]을 형성한다. 이어 V '만나–'가 지닌 피동주(patient) 의미역 자질에 의해 V' [영이를 만나–]가 형성되고 V' [영이를 만나–]는 다시 V '만나–'의 행위주(agent) 의미역 자질에 의해 JP '철수가'와 결합하여 VP [철수가 영이를 만나–]가 형성된다. 이렇게 형성된 VP는 T '–았–'과 C '–다'의 보충어 자질에 의해 T '–았–', C '–다'와 결합하게 되어 CP [철수가 영이를 만났다]가 형성된다.

아마도 매우 어색한 느낌을 가질 것이다. '철수가 영이를 만났다'처럼 지극히 간단한 문장을 만드는 데 이와 같은 복잡한 과정이 필요하다니 믿기 어렵다. 그러나 어떤 현상이 상식적 수준에서 쉽게 관찰된다고 해서 그 현상에 대한 설명과 이론도 상식적이어야 한다는 명제는 성립하지 않는다. 얼음이 물이 되는 지극히 상식적인 현상을 설명하기 위해서 그 복잡한 과학적 개념이 엄청나게 동원되어야 한다는 점에 유념하자. 자연 현상에 대한 연구와 마찬가지로 문법을 연구할 때에도 아주 익숙한 현상인 언어 현상에 대한 설명이 지극히 비일상적인 개념으로 이루어질 수도 있다.

또한 언어 능력에 대한 이론이 발전하면 발전할수록 언어 현상에 대한 설명은 언뜻 볼 때 복잡하고 어려워지기 마련이다. 이론의 발전은 불필요하거나 정당하지 않은 개념의 제거를 동반하는바, 사용할 수 있는 개념이 축소된다는 것은 설명 방식이 복잡해진다는 것을 의미한다. 예를 들어 레고 블록으로 로보트 태권 V를 만든다고 해보자. A 레고에는 두 가지 모양의 블록만 있고, B 레고에는 열 가지 모양의 블록이 있다. 어떤 레고가 로보트 태권 V를 완성하기에 더 쉬울까? 당연히 여러 가지 모양의 블록을 포함하고 있는 B 레고로 더 쉽게 로보트 태권 V를 만들 수 있다. 두 가지 모양의 블록만 포함된 A 레고로 로보트 태권 V를 만드는 일은 열 가지 모양의 블록이 포함된 B 레고로 로보트 태권 V를 만드는 일보다 분명히 더 어렵다. 둥그런 머리를 만들어야 하는데 B 레고에는 둥근 모양의 블록이 있지만 A 레고에는 둥근 모양의 블록이 없다고 상상해보라.

* * *

로보트 태권 V보다 더 위대한 언어라는 능력을 만들어내기 위해서는 몇 가지 모양의 블록이 있어야 할까? 장난감 레고에 몇 가지 모양의 블록이 있어야 하는가는 그리 어렵지 않게 정할 수 있을 듯하다. 블록 모양의 다양성에 따른 제작비용을 고려하고, 또 그 레고를 가지고 놀 사람들의 지적 능력을 고려하면 문제의 답을 구할 수 있을 듯하다. 그렇다면 언어 레고는? 장난감 레고의 다양성은 레고 제작비용과 사용자의 지적 능력을 고려해 결정되는데 언어 레고는 무엇에 의해 결정되는가? 다시 말해 언어 능력(언어 레고)에 존재하는 것으로 보아야 할 원초적인 개념(언어 레고가 포함하는 블록들)은 무엇을 기준으로 결정되어야 하는가?

우리가 안전하게 고려할 수 있는 것은 마음속에 존재하되 언어 능력과는 별도로 존재하는 능력(수를 세는 능력, 방향을 찾는 능력 등)에 필요한 블록은 언어 능력에도 인정할 수 있다는 점이다. 그리고 언어가 인간 고유의 특징이므로 인간 이외의 동물은 결여하고 있는 그런 블록이 인간의 언어 능력에는 있어야 한다. 즉 언어 능력을 포함하여 인간의 마음을 설명하는데 두루 필요한 블록은 언어 레고에 포함될 수 있고, 또 언어 레고에는 인간만이 언어를 위해 지니게 된 그런 블록도 있어야 한다.

인간만이 지닌 블록은 매우 적어야 한다. 왜냐하면 언어 능력에 있어서 인간이 다른 종에서 분리된 지는 얼마 되지 않았기 때문이다. 인간의 정신 능력을 구성하는 블록들은 진화(evolution)의 산물이고 진화의 여정에서 인간이 다른 종에서 분리된 지는 얼마 되지 않았기 때문에 인간만의 블록은 결코 풍부하게 나타날 수 없다. 더군다나 인간의 언어와 동물의 의사소통을 가만히 비교하면 인간의 언어 능력에 버금가는 것들이 동물의 의사소통 세계에도 여기저기 존재한다. 다만 인간은 동물의 왕국 여기저기에 널려 있는 능력들을 하나의 패키지로 묶어서 마음속에 가지고 있을 뿐이다. 인간의 언어 능력은 강아지의 의사소통 능력, 침팬지의 의사소통 능력 등 여러 종에 편재하는 능력을 하나의 마음속에 모아놓고 다른 종에는 없는 아주 특별한 그 무엇을 아주 조금 첨가했다고나 할까? 언어를 보건데 확실히 인간에겐 뭔가 특별한 것이 있다. 그렇다고 해서 우월감에 빠질 것까지는 없다. 인간에게 특별한 것이 있듯이 새에게도 특별한 것이 있고, 멸치에게도 특별한 것이 있으니까. 사람과 달리 날 수 있고, 물속에서 숨 쉴 수 있는 능력.

그리고 인간의 언어가 특별하다고 해서 인간의 언어 능력이 의사소통에서 최고의 수준에 다다랐다는 것은 결코 아니다. 인간은 물속에서 말을 할 수 없지만 돌고래는 물속에서도 서로 충분히 의사를 주고받을 수 있다는 사실을 고려해보라. 인간의 언어 능력은 다양한 의사소통의 망 속에서 한 위치를 점할 뿐이다. 인간의 언어가 최고라면 UFO를 타고 넘실넘실 날아다니며 평화를 사랑하고 착하기만 한 외계인들은 왜 항상 텔레파시를 사용할까? 백 마디 말보다 손가락 하나로 이심전심하는 것을 왜 위대하게 생각할까? 왜 "우리는 말 안 하고 살 수가 없나, 날으는 솔개처럼" 하면서 노래를 부를까? 그건 그만큼 인간의 언어가 보기보다는 그다지 신통한 것이 아니기 때문이다.

참고문헌

과학적 방법론

장대익, 2008, 『과학에는 뭔가 특별한 것이 있다』, 김영사.

Ladyman, J., 2002, *Understanding Philosophy of Science*, Routledge. [박영태 옮김, 2003, 『과학철학의 이해』, 이학사]

마음을 이해하는 방법

김재권[Kim, Jae-Gwon], 1996, *Philosophy of Mind*, Westview Press. [하종호 · 김선희 옮김, 1997, 『심리철학』, 철학과 현실사]

박정일, 2010, 『추상적 사유의 위대한 힘』, 김영사.

Churchland, P., 1988, *Matter and Consciousness*, Revised Edition. MIT Press. [석봉래 옮김, 1992, 『물질과 의식』, 서광사]

Koch, C., 2004, *The Quest for Consciousness: A Neurobiological Approach*, Roberts & Company Publishers. [김미선 옮김, 2006, 『의식의 탐구: 신경생물학적 접근』, 시그마프레스]

Koch, C., 2012, *Consciousness: Confessions of Romantic Reductionist*, MIT Press.

Marcus, G., 2004, *The Birth of the Mind*, Basic Books. [김명남 옮김, 2005, 『마음이 태어나는 곳』, 해나무]

Penrose, R., 1989, *The Emperor's New Mind: Concerning Computers, Minds, and the Laws of Physics*, Oxford University Press. [박승수 옮김, 1996, 『황제의 새 마음』, 이화여자대학교 출판부]

Pinker, S., 1997, *How the Mind Works*, Norton. [김한영 옮김, 2007, 『마음은 어떻게 작동하는가』, 소소]

마음과 언어

Boeckx, C., 2010, *Language in Cognition*, Wiley-Blackwell.

Jackendoff, R., 1994, *Patterns in the Mind*, Basic Books. [이정민 · 김정란 옮김, 2000, 『마음의 구조』, 태학사]

Roeper, T., 2007, *The Prism of Grammar: How Child Language Illuminates Humanism*, MIT Press.

마음과 언어의 진화

이홍규, 2010, 『한국인의 기원』, 우리역사연구재단.

Buss, D., 2011, *Evolutionary Psychology: The New Science of the Mind*, 4th edition, Prentice Hall. [이충호 옮김(2012), 진화심리학: 마음과 행동을 탐구하는 새로운 과학, 웅진지식하우스]

Cavalli-Sforza, L., 2000. *Genes, Peoples, and Languages*, University of California Press. [이정호 옮김, 2005, 『유전자, 사람, 그리고 언어』, 지호]

Fitch, T., 2010, *The Evolution of Language*, Cambridge University Press.

Kenneally, C., 2008, *The First Word*, Penguin. [전소영 옮김, 2009, 『언어의 진화』, 알마]

Marcus, G., 2008, *Kluge*, Tantor Media Inc. [최호영 옮김, 2008, 『클루지』, 갤리온]

제2장
문법의 모형

1. 언어 기호

마음속 언어 능력은 어떻게 밝힐 수 있을까? 언어 능력은 직접적 관찰이 불가능한 대상이다. 따라서 관찰할 수 있는 언어 능력의 결과물, 즉 단어나 문장과 같은 언어 표현을 이리저리, 요모조모 살핌으로써 언어 능력의 모습을 추측하는 방법을 취해야 한다. 1장 2절에서 말했듯이 상품을 보고 생산 라인을 상상해봐야 하는 것이다. 이렇게 언어 표현을 바탕으로 추론된 것은 언어 능력을 모사한 것일 테니 '문법의 모형'이라고 부를 만한데, 물론 우리는 우리가 만들게 될 문법의 모형이 모사의 수준을 넘어 마음속 언어 능력을 사진 찍듯이 그대로 옮겨놓은 수준의 것이기를 바란다.

이와 같은 희망을 가지고 이제 실제적으로 문법의 모형을 꾸민다고 해보자. 그 모형은 어떻게 꾸며질 수 있을까? 문법의 모형은 언어 능력을 위한 것이자 언어 능력을 반영한 것이어야 하고 문법의 모형이 언어 능력에 충실하기 위해서 일단 기댈 수 있는 것이 언어 표현이라는 점에 주목하자. 그러면 문법의 모형은 우리가 매일 접하는 언어 표현이 보여주는 현상, 즉 언어 현상과 어울리는 것이어야 한다.

이러한 맥락에서 '의사소통은 기호(sign)로 이루어진다'라는 말의 의미를 생각해보자. 여기서 기호는 표현과 의미가 결합하여 구성하는 그 무엇을 가리킨다. 예를 들어 '빨강색', '푸른색'이라는 시각적 표현과 '멈춤', '감'이라는 의미는 서로 결합하여 신호등 신호라는 하나의 기호를 형성한다. '따르릉' 하는 종소리(표현)와 강의 시작과 끝이라는 의미도 서로 결합하여 하나의 기호를 형성한다. 이 외에도 기호의 예는 무궁무진하다. 표현과 의미가 결합하면 곧 기호가 되는 것이다. 이때 기호의 표현은 흔히 기표(signifiant, 시니피앙)라고 하고 기호의 의미는 기의(signifié, 시니피에)라고 한다.

기호 가운데 우리가 주목하고자 하는 것은 인간의 음성을 표현 수단으로 하는 기호, 즉 언어 기호이다. 언어 기호도 기호이므로 표현과 의미가 결합하여 구성되며 이때 표현은 주로 음성이 담당하게 된다. 언어 기호의 표현을 '주로' 음성이 담당한다는 것은 음성 이외에도 언어 기호의 표현을 담당하는 것이 있음을 의미한다. 예를 들어 수화(sign language)는 언어 기호이지만 음성이 아니라 손짓을 표현 수단으로 사용하며, 문자도 언어의 표현 수단이 된다.

*　　*　　*

수화와 관련하여 반드시 알아야 할 것! 그것은 수화가, 사용 인구가 상대적으로 적으므로 일반적이지 않다고는 할 수 있지만, 음성 언어보다 열등하다고는 할 수 없다는 사실이다. 수화는 음성 언어가 지닌 속성을 두루 갖추고 있을 뿐만 아니라 음성 언어로는 할 수 없는 것도 할 수 있기 때문이다. 이는 다음의 가상적인 예를 잠깐만 상상해보면 쉽게 알 수 있다. '셋'과 '넷'을 동시에 말해보라. 할 수 있는가? 할 수 없을 것이다. 억지로 한다고 쳐도 그것은 '셋'과 '넷'이 아니라 '셋'도 아니고 '넷'도 아닌 해괴한 소리에 그칠 뿐이다. 그런데 수화로는 충분히 할 수 있다. 오른손으로는 손가락 세 개를 펴서 '셋'을 표현하고 왼손으로는 손가락 네 개를 펴서 '넷'을 표현하면 되니까. 물론 음성 언어가 수화보다 유리한 점도 있다. 별빛 하나 없는 깜깜한 곳에서 말소리는 들을 수 있지만 손짓을 볼 수는 없다. 여기서 확실히 하고자 하는 것은 우열이 아니다. 수화와 음성 언어는 둘 다 훌륭한 언어이며 조금씩은 서로 다른 개성을 지닌다는 것만을 확실히 하면 족하다.

2. 문법 모형 만들기

이제 지금까지 언급한 내용을 염두에 두고 문법의 모형을 어떻게 꾸며야 할지 생각해보자. 문법의 모형은 언어의 특성을 제대로 반영하는 것이어야 하고, 언어의 특성을 반영하는 문법의 모형은 언어 기호의 조직과 어울리는 것이어야 한다. 따라서 문법의 모형에는 언어 기호의 표현에 해당하는 음성을 다룰 수 있는 부분이 있어야 하고, 언어 기호의 의미를 처리하는 부분도 있어야 한다. 예를 들어 '사랑'이라는 언어 기호를 다룰 수 있는 문법 모형은 소리 [ㅅㅏㄹㅏㅇ]을 다룰 수 있어야 하고 이 소리와 결합되어 있는 의미 [임을 향한 마음], 시각적으로 표현하면 [♥]도 다룰 수 있어야 한다. 문법의 모형에서 소리를 다루는 부분을 '음운부'(phonological component)라고 하고, 의미를 다루는 부분을 '의미부'(semantic component)라고 하면 일단 문법의 모형은 다음과 같은 모습을 띠게 된다.

(1) 문법의 모형

'사랑'

음운부	의미부
[ㅅㅏㄹㅏㅇ]	[♥]

언어를 다루는 학문 분야인 언어학에서 언어의 표현과 의미 가운데 표현을 다루는 두 분야가 음운론(phonology)과 음성학(phonetics)이다. 음운부는 '음운론'이라는 명칭에 기댄 것이며, 때로 '음성학'에 기댄 '음성부'라는 명칭을 사용하기도 한다.

음운론과 음성학은 언어의 표현을 다룬다는 점에서는 같지만 서로 다른 속성을 지닌다. 서로 다른 성격을 지녔으니 이름이 다른 것 아닌가! 그럼 뭐가 다를까? 음운론은 언어 표현의 심리적 측면에 집중한다면 음성학은 언어 표현의 물리적 측면에 집중한다는 점에서 다르다. 예를 들어 '토끼'에도 [ㅌ]이 있고, '타조'에도 [ㅌ]이 있는데, 음운론은 두 [ㅌ]이 같다고 하고, 음성학은 다르다고 한다. 언뜻 보기에 서로 모순되는 말인 듯하지만 두 말은 모두 맞는 말이다. 약간의 기계 장치를 이용해서 녹음을 하고 음파를 분석하면 물리적으로는 다른데, 우리의 마음은 물리적으로 다른 두 [ㅌ]을 같은 것으로 간주하기 때문이다. 물리적 차원의 [ㅌ]과 심리적 차원의 [ㅌ]이 구분되는 셈인데, 음성학은 물리적인 측면을 다루고 음운론은 심리적인 측면을 다룬다.

이제 음운부에 대한 이해를 바탕으로 앞의 모형을 가만히 살펴보자. 어떤 것이 눈에 띄는가? 아마도 음운부와 의미부가 분리되어 있는 것이 얼른 눈에 띌 것이다. 음운부와 의미부의 분리는 음운부와 의미부의 결합, 즉 언어 기호에서 소리와 의미의 결합이 언뜻 보기에는 떼려야 뗄 수 없을 만큼 매우 긴밀한 듯하지만 사실은 엉성히 연결되어 있을 뿐, 불가분의 관계로 붙어 있지는 않음을 뜻한다.

'사랑'만 봐서는 음운부와 의미부를 서로 멀찍이 떨어뜨려 놓은 앞의 모형이 그다지 탐탁하지 않을 수 있다. 하지만 의미 [♥]를 나타내는 음성이 [ㅅㅏㄹㅏㅇ]뿐만이 아니라는 것을 고려하면 음운부와 의미부는 분리되어 있는 것이 당연하다. 예를 들어 [♥]에 대응하는 소리가 한국어에서야 [ㅅㅏㄹㅏㅇ]이지만, 영어에서는 [ㄹㅓㅂㅡ]이다. 만약 언어 기호에서 음성과 의미가 분리 불가능할 정도로 딱 붙어 있다면 하나의 의미가 서로 다른 두 가지 소리와 결합하는 것은 납득하기 어려운 것이 되고 만다. 한 언어 내부를 보아도 음성과 의미가 분리되어 있음을 보여주는 증거를 찾을 수 있다. 예를 들어 예전과 소리는 같지만 의미는 다르게 변한 언어 기호 '어여쁘다'를 생각해보자. '어여쁘다'는 예전에는 '불쌍하다'는 의미였지만 지금은 '예쁘다'는 의미이다. 역으로 의미는 같지만 소리는 달라진 언어 기호도 있다. 요즘의 '물'과 '불'이 예전에는 '믈, 블'이었다. 또 굳이 예전의 말을 살피지 않아도 소리와 음성이 따로따로 존재한다는 증거는 찾을 수 있다. '하나, 둘'과 '일, 이'에서 보듯이 의미는 같은데 소리가 다른 경우가 존재하고, '<u>배</u>를 깎아 먹고 <u>배</u>탈이 나서 <u>배</u>를 타고 병원에 갔다'에서 보듯이 소리는 같은데 의미가 다른 경우도 존재한다.

이렇게 소리는 그대로인 채 의미만 변할 수 있고, 역으로 의미는 그대로인 채 소리만 변할 수 있다는 것 등은 소리와 의미가 그만큼 서로 독립적으로 존재한다는 것을 뜻한다. 다만 특정한 소리(ㅅㅏㄹㅏㅇ)와 특정한 의미(♥)의 결합은 필수적이지 않지만, 이를 가리켜 소리와 의미의 관계는 자의적(arbitrary)이라고 하는데, 그 결합이 일단 형성되면 사회적 계약의 성격을 띠게 된다. 그래서 내가 의미 [♥]에 [ㅅㅏㄹㅏㅇ]이 아닌 다른 옷을 입힌답시고 [ㅁㅓㄹㅜㅇ]이라는 소리와 [♥]의 결합을 시도하는 것은 성공하기 어렵다. 사회적 계약을 나 혼자서 바꿀 수는 없는 노릇이다.[1] 그러면 소리와 의미의 결합은 왜 사회적 계약의 성격을 띠게 될까? 그것은 당연히 언어 공동체 내부에서 구성원 사이의 의사소통이 가능하기 위해서는 소리와 의미의 연합이 일정하게 유지되어야 하기 때문이다. 소리와 의미의 결합을 제멋대로 정해서는 의사소통이 불가능한 것이다.

* * *

언어 기호는 한두 개가 아니라 매우 많이 존재한다. 그런데 가만 생각해보면 언어 기호는 두 가지로 나뉜다는 것을 알 수 있다. 하나는 더 이상 분해할 수 없는 최소 단위의 자격을 지닌 언어 기호이고 다른 한 부류는 방금 말한 최소의 언어 기호가 결합하여 구성된 복합 언어 기호이다. 예를 들어 '손'은 최소 언어 기호이지만, '손목'은 최소 언어 기호 '손'과 또 하나의 최소 언어 기호 '목'으로 이루어진 복합 언어 기호이다.

방금 '손'과 '목' 각각이 최소 언어 기호라고 했는데 과연 그럴까? 예를 들어 만약 누군가 다음과 같이 말한다면 어떻게 해야 하는가?

1 그렇다고 아예 불가능한 것은 아니다. 예를 들어 아직까지 알려지지 않은 별이나 꽃을 발견하면 마음대로 이름을 정할 수 있다. 또 횟집을 차리고 '막썰어 횟집'이라고 한다고 해서 남들이 뭐라 하지 않는다. 부르라고 하는 대로 고분고분 불러 줄 뿐이다. 이렇게 단순한 경우 외에도 사회적 계약에서 놓여나 소리와 의미의 연합이 창조적으로 형성되는 경우는 흔한데, 문학작품이나 일상에서 흔히 접하는 은유적 언어는 다 어느 정도는 사회적 계약에서 벗어난 창조적 언어이다. 주의할 것은 은유와 같은 창조적 언어도 마구잡이로 나타나는 것은 아니라는 점이다. 은유도 서로 알아들을 수 있도록 작동해야 하므로 은유를 지배하는 규칙과 원리가 존재하는 것이다.

(2) '손'은 최소 언어 기호가 아니다. 왜냐하면 '소'와 'ㄴ'이 합쳐진 것이 '손'이기 때문이다. 여기서 '소'는 '가축'을 의미할 수도 있고(돼지랑 소랑 닭), '작은 것'을 의미할 수도 있으며(소형, 대형, 중형), '만두의 소'에 쓰인 '소'를 의미할 수도 있다. 또 'ㄴ'은 '난 네가 좋다'의 '난'에서 볼 수 있는데 '난'은 '나'와 'ㄴ'이 결합한 것이다. 이때 'ㄴ'은 '나는 네가 좋다'에서 보듯이 '는'으로 나타나기도 한다. 이렇게 '소'와 'ㄴ' 각각이 의미가 있으므로 이 둘이 합쳐진 '손'은 최소 언어 기호가 아니다.

대번 이상한 궤변이라는 것을 느낄 수 있을 것이다. 그런데 왜 궤변인가? 이 물음에 타당한 답을 제시하지 못하면 (2)는 겉으로는 궤변이지만 사실은 합당한 말로 간주해야만 한다. 이제 (2)가 처음 느낌 그대로 이상한 말인지 차근차근 따져보자. 일단 '소'나 'ㄴ' 각각이 의미가 있다는 것은 인정할 수밖에 없다. 그러면 '소'나 'ㄴ' 따로따로는 이상한 것이 없으니 이상한 느낌의 원인은 이 둘이 결합해서 '손'이 된다는 것에서 찾아야 할 텐데, 가만 생각하니 '가축'이나 '작은 것'을 뜻하는 '소'와 '난 네가 좋다'의 'ㄴ'의 의미를 합쳐서 신체 부위 '손'의 의미가 나온다는 것이 이상하다. 다시 말해 부분의 의미(소, ㄴ)에서 전체(손)의 의미가 전혀 예측되지 않는다. 예측되지 않는다는 것은 다른 말로 부분이 전체를 이루는 과정에 논리가 없다는 것을 뜻한다. 예측이 불가능하고, 논리가 부재하므로 당연히 이상한 느낌이 들 수밖에 없는 것이다. 따라서 (2)와 같은 가설은 논리를 갖추지 못한 것으로 평가되어 폐기되고 '손'은 더 이상 분석이 불가능한 최소 언어 기호의 자격을 가지게 된다.

지금까지 살핀 최소 언어 기호, 즉 의미를 지닌 최소의 언어 기호를 형태소(morpheme)라고 부른다.[2] 그러면 복합 언어 기호 '손목'은 형태소 '손'

과 형태소 '목', 이 두 개의 형태소가 결합하여 만들어진 복합 언어 기호라는 것을 알 수 있다.

최소 언어 기호를 형태소라고 부른다고 했는데 그러면 '손목'은 뭐라고 불러야 할까? 복합 언어 기호라고만 하면 될 듯도 하지만, 그렇게만 하기에는 곤란한 사정이 있다. 다음의 예를 보자.

(3) 가. 손목 (영이가 철수의 손목을 잡았다.)
  나. 내목 (내목에 칼이 들어와도 아닌 것은 아닌 것이다.)

(4) 가. 굵은 손목, *손 굵은 목
  나. 굵은 내목, 내 굵은 목

(3가)의 '손목'이 복합 언어 기호이듯이, (3나)의 '내목'도 복합 언어 기호이다. 그런데 (4)에서 보듯이 (3가)의 '손목'을 형성하는 '손'과 '목' 사이에는 다른 것이 끼어들 수 없는 데 반해, (3나)의 '내목'을 형성하는 '내'와 '목' 사이에는 다른 것이 끼어들 수 있다. 따라서 (3가)의 '손'과 '목'은 그 사이를 다른 것이 뚫고 들어갈 수 없을 만큼 단단히 결합했다고 할 수 있고, 이와 달리 (3나)의 '내'와 '목'은 그 사이를 다른 것이 뚫고 들어갈 수 있을 정도로 느슨하게 결합했다고 할 수 있다. 그리고 사실 단단한 결합과 느슨한 결합은 띄어쓰기로 표시되기도 하는데 띄어쓰기에 따르면 (3가)는 '손목'이고 (3나)는 '내 목'이 된다. 아무튼 (3가)의 '손목'은 복합 언

2 때에 따라서는 형태소인데도 그 의미를 선명히 파악하기 어려운 경우도 나타난다. 예를 들어 '이 책 읽었냐?'와 '이 책 읽었느냐?'에서 추출할 수 있는 형태소 '느'는 그 의미가 무엇인지 분명히 말하기 어렵다. 매우 국한된 경우에만 나타나는 형태소가 대개 이런 모습을 보인다. 한편 그 의미를 쉽게 파악할 수 없는 형태소의 존재는 다른 언어에서도 찾을 수 있다. 예를 들어 영어에서 'remit, demit, commit, transmit, submit, admit, permit' 등을 보면 형태소 'mit'를 분석해 낼 수 있는데 'mit'의 의미를 뭐라고 분명히 밝히기는 어렵다.

어 기호이면서 동시에 (3나) '내 목'과 같은 복합 언어 기호는 아니라고 할 수 있는데, 이러한 사정을 고려해서 흔히 (3가)의 '손목'과 같이 긴밀한 결합을 형성한 복합 언어 기호는 단어(word)라고 부르고, (3나)의 '내 목'과 같이 느슨한 결합을 형성한 복합 언어 기호는 구(phrase)라고 부른다.

*　　*　　*

더 이상 분해할 수 없는 최소 언어 기호는 당연히 듣고, 배우고, 외울 수밖에 없고, 복합 언어 기호 '손목'을 위해서는 최소 언어 기호 '손'과 '목'을 결합할 수 있는 부분이 필요하다. 이를 반영하여 문법의 모형을 보완하면 다음과 같다.

(5) 문법의 모형

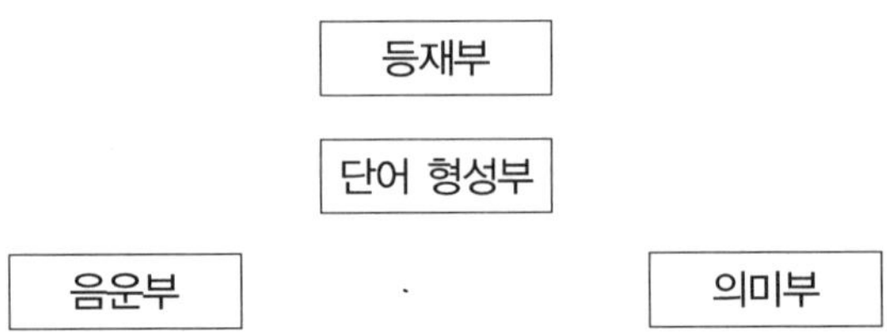

최소 언어 기호는 외워야 하는 것으로 앞의 모형에 맞추면 등재부에 기록되어야 한다. 최소 언어 기호인 '손'과 '목'은 등재부에 기록, 혹은 등재되어야 하는 것이다. 다음으로 단어 형성부는 등재부에 있는 것들을 결합하여 단어를 만들어낸다. 이 덕에 '손'과 '목'이 결합하여 '손목'이라는 단어가 형성된다. 등재부와 단어 형성부를 묶어서 흔히 어휘부(lexicon)라고 한다.

형성된 단어는 어떻게 될까? 외워야 할까? 즉 등재부에 등재해야 할까? 아니면 필요할 때 잠시잠깐 만들어 쓰고 이내 버려야 할까? 언어 현상은 둘 가운데 어느 한쪽만을 지지하지는 않는 듯하다. 형성된 단어의 등재를 지지하는 현상이 있는가 하면 형성된 단어의 등재를 거부하는 현상도 있기 때문이다. 이 문제는 별도의 깊은 논의를 필요로 하므로 여기서는 이쯤에서 멈추고자 한다.[3]

이제 최소 언어 기호, 즉 형태소를 다룰 수 있게 되었고 단어를 다룰 수 있게 되었다. 이 정도면 충분한가? 이만큼 한 것도 꽤 훌륭하지만 모형 (5)에는 결정적인 약점이 있다. 기껏해야 단어만 만들어내지 단어보다 큰 단위인 구(phrase), 절(clause), 문장(sentence) 등은 만들어내지 못하기 때문이다. 예를 들어 (5)의 모형은 (3가) '손목'은 만들어내고 소리 내고 의미도 해석해낼 수 있지만 앞서 (3나) '내 목'이나 '영이가 철수의 손목을 잡았다'나 '영이가 잡은 철수의 손목'과 같은 것은 아예 만들어내지 못한다. 따라서 문법의 모형에는 단어보다 큰 언어 기호, 다시 말해 느슨하게 결합하는 언어 기호를 형성하는 부분이 필요한데, 이러한 부분을 통사부(syntactic component)라고 한다.

(6) 문법의 모형

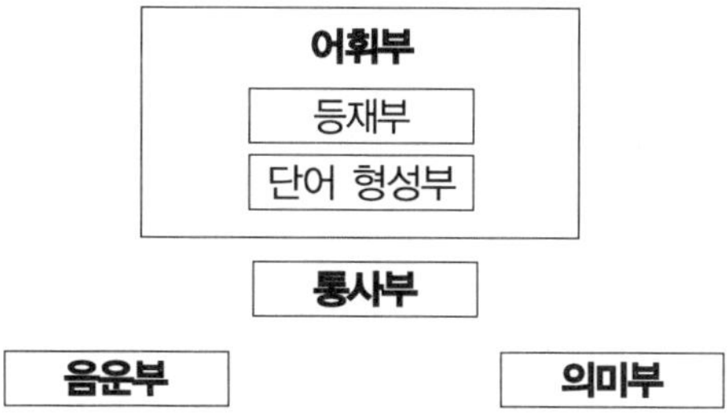

3 이 문제는 9장 3절에서 조금 더 논의하게 된다.

이제 우리는 형태소뿐만 아니라 단어 그리고 단어보다 큰 언어 표현도 다룰 수 있게 되었다. '손'과 '목'은 등재부에 등재하면 되고, '손목'은 단어 형성부에서 만들면 되며, '손목을 잡았다'와 같은 것은 통사부에서 형성하면 된다. 통사부는 어휘부에 있는 것들, 이들을 어휘 항목(lexical item)이라고 하는데, 이들 어휘 항목을 재료로 삼아 방금과 같은 표현을 만들게 된다.[4] 음운부와 의미부는 '손', '목', '손목', '손목을 잡았다'와 같은 다양한 언어 표현의 소리와 의미를 책임진다. 말소리를 내는 것과 말소리를 듣는 것은 음운부가 담당하고, 머릿속 의도나 개념을 언어로 표현하거나 언어 표현에서 그것이 담고 있는 의도나 개념을 해석해내는 것은 의미부가 담당하는 것이다.

* * *

마음속 언어 능력을 모형화한 문법의 모형이 실제로 작동할 때는 순서가 개입하게 된다. 화자의 입장이라면 먼저 말할 내용이 있어야 할 것이고 다음으로 그 내용에 어울리는 어휘항목을 찾는 과정이 있을 것이며 이어서 선택된 어휘항목을 결합하는 단계를 밟고 끝으로 소리를 내게 될 것

---

4 형태소나 단어뿐만 아니라 구나 절, 문장도 어휘 항목이 될 수 있다. 기본적으로 어휘 항목은 외워야 하는 것이고, 어떤 것을 외워야 한다는 것은 그 어떤 것이 외워야 할 만한 특이성을 지녔다는 것을 의미하므로 구, 절, 문장도 특이성을 지니면 어휘 항목으로 등재되어야 하는 것이다. 예를 들어 '시험에 떨어지다'의 의미를 지니는 '미역국을 먹다'는 구이면서도 그 의미가 특이성을 지니므로, 다시 말해 '미역국을 먹다'에 포함된 '미역국을'과 '먹다'만으로는 그 의미를 예측할 수 없으므로 어휘부에 등재해야 한다. '미역국을 먹다'와 같은 표현을 가리켜 흔히 숙어(idiom)라고 하는데 숙어에 더해 속담이나 격언 등도 어휘부에 등재되어야 하고, '안녕하세요. 식사 하셨습니까'와 같은 인사말도 어휘부에 등재되어야 한다. '안녕하세요'와 '식사 하셨습니까'가 안녕한지, 식사를 했는지를 묻는 것이 아니라 인사말이라는 것은 외울 수밖에 없는 것이다.

이다. 그러면 모형의 작동 순서는 '의미부, 어휘부, 통사부, 음운부' 정도가 된다. 그런데 청자의 입장에서는 다른 순서가 나타난다. 청자라면, 먼저 들어야 하고 들은 것 속에 포함된 어휘항목이 무엇인지 확인해야 할 것이며 이어서 그것들이 어떻게 결합했는지, 또 최종적으로 그것이 무엇을 의미하는지 확인해야 한다. 그러면 청자의 입장에서는 '음운부, 어휘부, 통사부, 의미부' 정도의 순서가 나타나게 되고 이 순서는 화자 입장에서의 순서와 다르다.

또 조금만 생각해 보면 위와 같은 순서가 뒤섞여 나타날 수도 있다는 것을 잘 알 수 있다. 말할 내용을 한꺼번에 정하지 않고 조금씩 생각해 가면서 말을 한다고 해보자. 또 들을 때에도 듣는 중간중간 들은 내용의 의미를 해석한다고 해 보자. 그러면 순서가 단순히 의미부에서 시작해서 음운부로 끝나거나 음운부에서 시작해 의미부로 끝나지는 않는다는 것을 잘 알 수 있다. 적어도 의미부에서 시작해서 음운부로 갔다가 다시 의미부로 가는 과정이 있어야 하고, 또 음운부에서 시작해 의미부로 갔다가 다시 음운부로 가는 과정이 있어야 한다.

그러면 언어 능력을 모형화한 '문법의 모형'은 실제로 언어 능력이 사용되는 방식인 '모형의 작동 방식'을 추상화한 것이라 할 수 있다. 화자 입장에서의 작동방식과 청자 입장에서의 작동방식이 다르고, 화자와 청자도 한 가지 방식이 아니라 다양한 방식으로 모형을 사용할 수 있는데 이러한 동적인 과정에서 드러나는 차이를 중화시켜서 정적인 모습으로 나타낸 것이 바로 문법의 모형인 것이다.

언어 능력에 대해 보다 깊이 이해하기 위해서는 문법의 모형을 꾸미는 것과는 독립적으로 문법의 모형이 작동하는 방식, 즉 화자와 청자가 문법의 모형을 가지고 실제로 언어 표현을 만들어 내고 해석하는 방식도 탐구해야 한다. 그런데 문법의 모형에 대한 탐구와 그 모형이 작동하는 방식에 대한 탐구, 이 두 가지를 한꺼번에 진행하는 것은 아무래도 벅차다. 여기서는 모형의 작동 방식에 대한 탐구는 후일로 미루고 문법의 모형 자체에 대한 탐구에 집중하기로 한다.

3. 문법의 모형과 규칙

앞서 1장 2절에서 우리가 지닌 언어 능력의 속성을 제대로 구현한 언어 이론은 올바른 것과 그렇지 못한 것을 구분할 줄 알아야 한다고 했다(생성 능력). 즉 타당한 언어 이론은 문법적인 것은 문법적인 것으로 판단할 수 있어야 할 뿐만 아니라, 비문법적인 것도 비문법적인 것으로 판단할 줄 알아야 한다. 그렇다면 무엇을 기준으로 옳고 그름, 다른 말로 문법적인 것과 비문법적인 것을 가르는가? 당연히 언어 능력을 구성하는 그 무엇에 어울리면 문법적인 것이고, 그렇지 않으면 비문법적인 것이어야 한다. '언어 능력에 속해 있는 그 무엇'을 우리는 규칙(rule), 문법과 관련되므로 특히 문법 규칙(grammatical rule)이라고 한다. 각종 게임에서 규칙을 어기면 안 되고, 규칙을 위반한 게임은 재미는커녕 짜증만 유발하듯이 문법 규칙을 어긴 언어 표현은 말은 말이로되 제대로 된 말이 아닌 것이다.

이쯤 되면 문법 연구가 무엇인지 좀 더 구체적으로 느낄 수 있을 것이다. 문법 연구는 문법의 모형을 고려하며 각 부분을 지배하는 규칙, 즉 단어 형성부를 지배하는 단어 형성 규칙(word formation rule), 통사부를 관장하는 통사 규칙(syntactic rule), 음운부를 책임지는 음운 규칙(phonological rule), 그리고 의미부를 통솔하는 의미 규칙(semantic rule) 등을 밝히는 것을 업으로 삼게 된다.

여기서 규칙의 의의에 대해 짚고 넘어갈 필요가 있다. 규칙은 언어에서 어떤 기능을 발휘하는가? 우리가 쉽게 접할 수 있는 일상적인 예를 먼저 고려해보자. 교통 규칙, 예를 들어 '우측 보행 규칙'은 어떤 기능을 지니는가? 우측 보행 규칙의 기능이 무엇인지는 그 규칙이 있는 상황과 그 규칙이 없는 상황을 비교해보면 쉽게 알 수 있다. 일사불란하고 가지런하게 물 흐르듯이 옮겨지는 발걸음 대 우왕좌왕 이리저리 부닥치고 짓밟히는 발걸음. 즉 우측 보행 규칙은 여럿이 뒤섞여 사는 사회에서 일단 편안한 보행을 가능하게끔 해준다. 마찬가지로 언어 규칙은 일단 언어 표현을 만들어내서 의사소통을 할 수 있게 해준다.

다음으로 우측 보행 규칙은 보행을 가능하게 할 뿐만 아니라 우리가 아직 경험하지 못한 환경에 처하더라도 보행을 가능하게 해준다. 다시 말해 우리의 걸음이 헤쳐 나가야 하는 환경은 시시각각 다르고 또 변하는 것이어서 무한한 다양성을 지니지만 우측 보행 규칙 하나만 있으면 아무런 어려움 없이 서로 코를 부딪쳐서 걸음을 옮기지 못하는 상황을 피할 수가 있다. 생전 처음 걸어보는 열대 밀림 속의 좁은 길일지라도 우측 보행 규칙만 있으면 오는 사람과 가는 사람이 서로의 가는 길을 방해할 가능성은 확실히 줄어든다.

언어도 마찬가지이다. 우리가 말해야 하고 또 들어야 하는 언어 표현은 무한하다. 지금까지 읽어온 이 글에서 새롭지 않은 문장, 다시 말해 이전에 들어본 적이 있는 문장이 있는가? 없을 것이다. 이 글을 쓰는 나 역시 여기까지 적잖은 문장을 써왔지만 이 글에서 지금까지 써온 문장 대부분은 이전에 결코 써본 적이 없는 문장투성이이다.

우측 보행 규칙도 그렇지만 문법 규칙이 무한의 가능성을 지닌다는 것은 중요한 의미를 지닌다. 유한한 인간의 기억 능력(어휘 항목 저장 능력)이 무한과 대면할 수 있는 것은 바로 규칙 덕분이기 때문이다. 망각에서 알 수 있듯이 인간의 기억 능력은 유한하며 유한한 것으로 무한에 대처할 수는 없다. 유한한 기억 능력을 가지고 무한수의 언어 표현을 만들기 위해서는 유한과 무한을 이어줄 수 있는 그 무엇, 즉 규칙이 필요한 것이다. 흔히 인간의 언어는 창조성(creativity)을 지닌다고 하는데 창조성의 핵심에는 유한한 자원으로 무한한 상품을 만들어내는 '규칙'이 놓여 있다. 한 마리 물고기를 주느니 물고기 잡는 방법을 가르쳐야 평생을 먹고 살 수 있듯이, 언어 능력의 핵심은 암기(물고기)가 아니라 규칙(물고기 낚는 방법)인 것이다.

좀 더 논의를 확대하면 언어 능력 중 인간만이 지닌 것은 바로 문법 규칙과 밀접한 것임을 알 수 있다. 인간의 언어와 달리 동물의 의사소통은 창조성을 지니지 못한다. 동물들은 단지 외우고 있는 것을 반복할 따름이다. 외우고 있는 것은 선천적으로 혹은 원래부터 가지고 있는 것일 수도 있고 조련사의 훈련에 의해 나타난 것일 수도 있다. 복슬강아지가 짖고 꼬리를 흔드는 것은 타고난 것일 테지만, 주인이 손바닥을 뒤집는 것을 보고 벌러덩 드러눕는 것은 당연히 타고난 것이 아니고 훈련된 것이다. 중요한 것은 타고난 것이든 훈련된 것이든, 선천적인 것이든 후천적인 것이든 간에 창조성과는 거리가 멀다는 점이다. [멍멍]이 [배고픔]을 뜻하고 [컹컹]이 [그렇지 않음]을 뜻한다고 해서 강아지가 [멍멍컹컹]하면서 [배고프지 않아요]를 만들어낸다고 볼 수는 없다. 그런 것이 가능하면 [멍멍컹컹컹컹]으로 [배고프지 않은 것은 아니에요](배고프긴 한데 사료가 별로군!)와 같은 미묘한 표현도 만들 수 있어야 할 텐데 아직 그런 강아지가 발견된 바가 없다. 그리고 이런 사정은 강아지뿐만 아니라 다른 동물도 마찬가지이다.

4. 문법의 모형과 그 바깥

문법에 대한 이해는 마음에 대한 이해와 직결되고 마음에 대한 이해는 사람에 대한 이해와 직결된다. 그렇다면 문법을 이해한다는 것은 무엇인가? 그것은 언어 기호의 속성을 이해한다는 말과 같다. 우리 집에서 귀염을 떨며 활개 치는 고양이를 이해하기 위해서는 그 녀석의 속성, 즉 생김새, 성격, 버릇 등을 이해해야 하듯이 문법을 이해하기 위해서는 언어 기호의 속성을 이해해야 하는 것이다.

(7)

언어 기호의 속성에 대한 이해 ⇨ 문법에 대한 이해 ⇨ 마음에 대한 이해 ⇨ 사람에 대한 이

그러면 언어 기호의 속성을 이해한다는 것은 무엇일까? 그것은 앞에서 문법의 모형을 논의하면서 밝힌 어휘부 · 통사부 · 음운부 · 의미부 등을 체계적으로 연구하여 그 구체적인 사항을 이해한다는 것을 의미한다. 다시 말해 음성 · 음운 · 단어 · 구 · 절 · 문장 · 의미 등을 연구하여 이들이 분석되고 형성되는 방식과 여기에 작용하는 규칙과 원리를 명시적인 이론의 차원에서 구체화하면 언어 기호의 속성을 이해하게 된다. '명시적인 이론'이란 자료를 통해 옳고 그름을 따져봄으로써 타당성을 검증할 수 있는 이론을 말한다.[5]

5 따라서 '이렇다' 혹은 '저렇다' 식의 언급은 명시적 이론의 테두리에 들어오게 된다. 자료를 통해 이런지 저런지를 따져볼 수 있기 때문이다. 그런데 '이런저런 경향이 있다' 식의 언급에 대해서는 주의할 필요가 있다. 예를 들어 자료가 100이고 그중 95에서 이런저런 경향이 나타나

물론 문법의 모형에 반영되어 있지는 않지만 언어 기호를 이해하기 위해서 필요한 분야도 있다. 예를 들어 우리는 한국어가 지역에 따라 조금씩 다르다는 것을 잘 안다. 서울말하고 부산말하고 광주말은 서로 같기도 하지만 또 서로 다르기도 하다. 하나의 언어에 속하면서 조금씩 차이를 보이는 한 언어의 변종들을 흔히 방언(dialect)이라고 하는데, 한국어를 전체적으로 이해하기 위해서는 당연히 방언을 연구해야 한다. 하지만 우리가 꾸민 문법의 모형은 마음속 언어 능력을 상상한 것이기 때문에 방언 연구와는 직결되지 않는다. 또 어떤 사람을 이해하기 위해서는 그 사람이 걸어온 삶의 자취를 알아야 하듯이 한국어를 보다 깊이 이해하기 위해서는 한국어의 역사에 대한 이해가 필요하다. 하지만 이 분야 역시 우리가 설정한 문법의 모형에는 직결되지 않는다.

하지만 중요한 것은, 방언이든 한국어의 역사이든 그것이 언어 기호를 다루는 학문이며 언어 기호가 언어 능력을 전제로 하는 한, 방언과 한국어의 역사에 대한 연구도 문법의 모형에 기반해서 진행되어야 한다는 점이다. 방언 사이의 같은 점과 다른 점을 문법의 모형에 기반을 두고 살펴야 하고, 한국어의 역사적 변화도 문법의 모형에 기반을 두고 살펴야 한다. 이는 문법의 모형을 마음속에 지니고 있는 사람을 고려하면서 한국어

거나 2 내지 3 정도에서 이런저런 경향이 나타났다고 해 보자. 그러면 '이런저런 경향이 있다'는 언급의 타당성을 정할 수 있다. 100 중에서 95이면 타당한 언급이고, 2 내지 3 정도면 그렇지 않은 것으로 판단할 수 있기 때문이다. 그러면 100 가운데 50이면? 또 51이나 49이면? 이런 경우에는 단연히 판단이 애매해지게 되고, 어느 쪽으로 판단하든지 그 반대되는 판단의 타당성을 배제하기 어렵다. 나랑 친한 사람의 50%가 남성이라고 해서 내가 남성과 친한 경향이 있다는 언급을 타당하다고만 보기는 어려운 것이다. 그렇다고 해서 방금과 같은 언급의 타당성을 무시하기도 어렵다. 따라서 경향성에 대한 언급을 명시적 문법에 포함시킬 때에는 주의를 기울여야 한다. 옳은지 그른지, 문법적인지 문법적이지 않은지를 판단할 수 없는 애매한 경향성은 규칙이나 원리로 인정하기 어려운 것이다. 문법이란 복잡다단한 언어 현상에 내재하는 질서를 의미하는바, 문법성 판단에 실패한 언급, 다시 말해 질서의 존재 여부를 판단할 수 없는 언급은 문법 규명에 별다른 도움이 되지 않는다.

의 방언과 역사를 바라보아야 한다는 말이기도 하다.

정리하면, 문법의 모형에서 제시한 어휘부 · 통사부 · 음운부 · 의미부에 대한 연구는 언어를 이해하기 위한 필수조건일 뿐이며 보다 풍부한 이해를 위해서는 그 외의 다른 것도 연구해야 한다. 어떤 대상을 탐구할 때 동원되는 여러 가지 장비 중에는 없어서는 안 되는 기본 장비가 있고 기본 장비에 덧붙어 보다 세밀한 탐구를 가능하게 하는 부차적인 장비가 있다. 문법의 모형은 바로 기본적인 장비에 해당하는 것이며, 언어라는 대상을 더욱 정밀하게 파헤치고 이해하기 위해서는 문법의 모형에 다른 분야들이 보태져야 하는 것이다.

5. 단어 형성부와 통사부

모든 것을 한꺼번에 다룰 수는 없다. 모든 것을 한데 모아놓는 것이 의미가 없는 것은 아니지만 자칫 난삽해지거나 조리 있는 말이 되기 어려워지기 십상이기 때문이다. 이런 점에 유념하여 이 책에서는 여러 가지를 죽 늘어놓는 방식은 지양하고 문법의 모형에서 '단어 형성부'와 '통사부'를 선택하여, 특히 통사부를 중심으로, 거기에 내재한 문법을 밝힘으로써 마음속 언어 능력의 실상에 조금 더 다가가 보기로 한다.

(8) 단어 형성부와 통사부

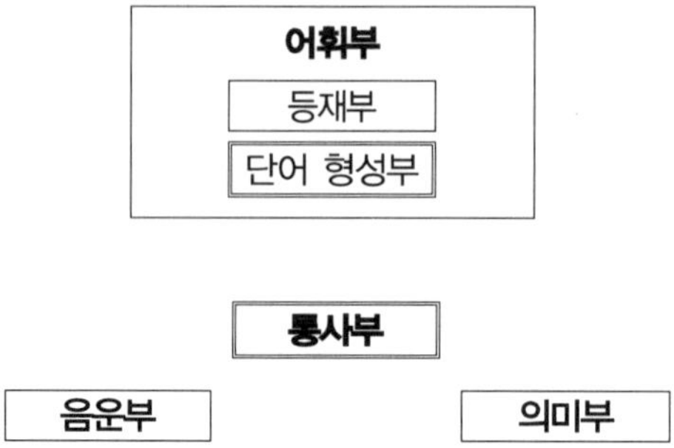

통사부에 대한 연구를 통사론이라고 한다. 그러면 통사론이란 도대체 무엇인가? 방금 말한 것을 그대로 이용해서 통사론이란 통사부에 대한 연구라고 답할 수 있지만 이런 답은 그다지 만족스럽지 않다. 통사론에 대한 감을 잡기 위해 방금 앞에서 제기한 추상적이고 포괄적인 질문을 몇 가지 구체적인 질문으로 나누어 물어보자. 첫째, 통사론은 무엇을 연구하는가? 둘째, 통사론은 왜 연구하는가? 끝으로 셋째, 통사론은 어떻게 연구하는가? 통사론은 무엇을, 왜, 어떻게 연구하는가에 대한 답이 주어지면 통사론이 무엇인지, 즉 통사론의 정체와 의미, 의의에 대해서도 미루어 짐작할 수 있을 것이다.

자, 그럼 질문에 대한 답을 찾아보자. 첫째, 통사론은 무엇을 연구하는가? 언어 능력의 질서를 밝히는 것이 목표이고 언어 능력의 질서는 언어 표현을 분석하고 이해함으로써 그 실체를 밝힐 수 있으므로 통사론도 언어 표현을 연구해야 한다. 'ㄱ, ㄴ, ㅏ, ㅑ' 등도 언어 표현이고, '손'이나 '발'도 언어 표현이며, '손발'도 언어 표현이다. 나아가 '철수의 손'과 '영이의 발'이나 '철수는 손이 크다', '영이는 발이 크다'도 역시 언어 표현이다. 언어 표현의 크기가 조금씩 커졌다는 것을 느낄 수 있을 것이다. 이 중

'ㄱ, ㄴ, ㅏ, ㅑ' 등은 소리를 나타내므로 음운부에서 다루는 언어 표현이 되고, '손'과 '발' 그리고 '손발'은 형태소와 단어에 해당하는데 어휘부에서 다루게 된다. 그러면 통사론이 무엇을 다루는지, 다시 말해 통사론의 대상이 무엇인지 어렴풋이 알 수 있다. 통사론은 음운부와 어휘부가 책임지지 않는 언어 표현인 '철수의 손'이나 '영이의 발' 그리고 '철수는 손이 크다'와 '영이는 발이 크다'를 대상으로 삼게 된다. 흔히 앞의 두 가지를 구(phrase)라고 하고, 뒤의 두 가지를 문장(sentence)이라고 한다.

어휘 항목이 모여 단어보다 큰 것을 형성하였을 때 형성된 그것을 구라고 하고 구 가운데 특정한 특징을 띠는 것을 달리 일컬어 문장이라고 한다. 그렇다면 구이면서 문장이기 위해 갖추어야 할 특징은 무엇일까? 흔히 문장은 주술 관계(predication)와 발화 의도, 즉 말하는 목적까지를 온전히 가진 구를 가리킨다.

(9) 가. 학교
　　나. 영이의 삶
　　다. 영이가 철수를 사랑하니?

(9가)는 문장이 아니다. 왜냐하면 주술 관계도 없고, 발화 의도도 나타나 있지 않기 때문이다. (9나) 역시 문장이 아니다. '영이가 살다'와 통하는 주술 관계는 지니지만 발화 의도가 드러나지 않았기 때문이다. 그러나 (9가), (9나)와 달리 (9다)는 문장이다. 주술 관계는 물론이고 '질문'이라는 발화 의도도 제대로 실현되었기 때문이다.

문장과 꼭 같지는 않지만 아주 흡사한 것이 있다. 예를 들어 '영이는 [철수가 온] 사실을 몰랐다'에서 [철수가 온]은 문장 '철수가 왔다'와 매우 비슷하다. 다만 다른 점은 '철수가 왔다'는 그 자체가 독립적인 문장이지만 [철수가 온]은 문장 같으면서도 발화 의도가 불분명하며 '영이는 사실을 몰랐다'라는 문장에 포함되어 있다는 사실이다. 이렇듯이 문장과 비슷하면서도 어떤 문장의 일부로 쓰이는 것들을 가리켜 절(clause)이라고 한다. 이제 첫째 질문에 대해 답을 해보자.

(10) 문: 통사론은 무엇을 연구하는가?
 답: 통사론은 구 · 절 · 문장을 연구한다.

구 · 절 · 문장을 통사론이라는 한 분야에서 다룬다는 것은 크게 보아 이 셋의 속성이 같다는 것을 의미하며, 구와 절 그리고 문장을 지배하는 원리가 서로 다르지 않다는 것을 의미한다. 쓰레기통이 아니고서야 서로 다른 것을 하나의 분야에서 다룰 수는 없을 것이기 때문이다.

두 번째 질문은 '통사론은 왜 연구하는가?'였다. 이 질문에 대한 원론적인 답은 당연히 인간을 이해하기 위해서이다. 원론 차원은 이미 앞서 살폈으므로 지금 필요한 것은 원론의 추상성을 누그린 구체적인 차원에서의 답이다. 그렇다면 원론의 차원에서 내려가 보다 구체적인 언어 표현에 밀착한 답은 무엇일까? 즉, 통사론에서 다루는 언어 표현이 구 · 절 · 문장인데 왜 구 · 절 · 문장을 연구하는가? 그것은 구 · 절 · 문장을 지배하는 독자적인 원리가 존재하기 때문이다. 단어를 형성하는 원리와 규칙으로 구 · 절 · 문장을 형성할 수는 없다.[6] 마찬가지로 소리를 다루는 원리와

6 방 한 칸짜리 아담한 초가집(단어)을 짓는 방법과 아흔아홉 칸 기와집이나 궁궐, 초고층 건물(구, 절, 문장)을 짓는 방법, 이 두 방법은 같을까, 아니면 다를까? 당연히 같은 점도 있고 다른 점도 있다. 마찬가지로 단어 형성 규칙과 통사 규칙은 서로 겹치는 부분도 있고 서로 다른 부분도 있다. 단어 형성 규칙과 통사 규칙이 다른 점은 이미 이 장의 2절에서 확인하였는데, 두 규칙이 다르므로 각각의 규칙이 만들어 낸 '손목'과 '내 목'이 서로 다른 속성을 띠게 된다. 단

규칙으로 구 · 절 · 문장의 형성을 설명할 수는 없다. 구 · 절 · 문장이라는 현상은 존재하는데 음운부의 문법이나 어휘부의 문법으로는 다룰 수 없으므로 통사부의 문법을 다루는 통사론이 독립적인 분야로서 성립하게 되는 것이다.

끝으로 그렇다면 통사론은 어떻게 연구해야 하는가? 당연히 잘 연구해야 한다. 문제는 잘 연구했다고 판단할 수 있는 기준이 무엇인가 하는 점인데 별다른 것은 아니고 앞서 1장 1절에서 언급한 '현상에 대한 관찰, 현상을 설명하기 위한 가설 설정, 가설 확인, 현상의 확대와 가설의 재확인'과 같은 일련의 과정을 충실히 따르는 것이 바로 성공 가능성이 높은, 잘 되어가는 연구의 기준이다.

어 형성 규칙과 통사 규칙 사이의 공통점은 이어지는 장에서 확인하게 되며, 특히 13장에서 집중적으로 논의하게 된다. '단어를 형성하는 원리와 규칙으로 구 · 절 · 문장을 형성할 수 없다'는 것은 단어 형성 규칙과 통사 규칙 사이의 차이를 강조한 것인데, 이와 달리 서로 통하는 점을 강조하는 입장에서는 단어, 구, 절, 문장이 모두 통사 규칙에 의해 형성된다고 보고 통사 규칙으로 다루지 못하는 자료는 통사 규칙과는 별도로 존재하는 또 다른 작용에 의해 형성되는 것으로 간주한다. 같기도 하고 다르기도 하므로 이 책에서는 논점을 명확히 하기 위해 같은 점을 논의할 때에는 같다고 하고, 다른 점을 살필 때에는 다르다고 하는 방식을 취한다. 또 통사부에 집중하면서도 단어 형성부를 다루는 것도 사실 통사부와 단어 형성부가 서로 통하기도 하고 그렇지 않기도 하기 때문이다.

참고문헌

기호에 대한 이해

김경용, 1994, 『기호학이란 무엇인가』, 민음사.

Culler, J., 1987, *Ferdinand de Saussure*, Revised Edition. Cornell University Press. [이종인 옮김, 1998, 『소쉬르』, 시공사]

형태소

Nida, E., 1949, *Morphology*, University of Michigan Press. [김진형 옮김, 2000, 『형태론』, 아카넷]

Aronoff, M., 1976, *Word Formation in Generative Grammar*, MIT Press.

문법의 모형

Altmann, G., 1999, *The Ascent of Babel*, Oxford Unversity Press. [홍우평 · 최명원 옮김, 2005, 『말하는 뇌』, 역락]

Anderson, S. & D. Lightfoot, 2002, *The Language Organ*, Cambridge University Press.

Jackendoff, R., 1994, *Patterns in the Mind*, Basic Books. [이정민 · 김정란 옮김, 2000, 『마음의 구조』, 태학사]

Pinker, S., 1994, *The Language Instinct*, Allen Lane. [김한영 · 문미선 · 신효식 옮김, 2008, 『언어 본능』, 개정 2판, 동녘 사이언스]

언어 능력의 작동 방식

조명한 외, 2003, 『언어심리학』, 학지사.

Aitchison, J., 2003, *Words in the Mind*, 3rd edition. Blackwell. [홍우평 옮김, 2004, 『언어와 마음』 역락]

Fernández, E. & H. Cairns, 2011, *Fundamentals of Psycholinguistics*, Wiley-Blackwell.

Levelt, W., 1989, *Speaking: From Intention to Articulation*, MIT Press. [김지홍 옮김,

2008, 『말하기: 그 의도에서 조음까지』, 나남]

Whitney, P., 1997, *The Psychology of Language*, Houghton Mifflin. [이승복 외 옮김, 2003, 『언어심리학』, 시그마프레스]

인간과 동물

최재천, 2007, 『인간과 동물』, 궁리.

Anderson, S., 2004, *Doctor Dolittle's Delusion*, Yale University Press.

Hauser, M., 1996, *The Evolution of Communication*, MIT Press.

제2부

구조와 규칙

제3장
구조의 발견

1. 언어 기호와 구조

언어 기호와 언어 기호는 서로 결합해서 더 큰 언어 기호를 형성한다. '손'이라는 언어 기호는 '목'이라는 언어 기호와 결합해 '손목'이라는 더 큰 언어 기호를 형성하고, 마찬가지로 언어 기호 '시'와 '계'도 결합해서 더 큰 언어 기호 '시계'를 형성한다. 언뜻 '시'와 '계' 자체가 언어 기호인가 하고 의구심이 들 수도 있지만 '시간, 기계' 등에서 확인할 수 있듯이 '시'와 '계' 둘 다 각각 의미와 표현을 구비했으므로 언어 기호임에는 틀림이 없다.

그렇다면 '시'와 '계' 각각이 진짜로 언어 기호인가 하고 언뜻 들었던 의심은 왜 생겼을까? 아마도 이 의심은 '시'와 '계'가 '하늘'이나 '땅'과 달리 홀로는 쓰이기 어려운 데서 유래한 것으로 보는 것이 타당할 것이다. 언어 기호를 분석하는 데에는 의미와 표현 양 측면을 고려해야 하는데, 의미 면에서는 '하늘, 땅' 못잖게 '시'와 '계'도 떳떳이 의미를 지니므로 '하늘, 땅'과 '시, 계'가 차이가 없다. 그러나 표현 면에서는 큰 차이가 존재한다. 다음에서 보듯이 '하늘'과 '땅'은 저 홀로 쓰일 수 있는데 반해(1), '시'는 홀로 쓰일 수도 있고 그렇지 않을 수도 있으며(2, 3), '계'는 홀로 쓰이는 것이 거의 불가능하기 때문이다(4).

(1) 영이: 저 위에 저걸 뭐라 부르니?
순이: 하늘
영이: 그러면 발아래 이건?
순이: 땅

(2) 영이: 어, 저 시계는 시간이 틀리네?
순이: 이 시계는 시와 분이 정확해.

(3) 영이: 말한 시간 안에 와야 한다.
순이: *말한 시 안에 오라고?

(4) 영이: 시계가 뭐야?
순이: 시와 분을 알려주는 기계야.
*시와 분을 알려주는 계야.

그래서 '하늘, 땅' 같은 것은 홀로 나타날 수 있으므로 '자립형식'(free form)이라고 하고 '계'와 같이 홀로 나타날 수는 없고 다른 것과 어울려 나타나야 하는 것을 '의존형식'(bound form)이라고 한다.[1] 자립과 의존은 이것이냐 저것이냐 식으로 나눌 수 있는 경우도 있지만 (2)와 (3)에서 보듯이 중간 정도, 즉 이렇게 보면 자립이고 저렇게 보면 의존인 경우도 있다.

1 형식(form)은 언어 기호의 표현을 가리키는 별칭으로서 형태라고도 하며, 특히 언어 기호의 표현이 음성(음성언어)일 때를 가리킨다. 물론 음성 외에도 손짓(손짓언어, 수화)이나 문자(문자언어)도 언어 기호의 표현이며, 이외에도 언어 기호의 표현으로 가능한 것들은 더 있다. 언어의 의미를 전달할 수 있는 것이면 언어 기호의 표현이 될 수 있기 때문이다.

자립형식과 의존형식의 구분은 흑백 식의 구분이 통하는 한편으로 얼마나 자립적이고 얼마나 의존적이냐와 같이 때로 정도성을 보이기도 하는 것이다.

* * *

이제 '시'와 '계'가 언어 기호인가와 같은 의구심을 걷어내면, 앞서 말했듯이 '손목'은 '손'과 '목'이 결합해 형성되고, '시계'는 '시'와 '계'가 결합해 형성된 것으로 보는 것에 아무런 문제가 없게 된다. 나아가 언어 기호 '손, 목', '시, 계'를 적절히 결합해 만들어진 언어 기호 '손목'과 '시계'는 다시 또 결합해 '손목시계'와 같은 더 큰 언어 기호를 만들 수도 있다. 물론 원한다면 '손목시계'에 또 다른 언어 기호를 결합해 더더욱 큰 언어 기호를 만들 수도 있다.

'손목'이나 '시계' 그리고 '손목시계'와 같은 언어 기호의 형성은 별다른 어려움을 야기하지 않는 듯하다. '손'과 '목'이 결합하고, '시'와 '계'가 결합해서 '손목'과 '시계'가 만들어지고 다시 '손목'과 '시계'가 결합하면 되기 때문이다. 그런데 가만히 생각해보면 '손목시계'의 형성은 다음처럼 두 단계로 나뉜다는 것을 알 수 있다.

(5) 가. 1단계: 손+목, 시+계 ⇨ 손목, 시계
나. 2단계: 손목+시계 ⇨ 손목시계

그러면 '손목시계'는 실에 구슬을 꿰듯이 '손'과 '목'과 '시'와 '계'가 줄줄이 연결되어서 형성되는 것이 아니고, 탑을 쌓듯이 '손'과 '목'과 '시'와 '계'가 탑의 기단을 형성하고 그 위에 '손목'과 '시계'가 얹히고 다시 그 위에

'손목시계'가 얽혀서 형성되는 것이라고 할 수 있다. (6)은 '탑 쌓기'라는 말 그대로를 표현한 것인데, 실제로 언어 현상을 다룰 때는 (6)보다는 (7)과 같은 나무그림(tree diagram)을 많이 사용한다. (7)은 나무그림이긴 하지만 뿌리가 위에 있고, 가지가 아래를 향하는 뒤집어진 나무그림이다.

(6)

(7)

그렇다면 이렇게 줄줄이 연결되는 것이 아니라 탑을 쌓고 나무가 자라듯이 연결된다는 것은 무슨 의미일까? 탑을 쌓고 나무가 자라듯이 1층, 2층, 3층 혹은 뿌리, 밑동, 가지, 잎사귀 식으로 계층(hierarchy)을 이루면서 형성된다는 것이 어떤 의미인지를 '금목걸이'와 '첫날밤'을 예로 삼아 생각해보자.

먼저, '금목걸이'와 '첫날밤'이 어떻게 만들어질지 생각해보자. '손목시계'가 그렇듯이 '금목걸이'와 '첫날밤'도 '구슬 꿰기' 방식이 아니라 '탑 쌓기' 방식으로 형성될까? '손목시계'와 달리 '구슬 꿰기' 방식으로 형성되는 것은 아닐까? '손목시계'가 탑 쌓기 방식이니까 '금목걸이'와 '첫날밤'도 그렇다고 성급히 결론지을 수는 없다. 이에 '금목걸이, 첫날밤'은 '손목시계'와 달리 '구슬 꿰기' 방식으로 형성된다고 해보자. 그러면 '금목걸이'와 '첫날밤'은 다음과 같이 표현할 수 있다.

(8) ㉠금—목—걸—이, 첫—날—밤

이 그림은 타당한가? 다시 말해 이 그림은 '금목걸이'라는 단어와 '첫날밤'이라는 단어의 속성을 잘 나타내는가? 그림 (8)이 '금목걸이'와 '첫날밤'의 속성을 잘 나타내는지 확인하기 위해 이 두 단어의 의미를 고려해보자. 의미는 곧 이 두 단어의 속성에 속하므로 의미와 (8)의 그림이 조화를 이루면 '손목시계'와 달리 '금목걸이'와 '첫날밤'은 구슬 꿰기 방식으로 형성된 것이라고 할 수 있다. 그러면 '금목걸이'와 '첫날밤'의 의미는 무엇인가? 일단 '금목걸이'가 무엇을 뜻하는지부터 검토해보자.

(9) 금목걸이

가. 영이: '금목걸이'가 뭐니?

순이: 금으로 만든 목걸이가 '금목걸이'지.

영이: 그래? 그럼 아래 대화는 뭐니?

나. 손님: 이 '금목걸이'는 금으로 만든 게 아니네요?

점원: 이 목걸이는 금처럼 반짝반짝 빛나는 목에 하라고 나온 거라서 '금목걸이'입니다.

손님: 금으로 만든 게 아니라 금 같은 목에만 거는 거라서 '금목걸이'군요.

점원: 네, '개목걸이'가 개로 만든 목걸이가 아니라 개가 하는 목걸이이듯이 '금목걸이'도 금으로 만든 목걸이가 아니라 '금목'에 하는 목걸이일 수 있는 거지요.

앞의 대화에서 잘 알 수 있듯이 '금목걸이'는 두 가지 서로 다른 의미를 지닌다. 소리가 '금목걸이' 하나인데 의미는 두 개인 이러한 특성을 (8)은 잘 포착하는가? (8)로는 이러한 특성을 도저히 포착할 수 없을 것이다. 재료(금, 목, 걸, 이)가 같은데 맛((9가)와 (9나))이 다른 것은 조리 방식이 다르기 때문이므로 '금목걸이'가 두 가지 의미를 갖는 것은 조리 방식 즉 '금'과 '목'과 '걸'과 '이'가 결합하는 방식의 차이에서 찾아야 할 텐데 (8)은 오로지 하나의 결합 방식만을 보여주기 때문이다. 이에 (8)에서 '금'하고 그 옆에 있는 '목'이 하나로 묶여서 '금목'을 의미한 다음 나머지와 줄줄이 연결되면 (9나)의 '금목걸이'가 되고 '목'과 '걸'과 '이'가 결합한 다음에 '금'이 결합하면 (9가)의 '금목걸이'가 되지 않느냐고 할 수도 있지만 이러한 분석은 사실 (8)에서는 불가능하다. (8)의 핵심은 무엇과 무엇이 다른 것보다 먼저 결합한다는 인식, 즉 (6)과 (7)의 방식이 아니라 모든 것이 평등하게 한꺼번에 줄줄이 연결된다는 인식이기 때문이다.

(8)과 같은 구슬 꿰기 방식이 올바르지 않다는 것은 자연스럽게 '금목걸이'에도 (6), (7)과 같은 탑 쌓기 방식 혹은 나무그림 방식이 적용될 것이라는 예측을 낳는다. 탑 쌓기 방식, 나무그림 방식이 바로 같은 재료를 써서 다른 맛을 내는 조리 방식일 수 있는 것이다. 이에 (6), (7) 식으로 '금목걸이'를 분석하면 다음과 같다.[2]

(10) 가.

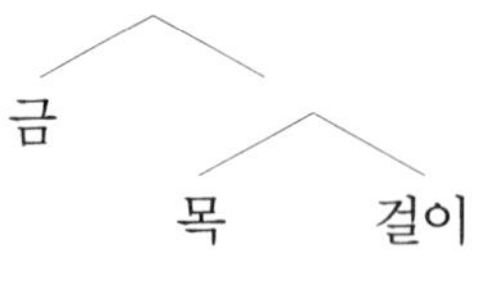

나.

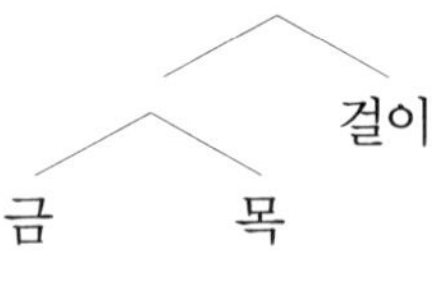

2 '걸이'는 '귀걸이 · 코걸이 · 걸이등' 등에도 나타나며 '걸개'와 같은 단어를 고려하건데 '걸'과 '이'로 분석된다(걸－이, 걸－개). 편의상 (10)에는 '걸'과 '이'가 결합해 '걸이'가 형성되는 것은 나타내지 않는다.

이렇게 분석해놓고 보면 (9가)에 나타난 '금목걸이'의 의미는 (10가)와 어울리고, (9나)에 나타난 '금목걸이'의 의미는 (10나)와 어울린다는 것을 쉽게 알 수 있다. 먼저 결합하는 것끼리 의미적으로도 먼저 결합한다고 하면 (10가)에서는 '목걸이'의 의미에 '금'이 더해지니까 '금으로 된 목걸이'의 의미가 나오고, (10나)에서는 '금'과 '목'이 먼저 결합하므로 '금목'의 의미가 나타난 후 여기에 '걸이'의 의미가 더해지기 때문이다. (10가)에서 '목걸이'가 하나의 단위, 즉 성분(constituent)을 형성하므로,[3] '금니'나 '금반지', '금시계'에서 보듯이 '금목걸이'의 '목걸이' 자리에는 그 대신에 하나의 단위로 묶이는 언어 기호 '이'나 '반지'나 '시계'가 나타날 수 있다. 마찬가지로 (10나)의 '금목' 자리에는 '코'나 '귀'가 나타날 수도 있다(코걸이, 귀걸이).

구슬 꿰기 방식이 아니라 탑 쌓기 방식이 유효한 것은 '첫날밤'도 마찬가지이다. (11가)의 의미는 (12가)와, (11나)의 의미는 (12나)와 어울리기 때문이다.

(11) 가. 결혼한 신랑과 신부가 처음으로 함께 지내는 밤
나. 영이: 시험 기간에도 밤을 새지 않던 내가, 어제는 소설에 빠져서 생전 처음 '날밤'을 새웠어.
순이: 어제가 '첫날밤'이었구나.

3 성분이란 하나로 기능하는 단위를 가리킨다. 예를 들어 (10가)에서는 '금, 목, 걸이' 각각과 '목걸이', '금목걸이'가 성분이 된다. 이와 달리 '금목'은 성분이 아닌데 이는 (10가)에서 '금목'이 하나의 단위로, 즉 하나로 묶여서 발휘하는 기능이 없기 때문이다. 물론 (10나)에서는 '금목'이 성분이 자격을 지니며 일정한 기능, 즉 거는 곳(금목에 걸다)의 의미 단위로 기능한다.

(12) 가. 나.

요약하면 '금목걸이'와 '첫날밤'이 이런 의미일 수도 있고, 저런 의미일 수도 있는데 이런 의미, 저런 의미가 있으려면 구슬 꿰기 방식의 결합이 아니라 탑 쌓기나 나무그림 방식의 결합이 필요하다. 이렇게 탑을 쌓고 나무가 자라듯이 언어 기호가 결합하는 것을 가리켜 언어 기호는 구조(structure)를 지닌다고 말한다. 다시 말해 언어는 구조를 형성하면서 더 큰 언어 기호를 생성하는 것이며, 다시 한 번 더 말하면 언어와 언어 기호는 구조적 속성을 지니는데 탑 쌓기와 나무그림은 바로 구조적 속성을 표현한 것에 다름 아니다.

* * *

그런데 명확히 할 것이 있다. 방금 언어 기호는 구조를 지닌다고 했는데 지금까지 단어만을 가지고 구조적 속성을 언급했지 단어보다 큰 단위도 구조적 속성을 지니는지는 밝히지 않았다. 그러면 단어뿐만 아니라 단어보다 큰 구(phrase)도 구조를 필요로 할까?

단어보다 큰 단위의 구도 구조적 속성을 띤다는 것은 '아름다운 과수원집 아가씨'와 같은 표현의 의미를 생각해보면 어렵지 않게 알 수 있다. '아름다운 과수원집 아가씨'에서 아름다운 것은 '과수원'집일 수도 있고(아름다운 과수원집에 사는 추한 아가씨), '아가씨'일 수도 있는데(황무지로 변해 버린 과수원집에 사는 아름다운 아가씨), 이들 의미는 각각 다음의 구조에 대응하는 것이기 때문이다.

(13) 가. 과수원집이 아름다움　　　　나. 아가씨가 아름다움

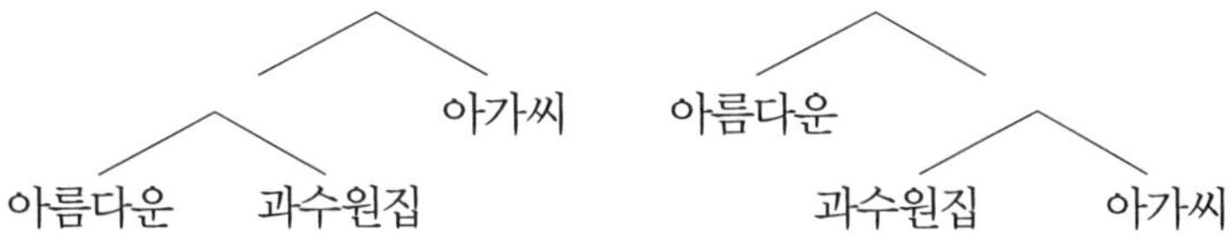

(13가)에서 '아름다운'은 '과수원집'과 결합하고 있다. 따라서 아름다운 것은 '과수원집'이 된다. 이와 달리 (13나)처럼 결합하면 아름다운 것은 '과수원집'이 아니라 '아가씨'가 된다. '과수원집 아가씨'는 '아가씨'지 '과수원집'이 아니므로 '아름다운'과 '과수원집 아가씨'가 결합하면 '아름다운'과 '아가씨'가 결합한 것으로 해석되는 것이다.

이렇게 단어든 구든, 나아가 절이나 문장 등 두 개 이상의 형태소로 이루어진 단위는 계층적으로 구조를 이루며 형성되며, 의미도 구조를 바탕으로 해석된다.

그렇다면 언어 기호의 구조와 의미는 항상 조화를 이루는가? 지금까지는 언어 형식의 구조와 언어 기호의 의미가 서로 맞물려 돌아가는 사례만을 살펴왔다. 음악의 리듬이 어떻게 전개되느냐에 따라 감동이 다르듯이 언어 기호도 어떻게 축조되느냐에 따라 그것이 드러내는 의미가 다른 것이다. 하지만 광범위하고 다양한 언어 현상을 고려하면 구조와 의미가 항상 서로 통한다고 단언하기는 어렵다. 경우에 따라서는 구조와 의미가 어긋나는 현상이 발견될 수도 있기 때문이다. 따라서 구조와 의미는 항상 조화를 이룬다고 성급히 단언하기 전에 구조와 의미가 서로 통하지 않는 사례는 없는지 살펴볼 필요가 있다.

언어의 정체를 온전히 파악하기 위해서는 구조와 의미가 조화를 이루

는 현상뿐만 아니라 그렇지 않은 현상도 살피고 부조화의 원인은 무엇인지 면밀히 고찰해야 한다. 그러나 다양한 사례에 대한 검토와 이를 통해 구조의 힘을 확인하는 동시에 구조의 한계를 확인하는 것은 다른 연구들과 앞으로의 과제로 돌리고, 여기서는 구조를 강조하는 시각이 성립하는 것과는 별도로, 그렇다고 해서 모든 언어 현상이 구조에만 의존하는 것은 아닐 수도 있다는 것을 강조하는 선에서 그치고자 한다. '구조'의 맹점을 뒤지기에 앞서 '구조' 자체에 대한 이해에 힘쓰는 것이 지금 당장의 목표이기 때문이다.

2. 구조란?

그렇다면 구조란 도대체 무엇인가? 앞에서 '금목걸이, 첫날밤, 아름다운 과수원집 아가씨'의 구조를 제시했는데 그런 구조의 정체는 무엇인가? 구조라는 용어는 언어 구조, 사회 구조, 경제 구조 등에서 보듯이 매우 흔하게 쓰이는 용어이고 이따금 '구조적인 시각이 필요하다'라는 말도 듣곤 한다. 하지만 정작 '구조'라는 것이 무엇인지 생각해보면 선명한 답이 선뜻 떠오르지 않는다. 어떤 문제를 해결하기 위해 닥치는 대로 이런저런 방법을 동원하면 구조적이지 않은 문제 해결 방식이라고 판단할 수 있고, 스무고개 문제를 풀 듯이 해결 수단을 조직화하여 적용하면 구조적인 문제 해결 방식이라고들 판단하므로 어떤 것이 구조의 자격을 갖추었는지 그렇지 않은지를 판단하는 것은 그다지 어렵지 않은 듯하다. 하지만 왜 스무고개 방식이 구조적인 방식인지를 설명하라고 하면 쉽게 설명하기 어렵다. 마치 어떤 물체를 보고 그것이 사람인지 아닌지는 금방 판단할 수 있지만 정작 사람이 무엇인지 정의하기는 어렵고 곤란한 상황과 비슷하다(이 자식아, 넌 사람도 아니야. 니가 사람이면 벌레도 사람이다.).

사실 이와 같은 상황은 학문 세계에서 심심찮게 만나게 된다. 어떤 것이 무엇인지 혹은 눈앞에 있는 것이 이것인지 저것인지 확인(identify)하는 것은 그다지 어렵지 않지만 확인한 그 무엇을 정의(define)하기는 어려운 경우가 드물지 않은 것이다. 이러한 상황에 맞닥뜨려 회의를 느낄 수도 있다. 대상을 명확히 정의하지 못하는 학문을 어떻게 믿을 수 있겠는가? 연구하고자 하는 것의 정체도 모르면서 어떻게 연구를 진행할 수 있으며 그러한 연구를 어떻게 믿겠는가?

그러나 다시 한 번 생각해보자. 무언가를 연구하는 입장에서 그 무언가를 정의하려면 그 연구가 완성되어야만 하지 않을까? 즉 무언가를 확실히 정의하지 못하고 거칠고 성긴 정의(가설)를 가지고 연구를 진행하는 것은 어쩌면 당연한 이치이다. 인간을 정의할 수 없으므로 인간을 연구하는 것이지, 인간을 완벽하게 정의할 수 있는데 무엇 때문에 인간을 연구하는가? 연구는 정의를 향해 다가가는 과정이고 확고한 정의(진리 혹은 최종 이론)가 나타나면 그 연구는 완성되는 것이다.

그것이 무엇인지 확인할 수 있고 판단할 수는 있지만 그것을 명확히 정의하기는 어려운 상황에서 취할 수 있는 태도는 일단 그것을 인정하고 가설적인 정의를 가지고 연구를 진행하는 것이다. '구조'가 무엇인지 확고부동하게 정의할 수는 없어도 '구조'라는 것이 있다는 순박한 믿음을 가지고 만족스럽지는 않지만 그래도 연구에 도움이 되는 정의를 택해 연구를 진행해보자는 말이다.

그러면 중요한 것은 '구조'에 대한 잠정적인 정의가 언어를 이해하는 데 도움이 되어야 한다는 점이다. '사회 구조'가 사회를 이해하는 데 도움이 되어야 가치를 인정받듯이 '언어 구조'는 언어를 이해하는 데 도움이 되어야 가치를 인정받게 된다.

3. '구조 = 더하기'?

그렇다면 언어 이해에 도움이 되는 언어 구조는 무엇일까? 다시 말해 언어 구조를 결정하는 방식을 어떻게 해야 언어를 이해하는 데 도움이 될까? 질문이 다소 막연하므로 구체적인 예를 살피며 언어의 구조를 이해해보자. 지금까지 단어와 구를 가지고 논의를 했으니까 이번에는 문장을 가지고 논의를 진행한다. 다음 문장의 구조는 어떠하며, 구조를 그렇게 보는 이유는 무엇인가?

(14) 영이가 철수를 사랑했다.

논의를 단순화하기 위해 '영이가'와 '철수를' 그리고 '사랑했다' 이 세 단어가 모여 앞의 문장이 형성된다고 하자. 즉 '영이'와 '가'가 모여 '영이가'가 이루어지는 방식이나 '철수'와 '를'이 모여 '철수를'이 이루어지는 방식, 마찬가지로 이것저것이 모여 '사랑했다'가 이루어지는 방식에 대한 논의는 나중으로, 특히 9장~11장으로 미루자. 그러면 문제는 '영이가, 철수를, 사랑했다' 이 세 단어가 어떻게 결합하여 문장 '영이가 철수를 사랑했다'를 형성하는가, 다시 말해 세 단어가 결합하여 형성된 문장 '영이가 철수를 사랑했다'의 구조는 무엇인가로 구체화된다. 이제부터 '금목걸이, 첫날밤, 아름다운 과수원집 아가씨'에 대한 논의의 연장선상에서 문장 '영이가 철수를 사랑했다'의 구조가 구슬 꿰기 방식으로 형성될 수 있는지부터 따져보고자 하는데, 이어지는 논의를 통해 짐작할 수 있는 이유로 구슬 꿰기 방식이라는 용어 대신에 '더하기'라는 용어를 사용한다.

*　　*　　*

무엇과 무엇을 결합하여 더 큰 무엇을 만드는 가장 손쉬운 방법은 일단 '더하기'일 듯하다.[4] 다시 말해 3과 4와 2를 더해 9를 만들 수 있듯이 '영이가'와 '철수를' 그리고 '사랑했다' 이 세 단어를 더하면 '영이가 철수를 사랑했다'를 만들 수 있을 듯하다. 이를 다음과 같이 정리해 보자.

(15) [현상 1] 영이가 철수를 사랑했다.

[가설 1] 문장 = 단어$_1$ + 단어$_2$ + … + 단어$_{N-1}$ + 단어$_N$ + …

가설이 타당한 것으로 인정되기 위해서는 검증의 문을 통과해야 한다. 검증이란 별다른 것이 아니고 가설이 의미하는 바와 사실, 즉 언어 현상을 견주어 이 둘이 조화를 이루면 가설을 타당한 것으로 인정하고, 그렇지 않으면 가설의 타당성을 의심하며, 나아가 가설을 개선하면서 언어 현상을 거듭 관찰하고 해석하는 과정이다.[5] 물론 가설이 의미하는 바에는 가설이 겉으로 드러낸 것은 물론이고 겉으로 드러내지 않고 속에 감추고 있는 것도 포함되며, 가설이 예측하는 바도 포함된다. 예를 들어 '지구는 공처럼 둥글다'라는 가설이 올바르다면 우주에서 찍은 지구 사진에 더해 한 방향으로 계속 가면 결국 출발점으로 되돌아오게 된다는 감추어진 가

4 '더하기' 대신에 '모으기'(grouping)라고도 할 수 있다. 광주에 사는 '영이'와 서울에 사는 '철수'가 모여서 부부가 이루어지면 이 부부는 아내(영이)보다도 크고 남편(철수)보다도 크다.

5 '과정'이므로 검증은 지속적으로 이루어지게 마련이다. 그러면 검증의 과정은 언제 끝나는가? 즉 검증은 언제 완성되는가? 구조의 정의가 그렇듯이 과연 어떤 검증, 또 몇 가지 검증을 통과해야 충분한지도 언어 연구가 완성되어야만 알 수 있다. 언어에 대한 이해가 완성되는 시점이 바로 검증이 끝나는 때인 것이다. 마치 인간에 대한 이해가 완성되어야 진짜로 인간다운 인간이 무엇인지 규정할 수 있듯이.

설 혹은 예측이 사실과 부합해야 한다. 지구가 사실은 공 모양이 아니라 삼각뿔 모양인데 우연히 위성이 삼각뿔의 꼭대기에서 사진을 찍었을 수도 있기 때문이다. 지구가 삼각뿔이라면 한 방향으로 걸어가서 다시 출발점에 돌아오는 것을 보장할 수 없다.

그렇다면 [가설 1]은 검증의 문을 통과할 수 있는가? [가설 1]이 검증의 문을 통과하여 옳은 것, 타당한 것으로 인정되려면 [가설 1]에 따른 예측도 사실과 부합해야 한다. [가설 1]이 예측하는 것은 무엇인가? '3+4+2'가 9일 수 있듯이 '4+3+2'도 9이고 '2+4+3'도 9이다. 더하기에서는 'A+B=B+A'와 같은 '교환법칙'이 성립하는 것이다. 따라서 [가설 1]이 옳다면 '영이가', '철수를', '사랑했다' 이 세 단어의 결합에도 교환법칙이 성립해야 한다. 이 예측은 사실과 부합하는가?

(16) 가. 영이가 철수를 사랑했다.
나. 영이가 사랑했다 철수를.
다. 철수를 영이가 사랑했다.
라. 철수를 사랑했다 영이가.
마. 사랑했다 영이가 철수를.
바. 사랑했다 철수를 영이가.

앞에서 보듯이 [가설 1]의 예측, 즉 교환법칙은 사실과 부합한다. 숫자를 더하듯이 단어를 더하면 문장이 된다는 [가설 1]은 이제 1차 검증을 통과했다. 하지만 [가설 1]이 확고하게 인정되려면 또 다른 검증을 견뎌야 한다. '영이가 철수를 사랑했다' 그 자체는 (16)에서 보듯이 교환법칙을 충실히 따르지만 다른 경우도 그러한지 점검해볼 필요가 있는 것이다.

[가설 1]이 옳다면 다른 경우에도 교환법칙이 성립해야 할 것이다. 이

에 [현상 1]과 조금만 다른 새로운 현상을 추가해보자.

(17) [현상 1] 영이가 철수를 사랑했다.

[현상 2] 영이가 철수의 친구를 사랑했다.

[가설 1] 문장 = $단어_1 + 단어_2 + \cdots + 단어_{N-1} + 단어_N + \cdots$

[가설 1]이 [현상 1]을 다룰 수 있다는 것은 이미 확인했으니 [가설 1]의 능력이 [현상 2]에까지 일반화될 수 있는지 확인해보자. [가설 1]에 따르면 [현상 2]는 '영이가', '철수의', '친구를', '사랑했다' 이 네 단어를 더해 만들어지며, 네 단어가 더해져 문장을 형성하는 과정에서 교환법칙이 성립해야 한다. 과연 [현상 2]에서도 교환법칙이 성립하는가?

(18) 가. 영이가 철수의 친구를 사랑했다.

나. *영이가 철수의 사랑했다 친구를.

다. *영이가 친구를 철수의 사랑했다.

라. *영이가 친구를 사랑했다 철수의.

마. 영이가 사랑했다 철수의 친구를.

바. *영이가 사랑했다 친구를 철수의.

사. *철수의 영이가 친구를 사랑했다.

아. *철수의 영이가 사랑했다 친구를.

자. 철수의 친구를 사랑했다 영이가.

차. 철수의 친구를 영이가 사랑했다.

카. *철수의 사랑했다 영이가 친구를.

타. *철수의 사랑했다 친구를 영이가. 등

[현상 2]는 네 개의 단어로 이루어져 있으므로 교환법칙에 따라 나타날 수 있는 모든 경우의 수는 4×3×2×1=24가지이다. 스물네 가지 중에서 열두 가지만을 제시한 (18)에서 확인할 수 있듯이 스물네 가지 경우에는 문법적인 것도 있지만 그렇지 않은 것도 상당수 존재한다. 따라서 [가설 1]의 예측은 [현상 1]에는 통하지만 [현상 2]에까지는 일반화되지 않는다고 할 수 있다. 그만큼 [가설 1]의 타당성은 감소하고, 검증의 관문을 통과했던 [가설 1]은 뒷걸음질 치게 된다.

사실 [가설 1]의 약점은 여기서 그치지 않는다. 예를 들어 [현상 1] '영이가 철수를 사랑했다'는 다음의 [현상 3]에서처럼 '고'를 동반하며 다른 문장에 포함되기도 하는데, [현상 2]에서와 마찬가지로 [현상 3]에서도 [가설 1]은 그 허점을 드러낸다.

(19) [현상 1] 영이가 철수를 사랑했다.
[현상 2] 영이가 철수의 친구를 사랑했다.
[현상 3] 순이는 [영이가 철수를 사랑했다고] 말했다.
[가설 1] 문장 = $단어_1 + 단어_2 + \cdots + 단어_{N-1} + 단어_N + \cdots$

[가설 1]의 약점을 재확인하기 위해 이제 [현상 3]에 교환법칙을 적용해 보자. [가설 1]이 옳다면 [현상 1]에 교환법칙을 적용한 여섯 가지 경우가 모두 문법적이듯이, [현상 3]의 '영이가 철수를 사랑했다고'에 교환법칙을 적용한 여섯 가지 경우도 모두 문법적이어야 할 것이다. 과연 그런가? 다음에서 보듯이 전혀 그렇지 않다.[6]

6 끊어 읽기와 어조 등을 동원하면 (20나)나 (20라)~(20바)가 어느 정도 성립하므로 방금과 같은 판단이 올바르지 않다고 할 수도 있다. 그런데 끊어 읽기, 어조 등을 동원해야 한다는 것은 그것이 자연스러운 언어 현상이 아니라 인위적인 언어 현상, 즉 어떻게든 무언가를 표현하고

(20) 가. 순이는 [영이가 철수를 사랑했다고] 말했다.
나. *순이는 [영이가 사랑했다고 철수를] 말했다.
다. 순이는 [철수를 영이가 사랑했다고] 말했다.
라. *순이는 [철수를 사랑했다고 영이가] 말했다.
마. *순이는 [사랑했다고 영이가 철수를] 말했다.
바. *순이는 [사랑했다고 철수를 영이가] 말했다.

[현상 2]의 문제제기에 (20)의 반격까지 더해지면 이제 [가설 1]을 그대로 고집하는 것은 포기하고 [현상 1]은 물론이고 [현상 2]와 [현상 3]도 적절하게 설명할 수 있는 새로운 가설을 고안하는 것이 더 낫다고 할 수 있다. [가설 1]의 장점(교환법칙 허용)은 취하고 그 단점은 극복할 수 있는 새로운 가설은 과연 무엇인가?

4. '구조 = 시차적 더하기'!

[가설 1]을 대체할 수 있는 새로운 가설인 [가설 2]를 구체화하기 위해서는 방금 말했듯이 [가설 1]의 장점은 계승하고 단점은 개선해야 한다. [가설 1]의 장점은 알았으니 그 단점을 명확히 해보자. [가설 1]의 단점은 무엇이며 이를 극복하려면 어떤 조치를 취해야 하는가?

이해하려는 노력이 더해진 현상이므로 (20가)나 (20다)와 같은 자연스러운 언어 현상과는 대조를 이룬다. 인위적인 언어 현상을 인정하면 'I love you'뿐만 아니라 'I, you, love'도 성립하며, 어린아이가 말을 배우면서 사용하는 '엄마, 나 수박 싫어'도 성립한다. 중요한 것은 자연스러운 것과 인위적인 것 사이의 차이이고, 비문법성의 낙인인 꽃표(*)를 붙이느냐 마느냐는 자연스러운 것의 관점에서 판단한다.

[가설 1]의 단점은 [현상 2]를 구성하는 네 개의 단어에 무분별하게 교환법칙을 적용했다는 점이다. 다시 말해 (18)에서 비문법성의 낙인인 꽃표(*)가 찍힌 것들의 공통점은 '철수의'와 '친구를'을 교환법칙으로 분리하거나 뒤바꾸어 놓았다는 점이다. 다음에서 보듯이 '철수의'와 '친구를'을 분리하지 않고 뒤바꾸지 않으면 [현상 2]에서도 [가설 1]의 예측인 교환법칙이 성립한다.

(21) [현상 2] 영이가 철수의 친구를 사랑했다.

가. 영이가 [철수의 친구를] 사랑했다.

나. 영이가 사랑했다 [철수의 친구를]

다. [철수의 친구를] 영이가 사랑했다.

라. [철수의 친구를] 사랑했다 영이가

마. 사랑했다 영이가 [철수의 친구를]

바. 사랑했다 [철수의 친구를] 영이가

이제 [가설 1]의 장점을 잇고 단점을 극복할 수 있는 [가설 2]의 윤곽을 어렴풋이나마 그려볼 수 있다. [가설 2]는 다음의 도표에서 실선으로 둘러싸인 것에 교환법칙을 적용해야지 점선으로 둘러싸인 것에까지 교환법칙을 적용하면 안 된다는 것이다.[7] 그리고 교환법칙의 적용 영역을 실선에만 국한한 것이 바로 (21가)~(21바)이다.

7 점선과 실선은 '철수의'에 포함된 '의'에 주목하면 그다지 어렵지 않게 구분할 수 있다. '철수의'처럼 '의'를 포함한 성분은 그 뒤의 요소에 기대어야만 하므로(영이의 친구, 학교의 자랑 등), 기대는 성분 '철수의'와 기대는 성분을 지탱하는 성분 '친구를'은 분리될 수 없고 이에 '철수의'와 '친구를' 각각은 점선으로 처리되는 것이다. '의'의 의존적인 속성은 '철수의 친구를' 내부에서 해소되었으므로 '철수의 친구를'은 점선이 아니라 실선의 자격을 지니게 된다.

(22)

이제 (22)를 가만히 보면 다음과 같은 사실을 알 수 있다. '영이가 철수의 친구를 사랑했다'를 형성하는 데에는 '영이가', '철수의', '친구를', '사랑했다' 이 네 개의 단어가 동원되지만 이 네 단어가 모두 동등한 수준에서 구조 형성에 참여하는 것은 아니다. 왜냐하면 '영이가'랑 '사랑했다'와 대등한 자격을 지니는 것은 '철수의'와 '친구를' 각각이 아니라 이 둘이 결합한 '철수의 친구를'이기 때문이다. 여기서 '영이가'와 '사랑했다' 그리고 '철수의 친구를'이 대등한 자격이라 함은 (21)에서 확인했듯이 교환법칙의 입장에서 '영이가'와 '철수의 친구를'이 대등하고, '사랑했다'와 '철수의 친구를'이 대등하다는 것을 의미한다. 물론 '철수의 친구를'을 구성하는 요소인 '철수의'와 '친구를' 각각은 교환법칙의 대상이 아니므로 교환법칙의 대상인 '영이가'나 '사랑했다'와 대등하지 않다.

이상의 논의를 정리해 [현상 1]~[현상 3]을 포괄할 수 있는 [가설 2]를 구체화해보면 다음과 같다.

(23) [현상 1] 영이가 철수를 사랑했다.

[현상 2] 영이가 철수의 친구를 사랑했다.

[현상 3] 순이는 [영이가 철수를 사랑했다고] 말했다.

[가설 1] 문장 = 단어$_1$+단어$_2$+ ⋯ +단어$_{N-1}$+단어$_N$+ ⋯

[가설 2] 문장 = 단어$_1$+단어$_2$+ ⋯ +[단어$_{N-1}$+단어$_N$]+ ⋯

[가설 2]에서 [단어$_{N-1}$+단어$_{N}$]은 단어$_{N-1}$과 단어$_{N}$이 다른 것보다 먼저 결합해서 하나의 단위를 형성한다는 것, 즉 '시차적 더하기'를 나타내는 것으로 이렇게 형성된 단위가 여타의 단어와 결합하여 문장을 형성하게 된다. 다시 말해 교환법칙의 입장에서 '단어$_{1}$'이나 '단어$_{2}$'와 대등한 것은, 즉 교환법칙이 적용될 수 있는 것은, '단어$_{N-1}$'이나 '단어$_{N}$'이 아니라 '단어$_{N-1}$ + 단어$_{N}$'이다.

그러면 '영이가'와 '철수의 친구를' 그리고 '사랑했다'의 결합은 어떠한가? '영이가 철수의 친구를 사랑했다'가 네 개의 단어 '영이가, 철수의, 친구를, 사랑했다'로 이루어지고 두 번째 단어 '철수의'와 세 번째 단어 '친구를'은 다른 단어와 결합하기 전에 우선 끼리끼리 결합하여 하나의 단위 '철수의 친구를'을 형성한다고 해보자. 그러면 이렇게 형성된 단위와 첫 번째 단어 '영이가'와 네 번째 단어 '사랑했다'는 어떻게 결합하는가? 아마도 다음과 같은 세 가지 가능성을 생각해볼 수 있을 것이다.

(24) 가.

나.

다.

'철수의 친구를'은 (24가)처럼 두 단어 '영이가', '사랑했다'와 동시에 결합할까? 아니면 '철수의'와 '친구를'이 우선 결합하는 것처럼 여기서도 우선 결합하는 과정이 나타날까? 우선 결합하는 과정, 즉 시차적 더하기가 '철수의 친구를'과 같은 경우에만 국한되지 않고 다른 경우에도 두루 적용되는 방식이라고 해 보자. 그렇다면 '철수의 친구를'은 (24나)처럼 '영이가'와 먼저 결합할까, 아니면 (24다)처럼 '사랑했다'와 우선 결합할까?

현재로서는 (24가)~(24다) 셋 중 어느 것이 더 낫다고 하기 어렵다. 지금까지 주로 논의한 교환법칙의 입장에서는 (24가)나 (24나), (24다)가 모두 동등한 설명력을 지니기 때문이다. 따라서 (24가)~(24다) 셋 가운데 어느 것이 더 나은지, 아니면 셋 다 허용되는지를 알아보기 위해서는 교환법칙 이외의 현상이 동원될 필요가 있다. 새로이 동원될 현상을 (24다)는 설명할 수 있지만 (24가)와 (24나)는 설명할 수 없다면 (24다)를 선택해야 할 것이고, (24나)는 설명할 수 있지만 (24가)나 (24다)는 설명할 수 없다면 (24나)를 택해야 할 것이다. (24가)가 설명할 수 있는 현상을 (24나)도 설명하지 못하고 (24다)도 설명하지 못한다면 당연히 (24가)~(24다) 중에서 (24가)가 타당한 안으로 선별될 것이다. 그렇다면 (24가)~(24다)의 우열을 가릴 수 있는 현상은 무엇인가? 문제의 현상에 대한 구체적인 논의는 장을 달리하여 진행하기로 한다.

참고문헌

언어와 구조

김진우, 2004, 『언어』, 깁더본, 탑출판사.

Isac, D. & C. Reiss, 1990, *I-Language: An Introduction to Linguistics as Cognitive Science*, Oxford University Press.

Moro, A., 2008, *The Boundaries of Babel*, MIT Press.

Radford, A., 1981, *Transformational Syntax*, Cambridge University Press. [서정목 · 이광호 · 임홍빈 옮김, 1984, 『변형문법이란 무엇인가』, 을유문화사]

단어의 구조

김영석 · 이상억, 1992, 『현대형태론』, 학연사.

Lieber, R., 2010, *Introducing Morphology*, Cambridge University Press.

제4장
구조와 구 구조 규칙

1. 구조와 재귀사

단어 '금목걸이, 첫날밤'과 구 '아름다운 과수원집 아가씨'는 언어 기호가 줄줄이 이어져서 형성되는 것이 아니라 구조적으로 형성된다. 그렇다면 문장은 어떨까? 앞 장에서 '영이가 철수를 사랑했다'와 '영이가 철수의 친구를 사랑했다'를 자료로 삼아 문장도 시차적 더하기 방식으로 형성된다는 것을 확인했고, 이는 단어나 구와 마찬가지로 문장도 구조적으로 형성된다는 것을 의미한다. 시차적 더하기 방식이 바로 구조를 의미하기 때문이다. 하지만 실제로 확인한 것은 문장의 일부가 구조를 형성한다는 것이었고, 여기서 나아가 문장 전체가 구조를 이루는지는 확인하지 않았다. 문장 전체도 구조를 이루는지를 확인하기 위해서는 다음의 나무그림 중에서 타당한 것은 무엇인지를 살펴야 한다.

(1) 가.

나.

다.

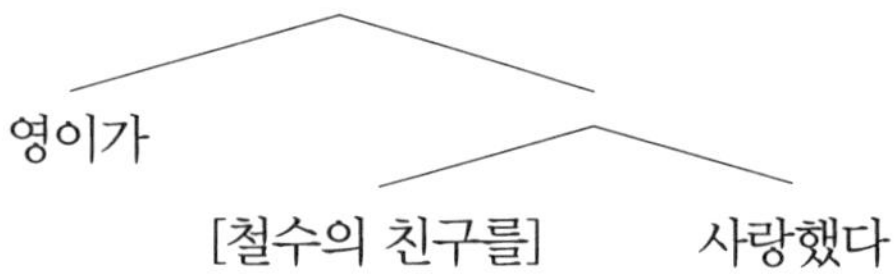

세 나무그림 가운데 (1가)는 '영이가'와 '철수의 친구를' 그리고 '사랑했다' 이 셋이 어느 것과 어느 것이 먼저 결합하는 방식이 아니라 셋이 한꺼번에 줄줄이 연결되는 구슬 꿰기 방식을 의미하므로 구조 개념과는 어울리지 않는다. 이와 달리 (1나)와 (1다)는 시차적 더하기 방식에 따른 나무그림이므로 구조 개념과 잘 어울린다. 다만 시차적 더하기에 의해 서로 먼저 결합하는 것이 '영이가'와 '철수의 친구를'인지 아니면 '철수의 친구를'과 '사랑했다'인지에서 차이가 날 뿐이다.

따라서 '문장 전체도 구조적인가?'와 같은 의문에 대해 '문장 전체도 구조적이다'라고 답하기 위해서는,[1] (1가)가 타당하지 않다는 것을 논증하

1 단어와 구에 이어 문장까지도 구조를 바탕으로 형성된다면 언어 기호는 구조적으로 형성된다는 일반화가 가능해진다. 최소 언어 기호인 형태소보다 큰 단위, 즉 형태소와 형태소가 결합하고, 단어와 단어가 결합하며, 형태소와 단어가 결합하여 형성하는 모든 언어 기호가 구조적

고 나아가 (1나)와 (1다) 가운데 어느 것이 더 타당한지 혹시 둘 다 허용되는 것은 아닌지를 분명히 해야 한다. 이런 것을 어떻게 할 수 있을까? (1가)의 타당성 여부를 검증하고, (1나)와 (1다)를 비교할 수 있는 구체적인 현상이 있으면 (1)에 제시한 세 가지 나무그림의 타당성을 따질 수 있을 것이다. 어떤 현상이 (1)의 세 가지 나무그림을 진단하는 데 도움이 될까?

* * *

이제 (1가), (1나), (1다) 가운데 타당한 것이 무엇인지를 가려줄 수 있는 검증의 틀로 활용될 현상이 필요한데, 이와 관련하여 다음의 현상에 주목해보자.

(2) 철수는$_2$ 자기$_2$ 책만 읽는다.

(2)에 나타난 '자기'는 독자적으로 어떤 대상을 나타내지는 않고 앞에 나온 '철수'를 다시 되가리키는 재귀사(reflexive)로서 아래첨자 '2'는 이 둘이 같은 대상을 가리킨다는 것을 표시한다. '하늘'은 다른 것과 무관하게 '하늘'을 지시할 수 있지만, '자기'나 '자기 자신'과 같은 재귀사나 '그'와 같

으로 형성된다고 할 수 있게 되는 것이다. 그렇다면 이러한 판단은 항상 옳은가? 다시 말해 구조가 아니라 다른 것, 예를 들어 앞서 논의한 구슬 꿰기 방식의 결합은 전혀 필요 없는가? 이에 대한 답은 언어의 모든 현상을 발굴하고 설명하면 자연스레 나타날 텐데 구조 개념의 중요성에 더해 구조적이지 않은 언어 현상이 실재하며, 또 순서 개념도 필요할 수 있다는 점을 강조하고자 한다. 구조적이지 않은 언어 현상의 예로는 '춘하추동'과 같은 단어를 들 수 있다. '춘하추동'은 '춘', '하', '추', '동'이 모여 형성되는데 이 넷은 서로 동등하게 한꺼번에 결합하지 어느 것과 어느 것이 먼저 결합한다고 보기 어렵다. 순서 개념과 관련하여 12장에서는 순서 개념을 요구하는 듯한 현상을 살피고 그 현상에 대한 구조적 이해를 도모한다.

은 대명사(pronoun)는 그 자체로는 고유하게 지시하는 대상이 없고, (2)에서는 '철수'에 기대서, 그리고 '민수는$_2$ 영이가 그를$_2$ 사랑한다고 믿는다'에서는 '민수'에 기대서 어떤 대상을 지시하게 된다. 재귀사, 대명사의 의미를 '철수, 민수'가 결정한다고 할 수 있는데 이를 가리켜 '철수, 민수'가 재귀사, 대명사를 결속(bind)한다고 하고, '철수, 민수'와 재귀사, 대명사 사이의 이러한 관계를 결속 관계(binding relation)라고 한다. 그리고 재귀사와 대명사가 기댈 수 있는 것, 다시 말해 재귀사, 대명사의 지시 대상이 무엇인지 정해주는 성분을 선행사(antecedent)라고 하는데, 선행사와 재귀사, 대명사 사이의 결속 관계는 일정한 요건을 갖추어야 성립한다. 일정한 요건이 구체적으로 무엇인지 다음의 예를 통해 알아보자.

(3) 철수는$_2$ 자기 자신을$_2$ 증오한다.
(4) *자기 자신은$_2$ 철수를$_2$ 증오한다.

왜 (2)와 (3)은 성립하는데 (4)는 성립하지 않을까? 다시 말해 (2), (3)과 (4)의 대조는 왜 나타날까? 당장 눈에 띄는 것은 (2)와 (3)에서는 선행사 '철수'가 그 명칭에도 어울리게 재귀사 '자기, 자기 자신'에 선행하고 있지만 (4)에서는 그렇지 않다는 점이다. 따라서 (2), (3)과 (4)의 대조는 선행사와 재귀사의 선적인 배열 관계, 즉 선행사가 선적으로 재귀사보다 앞에 왔느냐, 뒤에 왔느냐에 따른 것으로 볼 수 있을 듯하다.

그러나 사정이 이렇게 간단치만은 않다. (2)와 (3)에서 선행사를 재귀사의 뒤로 보내도 다음 (5)에서 확인할 수 있듯이 문법성에 아무런 이상이 나타나지 않기 때문이다.

(5) 가. 자기$_2$ 책만 읽는다 철수는$_2$.

나. 자기 자신을$_2$ 증오한다 철수는$_2$.

선적인 배열 관계만을 놓고 보면 (4)와 마찬가지로 (5)도 비문법적인 표현이어야 한다. 그러나 이는 사실과 다르다. (5)는 분명히 (4)와 달리 적격한 문법적 표현이기 때문이다. 따라서 선적인 순서에 기대는 것은 이제 그만 접어두고 다른 방안을 강구할 필요가 있다.

2. 결속 관계와 구조

선적인 배열 관계에 기대지 않으면서 (2)~(5)의 자료를 설명할 수 있는 방안은 무엇인가? 앞 장에서 제시한 [가설 2]를 떠올려보자.

(6) [가설 2]: 문장 = 단어$_1$ + 단어$_2$ + … [단어$_{N-1}$ + 단어$_N$] …

[가설 2]의 핵심은 문장을 형성하는 단어들이 동등하게 그리고 동시에 결합하는 것이 아니라 끼리끼리 우선 결합하는 단어들이 있다는 점이다. 이러한 특성을 고려하면 (3)과 (5)를 다음과 같이 분석해 볼 수 있다.

(7) 가. 철수는$_2$ 자기 자신을$_2$ 증오한다. (=3)

나. 자기$_2$ 책만 읽는다 철수는$_2$.

자기$_2$ 자신을 증오한다 철수는$_2$. (=5)

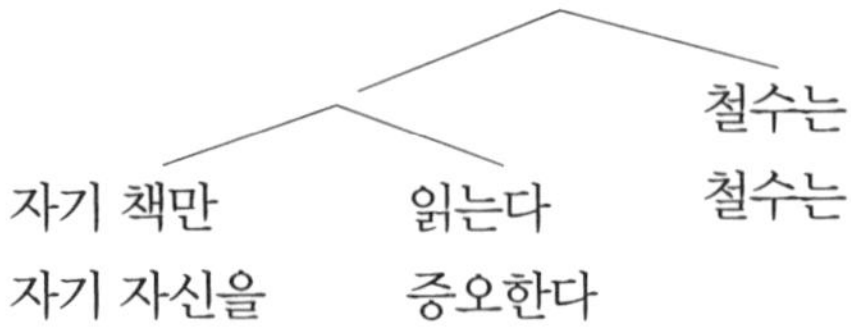

(3)과 (5)를 이와 같이 분석하면 선행사와 재귀사의 결속 관계가 적격한 이유를 선적인 배열 관계가 아니라 무엇이 무엇보다 위에 있고 또 무엇이 무엇보다 아래에 있는가를 나타내는 계층 관계(hierarchical relation)에서 찾을 수 있는 길이 열리게 된다. 나무그림 (7)에서 보듯이 선행사 '철수'가 재귀사 '자기 자신'이나 '자기'보다 위에 오면 선행사와 재귀사의 결속 관계가 성립하는 것이다. 이와 달리 다음의 (8)에서 보듯이 (4)처럼 선행사가 재귀사보다 높이 위치하지 않게 되면, 선행사와 재귀사의 결속 관계는 성립할 수 없게 되어 재귀사는 선행사와 같은 지시 대상을 갖는 것으로 해석될 수 없다.

(8) *자기 자신은$_2$ 철수를$_2$ 증오한다. (=4)

* * *

'철수가 집에 왔다'에서 '철수가'는 '집에'보다 앞이고, '왔다'는 '철수가'와 '집에'보다 뒤임은 아주 쉽게 알 수 있다. 발음을 해보면 그 순서가 '철수가'가 먼저이고 '집에'가 그 다음이며 '왔다'가 맨 끝에 발음되기 때문이다. 이렇게 선후를 따지는 관계, 즉 선형 관계(linear relation)는 직접적인 관찰(듣기와 말하기)로 확인할 수 있지만 계층 관계(hierarchical relation)는 그렇지 않다. '철수가 집에 왔다'를 몇 번이고 발음해봤자 세 단어 '철수가'와 '집에' 그리고 '왔다' 사이에 성립하는 계층 관계는 알 수 없기 때문이다. 그렇다고 계층 관계가 도무지 알 수 없는 신비의 대상은 아니다. 계층 관계는 풀 수 없는 신비가 아니라 풀어야 하고 풀 수 있으며 어떻게 하면 풀 수 있는지 그 방법과 실마리를 알고 있는 문제인 것이다.[2] 방금 살폈듯이 재귀사와 선행사의 결속 관계가 성립하는가 그렇지 않은가를 살핌으로써 계층 관계를 확인할 수 있기 때문이다.

*　*　*

그렇다면 무엇이 무엇보다 높고 낮음은 어떻게 판단해야 하는가? 예를 들어 다음의 나무그림에서 A는 B보다 높은가, 아니면 낮은가? 이도 저도 아니면 A와 B는 높낮이에서 같은가? 또 B와 C 사이의 계층 관계는 어떤가?

2 대개 탐구는 호기심을 자극하는 신비(mystery)를 만나는 데서 시작한다. 신비로운 현상을 만나면 그 현상의 원인을 이해하길 원하게 되고, 그러한 이해를 도모하는 과정이 바로 탐구이고 연구이기 때문이다. 신비로운 현상의 뿌리를 캘 수 있는 합리적인 방법론이 마련되어 있거나 그러한 방법론을 새로 마련하면 신비는 이제 문제(problem)가 된다. 신비를 해부할 합리적이고 객관적인 방법이 아직 없으면 어떻게 되는가? 그러면 신비를 느끼긴 하지만 이해는 못하는 무지한 상태에 머물게 되고, 때로 객관적 방법이 아니라 주관적이고 검증할 수 없는 상상을 통해 비합리적 이해나 초월적 이해를 도모하기도 한다. 예를 들어 하늘에 번개가 치는 신비로운 현상을 보고 왜 그런지 이해하고 싶지만 이러한 욕구에 부응할 객관적 방법이 없으니까 하늘이 노해서 번개가 친다는 신화가 나타난다.

(9)

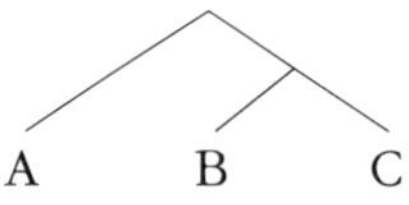

(9)에서 A는 B보다 높다. 그래야만 지금까지 논의한 재귀사와 선행사의 결속 관계를 설명할 수 있다.[3] 그런데 주의할 것은 시각적인 면에서 높고 낮음을 판단해서는 안 된다는 점이다. 시각적인 차원에서는 A와 B와 C가 모두 나란히 있기 때문이다. 하지만 구조의 측면에서 보면 A는 분명 B보다 높고 또 C보다 높다. 왜냐하면 B와 C가 결합한 단위가 A와 결합하지, A와 B가 직접 결합하거나 A와 C가 직접 결합하지는 않기 때문이다. 다시 말해 시각적인 면에서는 (9)와 다음의 (10)이 사뭇 다르지만 구조적인 면에서 둘은 정확히 똑같다. (9)와 (10) 둘 다에서 B와 C가 먼저 결합하고 이어서 A가 결합하기 때문이다.

(10)

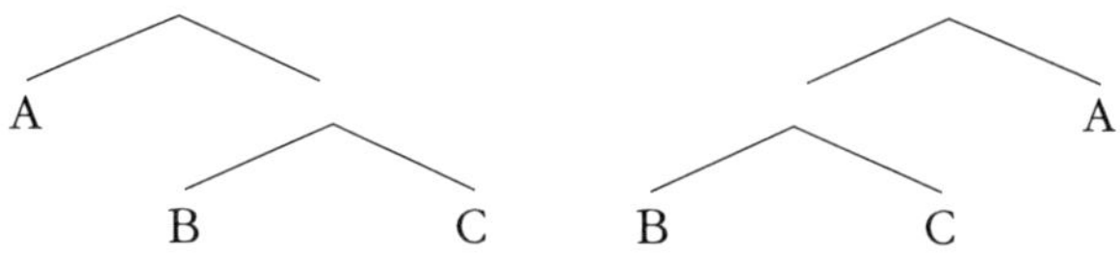

계층성을 눈으로 보아 나란히 있는 대상에 따라 정하지 않고 구조적인 관점에서 정의하면 (9)와 아주 조금 다른 듯이 보이는 (11)에서 A는 B보

3 (9)는 (7가)는 물론이고 (7나)와도 통한다. 언뜻 (9)와 (7나)는 사뭇 다른 듯이 보이지만 순서가 아니라 구조, 즉 계층관계에 주목하면 (9)의 구조는 곧 (7나)의 구조와 마찬가지임을 알 수 있다. 구조적인 면에서는 '철수는'이 가장 위에 있다는 것이 중요하지, (7가)처럼 왼쪽에 있느냐, (7나)처럼 오른쪽에 있느냐 하는 것은 무의미하기 때문이다. 바로 이어지는 논의 참고.

다 높게 위치한다고 할 수 없다. (11)에서는 A가 B와 C가 결합한 단위와 결합하는 것이 아니라 A보다 큰 단위, 즉 A와 D가 결합한 단위가 B와 C가 결합한 단위와 결합하기 때문이다.

(11)

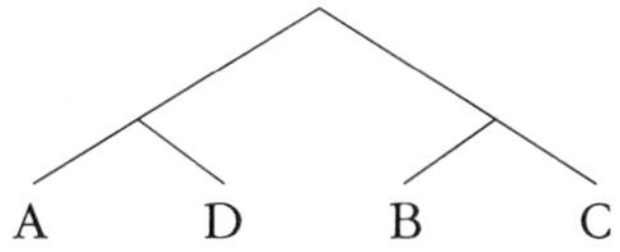

그러면 (11)에서 A가 B보다 높지 않다고 보는 것은 타당한가? 이 질문에 답하려면 (11)의 구조를 지닌 문장에 재귀사가 나타나는 양상을 살피면 되는데, 이와 관련해 다음의 문장에서 재귀사와 선행사의 결속 관계는 어떠한지 검토해보자.

(12)

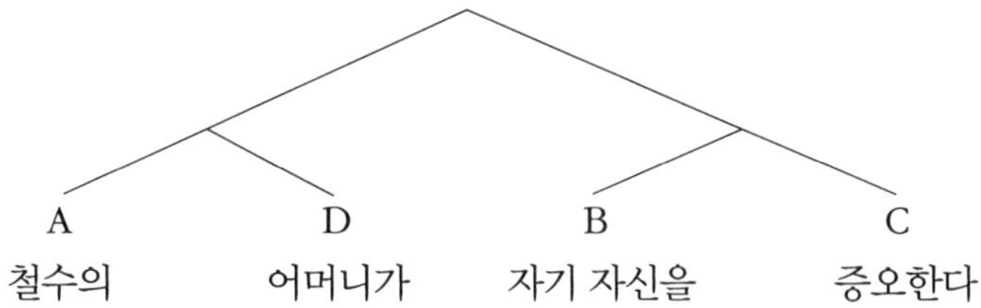

만약 (11)에서 A가 B보다 계층상 높이 위치한다면 (12)에서 '자기 자신'은 '철수'를 선행사로 취할 수 있어야 한다. 그러나 이는 사실과 다르다. (12)에서 '자기 자신'은 '철수'가 아니라 '철수의 어머니'이기 때문이다. '철수의 어머니'가 '자기 자신'의 선행사가 되는 이유는 앞서와 마찬가지로 계층 구조상 '철수의 어머니'가 '자기 자신'보다 높이 위치하기 때문이다. '자기 자신을'과 '증오한다'가 결합한 '자기 자신을 증오한다'에 '철수의 어머니'가 결합하는 것이다.

지금까지의 논의를 보다 일반화하면, 계층 관계가 표현된 구조에서 A가 B, C보다 높다는 것은 B와 C가 구조 형성에 참여한 다음에 A가 구조 형성에 참여한다는 것을 의미하게 된다. A가 B, C보다 높이 위치하려면 A는 구조 형성 과정에서 B와 C보다 나중에 구조 형성에 참여하기만 하면 되므로 다음 (13)의 두 나무그림에서도 A는 B보다 높고, C보다도 높다. 이와 달리 (12)의 구조에서는 A가 B, C보다 먼저 구조 형성에 참여하는지, 나중에 참여하는지 알 수 없다. 다시 말해 A가 B, C보다 먼저 구조 형성에 참여한다고 볼 수도 있고 나중에 참여한다고 볼 수도 있다. 그래서 (12)에서는 A와 B 사이의 계층 관계와 A와 C 사이의 계층 관계를 알 수 없는 것이며 문법은 이렇게 애매한 상황에 기대어 작동하지 않는 것이다.

(13)

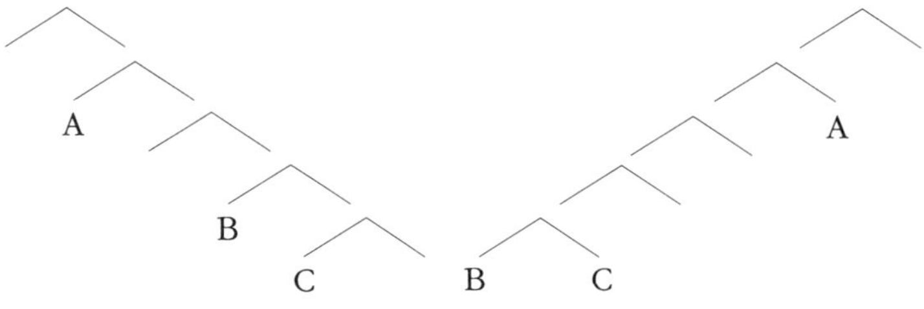

* * *

이제 (2)와 (5)로 돌아가 보자. (2)와 (5)에서 선행사 '철수'와 재귀사 '자기, 자기 자신'의 결속 관계가 성립하는 근거는 무엇인가? 그 이유는 다음에서 보듯이 (2)에서도, 그리고 (5)에서도 선행사가 재귀사보다 계층상 높이 위치하기 때문이다.

(14) 가. 철수는$_2$ 자기$_2$ 책만 읽는다. (=2)

나. 자기$_2$ 책만 읽는다 철수는$_2$.

자기 자신을$_2$ 증오한다 철수는$_2$. (=5, 7나)

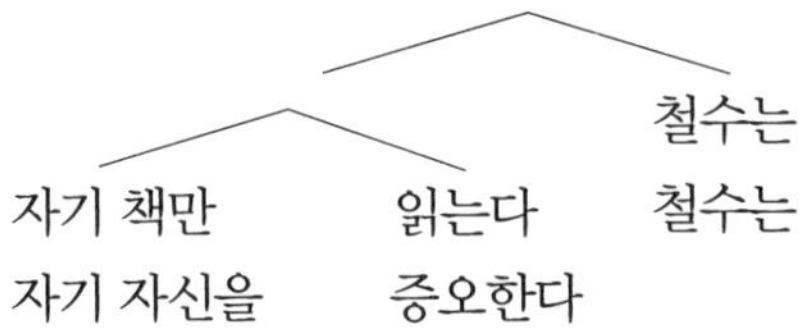

다시 한 번 더 앞으로 돌아가보자. (1)에서 올바른 것은 무엇인가? 답은 어려움 없이 (1다)임을 알 수 있다. (2), 즉 (14가)가 바로 정확히 (1다)에 대응하는 것이기 때문이다. (2)와 (1다)는 사용된 단어만 다르지 그 단어 사이에 성립하는 계층 관계는 동일한바, (1다)의 구조와 (2)의 구조는 같다.

3. 구 구조 규칙의 탄생

지금까지의 논의를 통해 확인했듯이 문장은 단어가 모여 형성되며, 이때 단어들은 모두가 동등한 자격으로 한꺼번에 동시에 결합해서 문장을 만드는 것이 아니라, 서로서로 관계가 깊은 것끼리 우선적으로 결합하여 구를 형성해가며 문장을 구축해나간다. 이를 익숙한 예로 보이면 다음과 같다.

(15) 영이가 철수의 친구를 사랑했다.

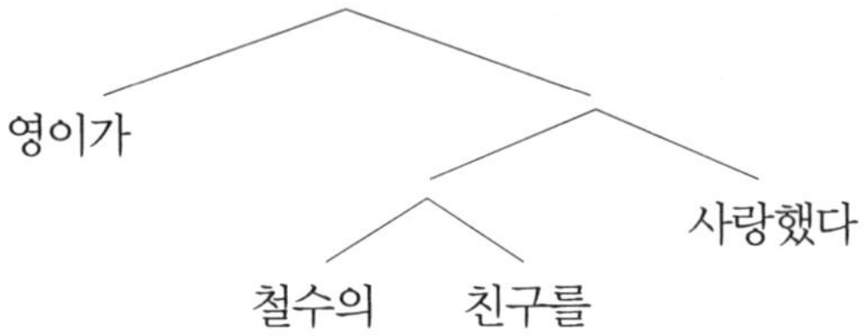

나무그림을 통해 시각적으로 확인할 수 있듯이 문장은 단어와 단어가 결합하여 구를 이루어가면서 단계적으로 형성된다. 나무그림 (15)에서 구조를 형성하는 문법 작용은 '철수의'와 '친구를'에 적용되어서 '철수의 친구를'을 형성하고, '철수의 친구를'과 '사랑했다'를 결합해서 '철수의 친구를 사랑했다'를 형성하며, 끝으로 '영이가'와 '철수의 친구를 사랑했다'를 결합해서 '영이가 철수의 친구를 사랑했다'를 형성한다. 이렇게 문법 작용은 '단어'와 단어와 단어가 결합해 형성된 '구'에 적용되는데, 문법 작용의 적용 대상인 '단어'와 '구'를 아울러 성분(constituent)이라고도 부른다.[4]

문법 작용에 의해 단어와 단어가 결합해 구를 형성하고 문장을 형성한다고 했는데 구든 문장이든 핵심은 구조를 형성하는 것이고 문장은 구의 일종이므로 이 문법 작용은 일단 구 구조 형성 규칙, 줄여서 '구 구조 규칙'(phrase structure rule)이라고 부를 수 있다. 그러면 이렇게 구조 형성을 담당하는 구 구조 규칙은 구체적으로 어떤 모습인가?

---

4 3장 1절에서는 '성분 = 하나의 단위'라고 하였다. 따라서 이제 '성분 = 하나의 단위 = 문법 작용의 적용 대상'이 된다.

구 구조 규칙을 구체화하기 위해 우선 (15)의 나무그림이 '영이가 철수의 친구를 사랑했다'뿐만 아니라 다른 여러 문장의 구조이기도 하다는 점에 주목하자.

(16)

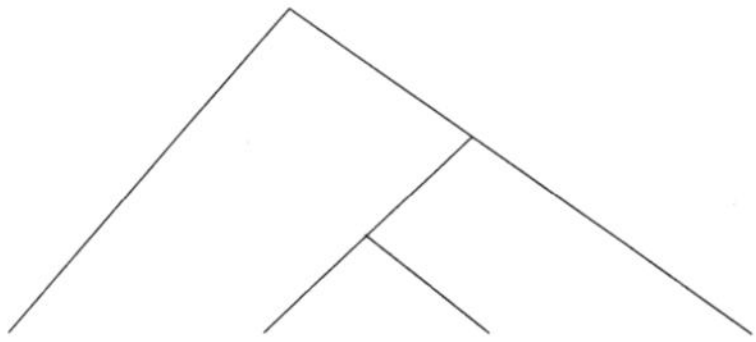

영이가 철수의 친구를 사랑했다
철수가 순이의 친구를 사랑했다
순이가 민수의 친구를 사랑했다
민수가 영이의 친구를 사랑했다
순이가 민수의 누나를 만났다
철수가 어려운 책을 읽었다
민수가 영이의 팔을 잡았다
영이가 철수의 혀를 깨물었다 등

하나의 구조가 하나의 문장이 아니라 여러 문장에 대응한다는 것은 구 구조 규칙이 하나의 문장에 묶여 있는 것이 아니라는 것을 의미한다. 구조를 형성하는 규칙은 구체적인 개별 단어와 이 단어들이 형성하는 구, 문장과는 별개로 다소 추상적인 차원에서 존재하는 것이다. 마치 블록 쌓는 규칙이 실제로 블록을 쌓아서 만든 무수한 모양의 탑, 집, 성 등과는 별개로 존재하고, 장기의 규칙이 실제로 장기를 두는 것과 별개로 존재하듯이.

추상적인 구 구조 규칙을 어떻게 구체화할 수 있을까? 구 구조 규칙을 구체화하기 위해서는 일단 나무그림에서 나뭇가지 각각에 매달린 단어들과 단어와 단어가 결합한 구를 추상화하는 것이 좋을 듯하다. '철수, 영이, 순이, 민수' 등을 추상화하여 '사람'이라는 명칭을 붙이듯이 단어와 구를 추상화한 것에도 이름을 붙일 수 있는데 흔히 쓰이는 명칭을 사용해서 (16)의 나무그림을 표현하면 다음과 같다. 편의상 구체적인 문장의 예는 (15)에 제시한 것을 사용한다.

(17)

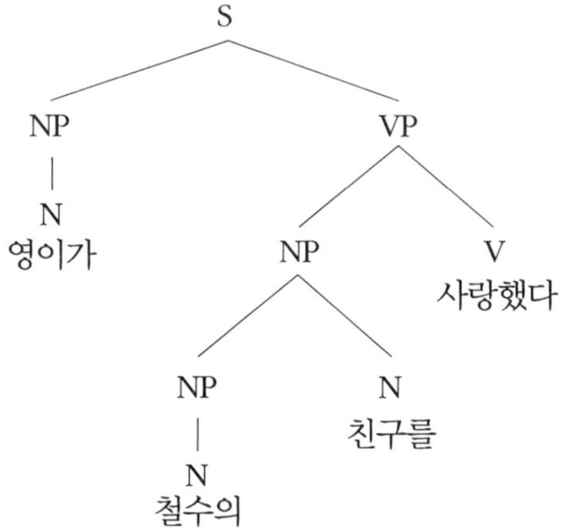

나무그림 (17)에서 S, NP, VP, V, N은 각각 문장(sentence), 명사구(noun phrase), 동사구(verb phrase), 동사(verb), 명사(noun)를 나타낸다. 이렇게 구조에 이름표를 붙이면 구 구조 규칙을 (18)로 구체화할 수 있게 된다.[5]

(18) 구 구조 규칙의 예

가. S → NP VP

나. VP → NP V

다. NP → (NP) N

---

5 (17)에서 '영이가'와 '철수의'가 왜 N이 아니라 NP 즉 '구'(phrase)일까? 이에 대해서는 바로 이어지는 논의와 5장, 특히 5장 2절의 논의 참고.

구 구조 규칙은 '무엇은 무엇과 무엇으로 이루어진다'는 것을 표현하는 것으로, 예를 들어 (18가) 'S → NP VP'는 S가 NP와 VP로 이루어진다는 것을, 역으로 NP와 VP가 결합해 S가 형성된다는 것을 의미하며, 'S = NP + VP' 식으로 써도 무방하다. 다만, 더하기 기호(+)를 쓰지 않고 등호(=) 대신에 화살표(→)를 사용한 (18)의 형식이 널리 채택되어 사용될 따름이다. 그리고 (18다)의 화살표 오른쪽 NP에 괄호가 쳐진 것은 그 NP가 있을 수도 있고 없을 수도 있음을 의미한다. (17)에서 보듯이 V '사랑했다'와 결합하는 NP '철수의 친구를'은 NP '철수의'와 N '친구를'로 이루어지지만(NP → NP N), '철수의 친구를' 안에 나타난 NP '철수의'는 다른 것 없이 홀로 NP가 되며 VP와 결합해서 S를 형성하는 NP '영이가' 역시 다른 것 없이 N '영이가'로만 이루어지는바(NP → N), 'NP → NP N'과 'NP → N'을 하나로 표현한 것이 'NP → (NP) N'인 것이다.[6]

* * *

(18)에 소개한 구 구조 규칙을 사용해 (17)을 형성하는 과정을 단계적으로 차근차근 보이면 다음과 같다.

6 사실 'NP → N'은 굉장히 이상하다. 어떻게 명사구(NP)가 다른 아무 것도 없이 명사(N)로만 이루어질 수 있는가? 이 의문에 대한 답도 이어지는 5장 2절 참고.

(19) 영이가 철수의 친구를 사랑했다.

가. (18가) 적용

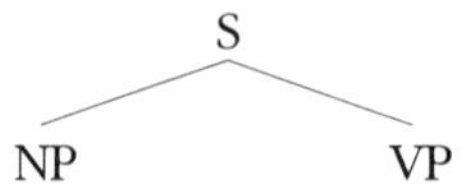

나. (18나) 적용

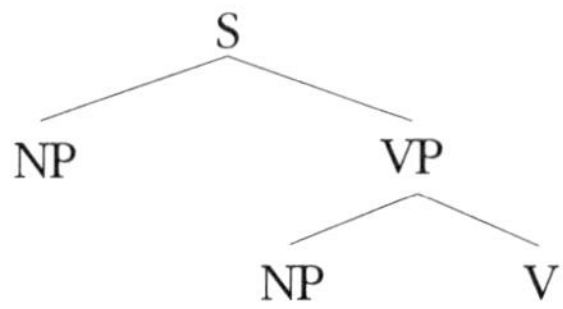

다. (18다) 적용

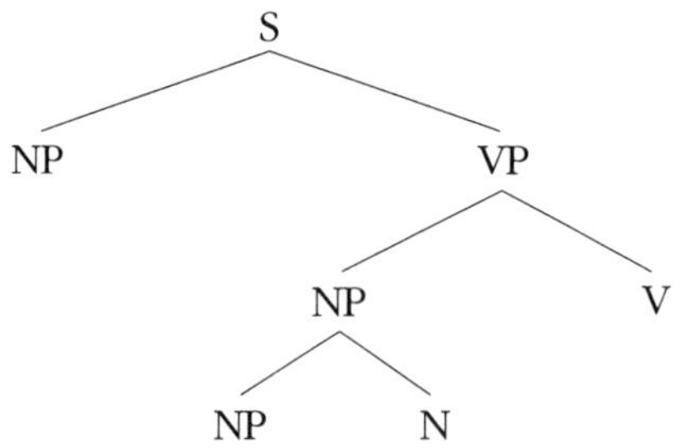

라. (18다) 적용

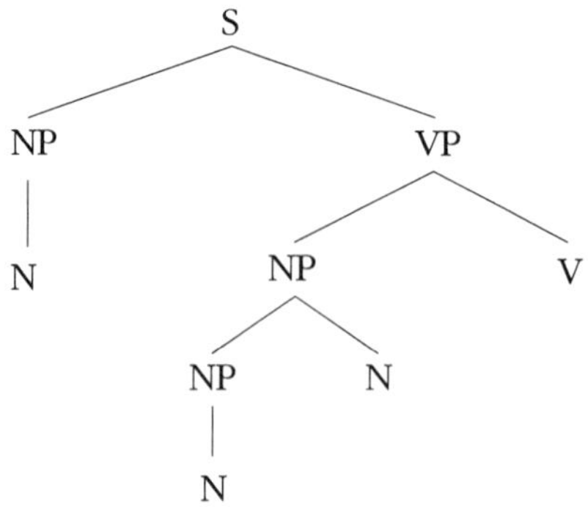

그렇다고 해서 (17)의 구조가 (19가)~(19라)의 순서대로만 형성되어야 하는 것은 아니다. 아래에서 보듯이 (18가) 다음에 (18다)를 적용하고 이어서 (18나)를 적용한 후 (18다)를 다시 한 번 적용해도 (17)의 구조는 형성된다. 중요한 것은 구조 형성 순서가 아니라 구 구조 규칙과 구 구조 규칙을 적용해 만들어 낸 구조인 것이다.[7]

(20) 가. (18가) 적용

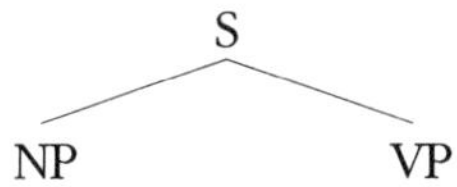

나. (18다) 적용

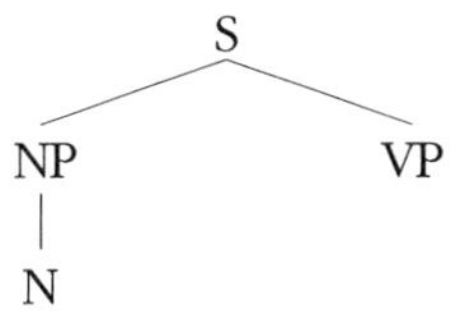

다. (18나) 적용

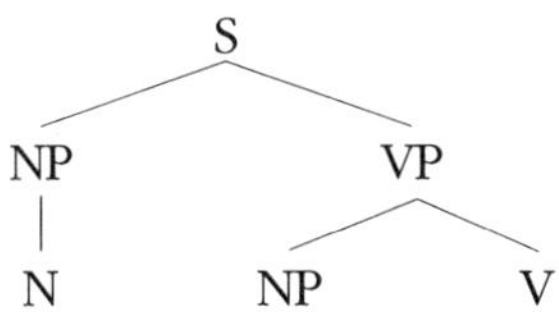

7 이 점은 6장 1절에서 다시 한 번 강조된다.

라. (18다) 적용

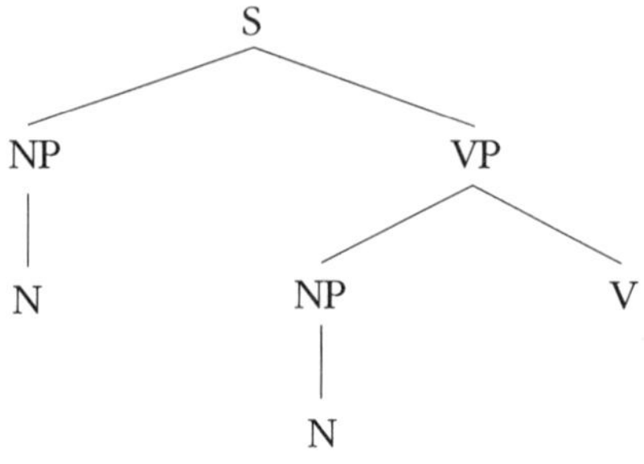

구 구조 규칙을 통해 형성된 구조 (19라), (20라)의 N과 V에 '적당한' 단어를 채워 넣으면 이제 (21), 즉 (17)이 완성된다.

(21)

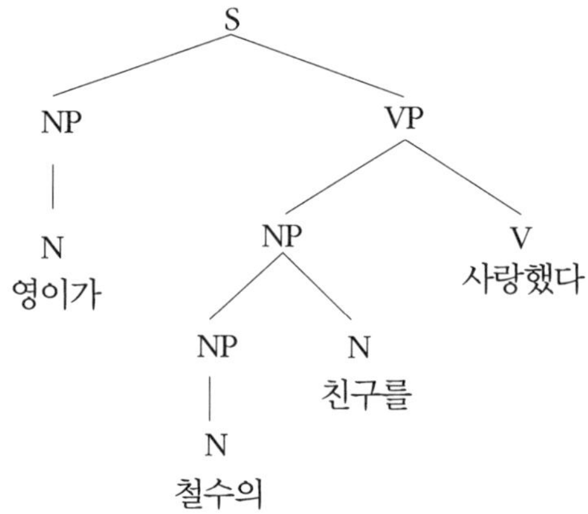

형성된 구조에 적당한 단어를 채워 넣는다는 것은 N 자리에는 '영이가'와 '철수의', '친구를' 등을 채우고 V 자리에는 '사랑했다'를 채워야지, N 자리에 '사랑했다'를 채우거나 V 자리에 '영이가', '철수의', '친구를' 등을 채워서는 안 된다는 것을 의미한다. N 자리와 V 자리를 채울 수 있는 단

어들은 따로 정해져 있는 것이다.[8]

또한 '영이가, 철수의, 친구를' 등이 N 자리를 채울 수 있는 단어라고 해서 아무 N 자리나 채울 수 있는 것은 아니다. 예를 들어 (21)에서 '철수의'와 '친구를' 둘 다 N 자리를 채울 수 있다고 해서 이 둘을 뒤바꿀 수는 없다. 이 둘을 뒤바꾸면 '*영이가 철수를 친구의 사랑했다'에서 알 수 있듯이 제대로 된 문장이 만들어지지 않는다. '철수의'가 채울 수 있는 N 자리와 '친구를'이 채울 수 있는 N 자리가 정해져 있고 나아가 '영이가'가 채울 수 있는 N 자리가 정해져 있는 셈인데, 어떤 것이 어떤 N 자리를 채울 수 있는가는 나름의 질서에 의해 규제된다. (21)에서 확인할 수 있듯이 '철수의'처럼 '의'를 포함하는 N은 NP 속에 나타난 NP 아래의 N을 채울 수 있고, '영이가'처럼 '가'를 포함한 N은 S 바로 아래에 나타난 NP 아래의 N 자리를 채울 수 있으며, '친구를'처럼 '를'을 포함한 N은 VP 아래에 나타난 NP 아래의 N 자리를 채울 수 있다.[9] S 바로 아래 나타난 NP와 VP 아래 나타난 NP를 각각 주어(subject)와 목적어(object)라 하고 NP 속의 NP를 관형어라 하므로, '가'를 포함한 N, '를'을 포함한 N, '의'를 포함한 N 각각은 주어, 목적어, 관형어 자리에 나타난 NP 밑에 올 수 있는 것이다.

그러면 주어와 목적어, 관형어는 어떻게 정하는가? 여기에도 나름의 질서가 존재하는데 먼저 꾸미는 성분과 꾸며지는 성분 가운데 꾸미는 성분이 관형어로 쓰인다. (21)에서 '철수'가 '친구'를 꾸미는 역할을 담당하므로 '철수의 친구'처럼 '철수'가 '의'를 동반하며 관형어로 쓰이는 것이다. 다음으로 주어와 목적어는 V '사랑했다'의 의미와 관련하여, '사랑하는 존재'가 주어로 쓰이고 '사랑받는 존재'가 목적어로 쓰인다. 사랑하는 존재

8 이에 대한 사세한 사항은 다음 5장의 3절에서 살핀다.

9 '의, 가, 를' 등을 조사라고 한다. 다음 5장 3절의 논의 참고.

가 '영이'이고 사랑받는 존재가 '철수의 친구'이므로 '영이가 철수의 친구를 사랑했다'가 성립하는 것이다. 만약 관계가 뒤바뀌어서 '철수의 친구'가 사랑하는 존재가 되고 '영이'가 사랑받는 존재가 되면 '철수의 친구가 영이를 사랑했다'가 된다.[10]

10 이렇게 어떤 행위를 하는 존재, 행위의 대상이 되는 존재 등과 같은 의미적 역할을 의미역이라고 하는데 의미역에 대해서는 7장에서 자세히 살핀다.

참고문헌

구조와 재귀사 해석

박승혁[Park, Sung-Hyuk], 1985, "Pronominal and Anaphoric Elements in Korean", 박사학위논문, University of Texas at Austin.

양동휘, 1986, 「한국어의 대용사론」, 『국어학』 15.

양명희, 1998, 『현대국어 대용어에 대한 연구』, 태학사.

Barss, A. ed., 2003, *Anaphora: A Reference Guide*, Wiley-Blackwell.

Huang, Y., 2004, *Pragmatics*, Oxford University Press. [이해윤 옮김, 2009, 『화용론』, 한국외국어대학교 출판부]

제5장
구 구조 규칙 탐구

1. 구 구조 규칙에 대한 의문

언어 기호는 시차적, 단계적으로 결합하여 구조를 형성하며 시차적, 단계적 결합이 가능한 것은 바로 구 구조 규칙 덕분이다. 예를 들어 구 구조 규칙 (1)을 이용해 구조를 형성하고 여기에 단어를 동원하면 (2)와 같은 문장이 만들어진다.

(1) 가. S → NP VP
    나. VP → NP V
    다. NP → (NP) N

(2)

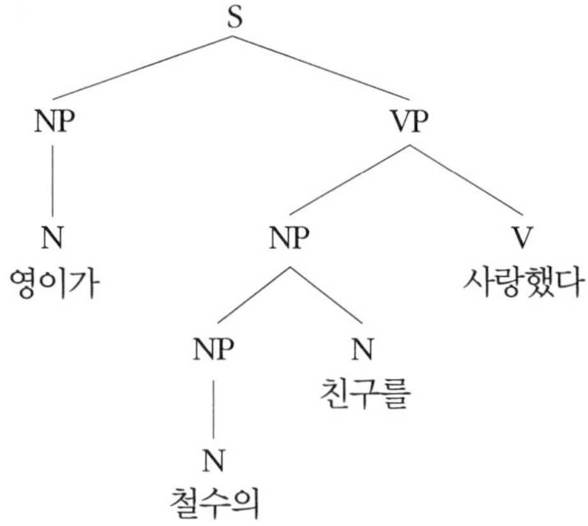

그런데 구 구조 규칙을 적용해 구조를 형성하고 이 구조에 단어를 채워 넣는 일련의 과정을 따라가다 보면 몇 가지 의문이 자연스레 떠오른다. 이 의문들은 궁극적으로 구 구조의 의미 혹은 구 구조 규칙이 의도하는 바는 무엇인지, 또 구 구조 규칙이 함축하고 있는 바는 무엇인지에 대한 의문과 직결되는데 다음의 다섯 가지 질문에 대한 답을 모색하면서 구 구조 규칙에 대한 보다 상세한 이해를 도모하기로 한다.

(3) 구 구조 규칙에 대한 의문

가. (2)에서 '영이가'와 '철수의'는 구(phrase)가 아니다. 그런데 왜 명사구(NP)라고 하는가?

나. (2)에서 단어는 어떻게 구조에 도입되는가? 또 V, VP, N, NP와 같은 이름표(label)와 단어는 무슨 관계인가?

다. (1)에는 NP '철수의'와 N '친구를'이 결합하여 한곳으로 모이면 NP가 되고, 이 NP와 V '사랑했다'가 결합하여 한곳으로 모이면 VP가 된다는 식으로 결합의 결과까지 표시해놓았는데 왜 결합의 결과까지 표시하는가?

라. 구 구조 규칙은 (1나) 'VP → NP V'와 (1다) 'NP → (NP) N'에서 보듯이 화살표 오른쪽에 있는 기호(V, N)가 왼쪽에 다시 반복되어 나타나는데(VP, NP) 이런 반복이 의미하는 바는 무엇이며 또 왜 이런 반복이 나타나는가?

마. (1나), (1다)와 달리 구 구조 규칙 (1가) 'S → NP VP'는 화살표 오른쪽과 왼쪽에 반복되는 기호가 없다. 화살표를 가운데 두고 같은 기호가 거듭 나타나는 것이 구 구조 규칙의 일반성이라면 (1가)는 이 일반성을 위반하고 있다. 그러면 (1가)도 다른 구 구조 규칙이 보이는 일반성을 준수해야 하지 않을까? 만약 그렇지 않다면 예외가 나타나게 되는데 그러한 예외는 왜 나타나는가?

물론 구 구조 규칙에 대한 의문이 다섯 가지 질문으로 총망라되는 것은 아닐 것이다. 다만 여기서는 다섯 가지 질문이 가장 두드러진, 다시 말해 (1)과 (2)를 꼼꼼히 관찰하기만 하면 떠오르는 가장 눈에 띄는 의문이라는 점을 고려해서 논의의 대상으로 삼고자 한다. 이 장에서는 (3가)~(3라)의 네 가지 질문을 살피고, (3마)는 장을 달리하여 논의한다.

2. 구 구조 규칙에 나타나는 P의 의미

첫째, 구 구조 규칙에 나타난 P의 의미는 무엇인가? 왜 '영이가'와 '철수의'에 N뿐 아니라 P를 붙인 이름표 NP까지 부여하는가?

NP의 P를 '구(phrase)이다'로 해석하면 '영이가'와 '철수의' 둘 다 NP일 수는 없다. '영이가'와 '철수의'는 단어(N)이지 구(NP)가 아니기 때문이다. 그러면 구가 아닌데 이름표에 P를 가진 것을 어떻게 이해해야 할까? 별다르거나 심오한 이해의 방법이 따로 있는 것은 아니고 구 구조에 나타나는 P가 '구(phrase)임'이 아니라 '구(phrase)일 수 있음'을 의미하는 것으로 보면 된다. P의 의미를 이렇게 해석하면 (2)의 '영이가'나 '철수의'처럼 실제로는 명사구가 아닌 것도 이름표로는 NP를 가질 수 있게 된다.

중요한 것은 이와 같은 조치가 이름표 부여하는 일을 쓸데없이 복잡하게 하는 것 같지만 거기에는 나름의 이유가 있다는 사실이다. (2)의 '영이가'와 '철수가'가 N에 더해 NP(명사구일 수 있음)라는 이름도 가지는 것은 '영이가'와 '철수의'가 실제로 구일 수도 있다는 것, 다시 말해 '잠재적인 구'라는 것을 나타내기 위한 것이기 때문이다. '영이가'와 '철수가'가 잠재적으로 구라는 것은 쉽게 확인할 수 있다. 다음 (4)에서는 (2)의 '영이가'와 '철수의' 자리에 각각 구 '영이의 친구가'와 '철수의 친구의'가 나타났는데, 이렇게 (2)의 '영이가'와 '철수의' 자리에 구가 나타날 수 있다는 것은 '영이가'와 '철수가'가 구에 버금가는 존재, 즉 잠재적인 구라는 것을 뜻한다.

(4) 영이의 친구가 철수의 친구의 친구를 사랑했다.

그러면 앞서 제기한 다섯 가지 질문 가운데 첫 번째 질문 (3가)에 대한 답은 다음과 같이 정리할 수 있다.

(5) 문: (2)에서 '영이가'와 '철수의'는 구(phrase)가 아니다. 그런데 왜 명사구(NP)라고 하는가? (=3가)

답: '영이가'와 '철수의'는 겉으로는 단어이지만 실상 속으로는 구에 버금가는 '잠재적인 구'의 자격을 지니는데 이를 나타내기 위해 NP(명사구일 수 있음. 즉, 잠재적인 명사구임)라는 이름표를 부

여한다.

3. 구 구조 규칙과 통사 범주

둘째, 단어가 구조에 나타나는 것은 어떻게 규제되는가? 이 질문에 답하기 위해서는 나무그림의 특정 위치에 들어갈 수 있는 단어의 부류가 따로 정해져 있다는 점에 주목할 필요가 있다. 예를 들어 V 자리에는 4장의 (16)에서 확인했듯이 '사랑했다, 만났다, 읽었다, 잡았다, 깨물었다' 등은 들어갈 수 있지만, '열심히, 한라산, 어머나' 등은 들어갈 수 없다.

(6) 가. *영이가 철수의 친구를 열심히.
　　나. *영이가 철수의 친구를 한라산.
　　다. *영이가 철수의 친구를 어머나.

(6)에서 보듯이 나무그림에서 V 자리는 아무 단어나 채울 수 있는 것은 아니고 일정 자격, 이를 V라고 하면, V의 자격을 가진 단어들만 채울 수 있다. 그러면 나무그림에서 단어가 채워질 자리에 표시된 N, V 등에 따라 단어가 분류되어 있다고 할 수 있다. N 부류 단어, V 부류 단어 식으로 단어가 분류되어 있어야 N 자리에 들어가는 단어와 V 자리에 들어가는 단어를 구분할 수 있는 것이다. 이러한 단어의 분류를 흔히 단어의 부류, 줄여서 단어류(word class)라고 하며 때로 품사(part of speech)라고도 하고 통사 범주(syntactic category)라고 부르기도 한다. 그러면 언어에는 몇 가지 통사 범주가 존재하고, 한국어의 통사 범주는 구체적으로 어떠한가? 이 질문과 관련해 다음과 같은 점에 유념할 필요가 있다.

먼저 모든 언어가 같은 종류, 같은 수의 통사 범주를 지니지는 않는다. 통사 범주라는 것은 단어를 분류한 것이며,[1] 이러한 분류가 존재하는 이유는 사실 제대로 된 구조를 형성하기 위한 것이다. 다시 말해 옷을 속옷, 겉옷, 윗도리, 아랫도리 식으로 분류하는 것이 제대로 옷을 입기 위함이듯이 단어의 분류도 제대로 된 언어 기호를 만들기 위함이다. 이에 옷의 종류 혹은 분류나 옷 입는 방식이 보편적일 수도 있고 문화마다 다를 수도 있듯이, 통사 범주도 모든 언어에 통하는 보편적인 것도 있고 또 언어마다 차이가 나는 것도 있게 된다.

다음으로 통사 범주가 일종의 분류이고 분류는 목적에 따라 달라질 수 있으므로 통사 범주도 목적에 따라 달리 설정될 수 있다. 우리 학교 학생들을 어떻게 분류할 수 있을까? 답사 기념 티셔츠 지급이 목적이면 아마도 가슴둘레 치수에 따라 분류해야 할 것이다. 또 훌륭한 학생에게 상을 주는 것이 목적이면 분류의 기준은 봉사 활동, 성적, 발전 가능성 등이 될 것이다. 이렇게 분류는 분류의 기준을 필요로 하고 분류의 기준은 분류의 목적에 따라 달리 선택된다. 통사 범주도 이와 마찬가지여서 목적에 따라, 즉 설명하고자 하는 언어 현상에 따라 달라질 수 있다. 다만 지금까지 여러 언어 현상을 탐구한 결과 한국어의 통사 범주는 다음과 같은 분류를 널리 사용한다.[2]

---

1 통사 범주를 '단어'의 분류로 보는 것은 논의를 단순화하기 위한 조치이다. 사실 통사 범주는 통사 구조, 즉 나무 그림 형성에 참여하는 요소를 가리키므로 단어 이외의 것도 포함한다. 예를 들어 9장과 10장에서 논의하듯이 조사와 어미는 단어가 아니지만 통사 구조 형성에 참여하므로 독자적인 통사 범주를 이루는 것으로 본다. 자세한 논의는 9장과 10장으로 미루고 여기서는 일단 조사와 어미도 통사 범주에 포함시키기로 한다.

2 학교 문법에서는 통사 범주에서 (7자) 어미를 제외하고 나머지 아홉 범주만을 인정한다. 그러면 한국어는 9가지 통사 범주를 갖게 된다. 이에 학교 문법에서는 한국어가 9품사 체계를 갖는 것으로 본다. 한편 (7라), (7마), (7아) 그리고 (7자)에 붙은 붙임표(−)는 무엇이 결합되어야 한다는 것을 의미한다. (7라)와 (7마)처럼 붙임표가 뒤에 있으면 '시원하−구나, 붉−다, 사랑

(7) 한국어의 통사 범주

가. 명사(N. noun): 하늘, 책, 사람 등

나. 대명사(Pro. pronoun): 나, 너, 우리 등

다. 수사(Num. numeral): 하나, 둘, 셋 등

라. 형용사(A. adjective): 시원하-, 붉- 등

마. 동사(V. verb): 사랑하-, 읽- 등

바. 관형사(Adn. adnominal): 새, 약 등

사. 부사(Adv. adverb): 열심히, 깨끗이, 무척 등

아. 조사(J. josa): -에게, -만, -처럼 등

자. 어미(E. ending): -다, -냐, -어라, -자 등

차. 감탄사(Exc. exclamative): 어머나, 야호 등

더불어 각각의 통사 범주는 독자적으로 존재할 뿐만 아니라 서로 공통점을 가질 수 있다는 점에도 주의를 기울여야 한다. 예를 들어 (7)에서 (7라) '형용사'와 (7마) '동사'는 다음에서 보듯이 명령형과 청유형 형성 여부에서 차이를 드러내어서 구분되기도 하지만 구 구조에서 V 자리에 들어갈 수 있다는 점에서는 통하기도 한다.

(8) 가. 명령형: *날씨가 시원해라, 책을 읽어라.

나. 청유형: *날씨가 시원하자, 책을 읽자.

형용사와 동사는 같은 점도 있고 다른 점도 있는 셈인데, 그래서 차이

하-자, 읽-어라' 등에서 보듯이 뒤쪽에 무언가가 결합되어야 하고, (7아)와 (7자)처럼 붙임표가 앞에 있으면 '영이-에게, 철수-만, 순이-처럼'과 '맑-다, 졸리-냐, 읽-어라, 가-자'에서 보듯이 그 앞에 무엇이 결합되어야 한다. 참고로 '읽-겠-다'의 '-겠-'처럼 붙임표가 앞과 뒤에 나타나는 경우도 있다.

점을 나타낼 때는 형용사, 동사 식으로 따로따로 부르고, 공통점을 강조할 때는 둘을 합쳐 '용언'이라고 부른다. 명사, 대명사, 수사도 형용사와 동사처럼 같기도, 다르기도 하며, 관형사와 부사도 마찬가지인데 같은 점을 강조할 때의 명칭을 반영해서 (7)을 새로 제시하면 다음과 같다. 조사와 어미 그리고 감탄사는 독자적으로만 존재하고 같이 묶일 만한 것이 없지만 다른 것과 균형을 맞추고자 '관계언, X언, 독립언'이라는 명칭을 부여한다.

(9) 한국어의 통사 범주

가. 체언

명사(N. noun): 하늘, 책, 사람 등

대명사(Pro. pronoun): 나, 너, 우리 등

수사(Num. numeral): 하나, 둘, 셋 등

나. 용언

형용사(A. adjective): 시원하-, 붉- 등

동사(V. verb): 사랑하-, 읽- 등

다. 수식언

관형사(Adn. adnominal): 새, 약 등

부사(Adv. adverb): 열심히, 깨끗이, 무척 등

라. 관계언

조사(J. josa): -에게, -만, -처럼 등

마. X언

어미(E. ending): -다, -냐, -어라, -자 등

바. 독립언

감탄사(Exc. exclamative): 어머나, 야호 등

이제 통사 범주에 대한 논의를 간추려 두 번째 질문 (3나)와 이에 대한 답을 정리하면 다음과 같다.

(10) 문: (2)에서 단어는 어떻게 구조에 도입되는가? 또 V, VP, N, NP와 같은 이름표(label)와 단어는 무슨 관계인가? (= 3나)

답: 나무그림에 표시된 N, V 등은 통사 범주를 나타내는 것으로 나무그림에 표시된 통사 범주 아래에는 이 통사 범주에 해당하는 단어가 도입된다.[3] 단어와 NP, VP 등의 관계는 이어지는 논의에서 밝혀진다.

4. 구 구조 규칙의 반복성

셋째, 화살표 왼쪽에 나타난 범주는 왜 필요한가? 예를 들어 (1나)의 구 구조 규칙 'VP → NP V'에서 화살표 오른쪽에 나타난 'NP V'는 명사구와 동사가 결합할 수 있다는 것을 나타내는데 화살표 왼쪽의 VP는 무엇을 나타내는가? 구 구조 규칙을 적용하는 과정을 생각하면 화살표 왼쪽의 의미는 화살표 오른쪽에 따라 하나로 결합한 구, 다시 말해 결합의 결과물에 부여하는 이름표라는 것을 어렵잖게 알 수 있다. 즉 (1나) 'VP → NP V'는 NP와 V가 결합할 수 있으며, 이렇게 결합하여 형성된 구는 그 범주의 이름표가 VP라는 것을 의미한다. 그러면 왜 결합할 수 있는 것만 'NP V' 식으로 나타내지 않고 'VP → NP V' 식으로 결합한 결과(VP)까지를 나타내는가?

결합한 결과의 범주까지 VP 식으로 나타내는 것은 반복적인(recursive)

3 통사 범주만이 어휘 항목이 구조에 도입되는 절차를 규제하는 것은 아니다. 7장의 논의 참고.

결합을 가능하게 하기 위해서일 것이다. 예를 들어 A와 B의 결합, B와 C의 결합은 허용되지만 A와 C의 결합은 허용되지 않는다고 해보자. 단순히 두 개만 결합해야 하는 상황이면 결합의 결과는 몰라도 된다. A와 B가 결합한 결과와 B와 C가 결합한 결과 그리고 A와 C가 결합한 결과가 무엇인지 몰라도 AB, BC 결합은 허용되지만 AC 결합은 허용되지 않음을 잘 알 수 있기 때문이다.

그러나 두 개가 아니라 A, B, C 세 개를 결합해야 하며, 동시에 이 결합은 언어처럼 구조를 형성해야 한다고 해보자. 그러면 두 개가 결합한 결과가 무엇인지 정하지 않고서 A, B, C 세 개가 결합할 수 있는 방법은 없다. A와 B가 결합하고 이어 C가 결합하려고 하면, AB에는 B가 있으니까 BC가 가능하듯이 AB와 C의 결합이 가능할 것도 같다. 그런데 AB에는 B뿐만 아니라 A도 포함되어 있으므로 A와 C의 결합이 불가능하듯이 AB와 C의 결합도 불가능할 것도 같다. 이렇게 이러지도 저러지도 못하는 상황은 B와 C가 결합해서 BC가 된 후 여기에 A가 결합하려고 해도 마찬가지이다. BC의 B를 보면 결합이 가능할 것 같은데 C를 보면 결합할 수 없을 것도 같기 때문이다.

반면에 결합의 결과까지 정해지면 A, B, C 세 개의 결합이 가능한 길이 열린다. A와 B가 결합하고 그 결과가 B가 되면 AB에 C가 결합할 수 있고, 또 B와 C가 결합하고 그 결과가 B가 되면 BC에 A가 결합할 수 있기 때문이다. 이 두 가지 경우를 나무그림으로 보이면 다음과 같다.

(11) 가.

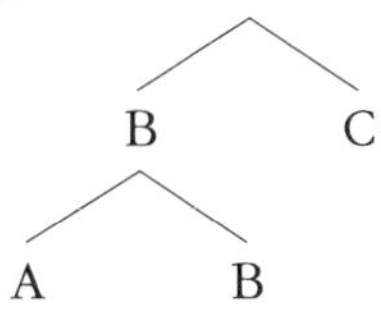

나.

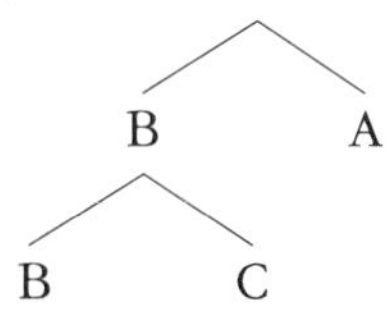

나무그림에 단어를 제대로 채워 넣기 위해, 다시 말해 단어와 단어의 무분별한 결합을 방지하고 문법적인 결합과 그렇지 않은 결합을 구분하기 위해서는 통사 범주가 필요하듯이 단어와 단어가 결합한 구도 그 유형, 즉 범주가 정해져야 또 다른 단어나 구와 다시 결합할 수 있는 셈인데, (11가)와 (11나)에 제시한 나무그림의 뿌리의 범주가 각각 C와 A로 정해지면 다음에서 보듯이 구조는 더 확대될 수 있다.

(12) 가.

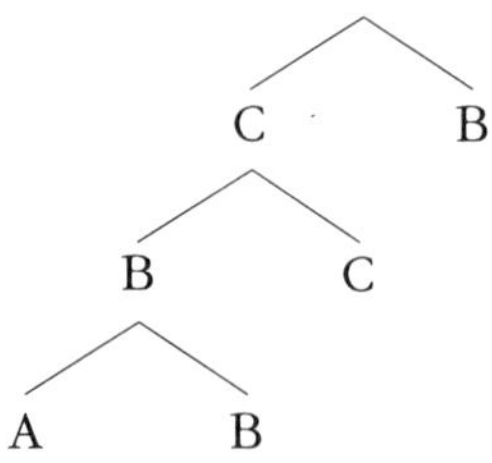

나.

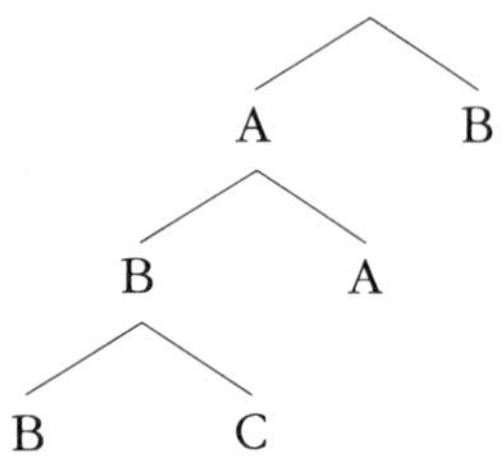

'영이'하고 '철수'가 결합하면 그 결합은 결합에만 멈추는 것이 아니라 그 결합 유형이 '친구', '연인', '부부' 중 어느 하나로 정해져야 제3자인 '순이'가 '영이, 철수'와 적절한 관계를 맺을 수 있듯이 언어도 단어뿐만 아니라 단어와 단어의 결합인 구도 범주를 지녀야 다른 단어나 구와 결합해 더 큰 구조를 형성할 수 있는 것이다.

지금까지의 논의를 바탕으로 첫 번째 질문과 두 번째 질문에 이어 (3다)의 세 번째 질문과 그에 대한 답을 간추리면 다음과 같다.

(13) 문: (1)에는 NP '철수의'와 N '친구를'이 결합하여 한곳으로 모이면 NP가 되고, 이 NP와 V '사랑했다'가 결합하여 한곳으로 모이면 VP가 된다는 식으로 결합의 결과까지 표시해놓았는데 왜

결합의 결과까지 표시하는가? (=3다)

답: 언어의 구조는 단순히 두 개의 단어가 결합하는 것에서 멈추지 않고, 세 개 이상의 단어가 결합해서 형성하기도 한다. 이렇게 깊고 풍부한 결합이 가능하려면 결합의 결과가 어떤 범주에 속하는지를 알아야 한다.

* * *

그러면 결합의 결과가 속하는 범주는 어떻게 정하는가? 만약 A 범주의 단어와 B 범주의 단어가 결합한 구 AB가 A도 B도 아닌 C 범주에 속한다고 해보자. C라는 결과가 나타나게 된 이유를 그 구를 형성하는 데 참여한 A나 B에서 전혀 예측할 수 없는 상황인 셈인데, 이렇게 되면 문법이 불가능해진다. 왜냐하면 예측이 불가능하다는 것은 A와 B가 결합한 구의 범주를 일일이 외워야 한다는 것을 의미하는데, 구라는 것이 한정된 것이 아니고 무한히 존재하며 무한한 구의 범주를 외우는 것은 불가능하기 때문이다.[4] 다시 말해 단어는 유한하지만 유한한 단어를 결합해 만드는 구는 무한하다. 예를 들어 '철수, 친구'와 조사 '-의'만 있어도 '철수의 친구, 철수의 친구의 친구, 철수의 친구의 친구의 친구 …'처럼 무한한 구를 만들 수 있다. 이렇게 무한히 많이 존재하는 구의 범주를 하나하나 외울 수는 없다.

따라서 단어와 단어가 결합한 구의 범주는 결합에 참여한 단어의 범주

4 규칙의 의의를 논의한 2장 3절 참고. 한편 A와 B가 결합한 구가 C 범주에 속하면서도 문법이 작동될 수는 있다. 예를 들어 모든 구가 항상 C 범주이면 결과 범주에 대한 예측은 불가능해도 외워야 할 것은 '구의 범주는 항상 C이다'와 같은 간단한 규칙 하나이기 때문이다. 이에 해당하는 언어 현상이 존재하는지 확인할 필요가 있는데 현재로서는 그 존재 여부를 알 수 없다.

에서 예측 가능해야 한다는 것을 알 수 있고, 여기서 넷째 질문에 대한 답을 구할 수 있다.

(14) 문: 구 구조 규칙은 (1나) 'VP → NP V'와 (1다) 'NP → (NP) N'에서 보듯이 화살표 오른쪽에 있는 기호(V, N)가 왼쪽에 다시 반복되어 나타나는데(VP, NP) 이런 반복이 의미하는 바는 무엇이며 또 왜 이런 반복이 나타나는가? (=3라)

답: 화살표 왼쪽과 오른쪽이 통한다는 것은 원인(결합에 참여한 단어의 범주)에서 결과(결합에 의해 나타난 구의 범주)가 예측 가능하다는 것을 의미하며, 결합의 결과가 예측 가능해야만 다양한 언어 표현을 생성해낼 수 있다.

그러면 언어가 항상 이와 같은 방식으로 작동할까? 그러리라고 예상할 수는 있지만 확실히 단언할 수는 없다. 모든 언어의 모든 현상을 하나씩 검토하다 보면 예외적인 경우도 만날 수 있고, 어쩌면 (14)에 어긋나는 사례가 예외로 치부할 수 없을 만큼 일반적일 수도 있기 때문이다. 여기서 다양한 현상의 풍부한 사례에 대한 검토가 중요한 과제로 제기되는데, 지금 당장 이 중요한 작업에 뛰어들기는 어렵다. 중요한 작업이긴 하지만 본격적인 검토는 훗날로 미루고 여기서는 일단 언어가 예측 가능한 방식으로 작동한다는 가설을 가지고 논의를 이어가기로 한다. 예외는 합리적 가설(언어는 예측 가능한 방식으로 작동한다)이 설정된 다음에야 그 특이성을 구체화하여 제대로 다룰 수 있음에 유념할 필요가 있다. 지금 우리의 목적은 합리적 가설의 기초를 세우는 것이지 모든 사례를 꼼꼼히 짚어가며 예외까지를 다루는 것이 아니다.

참고문헌

구 구조 규칙

김영희, 1983, 「통사론」, 노대규 · 김영희 · 이상복 · 임용기 · 성낙수 · 최낙복 공저, 『국어학 서설』, 정음사.

이홍배, 1974, 「국어의 변형 생성 문법」, 『문법연구』 1.

———, 1975, 「국어의 변형 생성 문법 (II)」, 『문법연구』 2.

Radford, A., 1981, *Transformational Syntax*, Cambridge University Press. [서정목 · 이광호 · 임홍빈 옮김, 1984, 『변형문법이란 무엇인가』, 을유문화사]

통사 범주

남기심 외, 2006, 『왜 다시 품사론인가』, 커뮤니케이션북스.

Radford, A., 1988, *Transformational Grammar*, Cambridge University Press. [서정목 · 이광호 · 임홍빈 옮김, 1990, 『변형문법』, 을유문화사]

Rauh, G., 2010, *Syntactic Categories: Their Identification and Description in Linguistic Theories*, Oxford University Press.

Schachter, P. & T. Shopen, 2007, "Parts-of-Speech Systems", In T. Shopen. ed. *Language Typology and Syntactic Description 1: Clause Structure*. 2nd edition, Cambridge University Press.

제6장
핵 계층 이론

1. 구 구조 규칙의 일반화

한국어를 설명하기 위해서는 구 구조 규칙이 몇 개나 있어야 할까? 10개? 100개? 아이들이 지능이 제대로 발달하기도 전에, 예를 들어 '1+3'이 '4'라는 것을 알기도 전에, 종알종알 말을 하며 말이라는 것이 구 구조 규칙에 의해 형성된다는 것을 고려하면 구 구조 규칙은 아주 간단해야 하고 그 수도 적어야 한다. 이런 점들을 고려해서 한국어의 모든 문장을 형성할 수 있는 적은 수의 간단한 한국어 구 구조 규칙을 마련했다고 하자. 그 구 구조 규칙은 다음과 같은 것을 포함할 것이다.

(1) 가. S → NP VP

예 $[_{S}$ $[_{NP}$ 철수가$]$ $[_{VP}$ 책을 읽었다$]]$

나. VP → NP VP

예 영이가 $[_{VP}$ $[_{NP}$ 책을$]$ $[_{VP}$ 열심히 읽었다$]]$

다. VP → (AdvP) V

예 철수가 [VP [AdvP 활짝] [V 웃었다]], 철수가 [VP [V 웃었다]]

라. NP → (AdnP) N

예 [NP [AdnP 아주 새] [N 책을]] 읽었다, [NP [N 책을]] 읽었다

마. AdnP → (AdvP) Adn

예 [AdnP [AdvP 아주] [Adn 새]] 책, [AdnP [Adn 새]] 책

바. AdvP → (AdvP) Adv

예 [AdvP [AdvP 매우] [Adv 빨리]] 달렸다, [AdvP [Adv 빨리]] 달렸다

(1)에서 (1가)와 (1나)는 다른 것들과 달리 괄호를 포함하지 않고 있다. (1가)에서 화살표 오른쪽에 나타난 NP와 VP 어디에도 괄호가 쳐지지 않는 것은 S가 형성되기 위해서 NP와 VP가 항상 있어야 한다는 것을 의미한다. 그리고 (1나)의 화살표 오른쪽에 나타난 NP가 괄호를 동반하지 않는 것은 'VP → VP'와 같은 규칙은 사용하지 않음을 뜻한다. 구 구조 규칙은 말 그대로 구조를 형성하기 위한 것인데 'VP → VP' 식의 구 구조 규칙은 구조 형성이 아니라 동일한 구조의 반복일 뿐이므로 전혀 쓸모가 없는 것이다.

(1)에 소개한 구 구조 규칙으로 생성할 수 있는 구와 문장은 무수히 많지만 구 구조 규칙이 적용되는 실상을 확인하는 차원에서 하나만을 다음에 예시한다.

(2) 영이가 아주 새 책을 매우 열심히 읽었다.[1]

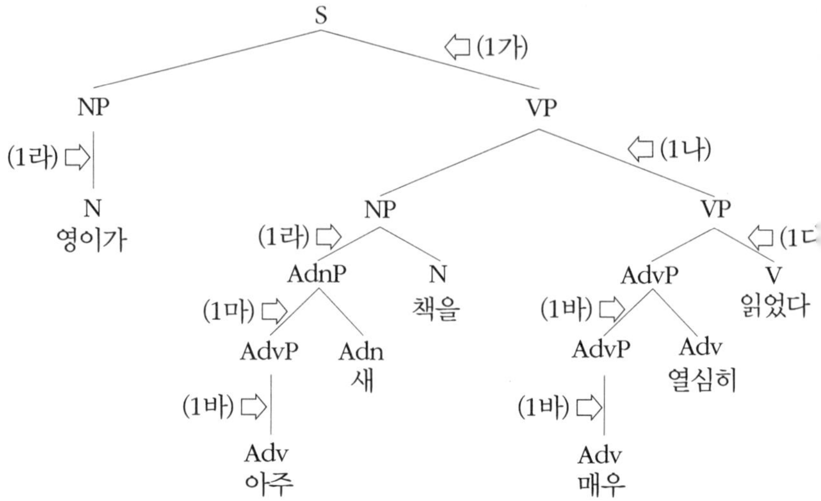

* * *

그런데 (1)의 구 구조 규칙을 가만히 살피면 앞서 5장 (3라)에서 지적했듯이 화살표 왼쪽에 있는 것이 화살표 오른쪽에 반복된다는 중요한 특징 하나를 추출할 수 있다. 화살표 오른쪽에 V나 VP 범주가 있으면 화살표 왼쪽에도 그에 해당하는 것이 있고(VP), 화살표 오른쪽에 N이 있으면 역시 화살표 왼쪽에 그에 해당하는 것이 있으며(NP), 화살표 오른쪽에 Adn과 Adv가 있어도 다시 화살표 왼쪽에 그에 해당하는 것이 존재한다(AdnP, AdvP). 화살표 오른쪽과 왼쪽이 서로 통한다고 할 수 있을 텐데, 이 일반성을 포착하기 위해 N, V, Adn, Adv 등을 하나로 뭉뚱그려 X라고 하고 구

1 나무그림 (2)에서 '영이가'와 '아주, 매우'는 잠재적인 구이므로 N이자 NP가 되고 Adv이자 AdvP가 된다. 5장 2절의 논의 참고.

구조 규칙을 일반화하면 다음과 같은 형식의 구 구조 규칙이 나타난다.

(3) 가. XP → (YP) X　　　　　　나. XP → YP XP

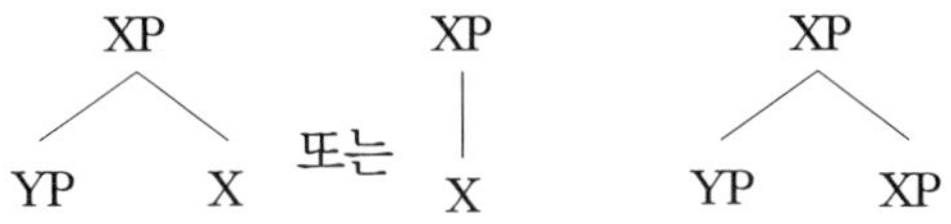

(3)처럼 화살표 왼쪽과 오른쪽이 서로 같은 범주를 포함하고, 나무그림으로 보면 X나 XP가 다른 성분 YP와 결합해 XP가 형성되는 경우를 가리켜 내심성(endocentricity)을 지녔다고 한다. 내심성은 구조가 중심을 지녔다는 것을 의미하는데 중심을 흔히 핵(head)이라고 하며, (3가)처럼 핵 X가 다른 요소 YP와 결합해 XP를 형성하는 것을 투사(projection)라고 한다.[2] 그러면 (3나)처럼 XP가 YP와 결합해 다시 XP가 되는 것도 투사일까? 또 (3가)에서 X가 핵이듯이 (3나)의 XP도 핵일까? 우선 (3)이 실제로 어떻게 작동하는지를 살펴보고, 이어서 방금 제기한 궁금증을 해소하기로 하자.

(3)을 기반으로 (2)를 만들어보면 다음과 같다. 먼저 (3)의 X에 N, V, Adn 등을 넣고 (4)에 나열한 조그마한 구조들을 형성한다. 다음으로 (4가)의 YP를 AdvP로 채우고(5), 이어서 (4나)의 YP를 (5)로 채워서 (6)을 만든다.

2 이와 달리 'XP → YP Z'처럼 화살표 왼쪽과 오른쪽이 통하지 않으면 외심적(exocentric)이라고 한다. 외심적 구조는 중심이 없으므로 핵도 없고 따라서 투사도 없다.

(4)

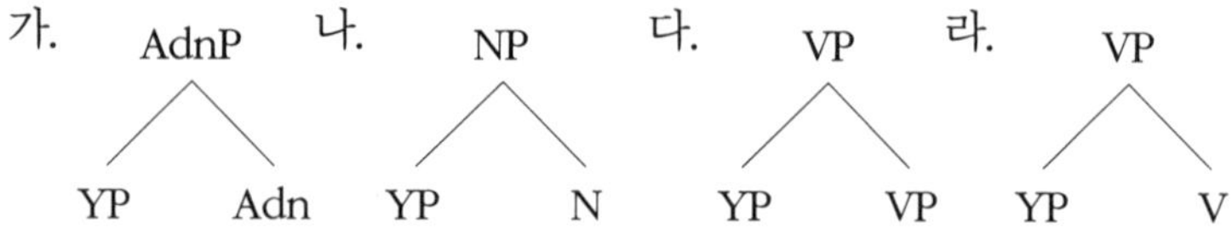

(5)

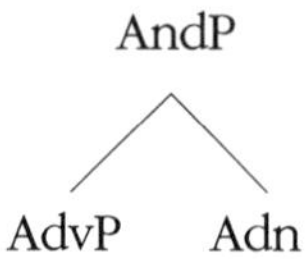

(6)

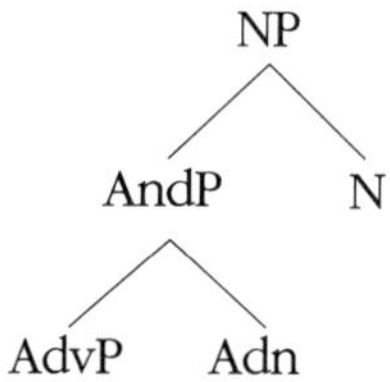

이렇게 만들어진 (6)은 (4다)의 YP 자리에 넣어서 (7)을 만든다. 이제 (7)에서 NP 옆에 나타난 VP를 채워야 하는데 이를 위해 (4라)의 YP를 AdvP로 채워서 (8)을 형성하고, (8)을 (7)에 표시된 두 VP 가운데 NP 옆에 있는 VP에 넣어서 (9)를 만든다. (3가)에서 X가 Adv이고 YP가 나타나지 않은 경우인 'AdvP → Adv'를 (9)의 AdvP에 적용하면 (10)이 된다.

(7)

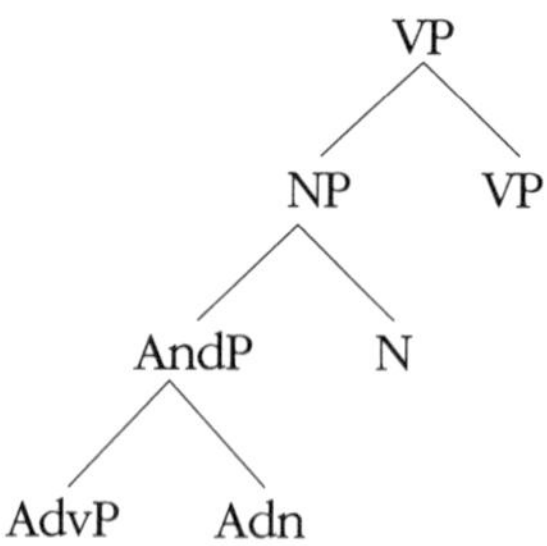

(8)

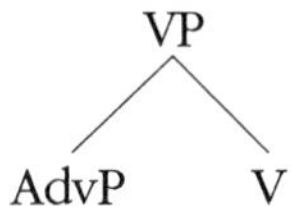

(9)

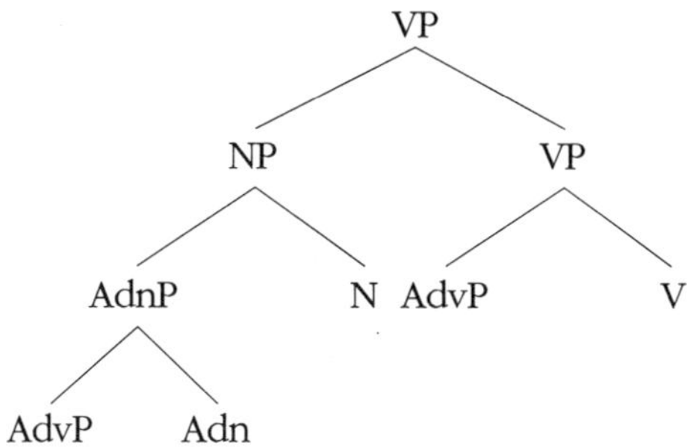

(10)

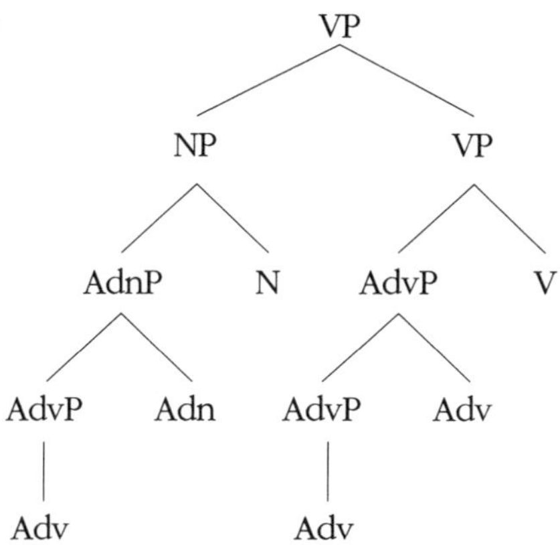

(10)은 '아주 새 책을 매우 열심히 읽었다'에 해당하므로 남은 일은 '영이가'를 구조에 도입하고 '영이가'와 '아주 새 책을 매우 열심히 읽었다'를 하나의 구조로 묶는 것이다. 이를 위해서는 세 단계의 작업이 필요한데, 먼저 (3가)의 X에 N을 넣고 YP는 나타나지 않는 것으로 해서 (11)을 형성한다. 다음으로 (1가)를 적용해 (11)과 (10)을 합쳐서 (12)를 형성한다. 끝

으로 (12)의 N, V, Adn, Adv 자리에 적당한 단어를 끼워 넣으면 (2)가 완성된다.

(11)

(12)

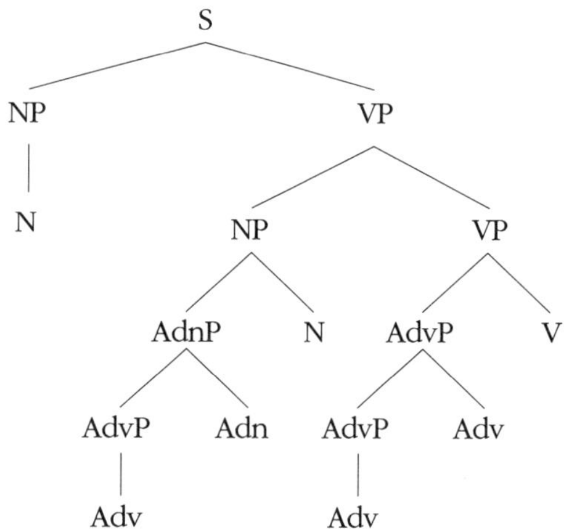

물론 이런 순서 말고 다른 순서로 (2)를 생성해낼 수도 있다. 하지만 구조가 만들어지는 순서는 중요치 않다. 중요한 것은 구조를 만들 수 있다는 것이지 구체적으로 어느 것을 먼저 만드느냐 하는 것은 문법에서, 다른 말로 언어 현상을 설명하는 데 있어서 별다른 의미를 지니지 않는 것이다. 학교를 가려고 준비하는 것 자체가 중요하지 어떤 순서로 준비하느냐는 그다지 중요하지 않은 것과 마찬가지다. 옷을 입고 가방을 싸도 되고, 가방을 싸고 옷을 입어도 되며, 옷을 입으면서 가방을 싸도 아무런 탈도 나지 않는다.[3]

지금까지의 논의를 정리해보자. 처음에 우리는 구 구조 규칙을 제시하였고(4장 3절), 이어서 구 구조 규칙에 단어가 나타나는 것을 설명하는 과정에서 통사 범주에 대해 논의하였으며(5장 3절), 끝으로 구 구조 규칙의 일반성을 (3)으로 포착하였다. 그런데 가만 생각해보면 (3)과 (3)의 X와 Y를 채울 단어가 있으면, 그리고 (1가)를 논외로 하면, (1)에 죽 나열한 여러 가지 구 구조 규칙은 필요하지 않다는 것을 알 수 있다. 구 구조 규칙이 만들고자 하는 구조는 (3)과 단어만으로도 충분히 꾸밀 수 있기 때문이다. 따라서 구조 형성을 위해서 구 구조 규칙은 필요 없고 단어와 (3)만 있으면 된다고 결론지을 수 있는데 (3)과 단어만으로 언어 기호의 구조를 생성하려는 이론을 핵 계층 이론(X-bar theory)이라고 한다.

2. 핵 계층 이론의 탄생

핵 계층 이론은 그 명칭에서도 짐작할 수 있듯이 '핵'이 있고, 이 핵이 '계층 구조'를 형성하는 것으로 본다. 그런데 핵이 다른 것과 결합하면서 구조를 형성할 때 핵과 결합하는 요소의 성격이 일률적이지 않다는 점에 주의할 필요가 있다. 예를 들어 다음에서 V와 결합하는 '책을'과 '열심히'의 성격은 매우 다르다.[4]

---

3 물론 실제로 학교 가려고 준비할 때에는 더 효율적인 순서가 있고, 덜 효율적인 순서가 있다. 그러면 언어도 그럴까? 상당히 흥미로운 문제이지만 본격적인 논의는 다른 기회로 넘긴다.

4 (13가)에서 NP와 '책을' 사이에는 N이 있어나 하나 흔히 생략한다. 이점은 (13나)도 마찬가지여서 엄격히 하자면 (11나)에서 AdvP와 '열심히' 사이에는 Adv가 표시된다. 핵심은 5장 2절에서 살폈듯이 잠재적 구임을 표시하는 것이므로 N, Adv 등을 생략해도 별탈은 없다. 오히려 생략하면 '책을'과 '열심히' 바로 위에 NP, AdvP가 오게 되어서 잠재적 구임이 확실히 표시되기도 한다.

(13) 가. 책을 읽다

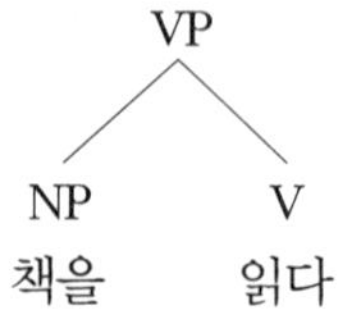

나. 열심히 읽다

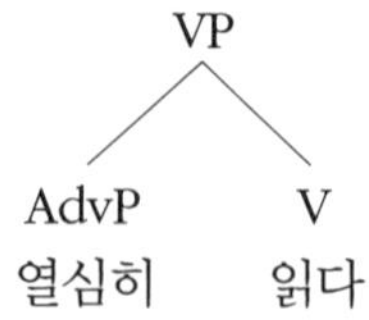

(13가)의 '책을'은 읽는 대상을 나타내지만 (13나)의 '열심히'는 읽는 방법을 나타낸다. 또 (13가)의 '책을'은 읽는 행위가 있으려면, 다시 말해 '읽다'라는 단어를 사용하려면 필수적으로 있어야 하는 요소이지만, (13나)의 '열심히'는 그렇지 않다. '열심히'는 화장을 하듯이 읽는 행위를 꾸며주는 요소에 불과하다.

(13가)의 '책을'과 (13나)의 '열심히' 사이에 존재하는 차이를 분명히 하기 위해 각각을 보충어(complement)와 부가어(adjunct)라고 하는데,[5] 이러한 차이를 구조에 직접 반영해서 흔히 다음의 나무그림을 사용한다.

(14) 가. 책을 읽다

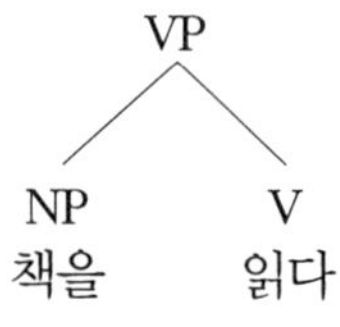

나. 열심히 읽다

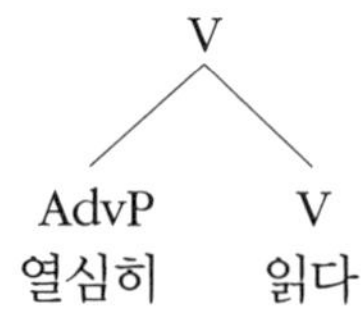

5 (13)과 [$_{VP}$ [$_{NP}$ 새 책을] 읽다], [$_{VP}$ [$_{AdvP}$ 아주 열심히] 읽다]에서 알 수 있듯이 보충어와 부가어는 단어일 수도 있고 구일 수도 있다. 따라서 보충어, 부가어의 '어'는 단어를 뜻하는 것은 아니고 '언어'나 '언어 기호' 정도의 의미를 지닌다. 즉 보충어는 핵을 보충하는 언어 기호로 이해하고, 부가어는 핵을 꾸며주는 언어 기호 정도로 이해하면 된다. 참고로 보충어와 부가어의 구분에서 때로 겉과 속이 다른 경우가 나타나기도 한다. 예를 들어 '지리산에서 영이를 만났다'에서 '지리산에서'는 부가어인데 '이 나물은 지리산에서 난다'의 '지리산에서'는 부가어로 보기 어렵다. '지리산에서'가 나타나지 않으면 문장이 매우 어색하기 때문이다. 겉모습은 '지리산에서'로 한가지인데 내용에 있어서는 하나는 부가어이고 하나는 보충어인 것이다.

(14가)의 나무그림은 V가 보충어 NP와 결합해서 VP로 투사했다는 것을 나타내는 반면, (14나)의 나무그림은 V가 AdvP와 결합했지만 AdvP는 부가어이기 때문에 V와 AdvP의 결합이 VP로 투사하지 않고 V에 그대로 머문다는 것을 나타낸다. AdvP는 V의 입장에서 필요한 것이 아니라 있으나마나 한 것이므로 V의 투사를 유발하지 못하는 것이라고 할 수 있다.

부가어는 그냥 덧붙기만 하지 투사를 유발하는 요소가 아니므로 여러 개가 나타나도 별다른 문제를 야기하지 않는다. 다음에서 보듯이 부가될 곳의 범주 V, VP가 존재하고, 그 범주에 부가어 '열심히, 진짜로'가 부가되어, 그 결과 다시 부가된 곳과 동일한 범주 V와 VP가 형성되면 충분하기 때문이다.

(15)

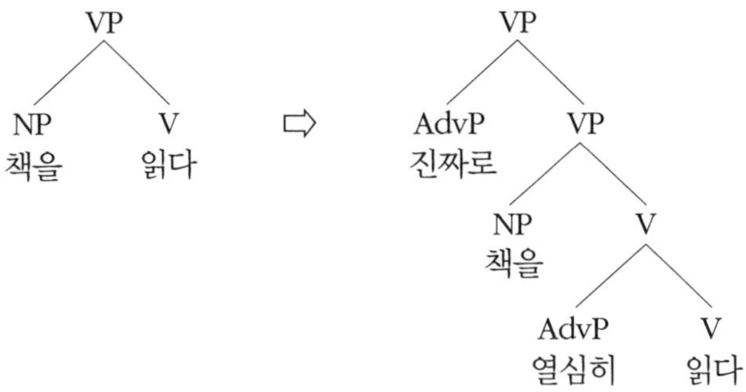

그런데 보충어는 사정이 다르다. 예를 들어 V '읽다'는 읽는 주체(읽는 사람)와 읽히는 대상(책이나 신문 등)을 필요로 하는데, 다음과 같이 나무그림을 그리면 '영이가'가 나무그림에서 부가어 '열심히'와 동질적으로 표현되어서, 다시 말해 '열심히'와 '영이가' 둘 다 VP와 결합해 다시 VP를 형성하는 것으로 표현되어서 부가어와 부가어 아닌 것 사이의 구분이 무너지기 때문이다. 더군다나 '영이가'와 VP가 결합한 것이 다시 VP가 되면 '영이가'가 V의 투사를 유발하는 요소라는 것도 제대로 포착되지 않는다.

(16)

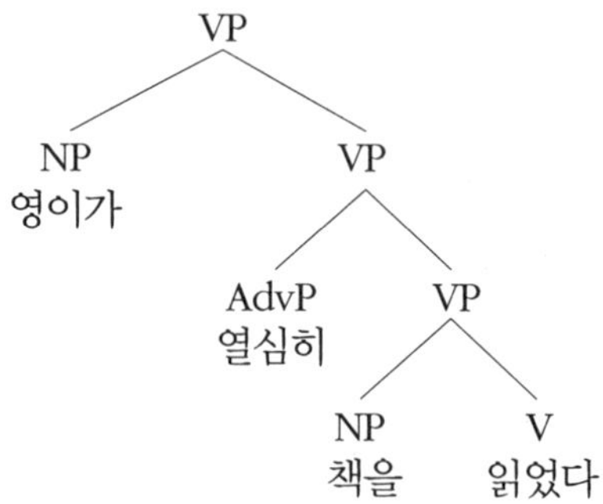

이에 필요로 하는 요소가 여러 개 있을 때에도 부가어와 구분하기 위한 장치가 필요한데 V가 필요로 하는 요소와 결합할 때마다 투사하는 것으로 간주하고 이를 어깨점(')으로 표현하는 방법이 널리 쓰인다.

(17)

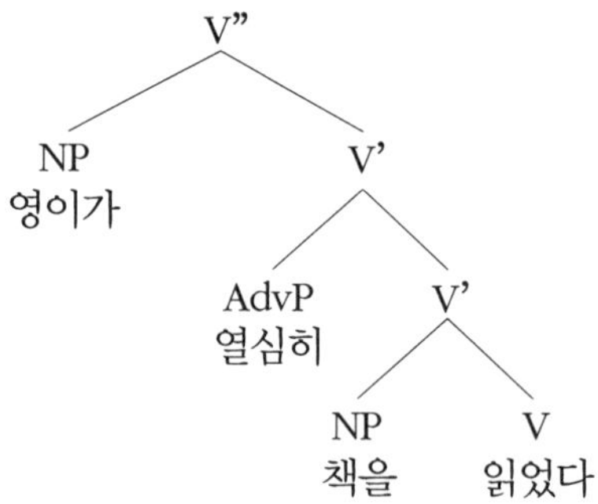

즉 어깨점이 하나 나타난 V'는 V가 필요로 하는 것 하나가 결합했다는 것을 뜻하고, 어깨점이 둘인 V"는 V가 필요로 하는 것 두 개가 결합했다는 것을 의미한다. 물론 '열심히'는 부가어이고 V가 필요로 하는 것이 아니므로 V'와 결합한 후에도 결합하기 전과 마찬가지로 V'에 머물게 된다.[6]

6 보충어와 명시어의 결합, 다시 말해 논항의 결합을 따로 가리킬 때는 대치(substitution)라고 하고, 부가어의 결합을 따로 가리킬 때는 부가(adjunction)라고 한다. 명시어와 논항에 대해서는 이어지는 논의 참고.

'영이가'와 '책을' 사이의 차이는 어떻게 포착할까? 의미상 하나는 주체이고 하나는 대상이며, 동반하고 있는 조사도 하나는 '-가'이고 하나는 '-을'인데 '영이가'와 '책을' 둘 다 보충어라고만 하면 이러한 차이가 무시된다. 투사를 유발하는 요소라는 공통점을 지니는 한편으로 의미나 동반하는 조사에서는 차이를 드러내는 셈인데, 이러한 공통점과 차이점을 나타내기 위해서 보충어(complement)라는 용어에 더해 논항(argument)과 명시어(specifier)라는 용어를 사용한다. (17)에서 '영이가'와 '책을'은 둘 다 논항이며(공통점), 논항이라는 점에서 부가어 '열심히'와 대조를 이룬다. 한편 '영이가'와 '책을'은 논항이라는 점에서는 같지만 의미나 조사 실현에서는 차이를 드러내는데 결합의 순서상 '영이가'에 앞서 V와 먼저 결합하는 논항 '책을'을 특히 보충어라고 하고, 보충어 '책을'보다 나중에 V와 결합하는 논항을 '명시어'라고 한다(차이점).

* * *

이제 부가어와 논항의 구분을 반영하면 (3)에 제시한 핵 계층 이론은 다음과 같이 개정된다. (18)에서 n은 어깨점의 개수를 나타내고, YP와 ZP는 투사 여부에서 차이가 나는데 각각 논항과 부가어에 해당한다. 어깨점이 없는 X를 특히 핵(head)이라고 하며 어깨점이 없다는 것을 반영해서 X^0으로 표현하기도 한다.

(18) 가. $X^n \rightarrow YP\ X^{n-1}$ $(n \geqq 1)$

나. $X^n \rightarrow ZP\ X^n$ $(n \geqq 0)$

(18가)와 (18나)는 각각 (3가)와 (3나)와 통한다. 그런데 (3나)와 (18나)

는 표시 방법 외에는 별다른 차이를 드러내지 않지만 (3가)와 (18가) 사이에는 YP가 괄호를 동반하는지 그렇지 않은지에서 중요한 차이를 드러낸다. 그러면 YP를 괄호 속에 두는 (3가)를 버리고 (18가)를 택하는 이유는 무엇인가? 이는 논항과 부가어의 구분이 (18가)에서는 명확히 나타나지만 (3가)에서는 그렇지 않기 때문이다.

(18가)에 따르면 YP는 투사를 유발하는 성분이므로 논항이고, 논항은 없어서는 안 되는 필수적인 성분이므로 괄호를 동반할 수 없다. 괄호를 동반하는 것은 부가어로서 부가어를 다루는 규칙은 (18나)이다. (18나)에서 YP가 부가어이면서도 괄호로 둘러 쌓여 있지 않은 것은 앞서 1절에서 언급하였듯이 '$X^n \rightarrow X^n$'은 무의미하고 무용한 규칙이기 때문이다. 이렇게 (18)은 논항을 도입하는 규칙과 부가어를 도입하는 규칙을 아예 따로 설정함으로써 논항과 부가어의 구분을 직접적으로, 그리고 명확히 표현하고 있다.

반면에 (3)은 논항과 부가어의 구분을 명확히 하지 않는 한계를 지닌다. (3가)로 논항은 물론이고 부가어까지 도입함으로써 논항과 부가어의 구분을 무시하고 있으며, (3가)에 더해 (3나)로도 부가어를 도입함으로써 부가어를 일률적으로 다루고 있지 못하기 때문이다.

(18가)와 (18나)도 구조를 형성하기 위한 것이므로 일종의 구 구조 규칙이라고 할 수 있는데, 핵 계층 이론에 맞추어 핵 계층 도식(X-bar schema)이라는 명칭이 널리 쓰인다. 여기서는 구조 형성 규칙의 일종임을 강조하기 위해 '핵 계층 규칙'으로 부르기로 한다.

3. 핵 계층 이론 다듬기

구 구조 규칙을 사용한 나무그림과 핵 계층 규칙을 사용한 나무그림을 비교하면 커다란 차이를 발견할 수 있다.[7]

(19) 구 구조 규칙에 의한 나무그림

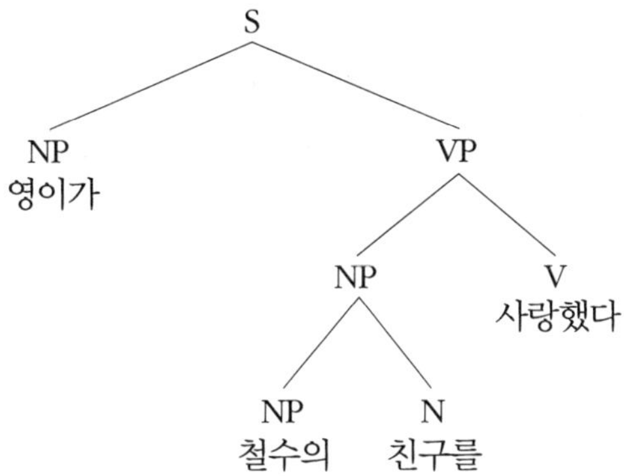

(20) 핵 계층 규칙에 의한 나무그림

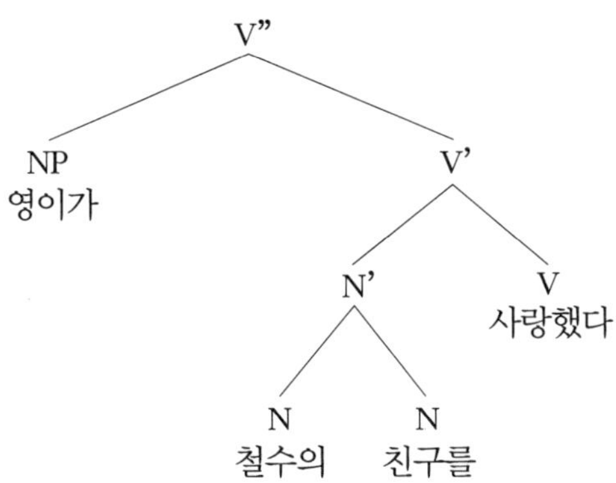

7 '철수의 친구를'에서 '철수의'는 부가어인가, 보충어인가? 이 의문에 답하기 위해서는 부가어와 보충어를 판별하는 기준이 필요한데 여기서는 잠정적으로 보충어로 간주한다.

당장 눈에 띄는 것은 (19)의 NP, VP에서 볼 수 있는 P가 (20)에는 없다는 사실이다. 더불어 (20)에는 '영이가'와 '철수의'가 잠재적 구라는 사실도 표현되어 있지 않다. 구 구조 규칙을 핵 계층 이론으로 발전시키는 과정에서 구 구조 규칙이 지녔던 세세한 차원의 장점이 미처 포착되지 않은 것이라고 할 수 있다. 그러면 어떻게 잠재적 구임을 표시했던 P를 (20)에 표현할 수 있는가?

P의 개념은 처음에 '단어와 단어의 결합', 즉 말 그대로 구(phrase)라는 것을 의미했었고, 구 구조 규칙을 살피는 과정에서 구일 수 있음(잠재적 구)을 의미하는 것으로 재해석되었다(5장 2절). 이제 핵 계층 이론에서 P를 살리기 위해서 P를 다시 재해석해야 하는데 P가 '핵이 투사한 한계' 또는 '핵이 구조에서 영향력을 미치는 영역'을 표시하는 것으로 해석해보자. 그러면 (20)의 나무그림은 다음과 같이 개정된다.

(21)

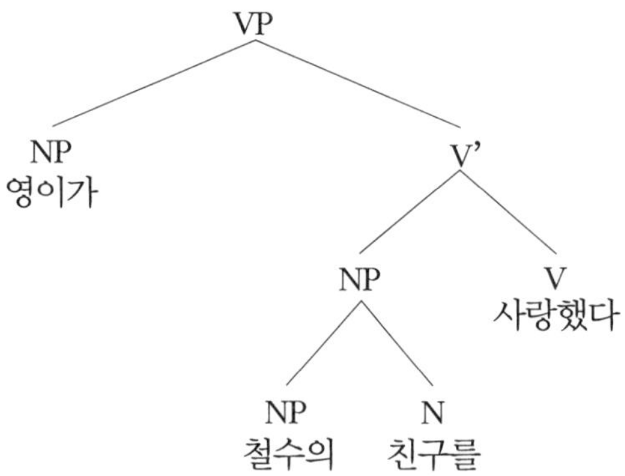

그러면 구 구조 규칙에서 표시할 수 있었던 잠재적 구의 표시가 그대로 남게 되고 핵 계층 이론의 요체도 지킬 수 있게 된다. 다만 핵 계층 이론은 표시 수단으로 어깨점을 사용하므로 어깨점이 끝나는 곳, 다시 말해 투사가 끝나서 핵의 영향력이 최대한 발휘된 곳에 P를 붙인다는 편의상

의 조치만 있으면 된다. 이렇게 조치하면 '철수의 친구를'은 N'이자 NP인 것이고 '영이가 철수의 친구를 사랑했다'는 V"이자 VP인 것이 된다.

(19)와 (20)을 보면 알 수 있는 또 하나의 큰 차이는 바로 'S → NP VP'가 없어졌다는 점이다. 이제 앞 장에서 구 구조 규칙에 대해 제기한 마지막 질문에 대한 답을 제시할 때가 되었다.

(22) 문: (1나), (1다)와 달리 구 구조 규칙 (1가) 'S → NP VP'는 화살표 오른쪽과 왼쪽에 반복되는 기호가 없다. 화살표를 가운데 두고 같은 기호가 거듭 나타나는 것이 구 구조 규칙의 일반성이라면 (1가)는 이 일반성을 위반하고 있다. 그러면 (1가)도 다른 구 구조 규칙이 보이는 일반성을 준수해야 하지 않을까? 만약 그렇지 않다면 예외가 나타나게 되는데 그러한 예외는 왜 나타나는가? (= 5장의 (3마))

답: 'S → NP VP'와 같은 구조 형성 규칙은 없다. 구조는 핵 계층 규칙에 따라 형성될 따름이다. 따라서 구조 형성에서 예외는 없다.

참고문헌

핵 계층 이론

서정목, 1998, 『문법의 모형과 핵 계층 이론』, 태학사.

Hornstein, N., J. Nunes & K. Grohmann, 2005, *Understanding Minimalism*, Cambridge University Press. [구자혁 옮김, 2008, 『최소주의 문법의 이해』, 경문사]

Jackendoff, R., 1977, *$\bar{X}$ Syntax*, MIT Press.

Lang, E., C. Maienborn & C. Fabricius-Hansen. eds., 2003, *Modifying Adjuncts*, Mouton de Gruyter.

O'Grady, W., 2005, *Syntactic Carpentry*, Lawrence Erlbaum.

Radford, A., 1988, *Transformational Grammar*, Cambridge University Press. [서정목 · 이광호 · 임홍빈 옮김, 1990, 『변형문법』, 을유문화사]

보충어와 부가어의 구분

김영희, 2004, 「논항의 판별 기준」, 『한글』 266.

박철우, 2002, 「국어의 보충어와 부가어 판별 기준」, 『언어학』 34.

유현경, 1994, 「논항과 부가어」, 『한국어학』 1.

제7장
의미역

1. 언어와 사고

문장은 단어들이 핵 계층 규칙에 따라 결합하고 투사함으로써 형성된다. 무언가 말하고 싶은 것, 즉 생각이 있고, 이 생각을 전달하려면 전달 매체가 있어야 하는데, 마침 전달 매체가 음성이니까 언어 기호인 문장을 형성하는 것이고, 문장을 형성하려니 단어를 핵 계층 도식에 맞추어 투사하는 것이다.

마음속에 있는 말하고자 하는 내용 일체를 사고(thought)라고 하면, 사고는 언어 기호가 만들어지는 가장 근본적인 동기라고 할 수 있을 듯하다. 그런데 사고가 있다고 해서 언어 기호가 저절로 나타나는 것은 아니라는 점에 유념해야 한다. 사고가 바로 언어 기호로 직결된다면, 인간의 사고가 비슷한 만큼 세상에 존재하는 언어도 서로 비슷해야 할 텐데 실상은 그렇지만은 않기 때문이다.[1] 또한 사고를 표현하는 매체가 언어 기호

1 세상에 존재하는 언어 사이에는 공통점과 차이점이 공존한다. 크게 보아 '규칙'은 공통점에 속

만은 아니며, 언어 기호는 사고 없이도 나타날 수 있다. 예를 들어 말 없이 눈빛만으로도 많은 것을 표현할 수 있고, 사고 능력 없이 말만 주절주절 하는 기계도 도처에 널려 있다. 지하철 6호선에서 '다음 역은 대흥, 서강대입니다'라는 말이 스피커를 통해 나온다고 해서, 다시 말해 다음 역이 어디라는 말이 지하철 스피커에서 나오지만 그렇다고 해서 지하철을 생각하는 존재라고 보지는 않는다.

언뜻 언어와 사고를 분리하는 것이 궤변인 듯도 하다. 한국인은 한국어로 생각하고, 일본인은 일본어로 생각하는 것 아닌가? 그런데 가만 생각하면 궤변이 아닌 듯도 하다. 언어가 있어야 사고가 가능하다면 아직 언어를 사용하지 못하는 아기들은 생각이 없다고 해야 하는데 과연 그런가? 또 말 못하는 짐승은 사고 능력이 없나?

언어와 사고를 분리하는 입장을 보다 잘 이해하기 위해 다음 물음에 대한 답을 상상해보자. 목걸이는 어떻게 탄생했을까? 몸치장(사고)을 하려고 돌을 다듬어 줄로 연결해서 목걸이(언어)를 만들었을 수도 있지만(사고는 언어를 지배한다), 어느 날 길을 가다가 우연히 동그란 모양의 돌을 발견해서 몸치장이든 뭐든 아무런 의도 없이 그냥 줄에 연결해서 목에 걸었을 수도 있다(언어는 언어이고, 사고는 사고이다). 또 우연히 발견한 것은 마찬가지인데 몸치장의 의도를 가지고 목에 걸었을 수도 있다(사고는 사고이고 언어는 언어인데 둘이 어울렸다). 극단적인 경우에는 우연히 동그란 모양의 돌이 있었고 또 우연히 근처에 줄이 있었으며 다시 또 우연히 바람이 이렇게 저렇게 불어서 돌과 줄이 목걸이 모양으로 엮였을 수도 있다(사고와 전

하고, '단어'는 차이점에 속한다. 다시 말해 단어 차원에서는 언어 사이의 차이가 매우 크지만, 그 단어들을 결합해서 구조를 만들어내는 규칙 차원에서는 차이보다는 공통점이 더 두드러진다. 예를 들어 구조 형성 규칙인 핵 계층 규칙은 한국어를 포함한 모든 언어에 존재하며 그 구체적인 작동 방식도 크게 다르지 않다.

혀 무관하게 나타난 언어).

이와 마찬가지로 구조나 어떤 조직의 발생과 그 쓰임새는 불가분의 관계일 수도 있지만 그렇지 않을 수도 있다. 못을 박기 위해 망치를 발명했으니까 못을 박을 때 망치를 쓰지만, 그렇다고 해서 못을 박는 데만 망치를 쓰지는 않는다. 망치를 호두까기 인형처럼 사용할 수도 있다. 또 못을 박기 위해 발명한 것이 아닌 벽돌로 못을 박을 수도 있다. 그래서 담뱃재를 떠는 재떨이를 무기로 사용할 수도 있다.

이와 같은 점을 고려하면, 사고와 언어가 독자적으로 따로따로 존재하는지, 또 사고와 언어는 각자의 독자성과는 별도로 서로 영향을 주고받는 관계인지 등 사고와 언어 사이의 관계에 대한 탐구가 필요하다고 할 수 있다. 여기서는 사고와 언어 사이의 관계에 대한 논의는 이 정도에서 그치고 사고가 언어 기호로 표현되는 방법을 살피기로 한다.[2] 사고와 언어가 연결되는 데 작용하는 문법을 밝히는 데 집중하고자 하는 것이다.

사고가 언어 기호로 표현되는 방법을 자세히 밝히기 위해서는 당연히 사고의 조직과 그 내용 그리고 언어 기호로 실현되는 데 작용하는 문법에 대한 이해가 필요하다. 여기서는 사고 중에서 '영이가 철수를 사랑하다, 하늘에서 눈이 내리다, 철수는 영이가 무섭다' 등 어떤 존재가 참여하는 움직임이나 상태를 나타내는 사건(event)을 택해서 사고와 언어 기호 사이에 성립하는 관계와 그 관계를 조율하는 문법의 윤곽을 그리고자 한다.

2 사고가 언어 기호로 표현된다고 하는 것은 편의적인 표현일 뿐이지, 사고가 언어 기호에 우선한다는 것을 의도한 것은 아니다. 언어 기호가 사고를 결정한다고 볼 수도 있기 때문이다. 사고와 언어 기호 사이의 관계를 보다 중립적으로 표현해서 '사고와 언어 기호가 어떻게 서로 조화를 이루는가?' 식으로 문제를 제기할 수도 있겠지만 논의 진행의 편의를 위해 사고에서 언어 기호 쪽으로 가는 방향을 택한다.

2. 선택적 언어화

사건은 그 세부적인 면까지 빠짐없이 모조리 언어화되는 것은 아니고 일부가 선택적으로 언어화된다. 소리라고 해서 다 들을 수 있는 것이 아니라 일정한 범위 내의 소리만 들을 수 있고(가청영역), 또 보는 것도 다 볼 수 있는 것이 아니라 일정한 범위 내의 것만 볼 수 있듯이(가시영역), 사건도 일정한 범위 내에서 언어화되는 것이다.

사건에 대해서 말할 때 말할 수 있는 영역이 정해져 있는 셈인데, 이는 마음이 지닌 역량의 한계와 효율성에서 비롯된 것으로 이해할 수 있다. 마치 사진을 찍듯이 사건을 고스란히 마음속에 담을 수는 없으니까 한계라고 하는 것이고, 그럼에도 불구하고 몇 가닥 선으로 특징을 잡아내는 캐리커처처럼 사건을 성기게 포착하되 그 특징을 잘 포착하여 마음속에 담으므로 효율적이라고 하는 것이다. 최적(optimal)이나 완벽한(perfect) 것은 아닐지라도 자원을 절약해서 그럭저럭 살 수 있는 환경을 조성하는 것이 현실적이듯이, 언어화도 그럭저럭 의사소통할 수 있는 정도로만 작동하는 것이 현실적이다. 시각을 달리하면 그럭저럭 해나가는 것이 최적이자 최선이라고도 할 수 있다.

사건의 모든 면을 언어화하는 것이 아니라 일부를 언어화하므로 언어화의 대상이나 방법 등에 선택이 개입하게 되는데 이로 인해 다음에서 보듯이 하나의 사건이라도 그에 해당하는 언어 표현은 한 가지 이상일 수 있다. (1)에서 보듯이 하나의 사건을 '때리는 사건'으로 표현할 수도 있고 '맞는 사건'으로 표현할 수 있다. 또한 '때리고 맞는 사건' 이외의 사건도, 예를 들어 '물고 물리는 사건'도 (2)처럼 한 가지 이상의 언어 표현에 대응할 수 있다.

(1) 가. 영이가 철수를 때렸다.
　　나. 철수가 영이에게 맞았다.

(2) 가. 영이가 철수를 물었다.
　　나. 철수가 영이에게 물렸다.

즉, 우리는 사건을 인지하고, 나아가 인지된 것에 의도 등을 가미하여 언어화하는데, 이 과정이 일률적이지만은 않고 선택을 동반하기 때문에 하나의 사건이 한 가지 이상의 언어 표현으로 드러난다. 선택은 크게 봐서 사건이 인지될 때와 인지된 것에 의도를 담고 언어화할 때 이렇게 두 번 나타나는 것으로 볼 수 있다.

(3) 사건의 언어화와 선택

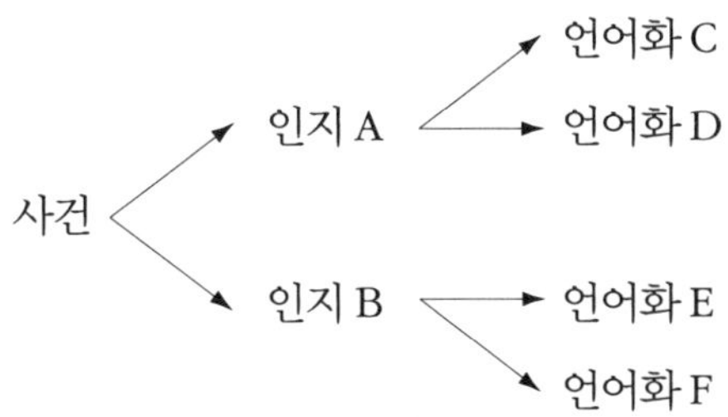

예를 들어 사건이 인지 A와 연결되고 C로 언어화되면 (1가)가 되고(영이 중심 인지 + 영이를 비판하려는 의도), 인지 A와 연결된다는 점에서는 같지만 언어화로 D를 선택하면 (4가)가 되며(영이 중심 인지 + 영이를 보호하려는 의도), 마찬가지로 동일한 사건이 B로 인지되고 E로 언어화되면 (1나)가(철수 중심 인지 + 철수 편에 서려는 의도), F로 언어화되면 (4나)가 나타난다고 볼 수 있다(철수 중심 인지 + 영이 편에 서려는 의도).

(4) 가. 영이가 철수를 주먹으로 밀었다.

나. 철수가 영이의 구타를 유발했다.

그러면 A, B, C, D, E, F는 무엇일까? 때리거나 주먹으로 민 주체(영이)를 사건의 중심으로 인지한 것은 A이고, 이와 달리 주체의 행위가 과녁으로 삼는 대상(철수)을 중심으로 삼아 사건을 인지한 것이 B라는 것을 어렵지 않게 알 수 있다. 나아가 철수의 변호사는 (1가)를 선호할 테고, 영이의 변호사는 (4가)를 선호할 텐데, 이 두 선택은 C, D로 이어진다고 볼 수 있다. 이때 C를 택하느냐, D를 택하느냐는 물론 의도, 즉 영이의 편에 서느냐, 철수의 편에 서느냐에 따른다. 마찬가지 선택 상황이 E와 F에도 통한다. 철수의 편에 서려는 의도이면 (1나)를 택하고 영이의 편에 서려는 의도이면 (4나)를 택할 텐데 이로 인해 E와 F 두 가지 언어화가 나타나게 된다.

3. 사건과 의미역

사건이 언어 기호로 표현되는 언어화의 두 축은 단어와 규칙이다. 단어가 선택되고 선택된 단어들이 핵 계층 규칙에 의해 결합하면 문장이 형성되고, 이 문장이 사건의 의미를 담는다.

(5)

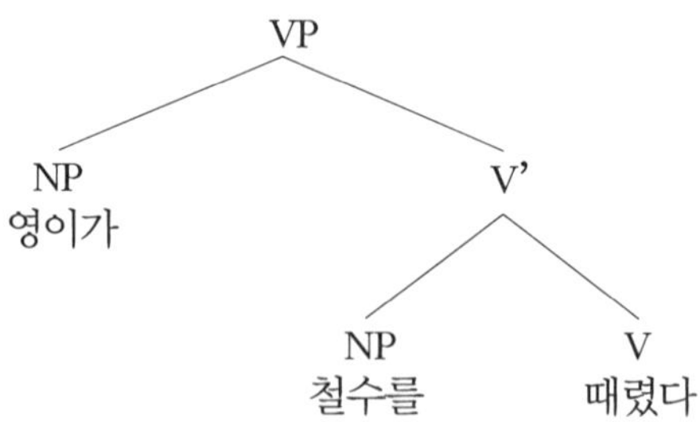

그러면 (5)에서 V '때렸다'는 왜 NP '영이가'와 NP '철수를'과 결합하는가? 아마도 V '때렸다'는 행위를 하는 개체(때린 사람)와 행위를 당하는 개체(맞은 사람)를 필요로 하는데, 마침 '영이가'와 '철수를'이 이 필요에 부합하므로 '때렸다'와 '영이가', '철수를'의 결합이 유발된 것으로 보는 것이 타당할 것이다.[3]

V '때리-'는 행위를 하는 개체와 행위를 당하는 개체에 해당하는 언어 기호의 결합을 유도한다는 점에서, 다른 말로 V '때리-'는 행위를 하는 개체와 행위를 당하는 개체에 해당하는 언어 기호와 결합하여 핵 계층 규칙에 맞추어 투사해서 문장을 형성한다는 점에서 사건을 언어화하는 근간이라고 할 수 있다. 그리고 다음에서 보듯이 사건 구성 능력은 N 범주에서도 찾을 수 있는데, 이에 N, V 등 사건 구성 능력을 지닌 범주를 하나로 묶어서 술어(predicate)라고 한다.

(6) 가. 영이의 철수에 대한 사랑 [참고. 영이가 철수를 사랑한다]
　　나. 철수의 고양이 그림 [참고. 철수가 고양이를 그렸다]

술어 V '때리-'가 행위를 하는 개체와 행위를 당하는 개체에 해당하는 언어 기호와 결합하는 능력이 있으므로 '영이가 철수를 때린 사건'을 문장

3 '때렸다'뿐만 아니라 '때리겠다, 때렸냐?, 때리자, 때려라' 등도 모두 행위를 하는 개체 및 행위를 당하는 개체에 해당하는 언어 기호와 결합한다. 이들이 모두 공통으로 가지고 있는 것은 '때리-'이므로 개체와의 결합 능력은 '때렸다'가 아니라 '때리-'에서 유래한다고 보는 것이 보다 합리적이다. 이는 '-었-'이나 '-냐?' 등은 논의 중인 결합 능력을 갖추지 못한다는 것을 의미한다. 대신에 '-었-'과 '-냐?' 등은 '때리-'가 중심이 되어 형성한 사건이 과거에 있었다는 것과 그에 대해 의문을 표한다는 것을 드러낸다. '-었-, -냐' 등은 어미인데(5장 3절), '때리-'처럼 어미와 결합하는 단위를 어간(stem)이라고 한다. 이에 정확히 하면 (5)에서도 V '때렸다'가 아니라 어미가 제외된 어간 V '때리-'가 '영이가, 철수를'과 결합하는 것으로 보아야 한다.

으로 나타낼 수 있듯이, V '보내-'는 보내는 사람과 보내는 물건 그리고 물건이 보내지는 곳에 해당하는 언어 기호와 결합하는 능력이 있기 때문에 (7가)를 형성할 수 있고, 마찬가지로 V '삼-'도 '선생님은'과 '철수를' 및 '제자로'와 결합할 수 있는 능력을 지니기 때문에 (7나)가 형성된다.

(7) 가. 철수가 영이에게 편지를 보냈다.
　　나. 선생님은 철수를 제자로 삼았다.

술어가 행위를 하는 개체, 행위를 당하는 개체 등에 해당하는 언어 기호와 결합하는 능력을 지닌다고 보는 셈인데 행위를 하는 개체, 행위를 당하는 개체 등을 행위주, 피동주 식으로 간략히 표현하고 의미 역할 또는 간단히 의미역(semantic role)이라고 부른다. 사건이라는 범주와 개체라는 범주가 있고, 사건에 어떤 개체가 참여하느냐에 따라, 예를 들어 (8가)처럼 행위주와 피동주가 참여하느냐, (8나)처럼 행위주와 피동주에 더해 착점(떡이 도착하는 곳)까지도 참여하느냐에 따라 사건의 '의미'가 달라지므로 '행위주, 피동주, 착점' 등에 의미역이라는 명칭을 부여하는 것이다.

(8) 가. 영이가 철수를 사랑한다.
　　나. 철수가 영이에게 떡을 보냈다.

그러면 N이나 V 등 술어는 의미역을 지니고 있으며 이 의미역에 호응할 수 있는 언어 기호 NP와 결합함으로써 문장을 형성한다고 볼 수 있다. NP 자체는 개체를 나타낼 뿐 사건에 참여했을 때의 역할, 즉 의미역은 술어와 결합해야만 정해지는바, N이나 V 등의 술어는 NP에 의미역을 부여(assignment)하고, NP는 술어가 부여한 의미역을 바탕으로 사건과 문장의 구성에 참여하는 것이다.

앞서 6장 2절에서 어떤 문장이 구성되기 위해서 필수적으로 등장해야 하는 요소를 가리켜 논항이라고 한다고 했는데, 논항과 의미역은 불가분의 관계에 놓인다. 문장 구성의 필수 요소와 사건 구성에 참여하는 개체는 서로 통하기 때문이다. 그렇다면 부가어는 어떤가? 부가어도 의미역과 결부되는가? 우선 의미역에 대해 좀 더 논의를 진행하고 의미역과 논항, 부가어의 관계를 살피기로 한다.

4. 의미역의 종류

앞에서 몇 가지 예를 통해 의미역에 행위주, 피동주, 착점 등이 있다고 하였다. 그렇다면 의미역의 종류는 어떻게 될까? 물리적 관점이나 인지적 관점에서 보자면 의미역은 매우 풍부할 수 있다. 예를 들어 '철수가 달렸다, 영이가 달렸다'와 같은 문장에서 '철수'와 '영이'는 둘 다 행위주이지만 물리적인 면과 인지적인 면에서는 다를 수 있다. '철수'는 빨리 달리고 '영이'는 천천히 달리는 사건의 의미가 같지만은 않기 때문이다. 하지만 언어의 차원에서 보면, 의미역은 몇 가지로 제한되며 그중 널리 쓰이는 것 아홉 가지를 제시하면 다음과 같다.

(9) 가. 행위주(agent) 철수가 책을 읽는다.
나. 경험주(experiencer) 영이는 철수가 좋다.
철수가 영이를 사로잡았다.
다. 피동주(patient) 영이가 집을 지었다.
철수가 책을 읽는다.

라. 대상(theme) 영이가 철수를 바다에 굴렸다.
낙엽이 굴러다닌다.

마. 자극(stimulus) 영이는 그 영화가 지루했다.
철수는 지구멸망을 걱정한다.

바. 처소(location) 영이는 집에서 공부한다.
교실이 학생들로 가득하다.
학생들이 본관을 점령했다.

사. 기점(source) 변기에서 물이 샌다.
변기가 물이 샌다.
기차가 선로에서 이탈했다.
기차가 선로를 이탈했다.

아. 착점(goal) 철수가 학교에 갔다.
은행잎이 노란색으로 변했다.
물이 얼음이 되었다.

자. 원인(cause) 나무가 바람에 쓰러졌다.
바람이 나무를 쓰러뜨렸다.
영이가 감기로 몸져누웠다.

(9가) 행위주는 말 그대로 의지를 가지고 행위하는 주체를 의미하고, (9나) 경험주는 느낌이나 지각처럼 심리적인 것을 경험하는 개체를 나타낸다. (9나)에서 철수를 좋아하고 철수에게 사로잡히는 심리적인 경험을 하는 개체는 '영이'이므로 '영이'가 경험주가 된다.

(9다) 피동주는 직접 영향을 받는 개체를 가리키고, (9라) 대상은 직접 영향을 받는 개체라는 점에서는 피동주와 같은데, 특히 공간적 이동까지 동반될 때를 가리킨다.

*　*　*

(9라)에 제시한 '낙엽이 굴러다닌다'에서 '낙엽'을 행동주로 오해할 수 있으나 '낙엽'은 의지나 행위 능력을 가지고 있지 않으며 공간적 이동을 겪게 되므로 '대상'이 된다.[4] 만약 '철수가 굴러다닌다'처럼 '낙엽' 대신에 '철수'(의지와 행위 능력을 가진 개체)가 나타나면 그것은 행동주가 된다. 이렇게 의미역을 받는 NP의 속성이 어떠냐에 따라 의미역 해석이 이렇게 되기도 하고 저렇게 되기도 하는 것은 드문 일이 아니다. 예를 들어 '쓰러뜨리-'의 행위주 의미역이 '영이'에게 부여되면 그대로 행위주로 해석되지만, '바람'에 부여되면 행위주가 아니라 원인 정도로 해석된다.

(10) 가. 영이가 철수를 쓰러뜨렸다.
　　나. 바람이 철수를 쓰러뜨렸다.

NP의 속성은 NP 자체 내에서 결정되기도 하지만 때로 NP 밖의 요소를 고려해야 할 때도 있다. 예를 들어 (10가)에 '실수로'를 추가한 (11)에서 '영이'는 행위주로 해석되지 않고 (10나)의 '바람'과 마찬가지로 원인 정도로 해석된다.

(11) 영이가 실수로 철수를 쓰러뜨렸다.

그러면 '쓰러뜨리-'는 어떤 의미역을 지닌다고 봐야 하는가? 이 물음

4 물론 동화책에서처럼 '낙엽'을 사람으로 취급해서 행위 능력이 있다고 보면 '낙엽'도 행위주가 된다.

에 대한 답은 두 가지 관점에서 제시할 수 있다. 먼저, '쓰러뜨리-'는 행위주 의미역을 지닌다기보다는 NP의 속성에 따라 행위주로 해석되기도 하고 원인으로 해석되기도 하는, 즉 행위주나 원인으로 분화될 수 있는 미분화되고 원형적인 의미역을 지닌다고 보는 관점이 가능하다. 다음으로, '쓰러뜨리-'는 행위주 의미역을 지니는데 NP의 속성에 따라 행위주의 의미가 많이 누그러지면 마치 원인인 것처럼 해석되게끔 하는 일종의 의미 해석 규칙이 있을 수도 있다. 물론 역으로 원인 의미역을 지닌다고 보고 NP의 속성과 의미 해석 규칙으로 행위주 해석을 유도하는 방법도 추구해볼 수 있다.

미분화되고 원형적인 의미역을 이용하는 방법과 의미 해석 규칙을 이용하는 방법 이 두 가지 방법 중 어느 것이 더 타당한가 하는 것을 논의해야겠지만 여기서는 이 정도에서 멈추기로 하고, 편의상 의미 해석 규칙을 이용하는 관점을 택해 논의를 진행하기로 한다.

* * *

(9마) 자극은 느낌이나 감정을 유발하는 요인을 가리키고, (9바) 처소는 말 그대로 장소이며, (9사)와 (9아)의 기점과 착점은 각각 시작점과 도착점을 의미한다.

(9아)에 제시한 예문을 통해 알 수 있듯이 도착점은 구체적인 장소일 수도 있고 추상적인 장소, 즉 변화의 결과라는 추상적 장소일 수도 있다. 그렇다고 해서 이러한 특성이 도착점에만 국한되는 것은 아니다. 다음에서 확인할 수 있듯이 기점이나 대상, 피동주 등도 추상적으로 나타나기도 한다.

(12) 가. 마음에서 우러나는 감정

나. 영이는 머리를 굴려서 묘안을 짜냈다.

다. 철수가 영이의 눈빛을 읽었다.

끝으로 (9자) 원인은 사건의 유발자이면서, 행위주에 해당하지 않는 경우로 보면 된다. '사랑에 웃고, 사랑에 우는 인생'에서 볼 수 있듯이 원인도 (12)와 마찬가지로 추상적일 수도 있다.

5. 의미역과 조사

의미역이 NP에 부여되는 양상을 관찰하면 NP에 실현된 조사가 의미역 실현과 밀접히 관련된다는 점을 알 수 있다. 예를 들어 다음에서 확인할 수 있듯이 행위주 의미역이 부여된 NP '철수'는 주격조사 '–이/가'를 동반해야 하고, 피동주 의미역이 부여된 NP '책'은 대격조사 '–을/를'을 동반해야 한다.

(13) 가. 철수가 책을 읽는다.

나. *철수를 책이 읽는다.

그렇지만 의미역과 조사가 밀접히 관련된다고 해서 특정 의미역과 특정 조사가 '1 : 1' 식으로 맺어지는 것은 아니다. 실제로 (9)에 제시한 예들을 살피면 서로 다른 의미역이 동일한 하나의 조사와 어울리기도 하고, 역으로 서로 다른 조사가 동일한 하나의 의미역과 어울리기도 한다. 예를 들어 (9)에서 주격조사는 여러 가지 의미역과 어울리고 있고, 조사 '–에'

는 (9아)에서는 착점 의미역과, (9자)에서는 원인 의미역과 어울려 나타난다. 또 (9)에서 밑줄 친 성분이 포함하고 있는 조사를 비교해 보면 하나의 의미역에 서로 다른 조사가 어울린다는 것을 쉽게 알 수 있다.

따라서 의미역과 조사 사이의 관계는 언어와 사고 사이의 관계와 마찬가지 방식으로 이해하는 것이 타당하다. 즉, 의미역은 의미역이고 조사는 조사인데 이 둘은 일정한 대응 관계에 따라 서로 어울리게 되는 것이다. 대응 관계의 구체적인 사항은 다른 연구로 미루고, 여기서는 의미역을 둘러싼 문제들에 계속 집중한다.

6. 의미역과 논항 그리고 부가어

의미역이 사건을 구성하고 문장을 형성할 때는 몇 가지 제약 조건을 준수해야 한다. 가장 기본적인 것은 어떤 사건이 성립하기 위해서는 그 사건이 필요로 하는 개체가 모두 참여해야 한다는 제약이다. 달리 말해 문장이 제대로 만들어지려면 술어가 가지고 있는 의미역은 남김없이 전부 부여되어야 한다. 술어가 가지고 있는 의미역이 남김없이 전부 부여되지 않고 하나라도 남게 되면 문장은 제대로 형성되지 않는다. 예를 들어 '사랑하-'가 나타내는 사건이 제대로 구성되려면 (14가)처럼 사랑하는 개체에 해당하는 행위주 의미역과 사랑받는 개체에 해당하는 피동주 의미역을 받는 성분이 모두 나타나야지, (14나)나 (14다)처럼 행위주 의미역만 부여되거나 피동주 의미역만 부여되어서 술어의 의미역 일부가 부여되지 않고 남게 되면 문장은 성립하지 않는다.[5]

5 (14나)가 비문법적인 것은 피동주가 아예 실현되지 않았기 때문이다. 이와 달리 피동주가 실

(14) 가. 영이가 철수를 사랑한다.
나. *영이가 사랑한다.
다. *철수를 사랑한다.

또 사건에는 그 사건에 필요한 개체가 전부 나타나야 할 뿐만 아니라 아무런 역할이 없는 개체가 뜬금없이 나타나서도 안 된다. 적당한 역할이 없는 개체는 사건의 구성에 방해만 될 뿐이기 때문이다. 그래서 사건을 표현하는 문장에도 필요한 것만 나타나야지 쓸데없는 것이 나타나면 안 된다.

(15) 가. 영이가 철수를 때렸다.
나. *영이가 철수를 순이에게 때렸다.
다. *영이가 철수를 민수를 때렸다.

(15가)와 달리 (15나)가 비문법적인 것은 쓸데없이 '순이에게'가 나타났기 때문이다. '순이에게'는 '철수가 순이에게 떡을 주었다', '영이가 순이에게 편지를 보냈다'에서 보듯이 착점의 의미역을 가지는 술어와 함께 나타날 수 있다. 그런데 (15나)에서는 행위주와 피동주 의미역만 지니고 착점 의미역은 지니지 않는 '때리-'와 '순이에게'가 함께 하게 된바, 이로 인해 문법성이 크게 훼손된다.

(15다)가 비문법적인 것도 (15나)와 통한다. 피동주 의미역이 '철수를'

현되었지만 생략에 의해 발음되지 않은 것으로 보면 (14나)는 성립한다. 겉으로 보기에는 한 가지이지만 피동주가 아예 실현되지 않은 경우와 피동주가 실현되었지만 생략에 의해 발음되지 않은 경우, 이 두 가지로 나뉘며 후자는 문법적으로 아무런 이상을 지니지 않는 것이다. 이러한 사정은 (14다)도 마찬가지이다.

에 부여되면 '민수를'에 적당한 역할, 즉 피동주 의미역이 부여되지 못하고, 역으로 피동주 의미역이 '민수를'에 부여되면 '철수를'에 부여할 의미역이 없게 되어서, 이러든 저러든 간에 역할 없는 방해꾼이 나타날 수밖에 없는 상황이 초래되어서 비문법성이 유발되는 것이다.[6]

* * *

이러한 맥락에서 조심할 것은 의미역이 보장하지 않는다고 해서 무조건 나타날 수 없는 것은 아니라는 점이다. '때리-'가 지닌 의미역이 보장하지 않는다고 해도 '학교에서'와 같은 처소는 '때리-'와 함께 나타나도 아무런 이상을 일으키지 않기 때문이다.

(16) 가. 영이가 철수를 때렸다.
　　나. 영이가 철수를 <u>학교에서</u> 때렸다.

그렇다면 (15나)와 (16나)의 차이는 왜 나타나는가? 둘 다 술어가 지닌 의미역보다 넘치는 요소를 지니고 있는데 왜 하나는 좋고 하나는 나쁜가? 이 의문에 대한 답은 (15나)와 (16나)의 차이에서 찾아야 할 것인데, (15나)와 (16나)의 차이는 '순이에게'와 '학교에서'의 차이로 통한다.

그러면 '순이에게'와 '학교에서'의 차이는 어떤 차이인가? 논항과 부가

---

6 (15다)가 문법적이라고 판단할 수도 있는데, 그러한 판단은 (15다)의 '철수를 민수를'을, '철수를'과 '민수를'이 독자적으로 따로따로 나타난 것으로 보지 않고, '철수와 민수를'이나 '철수를 그리고 민수를'처럼 해석하는 경우에 해당한다. '철수와 민수를, 철수를 그리고 민수를'에서는 피동주 의미역이 '철수와 민수', '철수 그리고 민수'에 부여되므로 의미역 부여에서 문제가 발생하지 않는다.

어의 구분을 떠올리면 (15나)의 '순이에게'와 (16나)의 '학교에서' 사이의 차이를 어렵지 않게 밝힐 수 있다. 의미역과 결부된 논항은 사건의 핵심을 형성하고, 부가어는 사건의 핵심을 풍부하게 꾸며주는 역할을 하는데 (16나)의 '학교에서'는 부가어에 해당하므로 '때리-'와 어울려도 아무런 이상이 발생하지 않는다. 장식을 보탠다고 해서 본질이 훼손되지는 않기 때문이다. 하지만 (15나)의 '영이에게'는 (16나)의 '학교에서'와 달리 부가어로 해석될 수 없다. 일정한 처소에서 때리는 사건은 성립할 수 있지만, 다시 말해 때리는 사건을 '학교에서'가 꾸며줄 수는 있지만, 착점은 때리는 사건을 꾸며줄 수 없는 것이다.

이에 사건을 꾸며줄 수 있는 적합한 의미역을 골라서 부가어로 실현시킬 수 있는 규칙이 필요한데, 부가어로 실현된다는 점을 강조하면 '부가어 규칙'이라고 할 수 있다. (16나)에 더해 다음의 예를 고려하면 부가어 규칙은 처소에 더해 시간, 방법이나 도구, 이유나 원인 등을 통해 사건을 풍성하게 꾸며주게 된다.

(17) 가. 영이가 철수를 <u>열 시 삼십 분에</u> 때렸다.
나. 영이가 철수를 <u>주걱으로</u> 때렸다.
다. 영이가 철수를 <u>홧김에</u> 때렸다.

부가어 규칙을 동원하면 결국 의미역 목록이 있고, 사건이 어떠냐에 따라, 다시 말해 술어가 무엇이냐에 따라 특정 의미역이 논항으로 실현되기도 하고 부가어로 실현되기도 한다는 것을 알 수 있다. 또한 (9)의 목록에는 '시간, 방법이나 도구' 등의 의미역이 제시되어 있지 않으므로 의미역 목록이 확장되어야 한다는 것도 잘 알 수 있다. 물론 완벽한 의미역 목록을 현 단계에서 제시할 수는 없다. 완벽한 의미역 목록은 언어에 대한 연구의 완성과 더불어 등장하게 될 것이다.

7. 사건을 넘어 정보 구조로[7]

문장은 술어와 논항 그리고 부가어로만 형성될까? 실제로 문장을 분석하고 연구하다 보면 논항이라고 하기도 어렵고 부가어라고 보기도 어려운 요소가 발견된다. 예를 들어 다음의 문장을 분석해보자.

(18) 토끼는 귀가 길다.

(18)에서 긴 것은 '귀'이지 '토끼'가 아니다. 토끼는 동글동글하고 짜리몽땅할 따름이고, 다만 귀가 길 뿐이다. 따라서 다음의 예에서 '길-'의 의미역이 '하루'에 부여되듯이 (18)에서 '길-'의 의미역은 '귀'에 부여되었다고 보아야 한다.[8]

(19) 요즘은 별일이 없어서 그런지 하루가 길다.

그러면 (18)의 '토끼는'은 무엇인가? 술어의 의미역과 결부된 성분이 아니므로 일단 논항은 아니다. 논항이 아니면서도 문장이 성립하므로 (16

---

7 이 절의 내용은 이 장의 말미에 소개하는 이정훈(2011)의 일부를 다듬고 보완한 것이다.

8 그러면 구체적으로 '길-'은 어떤 의미역을 지니는가? (9)에 소개한 의미역 목록을 가만 들여다봐도 적당한 것을 찾기 어렵다. 의미역을 소개하면서 언급했듯이 (9)가 의미역을 총망라한 것은 아닌바, '길-'과 어울리는 의미역, 예컨대 '긴' 상태를 그 속성으로 갖는 개체를 나타내는 의미역이 추가될 필요가 있는 것이다.

나), (17)에서 논의한 부가어의 일종으로 보아야 할까? 만약 (18)의 '토끼는'이 다음의 '토끼의'에서 유래하고, '토끼의'가 '귀'의 부가어이면 (18)의 '토끼는'을 부가어로 간주하는 시각을 추구해볼 수 있을 듯하다.

(20) 토끼의 귀가 길다.

하지만 (21)에서 보듯이 (18)과 유사하면서도 (20)과 같은 대응하는 짝을 찾을 수 없는 문장이 존재하므로 문제의 성분을 부가어로 처리하는 방안을 선뜻 수용하기 어렵다.

(21) 가. 꽃은 장미가 예쁘다.
가'. *꽃의 장미가 예쁘다.
나. 국어학은 우리학교가 최고다.
나'. *국어학의 우리학교가 최고다.

이에 (21)이 비록 (20)과 같은 짝을 가지고 있지는 않지만 그래도 '꽃'과 '장미' 사이의 관계와 '국어학'과 '우리학교' 사이의 관계가 (20)에서의 '토끼'와 '귀' 사이의 관계와 통하므로 (21)의 '꽃은'과 '국어학은'도 (18)의 '토끼는'처럼 부가어로 처리할 수 있다고 할는지도 모른다. '토끼'와 '귀'의 관계를 소유 관계로 보고, '꽃'과 '장미'의 관계와 '우리학교'와 '국어학'의 관계를 집합과 집합에 포함되는 원소 사이의 관계, 즉 집합 관계의 하나로 보면(장미 ∈ 꽃, 국어학 ∈ 우리학교), 소유 관계와 집합 관계는 '전체와 부분의 관계'로 묶을 수 있을 듯하기 때문이다.

하지만 다음의 예까지 고려하면 방금과 같은 논리는 더 이상 유지되기 어렵다. 우격다짐 식의 논리가 아닌 한 '식사'와 '구내식당' 사이의 관계와

'나'와 '지구'의 관계를 전체와 부분의 관계로 볼 수는 없는 것이다.

(22) 가. 식사는 구내식당을 이용하십시오.
나. 아무리 생각해도 나는 지구가 평평해.

논항으로 볼 수도 없고 부가어로 볼 수도 없는 셈인데, 그렇다면 남은 길은 논항도 부가어도 아닌 제3의 존재가 있다고 보는 방법뿐이다. 다시 말해 (18), (21), (22)에 나타난 '토끼, 꽃, 국어학, 식사, 나'는 술어와 논항, 부가어가 구성하는 사건의 영역을 넘어서 존재하는데 이러한 사건 영역 너머의 존재가 문장 내에 실현된 것이 바로 (18)과 (21)과 (22)인 것이다. 이제 문장은 사건과 더불어 사건 너머의 또 다른 무엇까지도 표현하는 단위가 되는 셈이다. 그렇다면 사건 너머의 또 다른 무엇의 정체는 무엇인가?

* * *

사건의 논리 너머에 존재하는 (18)의 '토끼'와 (21)의 '꽃, 국어학'이랑 (22)의 '식사, 나'의 정체는 어떻게 밝힐 수 있을까? 사건과 전혀 동떨어진 방법을 추구해야 하는지도 모르지만 일단은 사건에서 한 걸음 나아간 정도에서 방법을 찾는 것이 온당할 것이다. 이에 언어가 하나의 사건이 아니라 여러 가지 사건을 묶어서 표현한다는 점에 주목해보자.

(23) 영이는 거북이를 기르는데 어느 날 책을 읽다가 거북이와 토끼가 달리기 시합을 한 이야기를 읽게 되었다. 심심하던 차에 잘됐다 싶어서 거북이랑 토끼한테 달리기 시합을 시켜보기로 하고 토요일에

토끼를 사러 장에 갔다. 거기서 난생 처음 토끼를 마주한 영이는 다음과 같이 혼잣말을 했다. "토끼는 귀가 길군."

(23)에서처럼 여러 사건을 표현한 문장이 줄줄이 이어질 때 '토끼는'은 무슨 역할을 하는가? 다음과 같이 풀어 쓸 수 있는 것으로 봐서 '토끼는'은 '귀가 길군'이 무엇에 대한 것인지를 알려주는 역할을 하는 것으로 볼 수 있다.

(24) 토끼에 대해 말하자면, 귀가 길군.

이렇게 사건이 무엇에 대한 것인지를 한정해주는 것을 흔히 언급의 대상을 정해준다고 하고, 그러한 역할을 하는 성분은 언급 대상성 혹은 대하여성(aboutness)을 지닌다고 한다. 그리고 언급 대상성, 대하여성을 지닌 성분을 주제어(topic)라고 하는데 주제어는 사건의 논리를 넘어서는 것이며, 또 사건의 논리 너머에 있다는 것에서 어느 정도 예측할 수 있고 (23)을 통해서도 알 수 있듯이 사건과 사건 사이, 문장과 문장 사이를 중재하는 역할을 하며, 중재의 구체적인 의미가 바로 언급 대상성이다.[9]

그러면 주제어는 왜 존재하는가? 그것은 말하는 사람이 말하는 것이 무엇에 대한 것인지를 듣는 사람에게 효과적으로 전달하기 위해 존재한다고 할 수 있다. 정보 전달의 효율성을 위해 존재하는 주제어가 온전히

9 (23)에서 주제어 '토끼는'은 '영이는 거북이를 기르는데 … 혼잣말을 했다'와 '귀가 길군'을 중재한다. 주제어의 중재 기능 혹은 연결 기능은 '토끼는 거북이보다 빠르다. 그런데 ~~토끼가~~ 자만했다가 ~~토끼가~~ 거북이한테 졌다'에서 보듯이 생략(=)에도 영향을 미치는데, 이에 '토끼는'이 아니라 다른 것이 주제어로 설정되면 방금과 같은 생략은 불가능해진다. 그래서 '거북이는 토끼보다 느리다. 그런데 ~~토끼가~~ 자만했다가 ~~토끼가~~ 거북이한테 졌다'와 같은 생략은 허용되지 않는다.

제 기능을 발휘하기 위해서는 몇 가지 요건을 충족해야 한다. 예를 들어 (18), (21), (22), (23)을 통해 알 수 있듯이 주제어는 대개 문장의 앞, 구조적으로는 문장의 가장 위에 위치하고 조사 '-은/는'을 동반한다. 전달의 효율성이 일정한 언어 기호 및 일정한 문장 구조와 밀접히 관련되는 셈인데, 주제어를 포함하여 사건과 사건 사이의 관계, 의도 등을 효과적으로 전달하기 위해 선택된 문장의 구조를 정보 구조(information structure)라고 한다. 구조는 언어 기호가 있어야 형성되므로 정보 구조도, 주제어가 '-은/는'을 필요로 하듯이, 일반적으로 특정한 언어 기호를 필요로 한다.

이제 주제어 개념을 활용하면 (21)과 (22)도 어렵지 않게 설명할 수 있다. (18)의 '토끼는'이 주제어이듯이 (21)의 '꽃은, 국어학은'과 (22)의 '식사는, 나는'도 주제어이기 때문이다.

(25) 가. 꽃에 대해 말하자면, 장미가 예쁘다.
　　 나. 국어학에 대해 말하자면, 우리학교가 최고다.
　　 다. 식사에 대해 말하자면, 구내식당을 이용하십시오.
　　 라. 나의 견해에 대해 말하자면, 지구가 평평하다.

주제어는 속성상 문장이 그것에 대해서 언급하는 것이므로, 새로운 내용, 즉 신정보(new information)보다는 이미 아는 내용, 즉 구정보(old information)를 담기 마련이다. 무엇에 대해서 얘기하려면 먼저 그 무엇이 무엇인지 설정되어야지 다짜고짜로 말할 수는 없는 것이다. 또 주제어는 조사 선택, 억양 등 몇 가지 방법으로 표현될 수 있는데 가장 전형적인 것은 앞서 언급했듯이 문장의 맨 앞에 오면서 조사 '-은/는'을 동반하는 방법이다.

주제어의 특성으로 인해 옛날이야기에서 주인공이 처음 등장할 때, 다시 말해 구정보가 아니라 신정보일 때는 '-은/는'을 동반한 주제어로 나타나지 못한다. 다음에서 보듯이 처음 등장할 때는 '임금님은'이 아니라 '임금님이'로 나타나야 하고, '임금님이'로 '임금님'이 이야기에 도입된 후에야 '임금님'이 구정보가 되므로 '임금님은'이 나타나게 된다.

(26) 아주 먼 옛날 어떤 나라에 착한 임금님이 살고 있었어요. 그 임금님은 너무나 착해서 백성들이 모두 믿고 따랐지요.

그렇다고 해서 구정보와 신정보의 구분이, 처음 나오면 무조건 신정보이고 앞에 이미 나왔으면 무조건 구정보 식으로 천편일률적으로 단순하게 나뉘는 것은 아니다. 이미 앞에 나왔더라도 다음에서 보듯이 옛날이야기를 이어가다가 다시 '임금님'에 대해서 새로운 정보인 양 표현하고 싶으면 신정보로 취급해서 이야기 처음에 나왔던 '임금님'처럼 '임금님이'로 나타낼 수 있다.

(27) 아주 먼 옛날 어떤 나라에 착한 임금님이 살고 있었어요. 그 임금님은 너무나 착해서 백성들이 모두 믿고 따랐지요. 그러던 어느 날 임금님이 산신령을 만나러 금강산에 가던 길이었어요.

(26)과 (27)에서도 눈치 챌 수 있듯이 구정보와 신정보는 그 표현 방법이 다르며, 신정보를 나타내는 성분을 흔히 주제어와 대비시켜 초점어(focus)라고 부른다.

*　*　*

그런데 '논항, 부가어'와 '주제어, 초점어'가 한쪽은 사건 내부적 존재이고 다른 한쪽은 사건을 벗어난 존재이긴 하지만 그렇다고 해서 이 둘이 상극이기만 한 것은 아니라는 점에 유념할 필요가 있다. (18), (21), (22)처럼 논항이나 부가어와 무관한 주제어, 초점어도 있지만 (26), (27)에서 보듯이 논항이면서 주제어, 초점어일 수도 있으며 (28)에서 보듯이 부가어이면서 주제어, 초점어일 수도 있는 것이다.

(28) 철수와 영이가 도서관에서 사랑을 속삭였다.
　가. <u>도서관에서는</u> 철수와 영이가 사랑을 속삭였다.
　나. <u>도서관에서</u> 철수와 영이가 사랑을 속삭였다.[10]

다시 말해 (26), (27)의 '임금님'은 사건 내부적 관점에서는 주어이면서 동시에 사건 외부적 혹은 사건과 사건 사이의 관점에서는 주제어, 초점어인 것이며, 마찬가지로 (28가)와 (28나)의 '도서관'은 사건 내부적 관점에서는 부가어이면서 사건 외부적 관점에서는 주제어, 초점어가 된다.

하나의 대상이 관점에 따라 이렇게 규정되기도 하고 저렇게 규정되기도 하는 것이 이상하게 느껴질 수도 있지만 사실 관점에 따라 이렇기도 하고 저렇기도 한 것은 흔한 일이다. 예를 들어 '[$_A$ [$_B$ 영이가 태어난] 날]'에서 '태어난'은 B의 차원에서는 서술어이면서(영이가 태어나다), A의 차원에서는 '날'을 꾸미는 관형어인 것이고, 이 책을 쓰는 '나'는 집에서는 남편이면서 학교에서는 선생이다.

---

10 주제어가 어순을 이용하듯이 초점어도 어순을 이용하기도 한다.

이제 논항과 부가어에 더해 주제어, 초점어의 존재도 인정해 보자. 그러면 주제어와 초점어가 등장한 구조는 어떻게 파악해야 할까? 이 질문에 대한 명확한 답을 지금 당장 제시하기는 어려운데, 다만 해답의 실마리 정도는 두 가지 방향으로 제시할 수 있을 듯하다. 하나는 논항과 부가어를 다루는 방법으로 주제어와 초점어를 처리하는 방법이고, 다른 하나는 주제어와 초점어를 위한 별도의 구조를 추구하는 방법이다. 앞의 것을 따르면 (29)의 구조가 선택될 것이고, 뒤의 것을 따르면 (30)의 구조가 선택될 것이다.

(29) {토끼는, 토끼가} 귀가 길다.

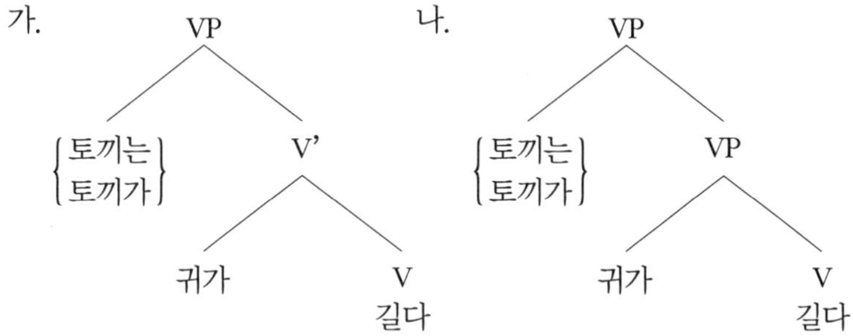

(30) {토끼는, 토끼가} 귀가 길다.

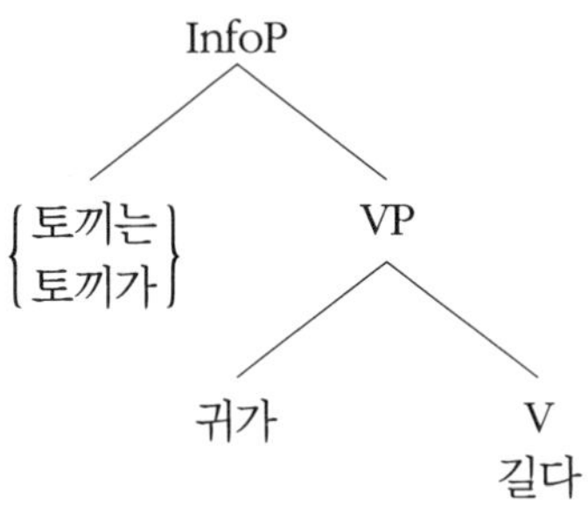

(29가)와 (29나)는 주제어와 초점어를 사건 내부적 존재, 즉 논항이나 부가어처럼 다룬다는 점에서는 통하지만 주제어와 초점어를 논항으로 환원하는가, 그렇지 않으면 부가어로 환원하는가에서 차이를 보인다. (29가)는 주제어, 초점어가 V'와 결합하여 VP를 형성하는 것으로 파악하므로 주제어, 초점어를 논항에 준하는 존재로 파악한 것이고, (29나)는 주제어, 초점어가 VP와 결합하여 다시 VP가 되므로 주제어, 초점어를 부가어에 준하는 존재로 파악한 것이다.

(29)가 논항, 부가어의 논리로 주제어, 초점어를 포착하려는 시도라면 (30)은 주제어, 초점어를 위한 별도의 논리를 추구하는 견해라고 할 수 있다. 주제어나 초점어를 논항이나 부가어처럼 다루는 것은 다분히 억지스러운바, 아예 새로운 지평을 개척하는 것이 타당하다 할 수 있고, 이에 주제어나 초점어와 VP가 결합하면 V 범주와 무관한 아예 새로운 존재, 예를 들어 정보 구조와 관련된 정보구(InfoP)가 형성된다고 보는 견해가 성립한다.

(29)가 옳은지, (30)이 옳은지, 또 (29)가 옳다면 (29가)와 (29나) 중에 어느 것이 더 타당한지 검토해야 하지만 이를 위해서는 타당한 선택을 보증할 수 있는 현상이 필요하다. 필요한 현상을 발굴하고 이를 통해 주제어, 초점어의 구조 형성 문제를 보다 명확히 이해하는 것은 매우 중요하다. 하지만 이러한 작업을 지금 당장 수행하기는 어렵다. 필요한 현상이 무엇인지 막연히 찾을 수도 없을 뿐더러, 또 아직은 현상을 분석할 수 있는 기본적인 수준에 다다르지 않았기 때문이다. 지금 수준으로는 필요한 현상을 만나더라도 그것이 필요한 것인지 아닌지를 가늠하기도 어렵다. 이에 주제어와 초점어의 구조 형성에 대한 면밀한 탐구는 후일로 미루고 여기서는 일단 지금까지 진행해 온 논의를 이어가기로 한다. 지금 당장 시급한 것은 복잡다단한 현상에 휩쓸리거나 밀리지 않고 현상에 대응할 수 있는 기본적인 논리를 구축하는 것이다.

참고문헌

언어와 사고

Jackendoff, R., 1994, *Patterns in the Mind*, Basic Books. [이정민 · 김정란 옮김, 2000, 『마음의 구조』 태학사]

Pinker, S., 1994, *The Language Instinct*, Allen Lane. [김한영 · 문미선 · 신효식 옮김, 2008, 『언어 본능』, 개정 2판, 동녘 사이언스]

의미역

남승호, 2007, 『한국어 술어의 사건 구조와 논항 구조』, 서울대학교 출판부.

Jackendoff, R., 1990, *Semantic Structures*, MIT Press. [고석주 · 양정석 옮김, 1999, 『의미구조론』, 한신문화사]

Levin, B & M. Rappaport Hovav, 2005, *Argument Realization*, Cambridge University Press.

Pustejovsky, J., 1995. *The Generative Lexicon*, MIT Press. [김종복 · 이예식 옮김, 2002, 『생성어휘론』, 박이정]

정보 구조

김영희, 1978, 「겹주어론」, 『한글』 162.

박승윤, 1986, 「담화의 기능상으로 본 국어의 주제」, 『언어』 11.

박철우, 2003, 『한국어 정보 구조에서의 화제와 초점』, 역락.

이정훈, 2011, 「통사구조의 형성과 그 실상」, 유현경 · 한정한 · 김광희 · 임동훈 · 김용하 · 박진호 · 이정훈 공저, 『한국어 통사론의 현상과 이론』, 태학사.

임홍빈, 2007, 『한국어의 주제와 통사 분석: 주제 개념의 새로운 전개』, 서울대학교 출판부.

정희원, 2001, 「한국어의 대조화제와 화제, 초점: 정보구조적인 관점에서」, 박사학위논문, 서울대학교.

Hajicová, E., B. Partee & P. Sgall, 1998, *Topic–Focus Articulation, Tripartite Structures, and Semantic Content*, Kluwer Academic Publishers. [고석주 옮김, 2002, 『주제–초점, 삼분 구조, 의미 내용』, 월인]

Lambrecht, K., 1994, *Information Structure and Sentence Form*, Cambridge University Press. [고석주 외 옮김, 2000, 『정보 구조와 문장 형식』, 월인]

Vallduvi, E., 1992, *The Informational Component*, Garland Publishing.

제8장
구조 의존성과 구조 진단

1. 언어 현상의 구조 의존성

단어와 단어는 핵 계층 규칙에 따라 결합하여 구조를 이루며 문장을 형성하고 이렇게 형성된 문장은 구조적 속성을 띠므로 문장에서 관찰할 수 있는 갖가지 현상도, 비록 모든 현상이 그렇다고 자신있게 단언할 수는 없지만, 구조를 기초로 하는 것이 당연하다. 예를 들어 재귀사가 해석되기 위해서는 구조적으로 선행사가 재귀사보다 위에 와야 하는데, 이는 재귀사 해석이라는 현상이 구조에 기대어 작동한다는 것을 의미한다.

그런데 언어 현상에는 재귀사 해석만 있는 것이 아니고 3장 3절~4절에서 살핀 교환법칙도 있다. 교환법칙은 사실 단어의 순서를 바꾸는 것이고 'ABC' 순서가 'BAC' 순서로 바뀌면 B가 A와 C 사이에서 A 앞으로 이동한 것으로 볼 수 있으므로 교환법칙이라는 용어 대신에 이동(movement)이라는 용어가 널리 쓰인다.[1] 만약 언어 기호가 구조적으로 형성되므로 언어

1 물론 A가 B와 C 사이로 이동했다고도 볼 수 있다. 그렇다면 B의 A 앞으로의 이동과 A의 B 뒤

기호가 보이는 갖가지 현상들도 구조에 민감하다는 것이 사실이라면 이동 현상도 구조에 민감한 모습을 보여야 할 것이다. 그렇다면 과연 그런가?

이동 작용도 재귀사 해석과 마찬가지로 구조에 의해 지배되는 현상인지를, 즉 이동 현상의 구조 의존성을 확인하기 위해 이동 작용이 적용되는 대상이 무엇인지 확인해보자. 만약 이동 작용의 대상, 즉 이동하는 것이 구조에 의해 결정된다면 이동도 구조에 바탕을 둔 현상이라고 할 수 있다. 그러면 재귀사 해석 현상을 바탕으로 확립한 다음의 구조에서 이동할 수 있는 것은 무엇인가?

(1)

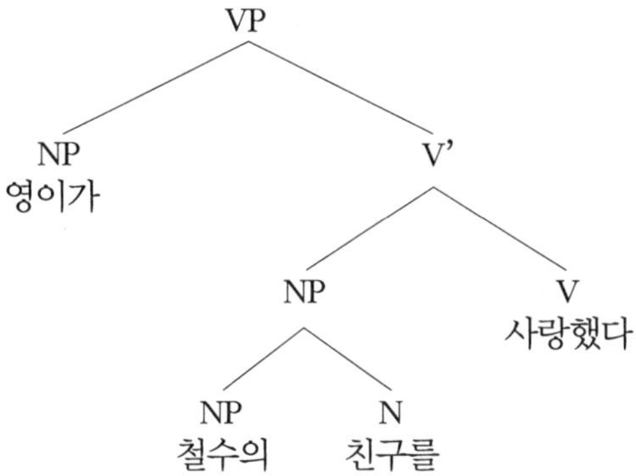

다음에서 보듯이 (1)에서 이동 작용은 구조에서 하나의 성분(constituent)으로 묶이는 '철수의 친구를'에는 적용될 수 있지만 구조상 하나의 성분으로 묶이지 않는 '철수의 사랑했다'나 '친구를 사랑했다'에는 적용될 수 없다. 이동이 구조에 기반을 둔 성분에 적용되는 셈인데, 따라서 이동도 구

로의 이동, 이 두 가지 이동 가운데 어느 것이 타당할까? 혹시 둘 다 허용되는 걸까? 이 의문에 대한 논의를 포함하여 이동에 대한 자세한 논의는 11장에서 전개된다.

조적으로 규정되는 현상이라 할 수 있다.

(2) 가. [철수의 친구를] 영이가 사랑했다.
나. *[철수의 사랑했다] 영이가 친구를.
다. *[친구를 사랑했다] 영이가 철수의.

재귀사 해석에 더해 이동도 (1)의 구조와 언어 현상의 구조 의존성을 지지하는 셈인데 여기에 힘을 보탤 수 있는 또 다른 현상은 없을까? 이와 관련해 (1)의 구조를 가만히 살펴보면 '철수의 친구를'뿐만 아니라 '철수의 친구를 사랑했다'도 성분임을 알 수 있다. 나무그림에서 '철수의 친구를' 바로 위의 나뭇가지와 '사랑했다' 바로 위의 나뭇가지가 하나로 결합하고 있으니 '철수의 친구를 사랑했다'가 성분임에는 틀림이 없다.

그러면 (1)에서 '철수의 친구를 사랑했다'가 성분임을 지지하는 현상은 있는가? 다음의 생략(ellipsis) 현상에 주목해보자.

(3) 민수: 누가 철수의 친구를 사랑했니?
영수: 영이가 ~~철수의 친구를 사랑했어~~.
순이: *영이가 철수의 ~~친구를 사랑했어~~.
돌이: 영이가 ~~철수의 친구를~~ 사랑했어.

(3)에서 영수의 말은 취소선(—)으로 표시해놓았듯이 '영이가 철수의 친구를 사랑했어'에서 '철수의 친구를 사랑했어'를 생략한 결과이다. 생략도 언어 현상의 하나이고, 앞서 살폈듯이 구조 형성이나 재귀사 해석, 이동 등의 언어 현상이 성분을 대상으로 적용되므로, 별다른 문제를 일으키지 않는 한 생략도 성분을 대상으로 적용된다고 보는 것이 합리적이다.

또한 생략도 구조가 보장하는 성분을 바탕으로 작동한다는 판단은, 성분이 아닌 '친구를 사랑했어'를 생략한 순이의 대답은 성립하지 않지만 성분인 '철수의 친구를'을 생략한 돌이의 대답은 성립하는 것을 통해 거듭 확인할 수 있다. 그러면 재귀사 해석과 이동에 더해 생략 현상도 구조를 바탕으로, 다른 말로 구조에 의존해 작동한다고 할 수 있다.

내친 김에 구조를 지지하는 현상, 또는 언어 현상은 구조를 기반으로 작동한다는 판단을 지지하는 현상을 하나 더 찾아보기로 하자. (1)의 구조에 따르면 '영이가'와 '철수의 친구를 사랑했다'도 결합해서 VP라는 하나의 성분을 형성하는데 이를 지지하는 현상도 있을까? 이와 관련하여 다음 대화에서 '그랬지'가 되받는 단위는 무엇인지 확인해보자.

(4) 민수: 영이가 철수의 친구를 사랑했더군.
돌이: 맞아, 영이가 철수의 친구를 사랑했지.
영수: 맞아, <u>그랬지</u>.
창수: 영이뿐만 아니라 순이도 <u>그랬지</u>.
똘이: * 맞아, 영이가 철수의 <u>그랬지</u>.

(4)에서 영수가 말한 '그랬지'는 사실 '영이가 철수의 친구를 사랑했지'를 대신한다. 이렇게 다른 것을 대신하는 것을 대용(anaphora)이라고 하는데 대용 작용도 성분을 대상으로 한다고 보는 것이 타당하다.[2] 그래야 민수의 말에 대해 성분 '영이가 철수의 친구를 사랑했지'를 '그랬지'로 대용한 영수의 말과 성분 '철수의 친구를 사랑했지'를 '그랬지'로 대용한 창수의 말이 문법적인 것을 설명할 수 있고, 똘이의 말이 제대로 된 말이 아니

2 대용에는 재귀사와 대명사도 포함된다. 재귀사와 대명사도 다른 것을 대신하기 때문이다.

라는 것을 설명할 수 있다. 똘이의 말이 비문법적인 것은 '영이가 철수의 친구를 사랑했지'에서 성분이 아닌 '친구를 사랑했지'를 '그랬지'로 대용했기 때문이다.

이렇게 재귀사 해석과 이동 및 생략 그리고 대용 현상이 구조를 기반으로 작동한다는 것은 이들 현상을 포함하여 언어 현상 전반이 구조에 따라 작동한다는 것을 암시한다. 물론 모든 언어 현상을 대상으로 하면 그중에는 구조로는 포착할 수 없는 현상이 존재할 수도 있다. 하지만 그러한 현상이 지극히 적다면, 다시 말해 구조를 바탕으로 하지 않는 언어 현상이 예외적으로만 존재한다면 언어 현상은 근본적으로 구조에 의존하는 성질, 즉 구조 의존성(structure dependency)을 지닌다고 보는 '구조 의존성 가설'이 성립하게 된다.[3]

2. 구조 진단의 실제

언어 현상이 구조에 바탕을 두고 작동한다는 것은, 달리 생각하면 언어 현상을 통해 어떤 문장의 구조를 진단할 수 있다는 것을 의미한다. 이러한 관점에서 재귀사 해석, 이동, 생략, 대용 등의 현상은 구조를 파악할 수 있게 해주는 '구조 진단법' 내지는 '구조 검증법'이라고도 할 수 있다. 예를 들어 네 개의 단어 'A, B, C, D'로 이루어진 문장 S에서 'BC'가 이동의 단위가 되고, 'BCD'가 생략의 단위가 되며, 'ABCD'가 대용의 단위이면, 문장 S는 다음의 구조를 지니는 것으로 진단된다.

---

3 아이들의 언어 습득도 구조 의존성 가설을 지지하고, 또 구조 의존적이지 않은 언어 현상은 아예 학습이 불가능하다는 실험도 보고되어 있다. 그만큼 구조 의존성 가설은 심리적 실재성을 지닌다고 볼 수 있다.

(5)

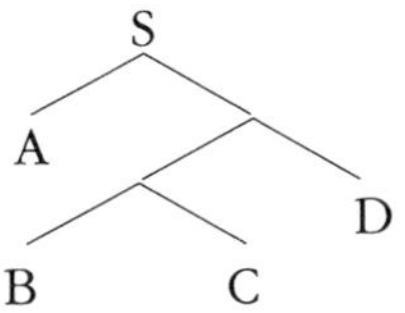

그런데 실제로 구조를 파악할 때는 다음의 두 가지 사항에 특히 주의해야 한다. 첫째, 때로 언어 현상이 하나의 구조가 아니라 서로 다른 두 개 이상의 구조를 지지하는 경우가 발생하기도 한다. 둘째, 구조 진단에 사용되는 현상은 탐구의 대상으로 선택한 언어가 지니고 있는 고유한 특성을 충분히 고려해야 한다. 이 두 가지 주의점이 무엇을 뜻하는지 차례로 살피기로 한다.

* * *

먼저, 때로 여러 언어 현상이 지지하는 구조가 일치하지 않고 상충할 수도 있는데 이에 해당하는 예를 제시하면 다음과 같다.

(6) 순이: 철수가 영이에게 편지를 보냈대.
민수: 맞아, 철수가 영이에게 그랬지.
영수: 맞아, 철수가 그랬지.
돌이: 맞아, 철수가 보냈지.

(6)에서 민수와 영수의 말은 '철수가 영이에게 편지를 보냈다'의 구조를 (7)과 같이 파악하게 한다. 민수의 말에서 '그랬지'는 '편지를'과 '보냈다'가 결합한 성분 C를 대용한 것이고, 영수의 말에서 '그랬지'는 방금 언급

한 성분 C에 '영이에게'까지 결합해서 형성된 성분 B를 대용한 것으로 파악할 수 있기 때문이다.

(7) 철수가 영이에게 편지를 보냈다.

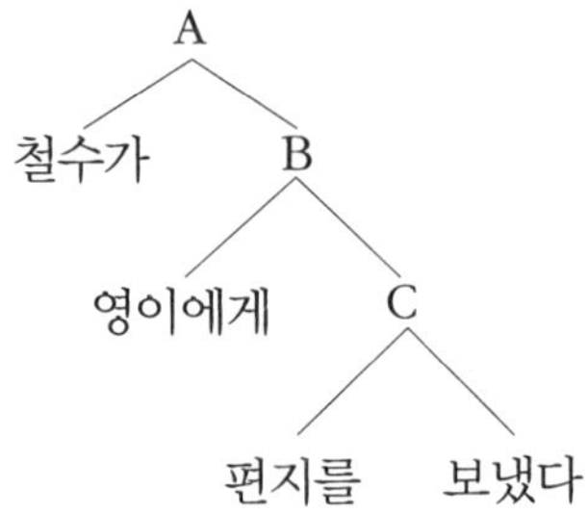

그런데 돌이의 말에서는 '영이에게'와 '편지를'이 하나의 성분인 듯이 행동한다. '철수가 ~~영이에게 편지를~~ 보냈지'에서 보듯이 '영이에게'와 '편지를'이 생략된 것이 바로 돌이의 발언이기 때문이다. 그런데 '영이에게'와 '편지를'이 하나의 성분이라는 판단은 (7)의 나무그림과는 어울리지 않는다. (7)에서는 '영이에게'와 '편지를'이 하나의 성분으로 묶여 있지 않기 때문인데, 돌이의 말을 중시하면 구조는 (7)이 아니라 (8)이 되어야 한다.

(8) 철수가 영이에게 편지를 보냈다.

언뜻 보면 (8)의 구조는 굉장히 이상하게 보인다. 하지만 이상하다는

것은 막연한 느낌이자 상식적 판단일 뿐이며, 과학적 탐구가 느낌과 다르고 상식에 배치되는 결과를 낳는 것이 드물기만 한 일은 아니다. 더군다나 (8)의 구조는 (6)에서 돌이의 말로 보인 생략 현상이라는 구조 검증법에 더해 다음의 (9가)에서 확인할 수 있듯이 이동 검증법과도 잘 어울리며, (9나)의 접속 현상을 보아도 (8)의 구조가 필요하다. 별다른 이상이 없는 한 다른 언어 현상과 마찬가지로 접속도 구조를 바탕으로 한다고 보아야 하는데, 그렇게 보면 접속의 단위를 보건데 (8)의 구조가 필요한 것이다.

(9) 가. 이동

① 이동 없는 경우

: 순이는 철수가 [영이에게 선물을] 주었다고 말했다.

② '영이에게 선물을'의 이동

: [영이에게 선물을] 순이는 철수가 주었다고 말했다.

나. 접속

① 접속 없는 경우

: 철수는 [영이에게 책을] 보냈다.

: 철수는 [순이에게 논문을] 보냈다.

② '영이에게 책을'과 '순이에게 논문을' 접속

: 철수는 [[영이에게 책을] 그리고 [순이에게 논문을]] 보냈다.

문제는 구조 (7)과 구조 (8)이 서로 다르며 양립할 수 없다는 사실이다. 그렇다면 서로 다른 두 개의 구조를 어떻게 해야 하는가? 택할 수 있는 길은 두 가지이다. 하나는 두 개의 구조를 모두 인정하는 것이고, 다른 하나는 (7)과 (8) 가운데 하나를 택하고 나머지 하나는 선택한 것에 맞추어 재해석하는 것이다.

(7)과 (8)의 두 구조를 모두 인정한다는 것은 '아름다운 과수원집 아가씨'가 두 개의 구조를 갖듯이 '철수가 영이에게 편지를 보냈다'도 두 개의 구조를 가질 수 있다는 입장이고, (7)과 (8) 가운데 어느 하나만 인정하겠다는 것은 (7)을 택하고 (8)을 (7) 식으로 재해석하거나 역으로 (8)을 인정하고 (7)을 (8) 식으로 재해석하는 입장이다. 두 가지 입장 가운데 나중 것을 취하면, 예를 들어 (7)을 옳은 것으로 보고 (8)을 (7)에 맞추어 재해석하게 되면, (6)에 제시한 돌이의 말은 (10가)처럼 단 한 번의 생략(취소선 한 개)이 아니라 (10나)처럼 두 번의 생략(취소선 두 개)에 의해 나타나는 것으로 보게 된다. (7)의 구조를 선택하고 이 구조에 생략 작용을 두 번 적용한 것이 (10나)인 것이다.

(10) 돌이: 맞아, 철수가 보냈지.

가. 맞아, 철수가 ~~영이에게 편지를~~ 보냈지.

나. 맞아, 철수가 ~~영이에게~~ ~~편지를~~ 보냈지.

그렇다면 두 가지 구조를 모두 인정하는 길과 어느 한 구조만 인정하는 길, 이 두 가지 길 가운데 어느 쪽으로 가야 할까? 이 물음에 대한 답은 앞으로의 과제로 남기기로 하고 당장은 구조 진단법이 보장하는 구조들이 서로 다를 수 있다는 점에 유념하도록 하자. 따라서 어느 한 가지 현상만 검증법으로 사용해서 밝힌 구조를 맹신해서는 안 된다.[4]

---

4 사실 11장에서 살피게 될 핵 이동까지를 고려하면 생략 작용을 한 번만 적용하면서도 (7)의 구조를 유지할 수 있다. 핵 이동에 의해 V '보내-'가 VP 밖으로 빠져나간 다음 V"를 생략하면 되기 때문이다.

*　　*　　*

다음으로, 첫 번째 주의 사항과도 어느 정도 관련된 것인데, 구조 진단법은 개별 언어의 특성을 충분히 고려하면서 적용해야 한다. 개별 언어의 특성을 고려하면서 구조를 밝힌다는 것이 무엇인지 아래 예를 통해 검토해 보자.

(11) 영수: 철수가 영이에게 사랑을 고백했어.
　　 순이: 영이에게만 그랬을까?

지금까지의 논의를 통해 짐작할 수 있듯이 (11)에서 영수의 말은 다음 (12)의 구조를 지니며 이 구조의 타당성은 (13)에 제시한 민수와 돌이의 말에서 재확인할 수 있다.

(12) 철수가 영이에게 사랑을 고백했어.

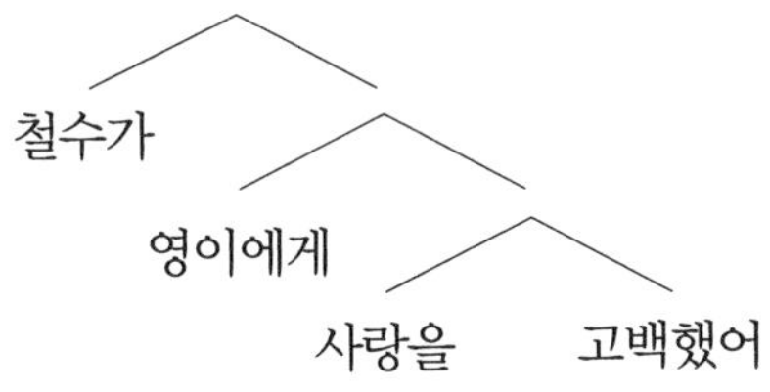

(13) 영수: 철수가 영이에게 사랑을 고백했어.
　　 민수: 철수가 영이에게만 그랬을까?
　　 돌이: 철수만 그랬을까?

그런데 (11)에서 순이의 말은 (12)에 보인 구조를 지지하지 않는 듯하다. 순이의 말에서 '그랬을까'는 '철수가 사랑을 고백했을까'에 해당하고 이는 '철수가 사랑을 고백했을까'가 성분임을 의미하는데 (12)의 구조에 따르면 '영이에게'를 제외한 '철수가 사랑을 고백했을까'가 성분일 수 없기 때문이다. 첫 번째 주의사항에서 본 것이 서로 다른 진단법 사이의 충돌이었다면, 지금 보고 있는 것은 하나의 진단법이 서로 상충되는 결과를 내놓는 상황이라고 할 수 있다.

이 상황을 어떻게 타개할 수 있을까? 우선 (11)에 제시한 순이의 말을 다음과 같이 분석하는 것은 지양해야 한다.

(14) [철수가] 영이에게만 [사랑을 고백했을까?]

'그랬을까'로 대용

(14)의 분석은 지금까지의 가설, 즉 대용을 포함하여 문법 작용은 성분을 대상으로 한다는 가설을 위반하기 때문이다. 물론 이 가설이 궁극적으로는 오류로 판정될 수도 있고, 대용만은 이 가설에서 예외인 것으로 판명될 수도 있지만 치명적 오류가 쌓여서 구조 의존성 가설이 더 이상 유지되기 어렵다는 판단이 내려지기 전에는 구조 의존성 가설을 유지하려는 노력이 필요하다.

그러면 대용의 단위를 성분으로 보는 가설을 유지하면서 (11)에 나타난 순이의 말을 분석할 수 있는 방법은 무엇인가? 그 방법을 찾으려면 다음의 현상에 주목할 필요가 있다.

(15) 가. 철수가 영이에게만 사랑을 고백했을까?

나. 영이에게만 철수가 사랑을 고백했을까?

(15가)와 (15나)는 문장의 형성에 참여한 단어는 같고 다만 단어들이 나타난 위치에서만 차이가 난다. (15가)를 기준으로 보면, (15가)에서 '영이에게만'이 문장의 앞으로 이동한 것이 (15나)이다. 그러면 문장의 앞으로 이동해간다는 것은 무슨 의미일까? 구조 형성 방식을 고려하건대 앞으로 이동한다는 것은 계층 구조에서 위쪽으로 올라간다는 것을 의미한다.

따라서 (15나)에서도 '영이에게만'은 선형관계에서는 문장의 앞으로 이동해 가는 것이고, 계층관계에서는 문장의 맨 위로 올라간다고 할 수 있다. 이를 반영해서 나무그림을 그리면 다음과 같다.

(16) 가. 철수가 영이에게만 사랑을 고백했을까? (= 15가)

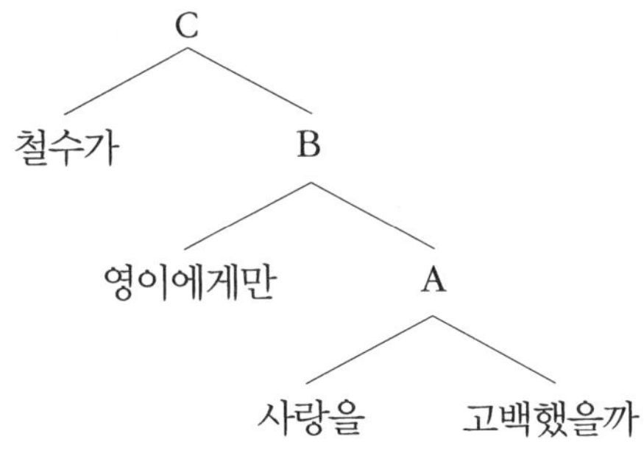

나. 영이에게만 철수가 사랑을 고백했을까? (= 15나)

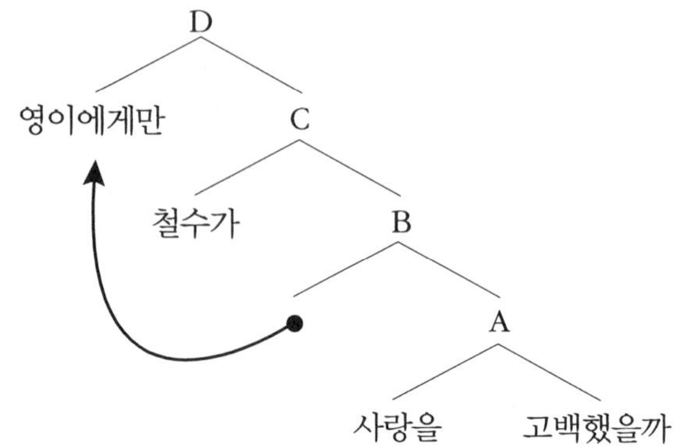

(16)에서 보듯이 '철수가 사랑을 고백했을까'가 (16가)에서는 성분이 아니지만 (16나)에서는 성분 C에 해당한다. (16가)와 달리 (16나)에서는 '영이에게만'이 이동을 통해 성분 C에서 빠져나갔기 때문이다. 이제 (16나)의 C에 대용이 적용되면 (11)에 보인 순이의 말이 나타난다.

그런데 (16)과 같은 분석은 대용과 같은 문법작용이 성분에 적용된다는 구조 의존성 가설을 유지하게 할 뿐만 아니라 한국어의 일반적 특징인 이동을 활용한 것이므로 별다른 부작용을 낳지도 않는다. 한국어와 달리 이동 작용이 없거나 활발하지 않아서 고정된 어순을 특징으로 하는 언어에서는 (16)의 분석이 얻는 것보다는 잃는 것이 더 많을 수 있지만 한국어는 그렇지 않은 것이다.[5]

5 (16)이 유일한 가능성은 아니다. 예를 들어 '철수가 영이에게만 사랑을 고백했을까?'에서 '철수가'가 생략되고, '사랑을 고백했을까?'가 '그랬을까?'로 대용되어도 (11)에 제시한 순이의 말이 나타난다. (16)이 옳은가 방금 제시한 방법이 옳은가는 다시 따져보아야 할 문제이다. 하지만 어느 것이 더 옳은가를 따지기에 앞서 유의할 것이 있는데, 문법은 '실제로 존재하는 바로 그것'이 아니라, '존재할 수 있는 것' 즉 '가능성'이자 '가능한 구조'의 한계를 정하는 것을 목적

이제 개별언어의 특성을 충분히 고려하면서 구조 진단법을 적용해야 한다는 말이 무엇을 의미하는지 알 수 있을 것이다. 이 말은 구조 진단법이 드러내는 상충된 결과를 곧이곧대로 받아들이지 말고 해당 언어의 특성을 고려하면서 구조의 상충을 조화로 이끌 수 있는 방법을 도모해야 한다는 말이다.

물론 어떤 구조 진단법이 서로 상충하는 구조를 산출하고, 그 상충하는 구조를 조화롭게 포착하기 위한 방법이 해당 언어의 특성과 전혀 어울리지 않으면 그 구조 진단법 자체를 의심할 필요가 있다. 그 구조 진단법이 과연 해당 언어의 구조를 진단하는 방법으로서의 자격을 지니는지 의심해 보아야 하는 것이다. 그러므로 모든 구조 진단법이 모든 언어에서 동등한 지위를 차지한다고 볼 수는 없다. 구조 진단법이, 그것이 무엇이든지 간에 모든 언어에 균질하게 적용된다고 보는 것은 모든 언어가 동일한 언어 현상을 공유하고 있다는 것을 의미하는데, 지금까지의 연구에 의하면 모든 언어에 통용되는 동일한 언어 현상이 있을 뿐만 아니라 언어마다 서로 다른 언어 현상도 있기 때문이다.

으로 한다는 점이다. 이는 '힘'이 무엇을 할 수 있는가에 의해 규정되지 실제로 무엇을 하는가 또는 실제로 무엇을 했는가를 기준으로 규정되지 않는 것과 통한다. 예를 들어 컴퓨터로 허구한 날 지뢰찾기 게임만 한다고 해서 '컴퓨터의 힘 = 지뢰찾기 게임 실행 능력'은 아니다. '실제로 존재하는 바로 그것(실제 언어 현상, 지뢰찾기 게임)'은 '존재할 수 있는 것'(실제 언어 현상 + 또 다른 가능성, 지뢰찾기 게임 + 또 다른 프로그램 실행 능력) 가운데 선택되는 것이며, 선택에는 문화, 지능, 프로그램 사용 능력 등 문법 이외의 것이 관여하기 마련이다.

참고문헌

구조 진단

Carnie, A., 2008, *Constituent Structure*, Oxford University Press.

Haegeman, L., 2006, *Thinking Syntactically*, Blackwell Publishing.

Radford, A., 1988, *Transformational Grammar*, Cambridge University Press. [서정목 · 이광호 · 임홍빈 옮김, 1990, 『변형문법』, 을유문화사]

구조의 심리적 실재성

Crain, S. & D. Lillo-Martin, 1999, *An Introduction to Linguistic Theory and Language Acquisition*, Blackwell Publishing. [황규홍 옮김, 2003, 『언어 이론과 언어 습득』, 한국문화사]

Moro, A., 2008, *The Boundaries of Babel*, MIT Press.

제9장
조사와 어미의 자격

1. 결합의 질서

단어와 단어는 핵 계층 규칙에 의해 서로 결합하고 투사함으로써 단계적으로 문장을 형성해 나간다. 예를 들어 문장 '영이의 친구가 철수의 동생을 사랑한다'가 형성되려면 '철수의'와 '동생을'이 결합해서 '철수의 동생을'이 형성되는 단계가 있고, 이어서 '철수의 동생을'과 '사랑한다'가 결합하는 단계가 와야 한다. 마찬가지로 '영이의'와 '친구가'가 결합해서 '영이의 친구가'가 형성되는 단계 다음에 '영이의 친구가'와 '철수의 동생을 사랑한다'가 결합하는 단계로 넘어가게 된다. 이렇게 단계적으로 형성됨에 따라 문장은 모든 것이 한꺼번에 결합한 (1가)가 아니라 (1나)의 구조를 지니게 된다.

(1) 가.

나.

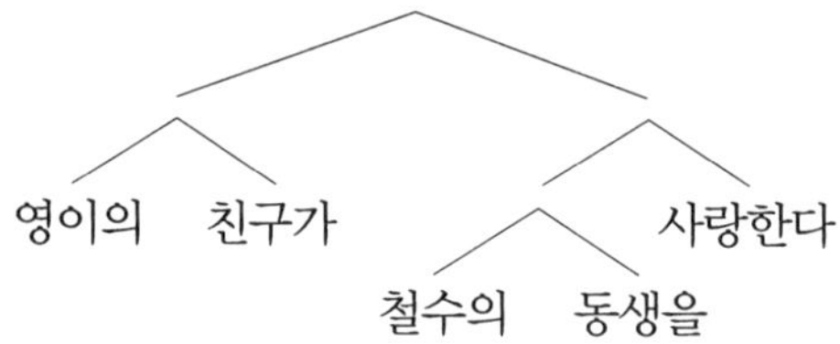

문장이 단계적으로 형성된다고 해서 형성 단계 하나하나에 대해 일일이 어떤 단계가 앞서고 어떤 단계가 뒤에 오는지가 규정되어야 하는 것은 아니다. 일정한 순서를 따라야 하는 것도 있지만 그렇지 않은 것도 있기 때문이다.

예를 들어 방금 살핀 예에서 '철수의'와 '동생을'이 결합하는 단계와 '사랑한다'가 결합에 참여하는 단계 사이에는 순서가 성립하지만, '영이의'와 '친구가'가 결합하는 단계와 '철수의'와 '동생을'이 결합하는 단계, 이 두 단계 중에 어느 것이 먼저인가는 정할 수 없다. 그런데 유념할 것은 '영이의'와 '친구가'가 먼저 결합하는지, 아니면 '철수의'와 '동생을'이 먼저 결합하는지는 정할 필요도 없다는 점이다. '철수의'와 '동생을'이 먼저 결합하고 이어서 '철수의 동생을'과 '사랑한다'가 결합하는 것은 언어 현상을 설명하기 위해 필요하지만 '영이의'와 '친구가'의 결합, '철수의'와 '동생을'의 결합, 이 두 결합 가운데 어느 것이 먼저인가는 언어 현상의 설명에 아무런 효과를 지니지 않기 때문이다. 단계적 형성은 지켜야 할 순서만 지키면 되고 지킬 필요가 없는 순서는 무시하면 된다.

그러면 지켜야 할 순서를 지키지 않으면 어떻게 될까? 예를 들어 '영이의'와 '친구가'가 결합하는 대신에 '친구가'와 '철수의'가 결합하는 단계를 밟고 이 단계에서 형성된 '친구가 철수의'에 '영이의'가 결합하면 어떻게 될까? 또 이렇게 형성된 '영이의 친구가 철수의'에 '동생을'과 '사랑한다'가 결합한 '동생을 사랑한다'가 결합하면 어떻게 될까? 그러면 다음과 같은 구조가 나타나게 되는데 이러한 구조는 용인할 수 없다. 이 구조로는 재귀사 해석, 이동, 생략, 대용 등의 언어 현상을 설명할 수 없기 때문이다.

(2)

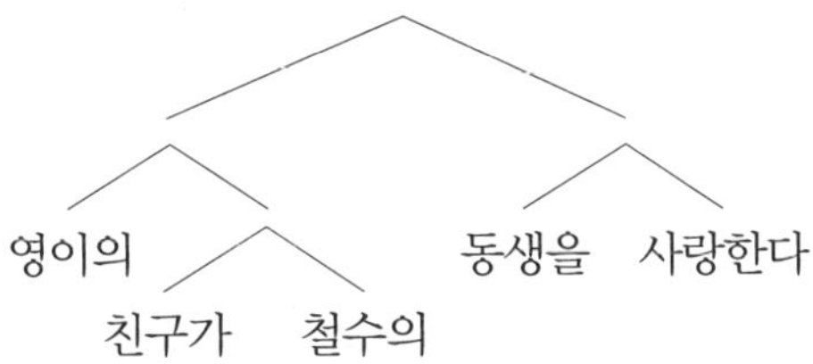

이렇게 단어와 단어가 결합하는 단계는 아무렇게나 진행되어서는 안 되고 지켜야 할 순서는 지키면서 질서 있게 진행되어야 하는데, 이러한 결합 순서의 질서는 어떻게 조율할 수 있을까? 이것과 그것이 아니라 이것과 저것이 먼저 결합해야 한다는 순서는 어떻게 정해지는가?

앞의 질문에 대해 관형격 조사 '−의'를 포함한 단어가 결합의 우선권을 가진다는 식의 특별한 가정을 답으로 제시할 수도 있다. 그러면 '영이의'와 '철수의'는 우선적으로 각각 '친구가'와 '동생을'과 결합함으로써 (2)와 같은 구조가 생성되는 것을 아예 막을 수 있을 것이다.

그런데 가만 생각해보면 관형격 조사 '−의'의 특권을 인정하는 방금과 같은 특별한 가정은 굳이 설정할 필요가 없다는 것을 잘 알 수 있다. 왜냐하면 특별한 가정이 요구하는 식으로 결합하지 않으면 어차피 부적격한 것으로 걸러낼 수 있기 때문이다. 예를 들어 NP '동생을'이 '철수의'보다 V '사랑한다'와 먼저 결합해서 (3)에서 보듯이 V' '동생을 사랑한다'를 형

성하고,

(3) NP '동생을'과 V '사랑한다'의 결합 ⇨ [$_{V'}$ 동생을 사랑한다]

이어서 NP '철수의'와 (3)에서 형성된 [$_{V'}$ 동생을 사랑한다]를 결합한다고 해보자. 그러면 결합이 불가능하다는 것을 쉽게 알 수 있다. NP '철수의'에 포함된 관형격조사 '－의'는 '*철수의 사랑한다'와 '철수의 동생을'에서 보듯이 V 범주와는 결합할 수 없고 N 범주와만 결합할 수 있는데, [$_{V'}$ 동생을 사랑한다]는 V'로서 관형격 조사를 포함한 '철수의'와 결합할 수 있는 N 범주가 아니라 V 범주이기 때문이다. 따라서 '철수의'와 '동생을'과 '사랑한다'가 모두 결합하기 위해서는 (4가)의 결합 단계가 먼저 있고 다음으로 (4나)의 결합 단계가 있어야 한다.

(4) 가. '철수의'와 '동생을'의 결합
⇨ [$_{NP}$ 철수의 동생을]
나. '[$_{NP}$ 철수의 동생을]'과 '사랑한다'의 결합
⇨ [$_{V'}$ [$_{NP}$ 철수의 동생을] 사랑한다]

마찬가지 논리로 '영이의'와 '친구가'가 결합하여 [$_{NP}$ 영이의 친구가]를 형성하고 이 [$_{NP}$ 영이의 친구가]와 [$_{V'}$ [$_{NP}$ 철수의 동생을] 사랑한다]가 결합하여 [$_{VP}$ [$_{NP}$ 영이의 친구가] [$_{V'}$ [$_{NP}$ 철수의 동생을] 사랑한다]]를 형성해야 한다. 그렇지 않고 '친구가'가 [$_{V'}$ [$_{NP}$ 철수의 동생을] 사랑한다]와 결합하여 [$_{VP}$ 친구가 [$_{V'}$ [$_{NP}$ 철수의 동생을] 사랑한다]]를 형성하게 되면 '영이의'가 결합할 수 없게 된다. 앞서와 마찬가지로 '영이의'에 포함된 조사 '－의'는 V 범주인 VP와의 결합을 거부하기 때문이다.

2. 단어 형성과 결합의 질서

질서에 따른 단계적 결합의 결과는 바로 재귀사 해석, 이동, 생략, 대용 등의 언어 현상이 필요로 하고 또 지지하는 구조이다. 여러 가지 언어 현상이 지지하는 구조는, 예측 불가능한 방식으로 어느 순간 하늘에서 갑자기 뚝 떨어지는 것이 아니라, 단계적 결합의 질서에 따라 논리적이면서도 자연스럽게 형성되는 산물인 것이다. 다시 말해 구조 형성 방식으로 핵 계층 규칙이 있고, 단어는 이 핵 계층 규칙에 따라 결합하면서 문장을 형성해 나가되, 형성 과정에서 준수해야 하는 질서를 잘 지키면 최종적으로 올바른 구조를 지닌 문장이 나타나게 된다.

그런데 구조 개념에 대한 논의를 시작하면서 3장에서 살폈듯이 구조는 단어와 단어가 결합해서 문장을 형성하는 경우뿐만 아니라 형태소와 형태소가 결합해서 단어를 형성하는 경우에도 필요하다. 따라서 단어가 질서에 따라 결합하기 때문에 올바른 구조를 지닌 문장이 형성된다면, 형태소도 아무렇게나 결합하는 것이 아니라 질서 있게 차근차근 결합하기 때문에 올바른 구조를 지닌 단어를 형성하는 것으로 보아야 할 것이다.

그렇다면 단어 형성에도 질서가 있는가? 다시 말해 (1)~(4)로 논의한 현상, 즉 단계적 결합을 지지하는 현상이 단어 형성에도 나타나는가? 이와 관련해 다음의 단어들이 형성되는 과정을 살펴보자.

(5) 개살구, 개철쭉, 개떡

'살구'와 '철쭉'과 '떡'이 독립적으로 존재하므로 '개살구, 개철쭉, 개떡'은 당연히 '개-'와 '살구, 철쭉, 떡'이 결합해서 형성되는 것으로 보아야 한다. 그러면 '개살구, 개철쭉, 개떡'에서 분석할 수 있는 '개-'는 무엇인가?

먼저 형식상 붙임표(-)로 표시해놓았듯이 '개-'는 홀로 쓰일 수는 없고 다른 요소에 의존해야 하는데, 홀로 쓰이지 않고 다른 요소에 붙어 쓰이는 것을 접사(affix)라고 하고,[1] 특히 '개-'처럼 다른 요소의 앞에 붙어서 나타나는 접사를 접두사(prefix)라고 한다. 다음으로 의미의 측면에서 접두사 '개-'는 '야생 상태의'나 '질이 떨어지는' 정도를 뜻하며, 다음과 같은 단어를 고려하면 '헛된, 쓸데없는'과 '정도가 심한'의 뜻도 지닌다.

(6) 가. 개수작, 개나발
　　나. 개망나니, 개고생

그런데 (5)와 (6)에 제시한 단어들을 가만 살피면 접두사 '개-'가 명사와만 결합한다는 사실을 잘 알 수 있다. 명사로 '살구, 철쭉, 떡, 수작, 나발, 망나니, 고생'이 있는데 접두사 '개-'는 이들 명사와 결합하여 '개살구, 개철쭉, 개떡, 개수작, 개나발, 개망나니, 개고생'과 같은 단어를 형성하는 것이다.

이제 (5), (6)에서 관찰한 접두사 '개-'의 특성을 염두에 두고 다음의 단어들이 형성되는 과정이 어떠한지 논의해보자.

(7) 개꿈, 개죽음

일단 (7)의 '개꿈, 개죽음'에 포함된 '개-'가 형식적으로나 의미적으로

1 따라서 조사와 어미도 접사의 일종이다. 조사와 어미가 문법에서 차지하는 역할을 굴절(inflection)이라고 하는데 이에 조사와 어미를 아울러 굴절접사라고 부르기도 한다.

(5)와 (6)에서 확인한 접두사 '개-'임에는 틀림이 없다. 형식상 단어의 앞에 나오며 다른 것에 붙어서만 쓰이지 홀로 쓰이지 않으므로 접두사이고, 의미상 (6가)와 통하므로 접두사 '개-'로 파악하는 데 있어서 아무런 어려움이 없기 때문이다. 그러면 (5), (6)에서와 마찬가지로 (7)에서도 접두사 '개-'는 명사 '꿈', '죽음'과 결합하는 것으로 보는 것이 합리적이다.

나아가 '꿈'과 '죽음'을 관찰하면 '꾸-, 죽-' 뒤에 결합해서 단어 '꿈, 죽음'을 형성하는 '-ㅁ/음'의 존재를 추출해낼 수 있다. '-ㅁ/음'도 접사에 속하는 것으로 특히 어떤 요소 뒤에 결합하여 새로운 단어를 형성하므로 접미사(suffix)라 불린다.[2] 접미사 '-ㅁ/음'에서 '-ㅁ'은 '꿈'에 더해 '잠'(자-ㅁ)에서 알 수 있듯이 모음으로 끝나는 말 뒤에 나타나고, '-음'은 '죽음'에 더해 '믿음(믿-음), 웃음(웃-음)'에서 알 수 있듯이 자음으로 끝나는 말 뒤에 나타난다.

(5)~(7)을 통해 짚고자 하는 것은 다음과 같다. 우선 이와 같이 논의를 전개하게 되면, '개꿈'과 '개죽음'은 (8가)와 (8나)의 두 가지 구조 가운데 (8가)의 구조를 취하는 것으로 보게 된다. (8가)에서는 접두사 '개-'가 명사 '꿈, 죽음'과 결합하고 있어서 아무런 문제가 없지만, (8나)에서는 접두사 '개-'가 명사가 아니라 동사 '꾸-, 죽-'과 결합하게 되는데 이러한 결합은 접두사 '개-'의 특성, 즉 명사와 결합한다는 특성과 어긋나기 때문이다. 다음으로 (8가)와 (8나)의 두 가지 구조 가운데 (8가)의 구조가 올바르다는 결론은 단어가 (8나)로 예시한 무분별한 결합이 아니라 (8가)로 예시한 일정한 질서에 따른 결합 방식에 의해 형성된다는 것을 의미한다. 따라서 문장에 더해 단어도 결합의 질서에 순응하면서 형성된다고 볼 수

2 접두사와 접미사를 아우르는 명칭은 파생접사인데, 파생접사가 참여해서 형성하는 단어와 굴절접사가 참여해서 형성하는 단어는 단어라는 공통점을 지니기도 하지만 이 장 3절에서 논의하듯이 차이점을 지니기도 한다.

있다. 문장 형성에 질서가 있듯이 단어 형성에도 질서가 존재하며, 또 이 질서는 언어 외부에서 강제되는 것이 아니라 문장을 형성하고 단어를 형성하는 데 참여하는 단어와 형태소의 속성에 의해 자율적으로 발현되는 것이다.

(8) 가.

나.

단어 형성에도 결합의 질서가 작용한다는 것은 단어의 의미 해석 측면에서도 지지된다. 예를 들어, 앞서 3장 1절에서 논의하였듯이, '금목걸이'가 다음의 구조를 지니면 '금으로 만든 목걸이'로 해석되지 '금목에 거는 목걸이'로 해석되지 않는 것은, 결합의 질서 상 '금'과 '목'이 결합하지 않고 '목걸이'가 먼저 형성된 후 여기에 '금'이 결합하면, '금'이 '목'이 아니라 '목'이 포함된 '목걸이'를 꾸미는 해석만 가능하기 때문이다.

(9)
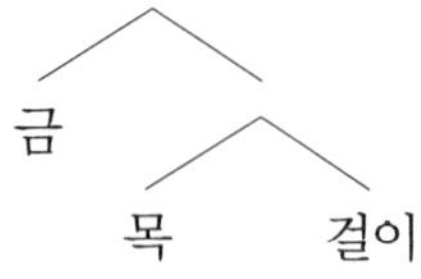

이제 단어 형성에도 결합의 질서가 있고 이 질서에 의해 단어의 구조가 나타난다고 할 수 있는데, 이러한 결론을 확신하기에 앞서 한 가지 더 짚어야 할 것이 있다. 단어도 질서에 따라 형성된다는 결론이 확실하기 위해서는 또 다른 종류의 단어, 즉 접두사와 접미사가 아니라 조사와 어미가 포함된 단어의 형성 과정을 조사할 필요가 있는 것이다.

3. 조사와 접사

그러면 조사와 어미가 참여한 단어는 어떻게 형성되는가? 지금까지는 (1나)에 표시하였듯이 조사와 어미가 독자적으로 통사 구조 형성에 참여하는 것이 아니라, 조사와 어미를 포함한 단어가 통사 구조 형성에 참여하는 것으로 간주해왔는데, 조사와 어미를 이렇게 대접하는 것은 결합의 질서에 부합하는가?

결합의 질서에 부합하느냐는 결국 언어 현상에 기대서 판단할 수밖에 없고, 또 그렇게 해야 한다. 그럼 어떤 언어 현상이 조사와 어미를 (1나) 식으로 다루는 것이 타당한지, 그렇지 않은지를 판단할 수 있게 해주는가? 이와 관련해 우선 다음의 현상에 주목해 보자.

(10) 맨손과 맨발

(10)에서 '맨손'과 '맨발'은 단어로서 이들은 '맨-'과 '손', '맨-'과 '발'로 분석된다. 접두사 '맨-'을 공통으로 가지고 있는 셈인데 산수에서 'AB+AC'가 'A(B+C)' 식으로 묶이는 것을 고려하면 '맨손과 맨발'도 '맨-[손과 발]'로 묶일 수 있을 것 같다. 하지만 실상은 그렇지 않아서 '맨

손과 맨발'은 방금과 같은 형식으로 묶일 수 없다.[3]

'맨손과 맨발'에 나타난 '맨-'이 '맨-[손과 발]' 식으로 쓰이지 않는다는 것은 곧 '맨-'의 영향력이 단어 내부에 국한된다는 것을 의미한다. '맨-'의 영향력이 단어 내부에 국한되다 보니 '맨손과 맨발'에서 첫 번째 '맨-'의 영향력은 단어 '맨손'에 국한되고 두 번째 '맨-'의 영향력도 단어 '맨발'에 국한되는바, '맨-'의 영향력이 단어 경계를 넘을 것을 요구하는 '맨-[손과 발]'이 성립하지 않는 것이다. 물론 '손과 발'은 띄어쓰기로 알 수 있듯이 단어가 아니라 단어와 단어가 결합한 구이다.

그런데 조사는 사정이 사뭇 다른데 먼저 조사도 접두사 '맨-'과 마찬가지로 단어 내부에서만 영향력을 발휘하는 경우가 있다는 것을 확인하도록 하자. 예를 들어 다음 (11)에서 조사 '-가'와 '-만'은 각각 단어 '영이가'와 단어 '철수만' 내부에서 의미가 있고, 단어를 넘어서서는 아무런 영향력을 발휘하지 않는다. 다시 말해 '-가'의 영향력이 '영이가'를 넘어 '철수'에게까지 미쳐서 '철수'가 주어로 해석되는 일이 없고, 또 '-만'이 '영이'까지 영향권에 두어서 '-만'이 지닌 단독의 의미가 '영이'에까지 영향을 미치는 일도 없다.[4]

(11) 영이<u>가</u> 철수<u>만</u> 사랑한다.

---

3 물론 '맨손과 발'이 불가능한 것은 아니지만 그 의미가 '맨손과 맨발'과 다르다. 만약 '맨-[손과 발]'이 가능하면 '맨손과 발'이 '맨손과 맨발'을 의미할 수 있어야 하는데 그렇지 않은 것이다.

4 그렇다고 해서 '-만'의 의미가 단어 내부로 국한되기만 하는 것은 아니다. '노래 안 한다고 그렇게 빼더니만, 노래<u>만</u> 잘하는군'과 같은 예에서 '-만'의 의미는 '노래'를 넘어서기 때문이다. 이렇게 '-만'의 의미가 단어를 넘어서는 경우에는 '노래를 잘<u>만</u> 하는군'이나 '노래를 잘하기<u>만</u> 하는군'에서 보듯이 '-만'의 위치가 하나로 고정되지 않는다.

영향력의 측면에서 접사와 마찬가지로 조사도 단어 내부에 국한된다고 할 수 있는데 그렇다고 해서 접사가 참여한 단어와 조사가 참여한 단어가 같기만 한 것은 아니다.

당장 지적할 수 있는 것은 접사가 참여해서 형성한 단어는 어휘부에 등재되어야 하지만 조사가 참여해서 형성한 단어는 그렇지 않다는 차이점이 있다. 접두사가 동원되어 형성된 '맨손'과 '맨발'은 잘 되고, '맨눈, 맨얼굴'도 잘 되는데, '맨손톱, 맨목, 맨팔목, 맨팔꿈치'는 될 것도 같은데 어색하다. 마찬가지로 '덧신, 덧니, 덧버선'은 잘 되는데 이상하게도 '덧양말, 덧안경, 덧바지'는 잘 안 된다. 그런데 조사가 동원된 단어는 '영이도, 철수도, 순이도'도 잘 되고, '책도, 소설도, 공부도, 놀이도'도 잘 되며, '손도, 발도, 눈도, 얼굴도, 손톱도, 목도, 팔목도, 팔꿈치도'도 전부 잘 된다.

물론 '맨손톱'류와 '덧양말'류가 잘 안 된다고 느껴지는 것은 아직 그런 것이 세상에 나타나지 않았기 때문에 그런 것이라고 할 수도 있다. 당장이라도 아무런 치장을 하지 않은 손톱을 '맨손톱'이라고 하고, 목걸이 같은 장신구를 하지 않은 목을 '맨목'이라고 하며, 추울 때 보온을 위해 양말 위에 덧신는 양말을 만들어서 '덧양말'이라고 할 수도 있기 때문이다. 하지만 중요한 것은 그러한 가능성에도 불구하고 접두사가 참여한 '맨손톱'류와 '덧양말'류는 처음 들으면 이상하게 느껴지는 데 비해 조사가 참여한 단어는 전혀 그렇지 않다는 점이다.

조사는 형성할 수 있는 모든 가능한 단어가 전부 자연스러운 데 비해, 접두사는 형성할 수 있는 모든 단어가 아니라 그중 일부가 자연스러운 셈인데, 이러한 차이는 다음과 같이 설명하는 것이 타당할 것이다. 접두사를 포함하여 접사가 참여해서 형성된 단어는 어휘부에 등재되며, 등재된 단어를 들으면 자연스럽고 등재되지 않은 단어를 들으면 낯선 느낌을 갖게 된다. 이와 달리 조사가 참여해서 형성하는 단어는 아예 외우지 않기

때문에 들었을 때 자연스러운 것과 그렇지 않은 것 사이의 구분이 나타나지 않는다.[5]

* * *

그런데 자료의 폭을 조금만 더 넓히면 등재 여부를 넘어서 영향력을 미치는 범위 면에서 조사가 접사와는 매우 다른 존재임이 확연히 드러난다. 예를 들어 다음의 예에서 조사 '－의'가 영향력을 발휘하는 범위가 어디까지인지 생각해보자.

(12) 문: 저 집은 누구 집이지?
　　 답: 영이랑 철수<u>의</u> 집.

(12)의 '철수의'에 나타난 '－의'의 영향력은 어디까지인가? 단어 '철수의'에 머무는가, 아니면 '철수의'를 넘어서까지 그 영향력을 미치는가?

일단 '－의'의 영향력이 '철수의'에 국한된다고 해보자. 그러면 무슨 문제가 있는가? 만약 아무런 문제도 발생하지 않으면 '－의'의 영향력도 '맨－'과 마찬가지로 단어 내부에만 국한된다고 할 수 있다. 하지만 '－의'의 영향력을 단어 '철수의'에 국한시키는 것은 '영이'와 '집'의 관계에서 문제를 야기한다. 왜 그런지 차근차근 따져 보자.

5 물론 이것은 문법의 논리적인 측면에서 등재가 되고, 안 되고를 따진 것이다. 논리와는 별도로 조사가 결합한 단어가 등재될 수도 있다. 예를 들어 '영이가'라는 단어를 매일 열 번씩 듣기도 하고 사용하기도 한다고 해보자. 그러면 당연히 조사가 결합해서 형성된 '영이가'라는 단어는 외워지게 마련이다. 이런 점을 고려하면, 조사가 결합한 단어는 외울 필요가 없다고 하는 것이 보다 정확할 것이다. 필요 없는 짓을 실제로는 하게 되는 것이 일상다반사이듯이, 조사가 결합한 단어도 외울 필요는 없지만 실제로는 외우기도 하는 것이다.

우선 '철수'와 '집'의 관계는 '철수의'에서 보듯이 '철수'와 더불어 하나의 단어에 속하는 '-의'에 의해서 보장된다. 'A의 B'에서 A와 B는 '-의'의 도움을 받아 소유(철수의 집), 행위 주체(영이의 부탁), 행위 대상(규칙의 준수), 장소(시골의 인심) 등의 관계를 맺게 되는 것이다.

다음으로, 그렇다면 '영이'와 '집'의 관계는 어떠한가? 분명 (12)의 '집'은 '철수'의 집이자 '영이'의 집으로 해석되는데 '영이'와 '집'의 관계는 어떻게 맺어지는가? 이 질문에 대해 '-의'의 영향력이 단어 '철수의'에 국한되기 때문에 '-의'는 '영이'와 '집' 사이의 관계를 맺어줄 수 없다고 해보자. 그러면 '영이'는 그 자체에는 '집'과 관계를 맺을 수 있는 '-의'와 같은 조사가 결합되어 있지 않아서 '영이'와 '집'의 관계가 보장되지 않게 되고, '영이'가 '집'과 관계를 맺지 못한다는 것은 '영이'가 허공에 덩그러니 떠 있는 꼴이라는 것을 의미하게 되며, 이러한 논리는 (12)가 적격한 표현이 아니라는 결론에 다다르게 된다.[6] 그런데 중요한 것은 방금의 논리와는 정반대로 (12)에서는 아무런 이상한 점이 느껴지지 않는다는 사실이다. 직관은 (12)의 답이 정상적이며 문법적이라고 판단하는 것이다.

조사 '-의'의 영향력을 단어 내부로 국한시켰기 때문에 발생한 문제는 당연히 조사의 영향력을 단어 외부로까지 확장해서 푸는 것이 순리이다. 여기서 (12)에서 '-의'가 없음에도 불구하고 '영이'와 '집'의 관계가 유지되며, 이 관계가 '철수'와 '집'의 관계와 평행하다는 점에 주목해보자. 이렇게 '영이'와 '집'의 관계가 '철수'와 '집'의 관계와 평행하다는 것은 '철수'와 '집'의 관계를 맺어주는 '-의'가 '영이'와 '집'의 관계도 맺어준다는 것을 의미하는데 이러한 언급과 어울리는 것은 '-의'의 영향력을 단어를 넘어 구로 확장한 다음의 구조이다.

6 즉 7장 6절에서 논의했듯이 아무런 역할도 없는 것이 문장에 나타나서는 안 된다.

(13)

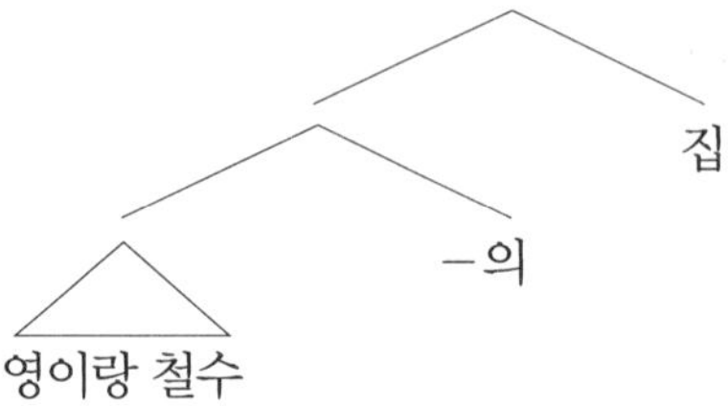

(13)에서 '–의'는 단어 '철수'가 아니라 구 '영이랑 철수'와 결합하였으므로 '집'과 관계를 맺는 것도 '철수' 단독이 아니라 '영이랑 철수'가 된다. 그리고 이와 같은 구조는 다음에서 보듯이 산수에서 'BA+CA'가 '(B+C)A'로 묶이는 것과 평행하다고 볼 수 있다.

(14) $[_{B}$ 영이$]$ $[_{A}$ –의$]$ –랑 $[_{C}$ 철수$]$ $[_{A}$ –의$]$

⇨ $[_{B+C}$ 영이 –랑 철수$]$ $[_{A}$ –의$]$

접두사 '맨–'이나 조사 '–의'나 겉으로 보기에는 둘 다 하나의 단어 속에 매몰되어 있는 듯하다. 하지만 가만히 살피면 '맨–'은 단어 속에 안주하는 것으로 만족하지만, '–의'는 겉으로는 단어 속에 안주하는 듯이 보이나 사실은 단어 속에 머무는 것에 만족하지 않고 단어 밖에까지 그 영향력을 발휘하는 것이다.[7] 그리고 다음에서 확인할 수 있듯이 '–의' 이외의 조사도 '–의'와 마찬가지로 그 세력이 단어 경계를 넘을 수 있다. '–의'와 마찬가지로 (15)에서 '–에게'는 '철수'를 넘어 '영이'에까지 영향력을

7 '–의'는 한편으로는 단어 내부에 있고, 다른 한편으로는 단어 외부에 있는 셈이다. '철수'와 결합해서 단어를 형성한다는 면에서는 단어 내부 요소이고, 영향력을 구 '영이랑 철수'에까지 미친다는 면에서는 단어 외부 요소이기 때문이다. 서로 상치되는 성질이 공존하는 모순이 발생한 셈인데 이러한 모순을 해결하는 방안은 11장, 특히 11장 4절에서 논의한다.

미치며, '-으로'도 '교육'을 넘어 '연구'에까지 영향력을 미치고, '-가'도 '영이'를 넘어 '철수'에게까지 영향력을 미치는 것이다.

(15) 가. 영수가 [영이랑 철수]-에게 선물을 주었다.
나. [연구랑 교육]-으로 삶을 채우기로 했다.
다. [철수랑 영이]-가 순이를 만났다.

따라서 조사는 단어에 매몰되어 통사 구조 형성에 참여하는 것이 아니라 (13)에 표시하여 놓았듯이 독자적으로 통사 구조 형성에 직접 참여하는 존재, 즉 통사적 핵(head)이라 할 수 있다.

4. 조사와 어미

지금까지 조사가 겉보기와는 다르게 통사 구조 형성에 독자적으로 참여하는 통사적 핵임을 확인한 셈인데 어미는 어떨까? 다음에서 보듯이 조사와 마찬가지로 어미도 그 영향력이 단어에 국한되지 않고 단어를 넘어서는바, 어미도 통사적 핵의 자격을 지니게 된다.

(16) 가. 빠르고 정확하게 일을 마무리해라.
나. 짜장면은 빠르고 정확한 배달이 생명이다.
다. 영이는 매사에 빠르고 정확하니까 같이 일하기가 편하다.

(16가)의 '빠르고 정확하게'는 '빠르게 그리고 정확하게'를 의미한다. 그런데 어미 '-게'는 '정확하-' 뒤에만 분포하고 있다. 따라서 '빠르-'와

'정확하-'가 '-고'를 매개로 '빠르고 정확하-'를 형성한 다음 여기에 '-게'가 결합한다고 보는 것이 합당하다. 그러면 띄어쓰기로도 알 수 있듯이 '-게'의 영향력은 단어 '정확하게'를 넘어서 '빠르고'에까지 미치게 된다. 이렇게 어미의 영향력이 단어를 넘어서는 것은 (16나)와 (16다)에서도 마찬가지이다. 다만 (16가)에서는 어미 '-게'가, (16나)에서는 어미 '-ㄴ'이, 그리고 (16다)에서는 어미 '-니까'가 쓰였을 따름이다. 이들 어미가 결합하는 단위를 보이면 다음과 같다.

(17)

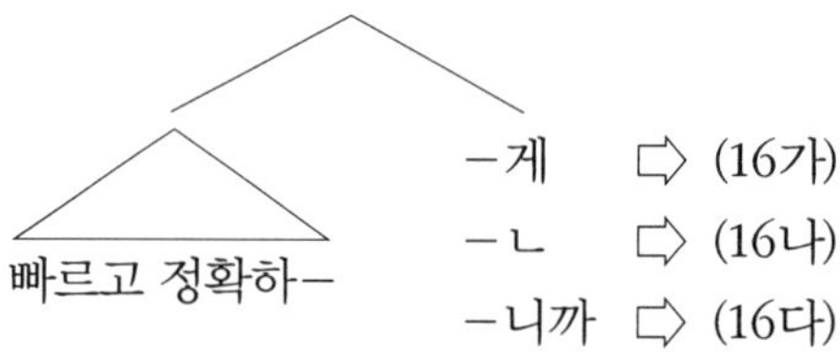

한편 조사와 어미를 통사적 핵으로 보게 되면 다음과 같은 현상도 별다른 어려움 없이 쉽게 설명할 수 있게 된다.

(18) 가. 영이가 철수를 배필로 삼았다.
나. *영이가 철수를 배필에게 삼았다.
다. *영이가 철수를 배필에서 삼았다.
라. *영이가 철수를 배필과 삼았다.

(19) 가. 철수는 영이가 오냐고 물었다.
나. *철수는 영이가 오라고 물었다.
다. *철수는 영이가 오자고 물었다.
라. *철수는 영이가 온다고 물었다.

(18)과 (19)는, V '삼-'은 조사 J '-로'를 필요로 하고 V '묻-'은 의문형 어미를 포함한 E '-냐고'를 필요로 한다는 것을 보여주는데, 이러한 사실은 조사와 어미를 통사적 핵으로 간주한 다음의 구조에서 매우 간결하게 포착된다. V '삼-, 묻-'이 각각 JP, EP와 결합하고 이 JP, EP의 핵이 V '삼-, 묻-'의 요구 조건에 부합하는가를 검토하면 문법적인 것과 그렇지 않는 것을 쉽게 구분할 수 있기 때문이다.

(20) 가. 영이가 철수를 배필로 삼았다.

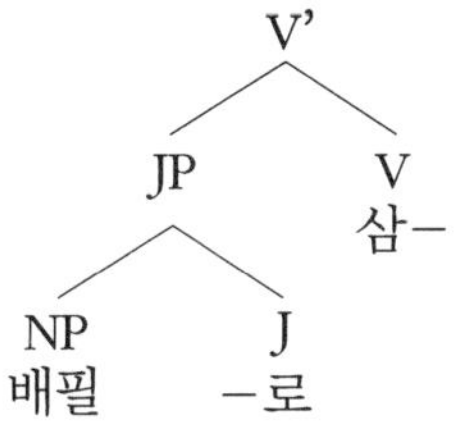

나. 철수는 영이가 오냐고 물었다.

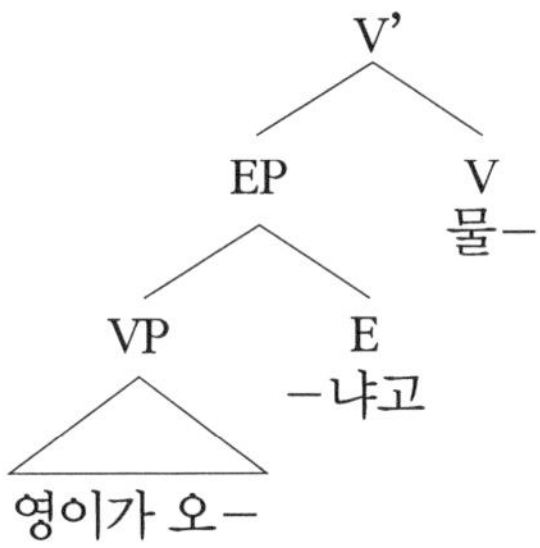

이제 조사와 어미를 통사적 핵으로 보게 되면 (1나)의 나무그림이 정확한 것이 아니라는 것을 쉽게 알 수 있다. (1나)에는 조사와 어미가 통사적 핵이라는 사실이 제대로 반영되어 있지 않기 때문이다. 이에 지금까지의 논의를 바탕으로 (1나)의 정확한 나무그림을 제시하면 다음과 같다.

(21) 영이의 친구가 철수의 동생을 사랑한다.

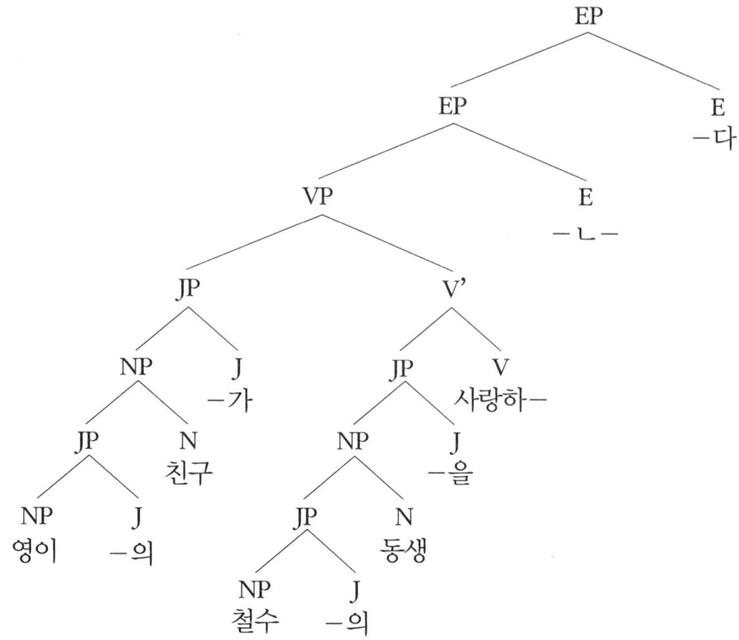

(21)에서 E '-ㄴ-'과 E '-다'가 통사적 핵인 것은 E '-ㄴ-'과 E '-다'가 독자적인 어미이기 때문인데 이들이 독자적인 어미임은 이들 각각이 다른 어미로 교체될 수 있다는 것을 통해서도 잘 알 수 있다.

(22) 가. 영이의 친구가 철수의 동생을 사랑하-ㄴ-다.

나. 영이의 친구가 철수의 동생을 사랑하-겠-다.

다. 영이의 친구가 철수의 동생을 사랑하-는-구나.

(22나)는 (22가)의 E '-ㄴ-' 자리에 E '-겠-'도 올 수 있다는 것을 보여주고, (22다)는 (22가)의 E '-다' 자리에 E '-구나'가 올 수도 있다는 것을 잘 보여준다.[8]

5. 단어 밖의 접사와 단어 안의 조사 · 어미

그런데 많은 자료를 조사해보면 접사인데도 불구하고 단어 내부가 아니라 조사나 어미와 마찬가지로 단어 밖에까지 영향력을 미치는 접사를 만나게 된다. 이런 접사의 실체를 확인하기 위해 다음의 예에서 '-답-'과 '-적'의 영향권이 어디까지인지 생각해보자.

(23) 가. 철수는 영이가 사랑하는 사람답다.
　　나. 형태론 및 통사론적 문제

(23가)에 나타난 '-답-'과 (23나)에 나타난 '-적'은 단독으로 쓰이지는 못하고 늘 다른 것에 기대어 나타나므로 접사임에는 틀림이 없다. 그러면 이들 접사가 결합하는 단위는 무엇일까?

언뜻 (23가)의 '-답-'은 '사람'과 결합하는 듯하고, (23나)의 '-적'은 '통사론'과 결합하는 듯하다. 그런데 이렇게 보기에는 석연치 않은 점이 존재한다. 먼저 (23가)에서 '-답-'이 '사람'과 결합하는 것으로 보면 '사람'을 꾸미는 '영이가 사랑하는'의 처리가 곤란해진다. '영이가 사랑하는'은 뒤에 명사가 결합할 것을 요구하는 요소이므로, 이러한 점을 고려하면 (23가)는 (24가)가 아니라 (24나)의 구조를 가지는 것으로 보아야 하고,

8 (22가)의 E '-ㄴ-'과 (22다)의 E '-는-'은 하나의 형태소가 환경에 따라, 즉 E '-다' 앞이냐, E '-구나' 앞이냐에 따라 모습을 달리한 것이다. 이렇게 한 형태소가 환경에 따라 모습을 달리하는 것을 교체(alternation)라고 하고 교체에 의해 나타난 각각을 이형태(allomorph)라고 한다. 영이가 환경에 따라 모습을 달리 하듯이, 즉 집에서의 모습과 학교에서의 모습이 다르듯이 형태소도 환경에 따라 모습을 달리하면서 나타나는 것이다. 참고로 E '-다' 앞에서는 '읽는다'에서 보듯이 (22가)의 '-ㄴ-'뿐만 아니라 '-는-'도 나타나지만 E '-구나' 앞에서는 '-는-'만 나타난다(사랑하는구나, 읽는구나).

그러면 '－답－'은 단어 '사람'이 아니라 구 '영이가 사랑하는 사람'에 결합하는 접사가 된다.

(24) 철수는 영이가 사랑하는 사람답다. (=23가)

가. 철수는 영이가 사랑하는 [[사람] －답－] －다

나. 철수는 [[영이가 사랑하는 사람] －답－] －다

구 '영이가 사랑하는 사람'은 통사부에서 형성되고 접사 '－답－'은 통사부에서 형성된 단위 '영이가 사랑하는 사람'에 통합된다. 그러면 접사 '－답－'은 이 장 3절에서 논의한 접사와는 매우 다른 성격을 띠게 된다. 거기서 살핀 [맨－[손]]과 '*[맨－[깨끗한 손]]', [깨끗한 [맨－[손]]]의 대조에서 알 수 있듯이 접사 '맨－'은 통사부에서 형성되는 구와 통합하지 않기 때문이다. 이에 '맨－'과 같은 접사와의 차별성을 강조하기 위해 '－답－'과 같은 접사를 때로 통사적 접사라고 부르기도 한다.[9]

다음으로 (23나)에 나타난 접사 '－적'이 통합하는 단위는 무엇인지 확인해보자. 접사 '－적'은 '맨－' 부류일까, 아니면 '－답－' 부류, 즉 통사적 접사일까? (23나)의 의미를 고려하면 별다른 어려움 없이 '－적'이 '－답－' 부류임을 쉽게 알 수 있다. '－적'의 의미가 '통사론'에 머무는 것이 아니라 그 앞의 '형태론'에까지 미치는바, 이는 (23나)의 구조가 (25가)가 아니라 (25나)임을 의미하기 때문이다.

(25) 형태론 및 통사론적 문제 (=23나)

가. 형태론 및 [[통사론]－적] 문제

나. [[형태론 및 통사론]－적] 문제

9 통사적 접사에 의한 통사적 파생에 대해서는 15장에서 자세히 논의하게 된다.

이렇게 접사에는 그 영향력이 단어 내부에 머무는 부류와 조사나 어미처럼 그 영향력이 단어를 넘어서는 부류, 이렇게 두 부류가 있다고 할 수 있다.

단어 내부에 안주하던 접사가 때로 다른 모습을 보이듯이 조사와 어미도 다른 모습을 보이기도 한다. 다음에서 보듯이 조사와 어미임에도 불구하고 단어 내부에 갇힌 경우가 존재하기 때문이다.

(26) 가. 단어 안의 조사: 너도밤나무, 웃음엣소리 등[10]

나. 단어 안의 어미: 볶음면, 굳은살, 알아보다, 팔자주문 등

(26가)에 나타난 '-도'가 조사이고 (26나)에 나타난 '-음, -은, -아, -자' 등이 어미임은 아래 예를 통해 잘 알 수 있다.

(27) 가. [영이가 사랑하는 철수]-도 순이를 사랑한다.

나. 철수는 [영이가 왔-]-음-을 깨달았다.

[철수가 읽-]-은 책

[태어난 날이 하루가 늦-]-어, 동생이 되었다.[11]

[나랑 재밌게 놀-]-자

10 '웃음엣소리'의 '-엣'은 '-에'와 'ㅅ'으로 나뉘며, '-에'는 '영이가 집에 있다, 몸에 좋은 약' 등에 나타난 조사 '-에'이고, 'ㅅ'은 '아랫방, 아랫니, 나뭇잎' 등에서 볼 수 있는 소위 사이시옷이다.

11 '-아'와 '-어'는 한 형태소에서 속하는 이형태들이다. 지금까지 간간히 전개한 논의를 통해 어느 정도 짐작할 수 있듯이 이형태는 구체적이고 경험적인 존재이지만 형태소는 다분히 추상적인 존재이다. '나'의 정체(형태소)가 구체적인 여러 가지 모습(이형태)을 하나로 묶은 추상적인 차원에서 규정되는 것과 마찬가지이다.

참고문헌

어미의 지위

우순조, 1997, 「국어 어미의 통사적 지위」, 『국어학』 30.

이정훈, 2007, 「국어 어미의 통합단위」, 『한국어학』 37.

조사와 의미

고석주, 2004, 「조사 '가'의 의미」, 『국어학』 40.

목정수, 1998, 「한국어 조사 {가}, {를}, {도}, {는}의 의미체계: 불어 관사와의 대응성과 관련하여」, 『언어연구』 18.

채완, 1977, 「현대국어 특수조사의 연구」, 석사학위논문, 서울대학교.

최기용, 2009, 『한국어 격과 조사의 생성통사론』, 한국문화사.

최재웅, 1996, 「'-만'의 작용역 중의성」, 『언어』 21.

황미향, 2002, 「조사 '-도'의 텍스트 형성기능 연구」, 『언어과학연구』 21.

통사적 접사

김창섭, 1996, 「국어 파생어의 통사적 문제들」, 『이기문 교수 정년퇴임 기념논총』, 신구문화사.

이정훈, 2006, 「파생접사 '-답-'의 통사적 파생」, 『생성문법연구』 16. [이 책 3부 15장]

임홍빈, 1989, 「통사적 파생에 대하여」, 『어학연구』 25.

제10장
조사와 어미의 구조 형성

1. 조사와 어미의 투사

겉으로 보기에 조사와 어미는 단어 속에 안주하는 듯이 보인다. 예를 들어 다음의 예에서 조사 '-의, -이, -와, -을'과 어미 '-었-, -다'는 각각 단어 '영이의, 동생이, 시와, 소설을'과 '읽었다'에 포함되어 있다.

(1) 영이<u>의</u> 동생<u>이</u> 시<u>와</u> 소설<u>을</u> 읽<u>었다</u>.

그런데 앞 장에서 확인했듯이 조사와 어미의 영향력은 단어 내부에 국한되지 않고 단어 밖에까지 미친다. 단어 내부 요소이면서도 단어 밖 요소인 셈이고, 단어 내부에 있으면서 동시에 단어 외부에 있는 셈인데, 이 장에서는 단어 밖 요소로서의 면모가 의미하는 바와 조사와 어미의 구조 형성 양상을 살피고, 단어 외부 요소이면서도 내부 요소라는 양면성을 포착하는 방법은 장을 달리하여 살피기로 한다.

조사와 어미의 영향력이 단어 속에 머물지 않고 단어 밖에까지 미친다는 특성을 포착하는 효과적인 방법은 무엇일까? 특히 어떤 구조를 상정하면 조사와 어미가 단어를 넘어서는 존재라는 것을 제대로 포착할 수 있을까? 이 질문에 대해 앞 장에서 제시한 답은 바로 조사와 어미를 통사적 핵으로 보는 방안이다. 조사와 어미를 통사적 핵으로 보게 되면 (1)은 다음과 같은 구조를 지니게 되는데,

(2)

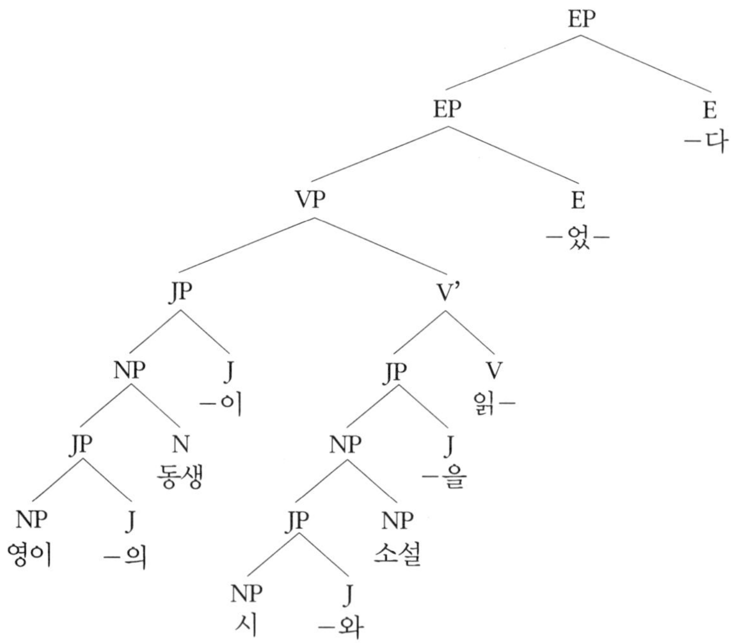

이 구조에서 조사와 어미는 단어가 아니라 통사 구조를 형성하는 데에 직접 참여하므로 조사와 어미의 영향력이 단어를 넘어선다는 것이 직접적으로 표현된다.

*　*　*

그런데 명확히 하지 않은 것이 하나 있다. NP '영이'와 조사 J '－의'가 결합하면 JP가 된다고 했는데 이에 대한 증거는 있는가? 다시 말해 NP '영이'와 조사 J '－의'가 결합해서 NP가 된다고 할 수도 있을 텐데 굳이 JP라고 한 이유는 무엇인가? 마찬가지로 NP '영이의 동생'과 J '－이'가 결합하면 NP가 아니라 JP인 이유는 무엇인가? 여기서는 앞 장 4절의 논의와 다음의 두 가지 사항을 고려하여 명사구 NP와 조사 J가 결합하면 명사구 NP가 아니라 조사구 JP가 되는 것으로 판단한다.

첫째, 6장 2절에서 핵 계층 도식을 논의하면서 살폈듯이 한국어는 핵이 뒤에 온다.[1] 따라서 NP '영이'와 J '－의'가 결합하면 NP '영이'가 뒤에 오는 '의영이'가 아니라 J '－의'가 뒤에 오는 '영이의'가 된다는 사실은 J '－의'가 핵임을 의미한다.

둘째, '영이의'의 자격, 즉 '영이의'가 나타날 수 있는 환경과 나타날 수 없는 환경은 다음에서 보듯이 NP '영이'가 아니라 J '－의'가 결정한다.

(3) 가.　철수가 영이 만났다.
　　나. *철수가 영이의 만났다.
　　다.　영이의 책, 철수의 책

(3가)에서 알 수 있듯이 NP '영이' 자체는 '철수가 □ 만났다'의 빈칸 □ 위치에 나타날 수 있다. 그런데 (3나)는 이 자리에 '영이의'는 나타나지 못한다는 것을 잘 보여준다. 만약 '영이의'의 자격이 '영이'의 자격과 마찬가

1 핵 계층 도식과 어순(word order)의 관계에 대한 자세한 논의는 11장에서 전개된다.

지라면, 다시 말해 NP '영이'와 J '-의'가 결합한 '영이의'가 NP라면 (3나)도 (3가)와 마찬가지로 성립할 수 있어야 한다. 이와 달리 '영이의'의 자격이 NP '영이'가 아니라 J '-의'에 의해 결정된다고 보고, J '-의'는 (3다)에서 확인할 수 있듯이 '책'과 같은 명사 앞에 분포해야 한다는 것을 고려하면 (3나)가 성립하지 않는 것을 쉽게 이해할 수 있다. (3나)는 '영이의' 뒤에 명사가 아니라 동사 '만났다'가 왔기 때문에 비문법적인 것이다.

앞의 두 가지 사항은 어미에 대해서도 마찬가지로 성립한다. '읽-었-'에서 뒤에 오는 것은 '-었-'이고, '읽었-다'에서 뒤에 오는 것은 '-다'이므로 각각의 경우에 핵은 E '-었-'과 E '-다'가 된다. 또 만약에 E '-다' 대신에 E '-으니까'가 왔다고 해보자. 그러면 다음에서 보듯이 분포가 달라진다. 어미 E '-으니까'는 어미 E '-다'와 달리 문장을 끝맺는 기능을 지니지 못해서 문장을 끝맺을 수 있는 무언가가 뒤에 올 것을 요구하는 것이다.

(4) 영이의 동생이 시와 소설을 읽었<u>으니까</u>, 너는 희곡을 읽어라.

통사적 핵이라는 것이 통사 현상을 설명하기 위한 것이고, 가장 기본적인 통사 현상이 바로 통사 구조를 형성하는 성분들 사이의 분포(성분들 사이의 순서, 나타날 수 있는 환경과 나타날 수 없는 환경의 구분 등)이므로 분포를 결정하는 요소인 조사 J와 어미 E를 통사적 핵으로 보는 것은 지극히 자연스러운 태도라고 할 수 있다.[2]

2 이는 분포가 아니라 다른 것을 통사 현상의 핵심으로 보면 핵(head)의 개념과 무엇이 핵인가에 대한 판단이 달라질 수도 있다는 것을 의미한다. 물론 핵의 개념이 달라지면 문장의 구조에 대한 이해도 달라진다. 이어지는 논의 참고. 한편 핵 개념과 관련하여 조사가 통사적 핵인가에 대한 논쟁이 전개되기도 하였다. 자세한 논의는 이 장의 끝에 소개된 참고문헌 참고.

2. 또 다른 구조의 가능성

이와 같은 점을 고려하여 이제 (1)이 (2)의 구조를 지닌 것으로 보게 되면 문장은 어미 E의 투사가 된다. (2)의 나무그림에서 보듯이 문장 '영이의 동생이 시와 소설을 읽었다' 전체를 아우르는 것은 E '-다'가 투사한 EP이기 때문이다. 또 소위 주어나 목적어와 같은 문장 성분도 명사가 아니라 조사 J가 투사한 JP라고 해야 한다. (1)의 주어 '영이의 동생이'도 J '-이'가 투사한 JP이고 목적어 '시와 소설을'도 J '-을'이 투사한 JP이기 때문이다.

그런데 주어와 목적어가 NP가 아니라 JP이며, 문장이 VP가 아니라 EP라는 사실은 일견 매우 이상하게 들린다. 왜냐하면 문장 하면 가장 먼저 떠오르는 것은 주어 · 목적어 · 서술어와 같은 것이지 어미가 아니기 때문이며, 또 주어 · 목적어 하면 가장 먼저 떠오르는 것은 조사가 아니라 명사이기 때문이다. 그러면 이렇게 '가장 먼저 떠오르는 것'을 중심으로 문법을 구성하려는 시도가 있을 수 있을 것인데, 이러한 시도에서는 '가장 먼저 떠오르는 것'을 존중하는 동시에 (2)와 같은 구조의 동기, 즉 조사와 어미의 영향력을 단어 밖에까지 확장하는 방안도 강구해야 한다.

그렇다면 '가장 먼저 떠오르는 것'을 존중해서 문장의 핵은 어미가 아니라, 예를 들어 V이며, 주어나 목적어는 JP가 아니라 NP라는 직관을 체계적으로 이론화하는 것은 가능할까? 예를 들어 (1)의 '영이의'를 J '-의'가 투사한 JP로 보지 않고 NP로 보면서 (3)에서 논의한 사항을 만족시킬 수 있으며, E '-다'를 핵으로 보지 않으면서 (4)에서 살핀 '읽었으니까'와 '읽었다' 사이에 존재하는 분포의 차이를 포착할 수 있을까?

이러한 맥락에서 가만히 생각해보면 '영이의'를 NP로 보고 '읽었다'를 V로 보면서도 (2)의 구조가 의도하는 바를 달성하는 길이 있을 수 있다는 것을 알 수 있다. 예를 들어 '－의'가 통사적 핵은 아니지만 NP '영이'와 결합하면 다음에서처럼 NP '영이'에 일정한 성질 혹은 단서 조항을 부여하는 것으로 보면 (3)의 현상을 포착할 수 있다. (5나)에서 '단, ___ NP'는 조사 '－의'를 포함한 '영이의'가 밑줄(__)로 표시한 자리, 즉 NP 앞에 분포해야 함을 의미한다.

(5) 가. [$_{NP}$ 영이]
    나. [$_{NP}$ 영이－의] (단, ___ NP)

NP 앞에 분포하는 '－의'의 성격은 (2)에서처럼 '－의'를 통사적 핵으로 간주함으로써 포착할 수도 있지만 그러는 대신에 (5)에서처럼 '－의'를 통사적 핵이 아니라 다만 'NP 앞 분포 가능'과 같은 특정 성질을 더하는 역할을 하는 요소로 보아도 포착할 수 있다. 그리고 이러한 점은 어미도 마찬가지여서 조사에 대한 처리 방안과 같은 맥락에서 어미 '－다'와 '－으니까'도 다음과 같이 성질을 더하는 기능을 하는 것으로 보면 어미를 핵으로 다루지 않아도 '읽었다'와 '읽었으니까'의 서로 다른 분포를 포착할 수 있다.

(6) 가. [$_{V}$ 읽－]
    나. [$_{V}$ 읽－으니까] (단, ___ X)

(6나)에서 '단, ___ X'는 '읽으니까' 뒤에는 X로 표시한 무언가가 와야 한다는 것을 의미하는데 앞서 살핀 (4)를 통해 알 수 있듯이 X에는 '너는 희곡을 읽어라'처럼 문장을 끝맺는 기능을 가진 어미 '－어라'를 가진 절이 포함된다.

*　　*　　*

조사와 어미는 '맨손'이나 '개살구'의 접두사 '맨－'이나 '개－'와 마찬가지로 다른 무언가에 기대어 나타난다. 그런데 '맨－'과 '개－'의 영향력은 단어 내부에 머무르는 데 반해 조사와 어미의 영향력은 단어를 뛰어넘는다. 조사와 어미의 이러한 특성을 살리기 위한 방법으로 도입된 것이 바로 조사와 어미를 통사적 핵으로 보는 관점이었다. 그런데 방금의 논의를 통해 조사와 어미를 통사적 핵으로 다루지 않으면서도 조사와 어미의 영향력이 단어를 뛰어넘는다는 사실을 포착할 수 있는 방법이 존재한다는 것을 확인했다.

이제 우리는 '조사와 어미의 영향력은 단어를 넘을 수 있다'는 하나의 현상에 대한 두 가지 처리 방안, 다시 말해 두 가지 이론과 마주한 셈이다. 하나는 '조사와 어미의 영향력은 단어를 넘을 수 있다'는 현상 그대로를 통사 구조화하여 '조사와 어미 = 통사적 핵'으로 보는 방법이고, 또 하나는 '조사와 어미 = 특정 조건을 단어에 더하는 요소'로 보는 방법이다. 전자의 관점에 서면 (7가)의 나무그림을 주장하게 되고, 후자의 관점에 서면 (7나)의 나무그림을 주장하게 된다.

(7) 철수가 영이를 만났다.

가.

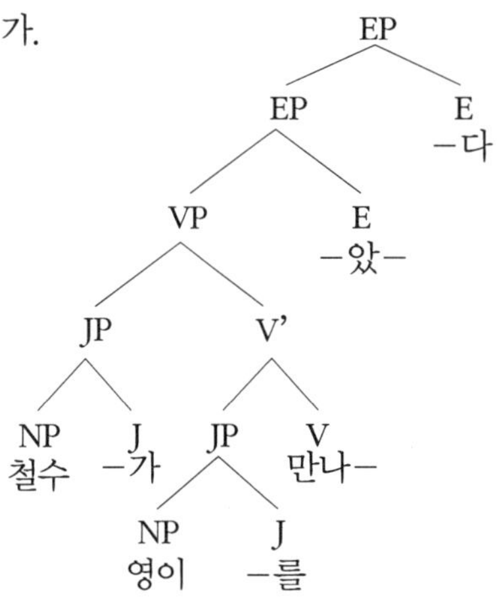

나.

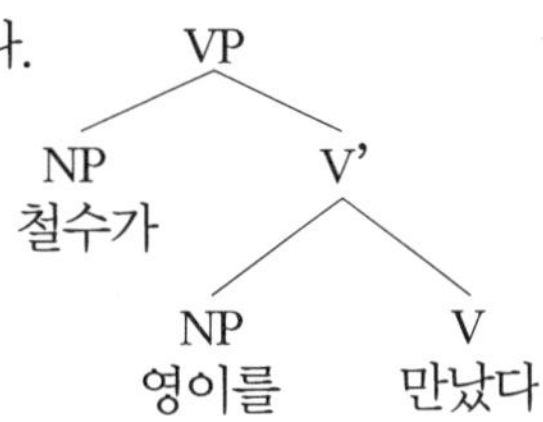

그러면 두 나무그림 가운데 어느 것을 택해야 할까? 현 단계에서 (7가)와 (7나) 가운데 어느 하나를 택하기는 어렵다. 두 가지 가설, 혹은 두 가지 이론이 제시되었는데, 두 가지 이론의 설명력이 아직까지는 비등비등하기 때문이다. 다만 앞에서도 지적했듯이 조사와 어미의 특성을 통사 구조적으로 포착하느냐 아니면 조건으로 포착하느냐에서 차이가 날 뿐이다.

유의할 것은 문장 하면 '가장 먼저 떠오르는 것'이 (7나)와 통한다고 해서 (7나)를 보다 우월한 것으로 간주할 수는 없다는 점이다. '가장 먼저 떠오르는 것'은 '직관'이고 '상식'일 뿐 엄밀한 검증을 통해 타당성을 획득한 것은 아니기 때문이다. 그리고 다시 한 번 지적하는데 과학적 사실이 직관이나 상식에 어긋나는 경우는 비일비재하다.

다른 경우와 마찬가지로 (7가)와 (7나) 중에 어느 것을 택할 것인가는 이 두 나무그림의 설명력을 검증할 수 있는 또 다른 현상을 발굴하는 것에서부터 시작해야 한다. 어떤 특정 현상이 있는데 (7가)로는 이 현상을 설명할 수 있지만 (7나)로는 이 현상을 설명할 수 없다면 (7가)가 선택될 것이다. 물론 (7가)를 거부하고 (7나)를 지지하는 현상이 나타나면 거꾸로 (7나)를 선택하게 될 것이다. 어쩌면 어떤 현상은 (7가)를 지지하고, 또 다른 어떤 현상은 (7나)를 지지할 경우도 나타날 수 있다. 아마도 이런 경우에는 두 가지 구조를 모두 인정하고 어떤 환경에서 어떤 구조가 선택되는가를 탐구해야 할 것이다.

선택이 어떻게 되느냐는 여러 현상을 다루고 나서야 밝혀질 수 있는바, 이제부터는 연구의 방법상 조사와 어미를 핵으로 보는 (7가)의 나무그림을 택해 논의를 진행하고자 한다. 이 과정에서 (7가)로 설명할 수 있는데 (7나)로는 설명할 수 없는 현상이 나타나는지, 또 (7가)로 설명할 수 없는 현상을 만나게 되지는 않는지 유념할 것이다.[3]

3. 어미 결합과 의미역의 한계

명사구에는 조사가 하나만 결합할 수도 있지만 여러 개가 연거푸 결합할 수도 있다. 이렇게 겹쳐 나타기도 하는 것은 어미도 마찬가지여서 동사구에 어미가 결합할 때에도 어미가 하나만 결합할 수도 있지만 여러 개의 어미가 하나의 동사구에 연달아 결합할 수도 있다.

조사든 어미든 여러 개가 한꺼번에 어울려 나타날 때에는 일정한 순서를 따라야 한다. 예를 들어 다음 (8)에 제시한 예들의 대조에서 알 수 있듯이 어미가 여러 개 나타날 때에는 '-으시-었-겠-더-구나'의 순서를 준수해야 하고, 조사가 겹쳐 나타날 때에도 '-에서-만'의 순서를 준수해야 한다.

(8) 가. 어머님이 책을 읽-으시-었-겠-더-구나.
나. *어머님이 책을 읽-더-으시-었-겠-구나.
다. 영이는 도서관-에서-만 책을 읽는다.
라. *영이는 도서관-만-에서 책을 읽는다.

그러면 조사와 어미가 하나가 아니라 여러 개가 함께 나타날 수 있으며 함께 나타나려면 일정한 순서를 지켜야 한다는 사실은 어떻게 포착할 수 있을까? 여기서는 먼저 어미가 여러 개 겹쳐 나타나는 경우를 대상으로 어미 사이의 순서를 포착하는 방안을 강구해보고 이 방안을 조사에까지 확장하기로 한다.

3 (7가)와는 따로 (7나) 식의 구조가 필요하다는 논의는 12장과 14장에서 전개된다.

* * *

의미역을 논의하면서 살폈듯이 VP가 형성되는 동기는 의미역에서 찾을 수 있다. 예를 들어 (9)에서 V '만나-'는 행위주 의미역과 피동주 의미역을 지니며 이 의미역은 부여되어야 하는데 JP '영이가'와 JP '철수를'이 이러한 요구에 부응하므로 V '만나-'와 JP '영이가', JP '철수를'의 결합이 촉발되어 VP [$_{VP}$ 영이가 철수를 만나-]가 형성되는 것이다.

(9) 영이가 철수를 만났다.

그러면 방금 형성된 VP [$_{VP}$ 영이가 철수를 만나-]와 어미 E '-았-', E '-다'의 결합은 무엇에 의해서 촉발되는가? 일단 의미역이 결합의 동기일 수는 없다. 의미역은 사건의 구성에 참여하는 개체에 해당하는바, V '만나-'가 지닌 의미역은 VP 형성 단계에서 이미 모두 소진되었으며, 그렇다고 E '-았-'이나 E '-다'가 의미역을 지닌다고 보기도 어렵기 때문이다.

물론 예를 들어 어미 E '-았-'이 의미역을 지니며 이 의미역에 의해 VP [$_{VP}$ 영이가 철수를 만나-]와 E '-았-'의 결합이 유발된다고 볼 수는 있다. 다만 그렇게 하면 의미역의 정의가 바뀌어야 한다. E '-았-'이 의미역을 지닌다고 하면 그 의미역은 행위주, 피동주와 같은 것이라기보다는 행위주, 피동주와 같은 의미역과 V가 결합한 단위 그 자체, 즉 사건 그 자체를 의미역으로 보아야 하기 때문이다. 의미역 개념을 수정하여 행위주, 피동주 등에 더해 사건(event)도 의미역에 포함시키면 (9)에서 VP [$_{VP}$ 영이가 철수를 만나-]와 E '-았-'의 결합은 E '-았-'이 지닌 사건 의미역에 의해서 촉발되며, JP가 행위주나 피동주 의미역에 어울리듯이 VP

는 사건 의미역에 어울리는 것으로 보게 된다.

VP와 E '-았-'의 결합이라는 현상이 있고, 이 현상을 해명하기 위한 이론이 있어야 하므로 사건 의미역을 상정하는 논의가 전혀 어불성설이라고 하기는 어렵다. 하지만 이러한 논의에는 어미의 결합을 깔끔하게 설명하지 못한다는 아쉬움이 남게 된다. VP [$_{VP}$ 영이가 철수를 만나-]와 E '-았-'의 결합은 E '-았-'이 지닌 사건 의미역으로 보장해서 EP [$_{EP}$ [$_{VP}$ 영이가 철수를 만나-] -았-]은 형성할 수 있지만 다시 이 EP [$_{EP}$ [$_{VP}$ 영이가 철수를 만나-] -았-]과 E '-다'의 결합에 대해서는 별다른 설명을 베풀지 못하기 때문이다.

물론 E '-았-'과 마찬가지로 E '-다'도 사건 의미역을 지닌다고 보면 어떨까 싶지만 이러한 방안을 추구하기는 어렵다. E '-다'도 사건 의미역을 지닌다고 하고 이로 인해 E '-다'와 EP [$_{EP}$ [$_{VP}$ 영이가 철수를 만나-] -았-]의 결합이 촉발된다고 하면 EP [$_{EP}$ [$_{VP}$ 영이가 철수를 만나-] -았-]이 사건 의미역과 어울린다고 해야 하는데 VP [$_{VP}$ 영이가 철수를 만나-]가 사건 의미역에 해당한다는 것은 납득할 수 있어도 EP [$_{EP}$ [$_{VP}$ 영이가 철수를 만나-] -았-]이 사건 의미역에 해당한다는 주장은 납득하기 어렵기 때문이다.

따라서 사건 의미역을 이용하는 방안이 그다지 신통한 것이 아니라 할 수 있는데 나아가 E '-으시-'를 고려하면 사건 의미역을 이용한 분석의 타당성은 더 낮아진다.

(10) 어머님이 책을 읽으시었다.

[$_{EP}$ [$_{VP}$ 어머님이 책을 읽-] -으시-]

사건 의미역을 이용하면 E '-았-'과 마찬가지로 E '-으시-'도 사건 의미역을 지니며 이 사건 의미역에 의해서 VP [$_{VP}$ 어머님이 책을 읽-]과 E '-으시-'가 결합하는 것으로 보게 된다. 그런데 가만 생각해보면 E '-았-'이 사건 의미역을 취한다는 것은 그럴듯하지만 E '-으시-'가 사건 의미역을 취한다는 것은 전혀 그럴듯하지 않다는 것을 알 수 있다. 왜냐하면 E '-았-'의 기능은 과거를 표시하는 것이고 과거라는 것이 어떤 사건, 즉 VP와 결합해서 '사건의 과거'를 형성하는 것은 자연스럽지만, E '-으시-'는 전혀 그렇지 않기 때문이다. E '-으시-'의 기능은 (10)에서 '어머님'에 대한 존대 의향을 표시하는 것으로 존대 의향은 사건이 아니라 개체, 즉 '어머님'에 대해서 성립하는 것이다. 만약 E '-았-'의 결합이 의미역에 따라서 결정되는 것이라고 하면 E '-으시-'도 그래야 하는 것이 당연한 것이고, 그러면 E '-으시-'는 (10)에서 VP [$_{VP}$ 어머님이 책을 읽-]이 아니라 NP '어머님' 혹은 JP '어머님이'와 결합해야 하는바 이는 사실과 전혀 다르다. 그만큼 의미역을 이용해 어미의 통합을 이해하는 방향은 힘을 잃게 된다.[4]

4. 어미 결합과 보충어 자질

이제 의미역으로 어미의 결합을 설명하기 어렵다는 것이 확인되었다. 그러면 의미역 말고 또 다른 것을 설정해서 어미의 결합을 설명해야 할 텐데 여기서는 색다르고 독특한 방안을 추구하는 대신에 다음의 구조에

4 그렇다고 해서 사건 의미역이 아예 불가능하다는 것은 아니다. 다만 사건 의미역을 도입해도 여러 개의 어미가 결합하는 현상을 설명하기 어렵다는 점을 강조하고자 한다. 어미 가운데 일부, 예를 들어 E '-었-'은 사건 의미역을 지닐 가능성이 있는데 이에 대한 자세한 논의는 후일을 기약한다.

서 얻을 수 있는 정보를 최대한 활용하는 방안을 모색하기로 한다. 가급적 새로운 이론적 장치를 더하지 않고 있을 수밖에 없는 것만으로 현상을 설명하려는 의도 때문이다.[5]

(11) 영이가 철수를 만났다.

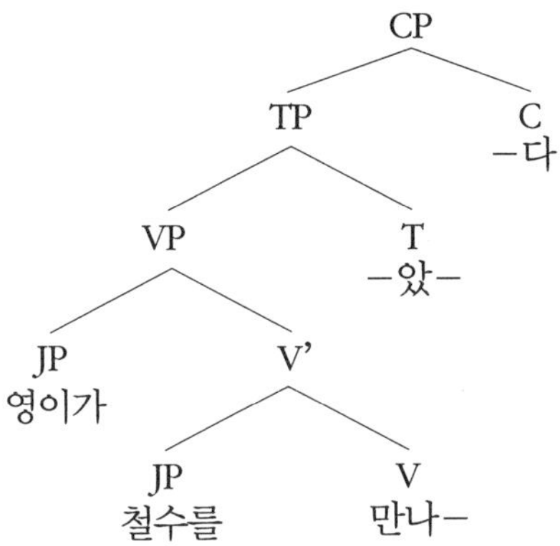

지금까지는 어미 '−았−'도 '−다'도 모두 E 범주에 속하는 것으로 간주해왔는데, (11)의 나무그림에서는 어미 '−았−'은 T 범주로, 어미 '−다'는 C 범주로 표시했다. 이는 '−았−'이 어미이면서 특히 시제(tense)를 담당한다는 것을 강조한 것이며, '−다'가 어미이면서 특히 의문(만났냐?), 명령(만나라), 청유(만나자), 감탄(만났구나!), 평서(만났다) 등과 같은 문장과 절의 유형(clause type)을 담당한다는 것을 강조한 것이다.[6]

5 이 절과 다음 절의 내용 및 이어지는 장의 5절에서 논의하는 내용은 이 장 말미의 참고문헌에 소개한 이정훈(2008)의 일부를 다듬은 것이다.

6 평서, 의문 등의 구분은 문장 차원에서뿐만 아니라 '영이는 [철수가 어디에 있냐고] 물었다'에서 보듯이 절(clause) 차원에서도 나타난다. 문장 유형(sentence type)을 택하면 약자로 C(clause type)가 아니라 S(sentence type)를 쓸 수 있을 텐데 문장(sentence)을 흔히 약자 S

나무그림 (11)은 어미가 지닌 기능, 즉 시제 표시 기능과 절의 유형 표시 기능과 같은 것이 단순히 의미적인 데 그치지 않고 통사적인 효과도 지닌다고 보고 그것을 T, C 등의 범주로 파악하여 구조에 반영한 것인데, '통사적인 효과'가 바로 어미의 결합 방식과 직결된다. (11)에서 T는 VP와 결합하고, C는 TP와 결합했는데 이러한 결합이 VP 범주, TP 범주와 같은 범주에 의해 촉발된다고 보면, 어미의 결합은 (12)를 통해 포착할 수 있게 되는 것이다. (12)에서 (12가)는 T '-았-'이 VP를 보충어로 취해서 그 뒤에 분포한다는 것을 의미하고 (12나)는 C '-다'가 TP를 보충어로 취해서 그 뒤에 분포한다는 것을 의미한다.[7]

(12) 가. T '-았-': VP___

나. C '-다': TP___

그런데 '뒤에 결합한다'는 정보는 굳이 밝힐 필요가 없다. T '-았-'과 C '-다'가 핵이고, 한국어에서 핵은 뒤에 위치하게 되므로 T '-았-'과 C '-다'가 각각 VP 뒤, TP 뒤에 결합한다는 것은 따로 밝히지 않아도 예측이 가능하기 때문이다. 보충어로 무엇이 올 수 있는가만 밝히면 충분한 것이다.

또 VP, TP에서도 굳이 P라는 것을 밝힐 필요도 없다. 결합의 질서에 따라 결합하다 보면 VP와 T가 결합하게 되고, TP와 C가 결합하게 되기 때

로 나타내므로 혼동을 막기 위해 C(clause type)를 택한다. 참고로 C는 애초에는 보문자(complementizer)에서 유래했다. '영이한테 [철수가 간다] 해라, 철수는 [영이가 갔냐고] 물었다'와 같은 예에서 '철수가 간다, 영이가 갔냐고'를 보문(complement sentence)이라고 하는데, 이러한 보문에 결합되어 있다고 해서 '-다'와 '-냐고' 등을 보문자라고 불렀다.

7 V의 보충어는 의미역을 지니지만(7장 6절), T '-았-'이나 C '-다'와 같은 어미의 보충어는 의미역과 무관하다. 어미의 보충어가 의미역과 결별하게 된 사연은 앞 절에서 논의하였다.

문이다. 왜 그럴까? 일단 V가 의미역을 통해 JP와 결합해서 VP를 형성하고 이어서 VP와 어미가 결합하면 아무런 문제도 발생하지 않는다. 그러면 방금과 달리 V가 JP와 결합하기 전에 어미와 결합하면 어떻게 될까? 예를 들어 V '만나-'가 의미역과 어울리는 '영이가, 철수를'과 결합하기 전에 T '-았-'과 결합했다고 해보자. 그러면 $[_{TP}$ $[_{V}$ 만나-] -았-]이 형성되는데 '만나-았-'의 자격은 당연히 '만나-았-'에서 핵(head)인 T '-았-'이 결정한다. 문제는 T의 자격을 지닌 '만나-았-'이 '영이가'와 결합해야 하고, '철수를'과 결합해야 한다는 데서 발생한다.

그러면 무엇이 문제인가? 무엇이 문제인지 차근차근 따져 보자. 일단 T의 자격을 지닌 '만나-았-'과 '영이가, 철수를'의 결합은, T가 분명 '영이가'는 물론이고 '철수를'도 필요로 하지 않으므로, '만나-았-'에 포함된 V '만나-'에 의해 유발된다고 해야 한다. 그러면 V '만나-'의 의미역이, 마치 물이 종이에 스미듯이, T에 속하는 '만나-았-'에 스며든다고 해야 하는데 이러한 조치는 VP가 형성되기 이전에 V와 T의 결합을 허용하기 위해서 필요할 뿐 다른 데서는 전혀 쓸모없는 것에 불과할 따름이다. 특수한 예에서만 필요하고 다른 예에서는 전혀 필요 없는 조치는 일반성을 결여한다고 볼 수 있고, 일반성을 결여한 조치는 제거하는 것이 타당하므로, 다시 말해 쓸데없고 일반적이지 않은 조치를 필요로 하는 것은 아예 존재하지 않는다고 보는 것이 타당하므로, 이에 따라 자연스러운 결합의 질서에 따르면 VP와 T가 결합하고, TP와 C가 결합하게 되는 것이다.

이와 같은 점을 고려하면 어미와 보충어 사이의 순서라든가 어미의 보충어가 구(phrase)라는 점은 따로 밝힐 필요 없이 충분히 예측할 수 있는 정보라 할 수 있다. 따라서 (12)를 다음과 같이 단순화할 수 있다.

(13) 가. T '-았-'의 보충어 자질: [V]

나. C '-다'의 보충어 자질: [T]

(13가)는 T '-았-'은 보충어로 V 범주를 취한다는 것을 나타낸 것인데, 보충어로 올 수 있는 것의 자격 혹은 성질을 규정하는 정보이므로 흔히 보충어 자질이라고 한다. (13나)도 마찬가지 정보를 표현한 것인데 C '-다'가 보충어 자질로 T를 지니므로 C '-다'는 TP와 결합할 수 있게 된다.

5. 어미 결합 순서와 보충어 선택 규칙

어미의 결합 순서는 어미의 보충어 자질을 밝히면 저절로 드러난다. 예를 들어 어미 Z가 보충어 자질로 [Y]를 지니고, 어미 Y가 보충어 자질로 [X]를 지니면 다음과 같은 구조가 나타나게 되는데, 이 구조와 핵이 뒤에 온다는 일반성에 따르면 어미의 순서는 'XYZ'로 결정되기 때문이다.

(14)

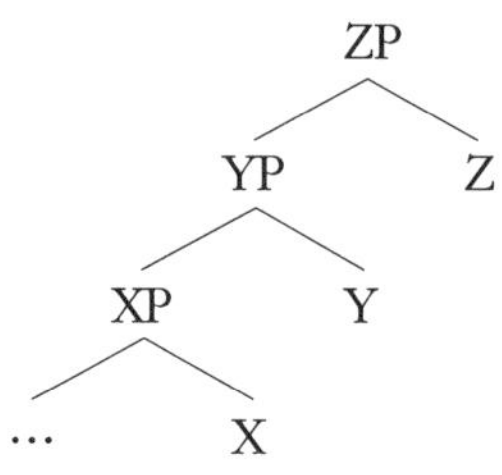

그러면 어미의 보충어 자질은 실제로 어떠한가? 앞에서의 논의를 통해 알 수 있듯이 어미의 보충어 자질은 어미가 결합하는 단위가 무엇인지 검토하면 확인할 수 있다. 이러한 맥락에서 우선 종결어미 '-다'를 대상으로 어미 '-다'의 보충어 자질은 무엇인지, 그리고 '-다'의 보충어 자질에

대한 검토에서 드러나는 특징은 있는지, 있다면 무엇인지 살피기로 한다.

(15) 가. 하늘이 높다.

나. 선생님이 키가 크시다.

다. 바람이 불었다.

라. 비가 오겠다.

마. 영이가 철수를 때리더라.

C '-다'는 (15가)에서는 V '높-'이 핵인 VP [$_{VP}$ 하늘이 높-]과 통합하였고,[8] (15나)에서는 H(honorification) '-으시-'가 핵인 HP [$_{HP}$ 선생님이 키가 크시-]와 통합하였으며, (15다)에서는 T '-었-'이 핵인 TP [$_{TP}$ 바람이 불었-]과 통합하였다. 여기에 더해 '-겠-'과 '-더-'를 각각 양태 M(modality)과 인식시제 Tc(cognitive tense)로 보면 (15라), (15마)에서 보듯이 C '-다'는 MP [$_{MP}$ 비가 오겠-]과 TcP [$_{TcP}$ 영이가 철수를 때리더-]와도 통합한다.[9] 그러면 C '-다'는 보충어 자질로 [V], [H], [T], [M], [Tc] 등을 지니게 된다.

특이한 사항은 방금 확인했듯이 어미 '-다'의 보충어 자질이 하나가

8 '높-'은 형용사(adjective)이므로 V가 아니라 A로 표시해야 한다. 여기서는 동사와 형용사의 공통점을 고려하고(5장 3절 참고), 번거로운 표시를 피하기 위해 형용사도 V로 나타낸다.

9 '-겠-'은 추측의 기능을 발휘하는데 추측과 같이 사건에 대한 화자의 확신 여부와 정도를 표시하는 범주를 흔히 양태(modality)라고 한다. 어미 '-더-'는 '어제 영이가 철수를 만나더라, 일기 예보를 보니 내일 비가 오더라'에서 알 수 있듯이 어떤 사건이나 사실 등을 깨달은 시점, 즉 인식 시점이 과거임을 나타낸다. 사건의 과거는 '-었-'으로, 인식의 과거는 '-더-'로 나타내는 셈인데 이에 한국어의 시제에는 사건의 시점을 나타내는 사건 시제와 인식의 시점을 나타내는 인식 시제(cognitive tense), 이 두 가지 시제가 존재하는 것으로 보게 된다.

아니라 여럿이라는 점인데, 여기서 과연 어미 '－다'의 보충어 자질을 [V], [H], [T], [M], [Tc] 식으로 나열하기만 하는 것이 최선의 기술인가를 의심할 필요가 있다. 왜냐하면 어미 '－다'뿐만 아니라 '－으시－', '－었－', '－겠－', '－더－' 등의 보충어 자질을 고려하면 '모종의 질서'가 발견되기 때문이다.

'모종의 질서'가 무엇인지를 밝히기 위해 우선 H '－으시－', T '－었－', M '－겠－', Tc '－더－'의 보충어로 무엇이 올 수 있는지 확인하도록 하자.

(16) 가. Tc '－더－'의 보충어

VP ⇨ $[_{VP}$ 영이가 철수를 만나－]－더－

HP ⇨ $[_{HP}$ 어머님이 책을 읽으시－]－더－

TP ⇨ $[_{TP}$ 철수가 책을 읽었－]－더－

MP ⇨ $[_{MP}$ 내일 비가 오겠－]－더－

나. M '－겠－'의 보충어 자질

VP ⇨ $[_{VP}$ 영이가 철수를 만나－]－겠－

HP ⇨ $[_{HP}$ 어머님이 책을 읽으시－]－겠－

TP ⇨ $[_{TP}$ 철수가 책을 읽었－]－겠－

다. T '－었－'의 보충어 자질

VP ⇨ $[_{VP}$ 철수가 책을 읽－]－었－

HP ⇨ $[_{HP}$ 어머님이 책을 읽으시－]－었－

라. H '－으시－'의 보충어 자질

VP ⇨ $[_{VP}$ 어머님이 책을 읽－]－으시－

이제 '모종의 질서'의 실체에 접근하기 위해 '－다'의 보충어 자질에 더해 '－으시－', '－었－', '－겠－', '－더－' 등의 보충어 자질을 한데 모아 제시하면 다음의 (17)과 같다.

(17) 어미의 보충어 자질

가. C '－다'의 보충어 자질 ⇨ [V], [H], [T], [M], [Tc]

나. Tc '－더－'의 보충어 자질 ⇨ [V], [H], [T], [M]

다. M '－겠－'의 보충어 자질 ⇨ [V], [H], [T]

라. T '－었－'의 보충어 자질 ⇨ [V], [H]

마. H '－으시－'의 보충어 자질 ⇨ [V]

이제 (17)을 관찰하면 어미 A가 보충어 자질로 [B]를 지니고, 어미 B가 보충어 자질로 [C]를 지니면 어미 A는 [C]도 보충어 자질로 지님을 알 수 있다. 예를 들어 어미 C '－다'가 [Tc]를 보충어 자질로 지니고, 어미 Tc '－더－'가 [V], [H], [T], [M]을 보충어 자질로 지니면 어미 C '－다'는 Tc '－더－'의 보충어 자질 [V], [H], [T], [M]도 보충어 자질로 지니는 것이다. 이를 일반화하여 규칙으로 제시하면 다음과 같다.

(18) 보충어 선택 규칙

A가 B를 보충어로 선택하면, A는 B의 보충어 C도 보충어로 선택한다(= A가 [B]를 보충어 자질로 지니면, A는 B의 보충어 자질 [C]도 보충어 자질로 지닌다).

이제 (18)에 소개한 '보충어 선택 규칙'을 인정하면 (17)에 제시한 어미의 보충어 자질은 다음과 같이 대폭 축소된다. (17)에는 제시되었지만 다음의 (19)에서 제외된 것은 모두 (18)에 의해 예측되는 것들이다.

(19) 어미의 보충어 자질

가. C '-다'의 보충어 자질 ⇨ [Tc]

나. Tc '-더-'의 보충어 자질 ⇨ [M]

다. M '-겠-'의 보충어 자질 ⇨ [T]

라. T '-었-'의 보충어 자질 ⇨ [H]

마. H '-으시-'의 보충어 자질 ⇨ [V]

6. 조사의 경우

지금까지 어미를 대상으로 어미가 결합하는 동기와 어미의 결합 순서에 대한 이해를 도모해왔다. 이 과정에서 '보충어 선택 규칙' (18)을 제시하였는데 이 규칙은 어미의 보충어 자질의 잉여성을 줄이고 어미의 보충어 자질 사이에 성립하는 상관성과 일반성을 포착하는 의의를 지닌다.

그러면 조사의 결합은 어떻게 이해할 수 있는가? 다시 말해 조사는 왜 결합하는가? 또 이 장 3절의 (8)에서 제시하였듯이 조사도 어미와 마찬가지로 여러 개가 하나의 NP에 결합할 수도 있으며, 이러한 경우에는 일정한 순서를 준수해야 하는데 이러한 사항은 어떻게 이해해야 하는가?

일단 어미와 마찬가지로 조사도 의미역이 그 결합의 동기라고 보기는 어렵다. 의미역은 명사구와 조사가 결합한 JP 자체가 담당한다고 보아야지 명사구 단독으로 담당한다고 보기도 어렵고, 조사가 담당한다고 보기도 어렵기 때문이다. 왜 그럴까? 먼저 (20)에 제시한 예를 보건데 명사구 단독으로 의미역을 감당할 수는 없다. '보내-'의 의미역을 감당하려면 조사 '-에게'가 필요하고, '나-'의 의미역을 감당하려면 조사 '-에서'가 필요한 것이다.[10]

(20) 가. 영이가 철수에게 편지를 보냈다.
나. *영이가 철수   편지를 보냈다.
다. 이 나물은 지리산에서   난다.
라. *이 나물은 지리산   난다.

그렇다고 NP와 무관하게 조사가 의미역을 담당한다고 보기도 어렵다. 조사가 의미역을 전담한다고 하면 당장 다음의 (21)을 설명하기 어려워지기 때문이다. (21)에서 조사 '-가'는 행위주와 어울리기도 하고(21가), 대상과 어울리기도 하며(21나), 피동주와 어울릴 뿐만 아니라(21다), 처소나 기점과도 어울릴 수 있는데(21라, 21마), 이는 특정 조사가 특정 의미역과 결부되지는 않는다는 것을 의미한다.

(21) 가. <u>영이가</u> 철수를 때렸다.
나. <u>바위가</u> 언덕에서 굴렀다.
다. <u>철수가</u> 영이에게 맞았다.
라. <u>들판이</u> 꽃으로 가득하다.
마. <u>변기가</u> 물이 샌다.

이제 어미와 마찬가지로 조사도 의미역이 아닌 다른 것에 의해 결합이 촉발된다고 해 보자. 그러면 별다른 특이사항이 없는 한 어미와 마찬가지

10 물론 '영이 철수 때렸어'에서 보듯이 명사구만으로도 의미역과 어울리는 듯이 보이는 현상이 나타나기도 한다. 하지만 이러한 현상은 특정한 경우에만 성립한다는 점에 유념해야 한다. 예를 들어 '영이 철수 때렸어'는 선행 문맥을 통해 '영이'와 '철수'가 각각 '영이가'와 '철수를'로 해석될 수 있는 경우에 성립하며, 또 이러한 경우에도 '영이'와 '철수'의 어순을 바꾸면 '철수를 영이가 때렸어'와 '*철수 영이 때렸어'(영이가 때리고 철수가 맞은 경우)의 대조에서 보듯이 조사가 동반되어야 한다.

로 조사도 보충어 자질에 의해 결합에 참여해서 구조를 형성한다고 보는 것이 타당하다. 다시 말해 어미가 시제, 양태 등의 의미를 발현하기 위해서 통사 구조 형성에 참여하며, 통사 구조 형성에 참여하는 방안이 바로 보충어 자질을 이용한 결합이듯이, 조사도 각각의 조사가 지닌 의미와 기능을 실현하기 위해서 통사 구조에 나타나는데 통사 구조에 나타나는 방안이 어미와 마찬가지로 보충어 자질에 의한 결합인 것이다.

그러면 조사가 여러 개 나타나는 경우 성립하는 순서도 어미와 마찬가지로 다루는 것이 합리적이지 않을까? 다시 말해 어미를 대상으로 한 보충어 선택 규칙 (18)이 타당한 것이라면 조사에 있어서도 그 설명력을 발휘할 수 있을 것이다. 규칙이라면 모름지기 일반성을 획득해야만 하는 것이다. 이러한 맥락에서 조사 결합 양상을 검토하면 보충어 선택 규칙 (18)이 조사의 경우에도 통한다는 것을 잘 알 수 있다.

(22) 가. 영이가 꽃－에 물을 주었다.
나. 미지－에－의 도전
다. 철수－의 책

(22가)에서 보듯이 조사 '－에'는 NP '꽃'을 보충어로 취할 수 있으므로 보충어 자질로 [N]을 지님을 알 수 있다. 또 조사 '－의'는 (22나)에서 확인할 수 있듯이 조사 '－에'가 포함된 '미지－에'를 보충어로 취할 수 있다. 편의상 조사 '－에'의 범주를 [－에]로 표시해보자. 그러면 조사 '－의'는 [－에]를 보충어 자질로 지닌다. 그러면 (22다)처럼 NP '철수'와 같은 명사 범주와 조사 '－의'가 결합하는 것은 보충어 선택 규칙 (18)에 의해서 자연스럽게 예측된다. '－의'는 [－에] 범주를 선택하고, '－에'는 NP '철수'와 같은 [N] 범주를 선택하는바, 그러면 (18)에 의해 '－의'는 '－에'

가 선택하는 범주인 [N] 범주를 선택할 수 있기 때문이다.

물론 조사의 결합관계도 보충어 선택 규칙으로 해명할 수 있는지를 확신하기 위해서는 조사 결합의 다양한 사례를 검토할 필요가 있다. 하지만 여기서는 (22)를 통해 그 가능성을 제시하는 데서 일단 멈추고, 장을 달리하여 조사와 어미의 결합이 제기하는 또 다른 문제, 즉 단어 외부 요소이면서 동시에 단어 내부 요소이기도 하다는 모순적인 양면성을 포착하는 방안을 모색하기로 한다.

참고문헌

통사적 핵의 기준과 조사

김용하, 2011, 「조사의 핵성」, 『언어연구』 28.

엄홍준, 2010, 「구조격 조사도 핵인가」, 『시학과 언어학』 19.

임동훈, 1991, 「격조사는 핵인가」, 『주시경학보』 8.

한정한, 2003, 「격조사는 핵이 아니다」, 『한글』 260.

Corbett G., N. Fraser & S. McGlashan. eds., 1993, *Heads in Grammatical Theory*, Cambridge University Press.

조사와 어미에 대한 두 가지 시각

김종복, 2004, 『한국어 구구조문법』, 한국문화사.

서민정, 2009, 『토에 기초한 한국어 문법』, 제이앤씨.

서정목, 1998, 『문법의 모형과 핵 계층 이론』, 태학사.

이정훈, 2008, 『조사와 어미 그리고 통사구조』, 태학사.

Koopman, H., 2005, "Korean (and Japanese) Morphology from a Syntactic Perspective", *Linguistic Inquiry* 36.

Sadock, J., 1991, *Autolexical Syntax*, Chicago University Press. [최규수 · 권연진 · 서민정 옮김, 2009, 『자율어휘통사론』, 한국문화사]

Sells, P., 1995, "Korean and Japanese Morphology from a Lexical Perspective", *Linguistic Inquiry* 26.

조사와 어미의 순서

유동석, 1995, 『국어의 매개변인 문법』, 신구문화사.

이정훈, 2008, 『조사와 어미 그리고 통사구조』, 태학사.

임동훈, 2004, 「한국어 조사의 하위 부류와 결합 유형」, 『국어학』 43.

황화상, 2003, 「조사의 작용역과 조사 중첩」, 『국어학』 42.

경어법과 시제와 양태와 문장 유형

문숙영, 2009, 『한국어의 시제 범주』, 태학사.

박재연, 2006, 『한국어 양태 어미 연구』, 태학사.

서정목, 1988, 「한국어 청자 대우 등급의 형태론적 해석」, 『국어학』 17.

윤석민, 2000, 『현대국어의 문장종결법 연구』, 집문당.

임동훈, 2000, 『한국어 어미 '-시-'의 문법』, 태학사.

장경희, 1985, 『현대국어의 양태 범주 연구』, 탑출판사.

한동완, 1996, 『국어의 시제 연구』, 태학사.

제11장
어순과 이동

1. 구조와 순서의 대응

언어는 구조를 기반으로 작동하며 언어의 이러한 특성을 가리켜 구조 의존성(structure dependency)이라고 한다. 하지만 구조 의존성과는 독립적으로 언어는 선형성(linearity), 즉 순서도 지닌다. 언어 기호가 발음되어서 음성으로 실현될 때에는 시간의 흐름이 개입하게 되므로 이에 따라 구조적으로 형성된 언어 기호는 시간의 흐름과 어울릴 수 있게끔 일정한 순서로 배열되어야 하는 것이다.

시간의 흐름을 전제로 하지 않으면 언어에 대한 탐구도 언어 기호의 구조를 이해하는 데서 멈출 수도 있다. 그러나 현실은 시간의 흐름을 필요로 하는 소리, 즉 음성이 언어의 구현 수단이므로 언어에 대한 탐구는 언어 기호의 구조에 대한 탐구에 더해 언어 기호의 순서에 대한 탐구까지를 포함하게 된다.

그렇다면 언어 기호의 순서는 어떻게 정해질까? (1)의 구조는 왜 (2가)로 실현되어야 하고, (2나)로 실현되면 안 될까?

(1)

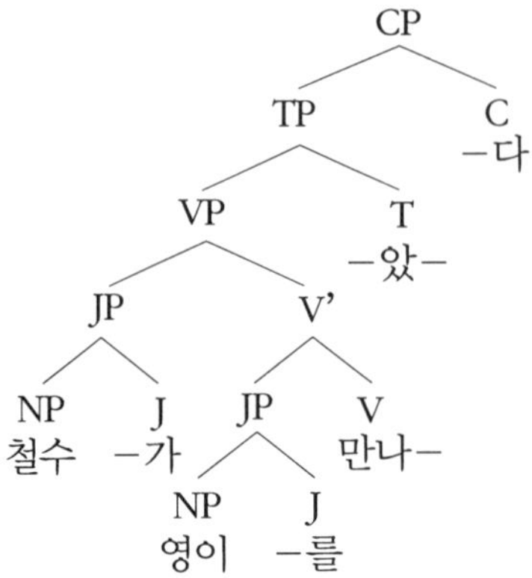

(2) 가. 철수가 영이를 만났다

⇨ 철수 〉 −가 〉 영이 〉 −를 〉 만나− 〉 −았− 〉 −다

나. *가철수 를영이 다았만나

⇨ −가 〉 철수 〉 −를 〉 영이 〉 −다 〉 −았− 〉 만나−

이에 대해 '−가'는 붙임표(−)로 표시해놓았듯이 앞에 뭔가가 올 것을 요구하는데 (2나)에서는 '철수'가 '−가'의 앞이 아니라 뒤에 와서 성립하지 않는다는 식의 언급이 답이 될 수는 없다. 왜냐하면 방금처럼 설명하면 '−가'처럼 앞에 붙임표를 붙이는 것은 어떻게 정하는가의 문제가 다시 제기되고 이 문제에 대한 답은 '철수가'만 되지 '가철수'는 안 되니까 식의 순환론에 빠질 수밖에 없기 때문이다.

* * *

그렇다면 (1)의 구조와 (2가)의 순서는 어떻게 대응하는 걸까? 언어 기호가 구조를 지니는 것이 확실하고, 또 구조가 음성에 의해 시간의 흐름

내에서 실현된다는 것을 가만 생각하면, 구조를 순서로 변환하는 일정한 규칙이 있다고 생각해볼 수 있다. 이러한 관점에서 (1)에 표시한 구조와 (2가)의 순서를 살피면 다음과 같은 일반화가 성립한다는 것을 알 수 있다.

(3) 구조와 순서의 대응 규칙
핵은 보충어의 뒤에 오고, 명시어는 가장 앞에 온다.
⇔ 명시어 〉 보충어 〉 핵

(3)에 따르면 JP '철수-가'와 '영이-를'에서 NP '철수'와 '영이'는 보충어이고 J '-가'와 '-를'은 핵이므로 '철수 〉 -가'와 '영이 〉 -를'로 순서가 정해진다. 또 JP '영이를'과 V '만나-'의 결합에서 핵은 V '만나-'이므로 '영이를 〉 만나-'의 순서가 나타난다. 이제 [V' 영이를 만나-]와 JP '철수가'가 결합해서 VP를 형성하면, JP '철수가'가 명시어이므로 '철수가 〉 영이를 만나-'의 순서가 정해진다. 다시 이 VP에 어미 '-았-'과 '-다'가 결합하면, 어미가 통사적 핵이므로 최종적으로 (2가)의 순서가 나타나게 된다.

흔히 한국어를 SOV 어순(word order) 언어라고 하는 것은 조사와 어미를 논외로 하고 목적어(보충어)와 서술어(V)가 결합한 술부(V')에서는 목적어가 서술어 앞에 실현되고, 주어(명시어)와 술부(V')가 결합하면 주어가 술부에 앞서 실현되는 현상을 가리키는 것인데, 이러한 특징은 (3)의 일반화에 따른 당연한 귀결이 된다.

그러면 구조적인 개념이자 단위인 핵과 보충어 그리고 명시어를 순서에 대응시키는 규칙 (3)은 과연 타당한가? 혹시 우연히 그런 것은 아닐까? 다음의 예는 이러한 의심을 불식시키기에 충분하다.

(4)				
가. OVS:	Kanawa	yano	toto. (Hixkaryana 어)
	카누를	가졌다	그가
나. SVO:	Cheolsu	loves	Yeongi. (영어)
	철수가	사랑한다	영이를
다. VOS:	7italla	tate7	tivinike. (Tzotzil 어)
	내려왔다	나무를	그가

(3)처럼 구조적인 단위와 순서를 대응시키는 방안을 따르면, (4가)는 (3)의 '명시어는 가장 앞에 온다'를 '명시어는 가장 뒤에 온다'로 바꾸면 되고, (4나)는 (3)의 '핵은 보충어의 뒤에 오고'를 '핵은 보충어의 앞에 오고'로 바꾸면 된다. 그리고 (3)에서 '앞'은 '뒤', '뒤'는 '앞'으로 바꾸면 (4다)의 어순이 나타난다.

이렇게 여러 언어의 어순을 (3)에 제시한 일반화에서 '앞'과 '뒤'만 조정하면 설명할 수 있다는 것은, 구조와 어순 사이의 대응이 존재한다는 것을 의미하며, 또 그 대응은 일정한 범위 내에서, 즉 앞이냐 뒤냐의 선택에서 차이를 지닌다는 것을 의미한다. '일정한 범위 내의 차이' 혹은 '선택에 의한 차이'를 흔히 매개변인(parameter)이라고 하는데, 이제 한국어의 어순에 더해 (4)에 소개한 언어의 어순까지 고려해서 (3)을 일반화하고 선택 양상을 강조하면 다음과 같은 대응 규칙이 성립하게 된다.

(5) 구조와 순서의 대응 규칙

언어 기호의 구조와 언어 기호의 순서 사이에는 일정한 대응관계가 존재하며, 이 대응관계는 아래와 같은 매개변인을 지닌다. 매개변인은 언어 간의 차이에 직결된다.

가. 핵 매개변인(head parameter): [$_{X'}$ 보충어 X] 구조는

① '보충어 〉 핵' 순서에 대응하거나

[예] OV 어순: 한국어, (4가)

② '핵 〉 보충어' 순서에 대응한다.

[예] VO 어순: (4나), (4다)

나. 명시어 매개변인(specifier parameter): [$_{XP}$ 명시어 X'] 구조는

① '명시어 〉 X'' 순서에 대응하거나

[예] SOV 또는 SVO 어순: 한국어, (4나)

② 'X' 〉 명시어' 순서에 대응한다.

[예] OVS 또는 VOS 어순: (4가), (4다)

이제 언어의 어순은 언어 기호의 구조와 (5)의 대응 규칙에 따라 정해지는 것이 되고 그러면 SOV, OVS, SVO, VOS 어순이 나타나게 된다. 그런데 주어(S), 서술어(V), 목적어(O) 이 세 개로 이루어질 수 있는 순서가 방금의 네 가지만은 아니다. 세 개로 이루어질 수 있는 순서는 3!(= 3×2×1) 즉 여섯 가지인바, SOV, OVS, SVO, VOS에 더해 OSV와 VSO도 가능한 것이다. 그리고 실제로 언어에는 SOV, OVS, SVO, VOS 어순에 더해 OSV와 VSO 어순을 취하는 언어도 존재한다. 또 (1)이 (2가)에 대응되어서 한국어가 SOV 어순을 지니는 것이 사실이지만 그렇다고 해서 한국어가 주어 다음에 목적어가 오고 목적어 다음에 서술어가 오는 어순만을 지니는 것은 아니다. 예를 들어 (2가) 말고도 '영이를 철수가 만났다'와 같은 어순도 성립한다.

(5)의 예측과는 다른 어순을 지닌 언어의 존재를 이해하는 것도 흥미롭고 중요한 일이지만, 여기서는 한국어 내에 존재하는 어순 다양성의 양상을 살피고 이해하는 데에 논의의 초점을 맞추기로 한다.

2. 두 가지 질문

(1)의 구조와 (5)가 주어지고 한국어가 (5)에서 (5가) ①과 (5나) ①의 선택지를 택한다고 보면 '철수 〉 -가 〉 영이 〉 -를 〉 만나- 〉 -았- 〉 -다'의 순서가 나타나게 된다. 그런데 '철수'와 '-가'의 순서, '영이'와 '-를'의 순서 그리고 '만나-'와 '-았-, -다'의 순서는 반드시 '철수-가', '영이-를', '만나-았-다'로 실현되어야 하지만 그 외의 순서는 그렇지만은 않다. (1)과 (5가) ①, (5나) ②에 따른 순서인 (6가)에 더해 (6나)~(6바)의 순서도 성립하기 때문이다.

(6) 가. 철수가 영이를 만났다.
나. 철수가 만났다 영이를.
다. 영이를 철수가 만났다.
라. 영이를 만났다 철수가.
마. 만났다 철수가 영이를.
바. 만났다 영이를 철수가.

이와 같은 점을 고려하면 이제 두 가지 질문이 제기된다. 첫째, (6나)~(6바)의 순서는 어떻게 나타나게 되는가? 둘째, 왜 '철수'와 '-가'의 순서, '영이'와 '-를'의 순서 그리고 '만나-'와 '-았-'과 '-다'의 순서는 바뀔 수 없는가? 먼저 첫 번째 질문에 대한 답을 모색하고 이어 두 번째 질문에 대한 답을 모색하기로 한다.

3. 어순과 이동

(6가)에 더해 (6나)~(6바)의 어순이 가능한 이유는 무엇일까? 무엇이 여섯 가지 어순이라는 다양한 현상을 나타나게 하는가? 일단 구조 형성 규칙, 즉 핵 계층 규칙이 이 질문에 대한 답일 수는 없다는 점을 확인하자. 구조는 언어 기호가 아무렇게나 결합해서 마구잡이로 형성되는 것이 아니고 질서에 따라 형성되며, 이 질서는 (1)을 반복한 다음 (7)의 구조만을 보장하고 (7)은 (6가)에 대응하는바, (6나)~(6바)의 어순을 핵 계층 규칙에 의한 것으로 볼 수는 없는 것이다.

(7)

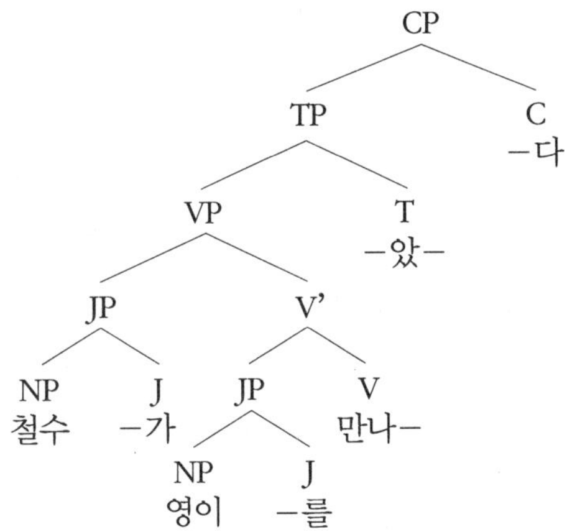

그렇다면 이제 핵 계층 규칙을 벗어난 새로운 방법을 강구해야 할 지점에 이르렀다고 할 수 있다. 새로운 방법은 어떠해야 하는가? 당연히 핵 계층 규칙의 장점은 그대로 이어받고, 혹은 핵 계층 규칙의 효과는 온전히 유지하면서 핵 계층 규칙이 한계를 드러낸 (6나)~(6바)를 설명할 수

있는 것이어야 한다. 이제부터 핵 계층 규칙의 한계를 보완할 수 있는 새로운 방법을 구체화하고자 하는데, 일단 핵 계층 규칙대로라면 (6가), 즉 (7)만 가능하다는 점에 주목해보자. 그러면 새로운 방법에 대한 물음을 다음과 같이 구체화할 수 있다. 핵 계층 이론에 의한 구조를 존중하면서 (7)과 대응하지 않는 (6나)~(6바)의 어순을 설명할 수 있는 방법은 무엇인가? 다음과 같은 방법이 가능하지 않을까?

(8) 가. ㉮ 철수가 영이를 만났다. (=6가)
㉯ 영이를 철수가 만났다. (=6다)
나. ㉮+㉯

= ㉮		철수가	영이를	만났다.
㉯	영이를	철수가		만났다.
	영이를	철수가	영이를	만났다.

(8가)의 ㉮는 핵 계층 규칙이 보장하는 것이고, 또 핵 계층 규칙을 존중하는 한 인정해야 하는 어순이다. 그런데 핵 계층 이론이 보장하지 않는다고 해도 어엿하게 존재하는 것이 ㉯의 어순이다. 그런데 이 둘을 겹쳐보면, 또는 둘을 더해보면 (8나)에서 보듯이 '영이를 철수가 영이를 만났다'가 나타난다. 이러한 표현은 흔히 앞에 나온 '영이를' 뒤에 쉼표(,)로 표시할 만한 휴지(pause) 혹은 끊어 읽기가 나타나고 뒤에 나온 '영이를'에는 발음상 강세(stress)가 놓인다. 또 강세와 더불어 다음에서 보듯이 '바로'와 같은 강조 표현이 동반되기도 한다.

(9) 영이를, 철수가 바로 영이를 만났다.

이제 (8나)에서 형성된 '영이를 철수가 영이를 만났다'가 (9)처럼 실제로 나타날 수도 있는 동시에, 두 개의 '영이를' 가운데 뒤에 나온 '영이를'이 생략될 수도 있다고 해보자. 그리고 실제로 '영이를'을 생략해보자. 그러면 어떻게 되는가? 다음에서 보듯이 바로 (8가)의 ㉯, 즉 (6다)의 어순이 나타나게 된다. 그러면 이제 (6가)에서 시작해서 '(6가) + (6다)'를 거쳐 (6다)에 다다르게 된 셈이다.

(10) 영이를 철수가 ~~영이를~~ 만났다.

그런데 뭔가 속임수가 개입하는 것 같다. 특히 (8나)에서 겹치고 더하는 것의 정체는 무엇인가? 다시 한 번 되짚어보면서 속임수의 정체를 밝혀보자. 일단 핵 계층 규칙에 따라 (6가) 즉 (8가) ㉮가 형성된다. 여기에 '영이를'에 복사(copy) 작용이 적용된다고 하자.[1] 복사도 문법적인 작용이므로 쓸데없이 적용되어서는 안 되므로 원본 '영이를'에 더해 복사본 '영이를'도 쓸모가 있어야 한다. 언어에서, 특히 통사 구조에서 쓸모라는 것은 구조 형성이 가장 원초적인 것이자 일차적인 것이므로, 복사본이 구조 형성에 참여해서 문장의 앞에 결합한다고 해보자. 그러면 '영이를 철수가 영이를 만났다'가 나타나게 된다. 앞서 언급하였듯이 이 단계에서 멈춰서 (9)처럼 실현될 수도 있지만, 나아가 두 개의 '영이를' 가운데 뒤의 것이 생략되면 (6다)가 나타나게 된다. 이상의 과정을 요약하여 제시하면 (11)과 같다.

1 복사는 별다른 작용은 아니고, '끼리끼리 놀았다'나 '콜록콜록', '집집마다 웃음이 가득하다'에서 보듯이 어떤 요소를 마치 복사하듯이 반복하는 작용이다. 때로 복사는 '얼룩덜룩'처럼 부분적으로 이루어지거나 약간의 변형을 동반할 수도 있다.

(11) 가. 철수가 영이를 만났다.

나. 복사: 철수가 영이를 만났다.

영이를

다. 결합: 영이를 철수가 영이를 만났다.

라. 생략: 영이를 철수가 ~~영이를~~ 만났다.

이제 언뜻 속임수처럼 보였던 것이 사실은 속임수가 아니라 정상적인 방법이라는 것을 알 수 있다. 복사와 결합 그리고 생략은 모두 정상적인 문법 작용인바 이들이 고루 동원된 (11)도, 별다른 이상이 나타나지 않으면, 정상적인 것이기 때문이다.

* * *

그런데 속임수라는 의심을 지우기 위해서는 한 가지를 더 생각해보아야 한다. 복사본 '영이를'이 문장의 앞에 결합한다고 했는데 이 '결합'의 성격이 무엇인지 명확히 할 필요가 있는 것이다. 과연 문제의 '결합'은 어떤 성격을 띠는가?

문제의 결합은 나무그림 (12)를 보면 쉽게 알 수 있듯이 부가일 수밖에 없다. 즉 VP $[_{VP}$ 철수가 영이를 만나–]는 의미역을 충분히 구비하였으므로 복사본 '영이를'의 결합을 필요로 하지 않는바,[2] '영이를'이 VP $[_{VP}$ 철수가 영이를 만나–]에 결합하면 부가 구조가 나타나게 된다.

2 따라서 복사본은 의미역과 무관하다. 의미역은 원본에 부여되는 것이다. 그렇다면 복사본, 나아가 이동의 기능은 무엇인가? 7장 7절에서 간략히 논의한 정보 구조가 유력한 답으로 제시되고 있다. 한편 부가에 대해서는 6장 2절 참고.

(12)

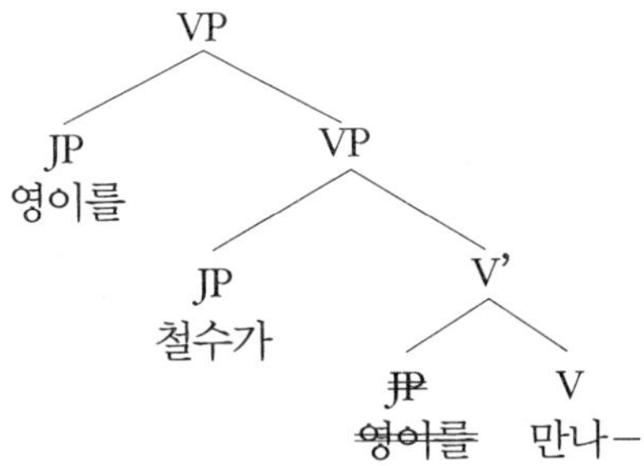

이제 8장 1절에서 제기한 질문에 대한 답을 제시할 수 있다. 'ABC' 어순이 'BAC' 어순이 되었다면 B가 A 앞으로 이동한 것인가, 아니면 A가 B 뒤로 이동한 것인가? A와 B와 C 각각을 (12)의 '철수가', '영이를', '만나-'에 대응시키면 B가 A 앞으로 이동한 것임을 알 수 있다.[3]

더불어 이동에 대한 보다 정확한 이해도 가능해진다. (12)에서 원본 '영이를' 즉 V 옆에 있는 '영이를'이 생략되면 '영이를 철수가 만났다'에서 보듯이 마치 '영이를'이 V 옆에 있다가 문장의 앞으로 이동한 듯이 보여서 '복사, 결합, 생략'이 한꺼번에 적용된 경우를 흔히 이동(movement) 작용이라고 하는 것이다. 그러면 어순이 (6가) 하나로 고정되는 것이 아니라 (6가) 외에도 (6나)~(6바)처럼 여러 가지로 실현되는 것은 이동 작용 때문이라고 할 수 있다.[4]

---

3 (12)를 보면 알 수 있듯이 '앞으로의 이동'은 구조적 관점에서 '위로의 이동'과 통한다. 그러면 '앞으로의 이동 = 위로의 이동'과 대칭을 이루는 '뒤로의 이동 = 밑으로의 이동'도 성립할까? 일반적으로 '앞으로의 이동 = 위로의 이동'은 여러 언어에서 흔히 나타나지만 '뒤로의 이동 = 밑으로의 이동'은 나타나지 않거나 나타나더라도 매우 예외적으로 나타나는 것으로 알려져 있다.

4 (6나)와 (6라)~(6바)에 대한 자세한 설명은 다음 절과 16장의 논의 참고.

4. 핵 이동과 조사 · 어미

이제 두 번째 질문에 답할 차례가 되었다. 왜 '철수'와 '-가'의 순서, '영이'와 '-를'의 순서, 그리고 '만나-'와 '-았-'과 '-다'의 순서는 '철수 〉 -가, 영이 〉 -를, 만나- 〉 -았- 〉 -다'로만 나타나고 '-가 〉 철수, -를 〉 영이, -다 〉 -았- 〉 만나-' 등으로는 나타날 수 없는가? 이 질문에 대한 답을 찾기 위해서는 조사와 어미의 양면성 문제를 먼저 검토하는 것이 효과적인바, 양면성 문제에서부터 논의를 풀어나가기로 하자.

조사와 어미의 양면성이란 무엇인가? 영향력을 고려하면 단어 밖에 존재한다고 해야 하는데, 홀로 쓰일 수는 없고 다른 것에 기대어 쓰여야 한다는 특성, 즉 접사로서의 특성을 고려하면 단어 속에 존재한다고 해야 하는 것, 바로 이것이 조사와 어미의 양면성이다.

양면성 중에서 영향력을 고려하면 (13가)의 나무그림을 택하게 될 것이고, 접사로서의 특성을 고려하면 (13나) 식의 나무그림을 택하게 된다.

(13) 영이가 철수를 만났다.

가.

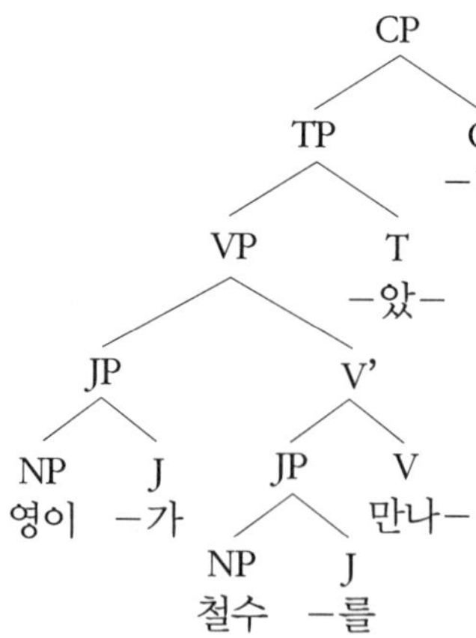

나.

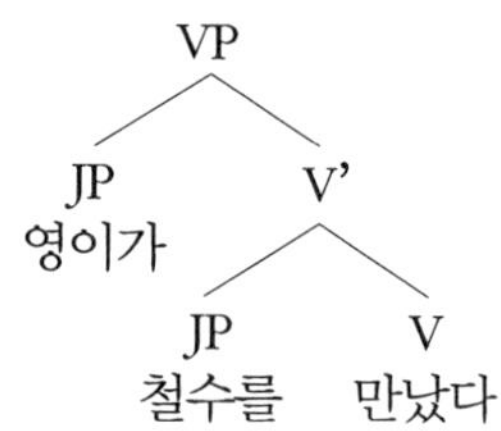

그러면 이 둘을 어떻게 조화롭게 포착할 수 있을까? 물론 (13나)의 구조가 느낌에만 부합할 뿐 언어 현상을 기술하고 설명하는 데에 있어서는 하등의 가치가 없는 것이라면, 다른 말로 (13나)의 나무그림이 언어 현상에 의해 뒷받침되지 않는다면 (13가)의 나무그림만 인정하는 것이 타당하다. 그렇지 않고 (13나)의 나무그림을 필요로 하는 현상이 나타나면 (13가)와 (13나)의 두 나무그림을 연계할 수 있는 방안이 마련되어야 할 것이다.

따라서 핵심은 (13나)의 나무그림이 나타내는 구조를 필요로 하는 언어 현상의 존재 여부라고 할 수 있는데 과연 그러한 언어 현상은 있는가? 이러한 맥락에서 다음의 현상에 주목해보자.

(14) 가. 솥이 끓어 넘친다 ⇨ [소치]

나. 머리에 솥 이고 가는 사람 ⇨ *[소치고]

(14가)와 (14나)의 대조는 'ㅌ' 구개음화가 'ㅣ' 모음 앞에서 무조건 나타나는 것이 아니고 어떤 환경에서는 적용되고 또 어떤 환경에서는 적용되지 않는다는 것을 의미한다.[4] 그러면 구개음화가 불가능한 환경은 무엇인가? 이에 대한 답은 (14가)의 'ㅌ'과 'ㅣ' 사이의 환경과 (14나)의 'ㅌ'과 'ㅣ' 사이의 환경 사이에 존재하는 차이에 주목하면 찾을 수 있는데, 구개음화가 불가능한 환경은 곧 띄어쓰기와 통한다는 것을 잘 알 수 있다. 즉 (14

4 'ㄷ, ㅌ' 등이 모음 'ㅣ' 앞에서 'ㅈ, ㅊ' 등으로 바뀌는 현상을 '구개음화'라고 한다. '구개음화'는 '구개음'이 아닌 것이 '구개음'으로 바뀐다는 뜻이고, '구개음'은 소리를 내기 위해 혀가 닿는 부분이 딱딱한 입천장인 소리를 가리키는 명칭이다. '자, 차, 조, 초, 지, 치, 즈, 츠' 등을 발음해보면 알 수 있듯이 'ㅈ, ㅊ' 등은 혀가 딱딱한 입천장, 즉 구개에 닿아서 나는 소리이므로 구개음이라고 한다. 소리와 소리가 만나면 어느 한쪽이 다른 쪽을 닮는 현상이 나타나기도 하는데 구개음화는 구개음이 아닌 'ㄷ, ㅌ'이 구개 부위에서 만들어지는 소리 'ㅣ'를 닮아서 구개음 'ㅈ, ㅊ'으로 되는 현상이다.

나)에서 띄어쓰기로 표시해 놓았듯이 'ㅌ'과 'ㅣ' 모음 사이에 띄어 쓸 수 있는 경계가 개입하면 구개음화가 나타나지 않고, 이와 달리 (14가)에서처럼 'ㅌ'과 'ㅣ' 사이에 띄어 써야 하는 경계가 나타나지 않으면 'ㅌ'이 'ㅣ' 앞에서 'ㅊ'으로 구개음화된다.

이러한 사실은 무엇을 의미하는가? 띄어 쓰지 않는다는 것은 하나의 단어라는 의미이므로 (14가)에서 '솥'과 J '－이'는 하나의 단어 속에 공존한다는 것을 의미한다. 이러한 사항을 일반화하면 명사와 조사가 하나의 단어를 이룬다고 할 수 있고, 이에 따라 (13가)의 '영이'와 J '－가' 그리고 '철수'와 J '－를'은 (13가)에만 머물러서는 안 되고 (13나)의 '영이가'와 '철수를'처럼 단어를 이루는 데까지 나아가야 한다.

* * *

이제 구개음화 현상을 근거로 조사가 독자적인 핵으로 등장하는 (13가)의 나무그림에 더해 조사가 NP와 하나의 단어로 뭉쳐서 등장하는 (13나)의 나무그림이 필요하다고 해보자. 그러면 통사 구조에서 NP와 조사가 따로 떨어져 있는 나무그림과 NP와 조사가 하나로 뭉쳐 있는 나무그림, 이 둘을 아우를 수 있는 방법은 무엇인가? 지금까지 논의한 방법만으로는 방금 언급한 두 가지 나무그림을 동시에 만족시킬 수는 없다. 따라서 새로운 방법을 모색해야 한다. 그렇다면 새로운 방법은 무엇일까? 여기서는 앞서 논의한 이동으로 따로 있으면서도 함께 있어야 하는 명사와 조사의 속성을 포착하고자 한다.

(15) 철수 친구가 영이를 만났다.

가. 나.

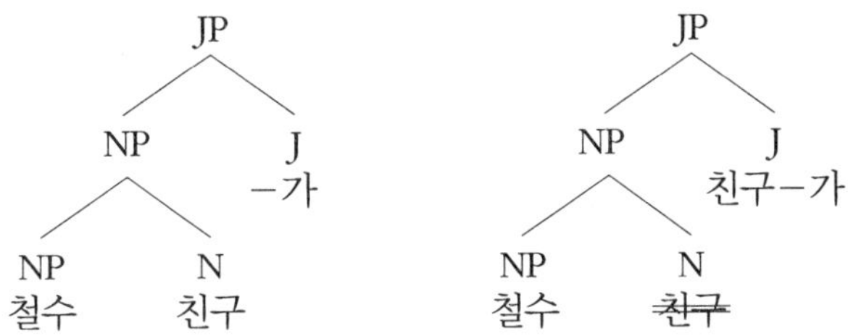

(15가)는 (13가)와 통하는 구조로서 NP의 핵 N '친구'와 J '−가'가 따로 떨어져 있다. 이제 복사 작용으로 (15가)의 N '친구'를 복사했다고 해 보자. 그리고 복사한 N '친구'가 (15나)에서 보듯이 J '−가'와 결합하고, N 자리에 있던 '친구'는 취소선을 써서 '~~친구~~'로 표시했듯이 생략된다고 해 보자. 생략은 소리를 없애는 작용이므로 (15나)대로라면 J '−가'와 떨어져 있는 '친구'(N 밑의 '친구')는 발음되지 않고 J '−가'와 붙어 있는 '친구'(J 밑의 '친구')만 발음되므로 이제 '친구'와 '−가'는 J 아래에서 하나의 단어 '친구−가'를 이루게 된다. 또 J의 투사는 (15가)에서 충족되었으므로 (15나)에서 '친구'와 J '−가'의 결합은 투사가 아니라 부가에 해당된다.

* * *

이제 우리는 다양한 어순을 설명하는 방법인 이동으로 조사의 양면성을 해명하게 되었다. 특히 3절에서는 이동 작용의 대상이 구, 즉 XP였는데 비해 이번에는 핵 X가 이동 작용의 대상이 되었다. 이렇게 핵이 이동의 대상일 때를 가리켜, 특히 핵 이동(head movement)이라고 한다. 조사와 관련된 핵 이동의 과정을 간략히 나타낸 다음 (16)에서 화살표(⇨)는 '영이'와 '철수'의 복사, 복사본 '영이'와 '−가'의 결합, 복사본 '철수'와 '−를'

의 결합, 그리고 원본 '영이'와 '철수'의 생략을 포함한다.

(16) 영이가 철수를 만났다.

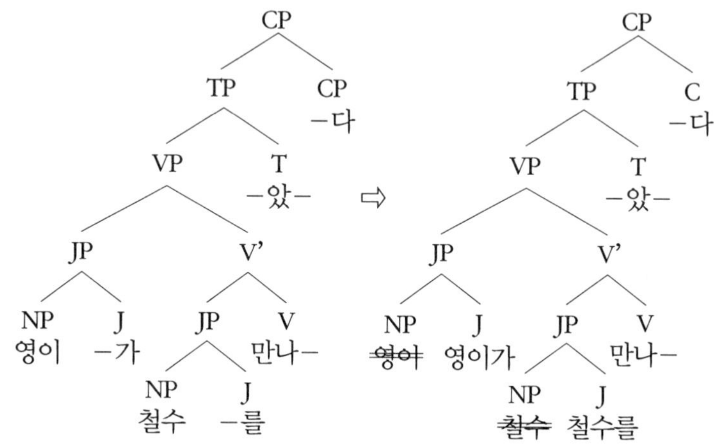

한편 (16)에서는 복사 없이 구조가 형성된 뒤, 이 구조에 복사 작용과 생략 작용이 적용되는 것으로 보았다. 물론 이와 달리 구조 형성과 복사 작용, 생략 작용이 뒤섞여 나타날 수도 있다. 다시 말해 예를 들어 '철수'의 복사와 J '-를'과의 결합이 (16)에서처럼 적용된다고 볼 수도 있지만 이와 달리 다음에서 보듯이 JP가 형성되는 단계에서 복사와 결합, 생략이 적용되고 그 다음에 다시 이 JP가 V와 결합한다고 볼 수도 있다.

(17)

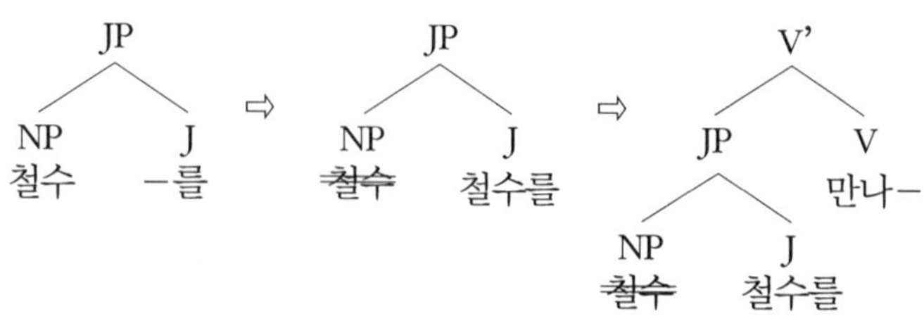

이제 앞에서와 같은 설명을 따르면 '철수 〉 -를'의 어순만 가능하고 '*-를 〉 철수'의 어순이 불가능한 것은 자명해진다. (17)에서 핵 이동은 복사본 '철수'가 핵 J '-를'에 부가되고 원본 '철수'가 생략되는 것을 아울러서 가리키는 것인데 복사본 '철수'는 J '-를'에 부가되고, 한국어에서 부가는 '새 책'에서 보듯이 부가되는 성분이 앞에 오게 되므로 '철수'도 당연히 J '-를' 앞에 오게 된다. 또 (5가) 핵 매개변인을 고려해도 '철수를'의 순서만 가능하다. 핵 매개변인에 따르면 한국어에서 핵은 뒤에 오는바, 복사본 '철수'와 J '-를'의 결합에서 핵은 J '-를'이므로 당연히 J '-를'이 뒤에 오는 '철수를'의 순서만 허용된다.

그렇다면 V와 어미는 어떻게 하나의 단어에 속하게 되는가? 별다른 문제가 없으면 조사와 마찬가지로 핵 이동에 의해 V와 어미가 하나의 단어를 형성한다고 보는 것이 합리적이다. 이제 V와 어미도 핵 이동을 통해 하나의 단어로 뭉쳐진다고 보면 (16)은 다음과 같이 수정된다.

(18) 영이가 철수를 만났다.

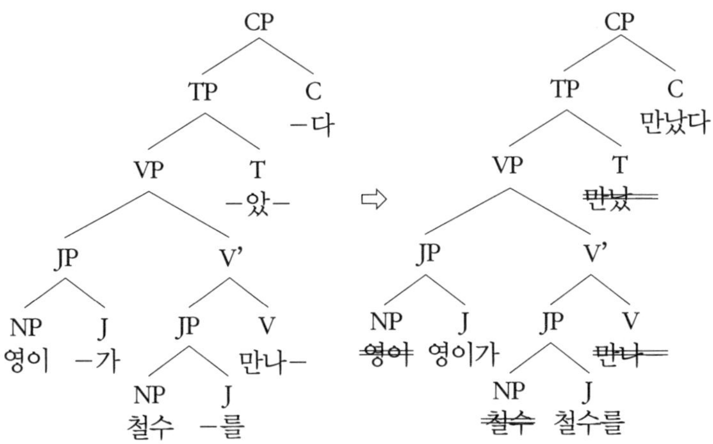

(18)에는 어미가 하나만 나타난 것이 아니라 두 개가 나타났으므로 먼저 V '만나-'와 T '-았-'이 핵 이동에 의해 하나로 합쳐지고 이 과정에서 원본 V '만나-'는 생략된다. 이어서 T 자리에서 하나로 합쳐진 '만났-'은 다시 핵 이동에 의해 C '-다'와 하나로 합쳐지게 되고 원본 자리에 남아 있는 '남았-'은 생략된다. 그러면 최종적으로 C 자리에 V '만나-'와 어미 T '-았-', C '-다'가 하나로 합쳐진 '만났다'가 나타나게 된다.

5. 핵 이동과 보충어 선택 규칙

지금까지 다양한 어순을 설명하기 위해서는, 또 명사와 조사가 합쳐져서 하나의 단어가 되고 V와 어미가 합쳐져서 하나의 단어가 되는 것을 설명하기 위해서는 핵 계층 규칙과는 별도로 이동 작용이 필요하다는 것을 논의해왔다. 이동 작용은 독자적인 작용이라기보다는 복사와 결합 그리고 생략, 이 세 가지 작용이 합쳐진 복합적인 작용이다. 그러면 이동의 힘은 얼마나 강력할까? 다시 말해 지금까지 논의한 현상 외에도 이동의 힘이 발휘되는 현상은 또 무엇인가? 이동이 타당한 작용인 한 어순이나 명사와 조사의 결합 그리고 V와 어미의 결합 외의 다른 현상에서도 그 설명력을 발휘해야 할 것이다. 이러한 관점에서 여기서는 이동의 다종다양한 쓰임새에 대한 고찰은 다음 기회로 미루고 앞서 10장 5절에서 논의한 '보충어 선택 규칙'이 제대로 작동하기 위해서도 핵 이동이 필요하다는 것을 살피기로 한다.

지적하지는 않았지만 '보충어 선택 규칙'이 제대로 작동하기 위해서는 제약(constraint)이 필요하다. 왜냐하면 (19)로 반복한 보충어 선택 규칙만으로는, 예를 들어 어미가 JP를 보충어로 취할 수 있다고 예측되기 때문이다. 즉 '철수가 책을 읽었다'에서 T '－었－'은 VP [$_{VP}$ 철수가 책을 읽－]을 보충어로 선택하고, V '읽－'은 JP '책을'을 보충어로 선택하므로 (19)에 의해 T '－었－'은 JP도 보충어로 선택할 수 있게 되는 것이다. 이를 자질의 입장에서 재진술하면 다음과 같다. T '－었－'은 [V]를 보충어 자질로 지니므로 V의 보충어 자질 [J]도 T '－었－'의 보충어 자질이 된다.

(19) 보충어 선택 규칙

A가 B를 보충어로 선택하면, A는 B의 보충어 C도 보충어로 선택한다(=A가 [B]를 보충어 자질로 지니면, A는 B의 보충어 자질 [C]도 보충어 자질로 지닌다).

그러나 '*[$_{JP}$ 책을]－었－'에서 보듯이 T '－었－'은 JP를 보충어로 취하지 않는다. 따라서 잘못된 예측을 막기 위한 제약이 필요한데 요구되는 제약을 (19)에 추가하면 '보충어 선택 규칙'은 다음과 같이 개정된다.

(20) 보충어 선택 규칙

A가 B를 보충어로 선택하면, A는 B의 보충어 C도 보충어로 선택한다(=A가 [B]를 보충어 자질로 지니면, A는 B의 보충어 자질 [C]도 보충어 자질로 지닌다). 단, A와 B와 C는 핵 이동(head movement)에 의해 하나로 합쳐져야 한다.

(20)처럼 핵 이동을 제약으로 설정하면 위에서 제기한 문제는 제기되지 않는다. 왜냐하면 JP와 V 사이에는 핵 이동이 적용되지 않으므로 V가 JP를 보충어로 선택한다고 해도 T '－었－'이 JP를 보충어로 선택하는 일은

없게 되기 때문이다.

참고문헌

언어와 어순

송재정[Song, Jae–Jung], 2001, *Linguistic Typology*, Longman. [김기혁 옮김, 2009, 『언어유형론』, 보고사]

송재정[Song, Jae–Jung], 2012, *Word Order*, Cambridge University Press.

Dryer, S., 2007, "Word Order", In T. Shopen, ed., *Language Typology and Syntactic Description 1: Clause Structure*, 2nd edition, Cambridge University Press.

이동

시정곤, 1995, 「핵 이동과 '–이/답/히/같–'의 형태 · 통사론」, 『생성문법연구』 5.

이정훈, 2008, 『조사와 어미 그리고 통사구조』, 태학사.

Chomsky, N., 1995, *The Minimalist Program*, MIT Press.

Hornstein, N., J. Nunes & K. Grohmann, 2005, *Understanding Minimalism*, Cambridge University Press. [구자혁 옮김, 2008, 『최소주의 문법의 이해』, 경문사]

매개변인

Baker, M., 2001, *Atoms of Language*, Basic Books.

Newmeyer, F., 2005, *Possible and Probable Languages*, Oxford University Press.

Biberauer, T. ed. 2008, *The Limits of Syntactic Variation*, John Benjamins Publishing Company.

이동과 정보 구조

김미경, 1998, 「정보구조화 관점에서 본 한국어의 이동 규칙」, 『언어』 23.

최혜원 [Choi, Hye–Won], 1999, *Optimizing Structure in Context: Scrambling and Information Structure*, CSLI.

Miyagawa, S., 2010, *Why Agree? Why Move?: Unifying Agreement—Based and Discourse—Configurational Languages*, MIT Press.

제3부
탐구

제12장
순서의 기능과 구조

1. 서론

문법은 계층 구조(hierarchical structure)를 기반으로 작동하고 어순(word order)과 같은 선형 관계(linear relation)에는 둔감한 것으로 알려져 있다.[1] 다른 말로 문법은 소위 구조 의존성(structure dependency)을 그 주요 특징으로 한다. 그런데 경우에 따라서는 다음의 (1)처럼 언뜻 보아 구조가 아니라 순서에 의존하는 듯한 현상이 나타나기도 한다.

(1) 가. 철수가 신문과 밥을 읽고 먹었다.

---

* 이 장은 이정훈, 「접속의 순서와 구조 그리고 의미 해석」, 『어문학』 113(2011: 73~99)에 발표한 글을 다듬은 것이다.

1 순서 개념의 한계에 대한 일반적 논의로는 Chomsky(1957: 18~25), Lasnik et al.(2000: 11~35), Isac & Reiss(2008: 79~102) 등 참고. 순서 개념은 언어 습득이나 학습과도 부합하지 않는 것으로 알려져 있다(Crain & Nakayama, 1987; Smith, Tsimpli & Ouhala, 1993; Smith & Tsimpli, 1995; Moro, 2008 등 참고). 하지만 언어 현상에서 순서 개념이 전혀 불필요한 것은 아니다. 이 장 2절의 논의 참고.

나. ??철수가 밥과 신문을 읽고 먹었다. (이정훈, 2004/2008나: 86)

(1가)에서 목적어 '신문과 밥을'에 나타난 선행 접속항 '신문'과 후행 접속항 '밥'의 순서는 서술어 접속항의 순서에도 영향을 미쳐서 '신문'과 어울리는 '읽-'이 먼저 오고 '밥'과 어울리는 '먹-'은 나중에 올 것을 요구한다.[2] 목적어 '신문과 밥을'의 접속항 '신문'과 '밥' 사이의 순서와 서술어 '읽고 먹었다'의 접속항 '읽-'과 '먹-' 사이의 순서가 서로 순서대로 대응해야 하는 셈인데, 이에 따라 목적어 접속항의 순서가 '밥과 신문'으로 바뀌면 '읽-'과 '먹-'의 순서도 이에 맞추어 '먹고 읽-'이 되어야 한다. (1나)가 적격하지 않은 것은 바로 이러한 순서상의 제약을 위반하였기 때문이다.[3]

나아가 (1)에서 확인한 순서 의존성은 다음의 (2)에서 보듯이 다소 복잡한 구성의 경우에도 여전히 유지된다. 이는 '순서 의존적 현상'의 언어 현상으로서의 지위가 그만큼 탄탄하다는 것을 의미한다.

---

2 접속 구성 'A와 B'에서 A와 B 각각을 접속항이라고 한다. A와 B를 구분할 때에는 A에 대해서는 선행 접속항, B에 대해서는 후행 접속항이라는 용어를 사용하고, 접속항이 세 개 이상일 때는 첫째 접속항, 둘째 접속항, 셋째 접속항 식의 용어를 사용한다.

3 한편, (1가)와 같은 구성이 보다 자연스러우려면 '참기름과 고추장을 짜고 담그다, 회화와 조소 작품을 그리고 만들다'(이정훈, 2007다/2008나: 571)나 '노래와 춤을 부르고 추다, 티브이와 라디오를 보고 듣다'에서 보듯이 접속항 사이에는 자연스러운 의미 관계가 성립해야 한다. '자연스러운 의미 관계'의 정체가 무엇인지는 보다 풍부한 자료를 검토해야 밝혀지겠지만 일단은 '자연스러운 접속'(natural conjunction)과 통하는 개념으로 보고자 한다. 자연스러운 접속은, '우연한 접속'(accidental conjunction)과 대비되는 것으로, 위에 제시한 예에 더해 'mother and father, bow and arrow, house and garden' 등에서 보듯이 접속항들이 관습적으로 함께 어울려 나타나며 개념적으로 한 단위를 형성하는 경우를 가리킨다(Haspelmath, 2007: 23). 여기서는 순서에 민감한 해석의 문제에 집중하고자 접속의 자연성에 대한 것은 따로 다루지 않는다.

(2) 가. 존은 피아노를, 그리고 메리는 노래를 각각 치고 불렀다. (박명관, 2007: 89)

나. 노래와 춤을, 철수는 부르고, 영이는 추었다.

다. 철수는 부르고, 영이는 추었다, 노래와 춤을.

이와 같은 현상이 한국어에만 나타난다면, 다시 말해 한국어만의 개별 언어적이고 독특한 특징이라면 '순서'에 기초한 개별 언어 차원의 규칙을 상정해도 큰 문제는 발생하지 않을 것이다. 하지만 (1), (2)와 같은 현상은 다음에서 보듯이 한국어뿐만 아니라 다른 언어, 예를 들어 영어에서도 나타난다.[4]

(3) 가. John and Bill were certain to leave and ready to leave respectively. (Zhang, 2007: 2147)

가'. John and Mary changed the tire and walked off for gas, respectively. (Haiman, 1985: 75)

나. [[Which nurse]$_1$ and [which hostess]$_2$] did Fred date t_1 and Bob marry t_2, respectively? (Postal, 1998: 134)

다. John loves t_1 and Mary hates t_2 — [[oysters]$_1$ and [clams]$_2$], respectively. (Postal, 1998: 134)

(1)에서와 마찬가지로 (3가)에서 'John'과 'Bill'의 순서는 'certain to leave'와 'ready to leave'의 순서와 대응하는바, 'John'은 'certain to leave'와, 'Bill'은 'ready to leave'와 연결되어 해석되며, 이러한 현상은 (3

4 Zhang(2007)에 따르면 이 현상은 중국어에서도 나타난다.

가')을 통해 확인할 수 있듯이 부정사 구문에만 국한되어 나타나는 현상이 아니다. 또한 (2)에서와 마찬가지로 (3나)와 (3다)에서도 접속 순서와 의미 해석 사이의 대응은 전치(preposing)와 후치(postposing)가 적용된 경우에도 그대로 유지된다. 이에 순서에 민감한 순서 의존적 현상을 개별 언어적 규칙의 차원이 아니라 일반 언어적이고 보다 원리적인 차원에서 조망할 필요성이 대두된다.

이제 (1), (2)로 예시한 '순서 의존적 현상'이 일반 언어적으로 성립한다고 해보자. 순서에 민감한 이 현상은 어떻게 이해해야 하는가? 이 장은 이 질문에 대한 답을 찾기 위한 시도의 일환으로서 기능적(functional) 관점과 형식적(formal) 관점에서 (1)과 (2)의 자료에 접근해보고자 한다.[5] 다시 말해 (1), (2)의 현상과 어울리는 기능적 동기가 무엇인지 생각해보고, 나아가 (1)과 (2)의 현상에 적합한 형식적 기제는 무엇인지 고찰하는 것을 목적으로 한다. 이러한 목적을 온전히 달성하기 위해서는 기능적 설명과 형식적 설명을 고르게 안배하여 다루어야 하겠지만, 여기서는 일단 기능적 설명은 간략히 다루고, 형식적 설명에 논의를 집중하고자 한다.

논의 순서는 다음과 같다. 먼저 기능적 관점에서 순서를 설명하는 방안을 모색한다(2절). 이어 형식적 관점에서 순서 의존적 현상을 조망하는데, 순서 개념으로 (1)을 설명하는 방안의 실상과 그 한계를 밝히고(3절), 순서 의존성을 띠는 현상이 사실은 구조에 기반을 둔 현상임을 논의한다(4절~5절). 끝으로 논의 내용을 간략히 요약하고 미처 다루지 못한 현상과 그에 대한 대략적인 전망을 짧게 언급하면서 글을 맺는다(6절).

5 형식적 설명과 기능적 설명을 서로 배타적인 것으로 보는 견해도 있지만 여기서는 상호 보완적인 것으로 보고자 한다. Newmeyer(1998), Polinsky & Kluender(2007) 등 참고.

2. 순서와 기능적 동기

문법이 순서가 아니라 구조를 기반으로 작동한다는 것은 주지의 사실이지만 그렇다고 해서 언어 현상에 아예 순서가 개입하지 않는, 혹은 못하는 것은 아니다. 음성 실현은 어순과 같은 순서 개념을 필요로 하는바, 음성 실현 단계에서 어순이 정해진 이후를 바탕으로 하는 규칙이 성립할 수 있기 때문이다. 예를 들어 (4나)에서,

(4) 가. 영이는 [철수가 갔다고] 말했다.
　　나. 영이는 [철수가 갔다고] 말하기는 갔다고 말했다.

반복되어 나타나는 '갔다고 말하-'는 구조 개념으로는 한 단위로 묶을 수 없다. (4가)에는 통사 구조상 '갔다고'와 '말하-'를 하나로 묶는 교점이 없기 때문이다. 따라서 (4나)는 순서에 의존해서 설명할 수밖에 없고, 언어의 구조 의존성을 존중하면서 순서를 도입하는 방법은 앞에서 언급했듯이 음성 실현 단계 이후의 규칙을 설정하는 길이다. 즉 구조에 따라 (4가)가 생성된 후 음성 실현 단계에서 어순이 정해지고, 그 이후에 어순에 기초한 규칙이 작동해서 (4나)가 형성된다고 보는 것이다.[6]

이제 앞에서와 같은 관점에서 순서에 기초한 언어 현상, 즉 '순서 의존적 현상'이 실제로 가능하다고 해보자. 그러면 순서 의존적 현상이 나타나게 되는 동기는 무엇일까? 그것은 순서에 의존함으로써 발휘되는 기능(function)에서 찾아야 할 것이다. 다시 말해 구조가 보장하는 의미 기능은

6 예를 들어 어순에 따라 '영이는$_{n-3}$, 철수가$_{n-2}$, 갔다고$_{n-1}$, 말했다$_{n}$'처럼 순서에 따라 지표를 주고, n 번째와 n-1 번째에 반복 작용이 적용되도록 규칙을 꾸밀 수 있다.

합성성의 원리(principle of compositionality)에 따른 것으로 국한되므로 합성성의 원리가 포착하기 어려운 의미 기능이나 합성성의 원리로 포착할 수 있다고 하더라도 표현 방식의 다양성에 대한 필요성은 구조에서 벗어난 또 다른 방법을 필요로 하게 되는데 순서를 바로 이러한 필요에 부응하는 장치로 볼 수 있다. 이러한 관점에서 (4)와 같은 반복 구문은 소위 주제화(topicalization)를 그 기능적 동기로 삼아(조세연 · 김종복, 2002 참고), 어순에 바탕을 둔 규칙, 예를 들어 반복(iteration) 규칙을 적용해서 생성한 것으로 보게 된다.

그렇다면 (1), (2)와 같은 순서 의존적 현상의 기능적 동기는 무엇일까? 쉽게 떠오르는 것은 대화 격률(maxim)이나 도상성(iconicity)에 의한 설명이다.[7] (1), (2)의 순서 의존적 현상은 Grice(1975: 46)이 제시한 격률 '순서를 지키라'(Be orderly)에 부합할 뿐만 아니라 사태에 대한 인식이 그대로 언어의 형식적 측면, 즉 어순에 반영된다는 점에서 도상성과 통하는 것이다.

하지만 (1)과 (2)의 순서 의존성에 대한 기능적 설명에서 어순에 대응되는 '기능적 순서'에서의 '순서'는 '제시 순서'이지 '시간적 순서'가 아니라는 점에 유의할 필요가 있다.

(5) 가. 철수가 신문과 밥을 읽고 먹었다.
 나. ??철수가 밥과 신문을 읽고 먹었다. (=1)

(6) '신문과 밥을'의 순서로 제시하는 것은 곧 '신문'과 관련된 사태가 먼저 제시되고 '밥'과 관련된 사태가 나중에 제시된다는 것을 의미하

7 대화 격률과 도상성에 대해서는 박승윤(1990), 이성범(2001), Grice(1975), Haiman(1985), Newmeyer(1998) 등 참고.

는데 따라서 '신문'과 '밥'과 관련된 V '읽-'과 V '먹-'도 '신문'과 '밥'의 제시 순서에 따르는 것이 자연스럽다고 할 수 있다. (이정훈, 2004/2008나: 86~87)

물론 (6)에서 언급하는 제시 순서가 사태의 시간적 순서와 일치할 수도 있다. 신문을 읽은 사태가 있고서 그 다음에 밥을 먹는 사태가 있고 이러한 사태 사이의 순서가 (5가)에 대응할 수 있기 때문이다. 하지만 중요한 것은 방금과 같은 시간적 순서가 성립하지 않는 경우에도 (5가)는 성립한다는 점이다. 예를 들어 신문을 읽는 사태와 밥을 먹는 사태가 겹치거나 (신문을 읽으면서 밥을 먹음), 신문을 읽는 사태와 밥을 먹는 사태 사이의 순서를 전혀 모르고 또 그러한 순서가 전혀 인식되지 않아도 (5가)와 (5나)의 대조는 유지된다.

순서 의존적 현상과 대응하는 기능 차원의 순서가 제시 순서이지 사태의 순서가 아님은, 사태 사이의 시간적 순서를 상정하기 어렵게 하는 장치, 예를 들어 진행상(progressive) 표지 '-고 있-'을 (1)에 보태도 접속항 사이의 순서가 여전히 유지되어야 한다는 점을 고려해도 잘 알 수 있다.[8]

앞의 언급이 의미하는 바를 구체화하기 위해 먼저 진행상이 사태 사이의 순서를 어느 하나로 정할 수 없게 하는 특성을 지닌다는 점을 확인하도록 하자. 이는 다음의 (7가)와 (7나)의 대조를 통해 잘 알 수 있는데, (7가)에서는 '밥을 먹고서 계란을 먹은' 해석이 가능하지만 (7나)에서는 이러한 해석이 불가능하다. (7나)에서는 '밥을 먹은' 사태와 '계란을 먹은' 사태, 이 두 사태 사이의 시간 관계가 순서대로, 즉 선후 관계로 해석될 수

8 사태 사이의 순서를 해석하는 방식, 이러한 해석에 진행상과 같은 상(aspect)이 관여하는 방식에 대한 논의는 김진석(1995), 이정훈(2001), Hatav(1997) 등 참고.

는 없고, 겹치는 것으로만 해석될 수 있을 뿐이다.

(7) 가. 철수는 밥 두 그릇을 비웠고, 계란 한 판을 해치웠다.

나. 철수는 밥 두 그릇을 비우고 있었고, 계란 한 판을 해치우고 있었다.

(7)에서 확인한 해석 양상은 (1)에 진행상 표지를 동원해도 마찬가지로 나타나는데, 중요한 것은 (1)에 진행상 표지를 보태도 (8가)와 (8나)의 대조를 통해 잘 알 수 있듯이 '신문'이 앞이면 '읽-'도 앞에 와야 하고, '신문'이 뒤에 오면 '읽-'도 뒤에 놓여야 한다는 점이다.

(8) 가. 철수가 신문과 밥을 읽고 있고 먹고 있었다.

나. ??철수가 밥과 신문을 읽고 있고 먹고 있었다.

다. 철수가 밥과 신문을 먹고 있고 읽고 있었다.

이제 '제시 순서'를 기능적 동기로 인정하고 이를 통해 순서 의존적 현상을 해명한다고 해보자. 그러면 두 가지 문제가 남게 된다. 첫째, '제시 순서'는 '사태의 시간적 순서'와는 다르므로 사태만 관찰해서는 정할 수 없는바, '제시 순서'를 정하는 방법을 밝혀야 한다. 그렇다면 '제시 순서'는 어떻게 나타나게 되는가? 다시 말해 '신문과 밥을'에서 왜 '신문'을 먼저 제시하고 '밥'을 나중에 제시하는가? 둘째, 기능은 형식을 통해 구현되는데 기능에 따른 제시 순서는 형식적으로 어떻게 포착할 수 있는가? 형식적 관점에서 구조에 더해 순서 개념이 필요한가?

순서 의존적 현상에 대한 이해를 온전히 하려면 앞의 두 가지 문제에 대한 답을 각각 제시해야 한다. 하지만 서론에서도 언급하였듯이 첫째 문제에 대한 본격적인 고찰은 다음 기회로 미루고,[9] 여기서는 둘째 문제에 집중하기로 한다.

3. 형식적 순서 개념의 한계

기능에 따른 제시 순서를 형식적 관점에서 포착하는 방법은 두 가지이다. 하나는 기능이 보장하는 제시 순서 그대로를 문법에 수용하는 방법이다. 그러면 구조에 더해 순서까지도 형식적 관점에서 문법적인 개념으로 간주하게 된다. 다른 하나는 형식적 관점의 구조 개념으로 제시 순서를 재해석 하는 방법이다. 이 방법에 따르면 문법의 구조 의존성은 그대로 유지되며 순서 의존성은 문법의 근원적인 차원에서 존재한다기보다는 표면적인 현상의 차원에서 존재하게 된다.[10]

비유적으로 말하자면, 할머니 뒤에 소년이 서 있는 현상에 대해, 앞의 방법은 '할머니 뒤에 소년'이나 '여성 뒤에 남성'과 같은 순서에 기초한 줄 서기 규칙이 있다고 보는 셈이고, 뒤의 방법은 순서가 아닌 다른 것, 예컨대 연장자가 앞에 선다와 같이 순서가 아닌 연령이라는 요인에 의해 순서가 정해진다고 보는 셈이다. '연장자가 앞에 선다'에 따르면 순서는 독립적 · 본유적으로 성립하는 개념은 아니고 다른 것, 즉 연령에 의해 파생되는 종속적 · 부수적 개념이 된다.[11]

---

9 예를 들어 신정보와 구정보의 차이나 정보의 접근 가능성이 접속항의 순서에 반영되는 양상을 검토할 필요가 있다(Givòn, 1983; Arnold et al., 2000 등 참고).

10 여기서의 '문법 차원'은 음성 실현을 논외로 한 것이다. 앞서 2절을 시작하면서 언급했듯이 음성 실현 단계까지 고려하면 순서 개념이 성립할 개연성이 크다.

11 핵 매개변인(head parameter)에 의해 어순을 규정하는 방법과 통하는 것으로 볼 수 있다. 핵

그렇다면 '순서 의존적 현상'은 어떻게 다루어야 하는가? 형식적 관점의 순서 개념을 설정해야 하는가? 아니면 구조 개념으로 순서를 재해석하는 관점을 채택해야 하는가?

문제를 풀기 위해 먼저 순서 개념이 논의 대상인 (1)의 순서 의존적 현상에 내재한 문법을 제대로 기술할 수 있는지를 검토해보자. 편의상 (1)을 (9)로 다시 가져와 순서 개념의 타당성 여부를 검토하기로 한다.

(9) 가. 철수가 신문과 밥을 읽고 먹었다.
나. ??철수가 밥과 신문을 읽고 먹었다. (=1)

현재 검토 대상인 가설은 (9)의 목적어 접속항과 서술어 접속항 사이의 관계를 순서로 포착하는 방안이므로, 일단 (9)의 목적어 '신문과 밥을, 밥과 신문을'과 서술어 '읽고 먹었다'는 구조 개념을 동원하든 순서 개념을 동원하든 상관없이 어떤 개념이든 동원해서 확인했다고 하자. 그러면 (9가)와 (9나)의 대조는 다음에서처럼 목적어 접속항의 순서와 서술어 접속항의 순서가 서로 순서대로 대응해야 한다는 제약을 둠으로써 포착할 수 있을 듯하다.

(10) 접속항 순서 제약
주어 · 목적어 · 서술어 등 문법 기능을 지닌 단위의 접속항은 순서에 맞추어 서로 대응하는 것끼리 짝을 지어 해석되어야 한다.

매개변인에 따르면 어순은 구조에 의해 결정되므로 문법적으로 독자적인 의의를 지니지 않는다.

앞의 제약을 인정하면, (9가)는 목적어 접속항 '신문'과 '밥'이 각각 서술어 접속항 '읽-'과 '먹-'에 대응하여 '신문 읽-', '밥 먹-' 식의 짝이 이루어져 해석되므로 아무런 이상이 발생하지 않는다. 하지만 (9나)는 그렇지 않은 것으로 판단된다. 왜냐하면 (10)의 접속항 순서 제약에 따르면 (9나)에서는 '밥 읽-', '신문 먹-'과 같은 해석상 적격하지 않은 짝만 나타나기 때문이다. 이로써 (9)에 나타난 대조가 포착된다. 여기까지는 순서 개념이 (9)의 현상에 대한 기술에 아무런 해가 되지 않는다고 할 수 있다.

그러나 자료의 폭을 조금만 넓히면 순서 개념만으로는 (9)를 적절히 다룰 수 없다는 것을 어렵지 않게 알 수 있다. 예를 들어 (10)의 제약으로는 다음의 예를 제대로 설명할 수 없다.

(11) 철수가 신문과 밥과 과일을 읽고 먹었다.[12]

우선 접속항을 기준으로 하면 '신문 · 밥 · 과일' 중 하나는 대응할 서술어 접속항이 없게 된다. 이 세 개가 순서에 따라 대응하기 위해서는 대응되는 서술어 접속항도 세 개여야 하는데 (11)에서 '신문 · 밥 · 과일'에 대응하는 서술어 접속항은 '읽-, 먹-' 두 개뿐이기 때문이다.

(11)을 위해서는 둘째 접속항과 셋째 접속항이 하나로 묶여 '밥과 과일'이 '먹-'에 대응하는 방법이 마련되어야 한다. 그러면 '신문'은 자연스럽게 '읽-'에 대응할 것이기 때문이다. 문제는 둘째 접속항과 셋째 접속항

12 이 예는 그다지 자연스럽지 않다. 자연스럽기 위해서는 '신문이랑, 밥과 과일'처럼 동일한 접속 표지가 연거푸 쓰이는 대신 서로 다른 형태의 접속 표지가 동원되고, 또 접속 단위가 쉼표(,)로 표시한 휴지(pause)나 억양(intonation)에 의해 구분되어야 한다. 서로 다른 접속 표지를 사용하는 데서 오는 효과와 휴지나 억양의 기능 등에 대한 논의를 피하기 위해 다소 어색하지만 (11)을 대상으로 논의를 전개한다.

을 하나로 묶는 방법을 순서 개념으로는 마련할 수 없다는 데에 있다.

물론 (11)만 고려하면 '신문' 뒤에 온 접속표지와 '밥' 뒤에 온 접속표지 중 앞의 것을 기준으로 삼아 접속항을 판단해서 (10)에 따라 선행 접속항 '신문'은 '읽-'과 대응하고 후행 접속항 '밥과 과일'은 '먹-'과 대응하는 것으로 처리할 수도 있다. 하지만 다음의 (12)는 이러한 처리가 불합리함을 잘 보여준다. (12)에서는 (11)과 달리 뒤에 오는 접속표지를 기준으로 (10)의 적용 대상이 되는 접속항을 정해야 하는바, (12)에서처럼 뒤에 오는 접속표지를 기준으로 삼아 첫째 접속항과 둘째 접속항을 하나의 접속항으로 묶기도 하고, (11)에서처럼 앞에 오는 접속표지를 기준으로 삼아 둘째 접속항과 셋째 접속항을 하나의 접속항으로 묶기도 하는 것은 매우 비제약적인(nonrestrictive) 조치로서 이는 순서로 (10)이 필요로 하는 접속항을 포착할 수 없다는 것을 의미하기 때문이다.

(12) 철수가 책과 신문과 밥을 읽고 먹었다.

이에 대해 의미적으로 어울리는 것끼리 묶으라는 제약을 따로 두면 되지 않을까 생각할 수도 있다. 하지만 이러한 제약은 순서대로 대응하라는 제약 (10)과 부닥칠 수 있으므로 인정하기 어렵다. 또한 순서대로 하라는 제약을 두는 한편으로 이 제약으로 모자란 부분을 채우기 위해 의미적으로 어울리는 것끼리 묶으라는 제약도 두면 언제 어느 제약을 적용해야 할지를 규정하는 또 다른 규정이 필요하므로 이러한 조치는 문법을 지나치게 복잡하고 방만하게 만들기 십상이기도 하다.

더불어 다음의 예도 (10)에 커다란 의문을 제기한다. (10)으로는 (13가)의 해석은 보장할 수 있지만 (13나)의 해석은 보장할 수 없기 때문이다. (13나)를 위해서는 '너와 나'가 하나의 해석 단위로 간주되고 여기에 '꿈'

과 '희망'이 따로따로 연결되거나, '꿈과 희망'이 하나의 해석 단위로 간주되고 여기에 '너'와 '나'가 따로따로 연결되어 해석되어야 하는데, 방금 앞에서 논의했듯이 순서에 기대서는 '너와 나'와 '꿈과 희망'을 하나로 묶을 수 없는 것이다.

(13) 너와 나의 꿈과 희망

가. 너의 꿈 그리고 나의 희망

나. 너와 나의 꿈, 그리고 너와 나의 희망 [참고. 영이의 꿈과 희망]

너의 꿈과 희망, 그리고 나의 꿈과 희망 [참고. 영이와 철수의 꿈]

(10)의 접속항 순서 제약을 다소 느슨하게 적용되도록 수정하고, 보완적인 제약을 따로 설정하면 (13가)는 물론이고 (13나)도 보장할 방안이 마련될 수는 있을 것이다. 하지만 그러한 방법은 앞에서도 언급했듯이 문법을 필요 이상으로 복잡하고 번다하게 만들뿐더러 자칫 문법을 특정 구성에만 작동하는 규칙(construction-specific rule)을 모아놓은 것에 불과한 것으로 만들 가능성이 농후하다. 일반성의 포착을 문법의 목적으로 보는 한 그러한 방향을 추구하기는 어렵다.

이제 이 절의 앞머리에서 제기한 질문으로 돌아가보자. 순서 의존적 현상은 어떻게 다루어야 하는가? 형식적 관점의 순서 개념을 설정해야 하는가, 아니면 구조 개념으로 순서를 재해석하는 관점을 채택해야 하는가? 이제 답은 어렵지 않게 제시할 수 있다. 순서 의존적 현상을 이해하는 데에 형식적 순서 개념은 도움이 되지 않는다. 따라서 형식적 구조 개념으로 순서 의존적 현상을 해명하는 방안을 추구해야 한다.

4. 순서 의존성에 대한 구조적 해석

이제 순서 개념은 뒤로 하고 문제의 현상이 드러내는 순서 의존성을 구조적으로 해석하는 방안을 구체화해보자. 목표는 접속항 순서 제약 (10)의 효과를 순서 개념 없이 구조 개념만으로 보장하여 (14)의 대조와 (15), (16)의 해석을 보장하는 것이다.

(14) 가. 철수가 신문과 밥을 읽고 먹었다.
   나. ??철수가 밥과 신문을 읽고 먹었다. (=1)
(15) 가. 철수가 신문과 밥과 과일을 읽고 먹었다. (=11)
   나. 철수가 책과 신문과 밥을 읽고 먹었다. (=12)
(16) 너와 나의 꿈과 희망
   가. 너의 꿈 그리고 나의 희망
   나. 너와 나의 꿈, 그리고 너와 나의 희망
     너의 꿈과 희망, 그리고 나의 꿈과 희망 (=13)

먼저 (14)의 대조를 구조적으로 포착하기 위해 (14가)의 구조를 분석하면 다음과 같다. 번다함을 피하기 위해 논의와 관여적인 부분만 표시하고, 조사와 어미에 대한 자세한 표시도 생략한다.[13]

13 조사와 어미에 대한 처리 방안을 포함하여 통사 구조 형성과 관련한 사항은 이정훈(2008나, 2011) 참고.

(17) 철수가 신문과 밥을 읽고 먹었다. (=14가)

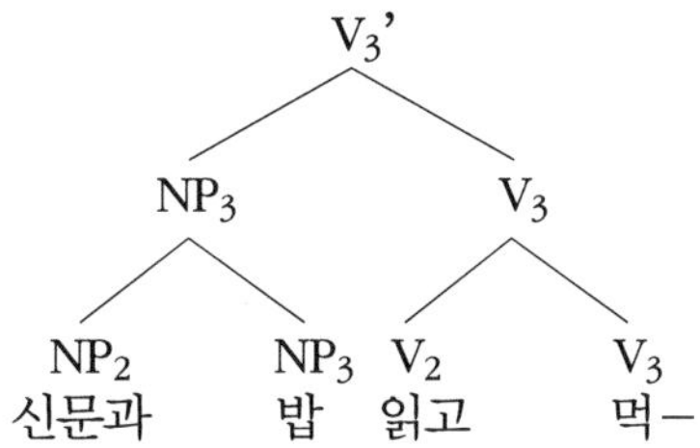

접속은 부가 구조를 형성하므로 '신문과'와 '읽고'는 각각 '밥'과 '먹-'에 부가되고,[14] 접속 구성 '신문과 밥'과 '읽고 먹-'의 자격은 선행 접속항, 즉 부가 성분 NP_2 '신문과'와 V_2 '읽고'를 지탱하는 NP_3 '밥'과 V_3 '먹-'이 결정하게 된다. 또 접속 구성 NP_3 '신문과 밥'은 접속 구성 V_3 '읽고 먹-'의 논항이므로 이 둘이 통합하면 V_3'가 된다.

이와 같이 접속이 부가 구조를 형성하는 것으로 보면 이제 접속항 순서 제약 (10)의 효과는 순서 개념 없이도 자연스럽게 포착된다. 술어-논항 관계에서 술어가 논항에 가하는 제약은 다음의 (18)에서 보듯이 부가 성분(adjunct) ADJ '영이의'와 '일부러'를 제외한 논항 성분의 핵 N '편지'와 술어 성분의 핵 V '찢-' 사이에 성립하는바, 이 점은 (14가), 즉 (17)에서 NP_3 '신문과 밥'의 핵인 '밥'과 V_3 '읽고 먹-'의 핵인 '먹-'도 마찬가지이기 때문이다.

14 접속의 통사 구조를 부가 구조로 보는 것은 이정훈(2008가, 2004/2008나: 79~101)에 따른 것이다. 접속의 통사 구조에 대한 여러 제안에 대해서는 이정훈(2008가), Progovac(2003), Haspelmath(2007) 등 참고.

(18) 철수가 영이의 편지를 일부러 찢었다.

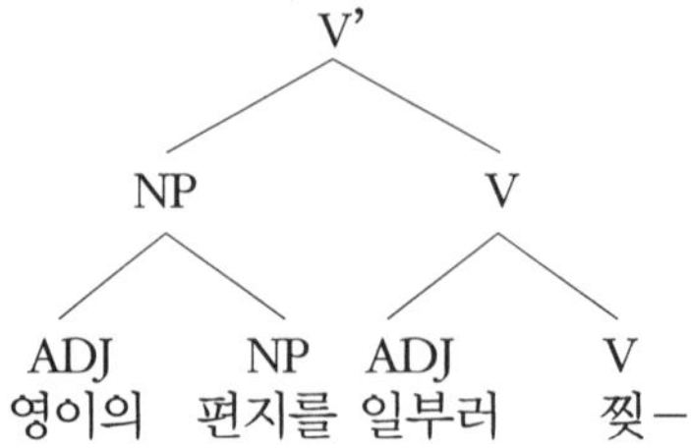

(14나)가 적격하지 않은 것도 마찬가지로 설명할 수 있다. (14가)에서와 마찬가지로 (14나)에서도 술어-논항 관계는 구조를 기반으로 결정되는데, 이번에는 NP '밥과 신문'의 핵 N '신문'과 V '읽고 먹-'의 핵 V '먹-'이 술어-논항 관계를 맺게 돼서 적격하지 않은 것으로 판단되기 때문이다.

그렇다면 (17)에서 '신문'과 '읽-'의 술어-논항 관계는 어떻게 성립하는가? 이 관계는 다음에 제시하듯이 술어-논항 관계가 핵 성분과 핵 성분 사이에 성립하듯이 핵에 부가된 부가 성분과 부가 성분 사이에도 성립하는 것으로 보면 된다.[15]

(19) 술어-논항 관계의 성립

가. 핵 X와 논항 YP의 핵 Y 사이의 관계[16]

15 술어 논항 관계는 통사 구조적인 면만 고려해서는 안 되고 통사 구조에 참여하는 어휘 항목의 속성도 고려해서 정해야 한다. 예를 들어 연결어미로 '-고'가 아니라 '-어'가 오면 '철수가 사과를 깎아 먹었다'에서 보듯이 '깎-'과 '먹-'의 논항은 독립적으로 실현되지 않고 공동으로 합성되어 실현된다(정태구, 1995; 이정훈, 2006 등 참고). (18)의 '일부러'도 '-어'를 취한 '깎아'와 마찬가지로 대등적인 요소가 아니라 종속적인 요소인바, 그 논항은 '찢-'과 합성되어 실현된다. 이에 '일부러'의 행동주와 '찢-'의 행동주는 합성되어 한 번만 실현되어야지, '*철수가 [영이가 일부러] 순이를 때렸다'에서 보듯이 따로따로 실현되면 안 된다.

나. 핵 X의 부가어 ADJ_3과 논항 YP의 부가어 ADJ_2 사이의 관계[17]

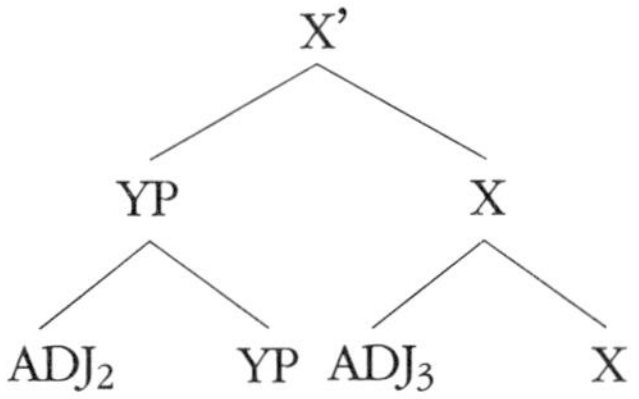

그런데 (19)에 제시한 관계가 성립될 때 한 가지 주의할 점이 있다. 예를 들어 (17)에서 '신문과'에 더해 'X의' 같은 부가 성분이 '밥'과 통합할 수도 있는데 이런 경우에 '신문'과 'X' 이 둘 가운데 '읽-'과 관계를 맺는 것은 '신문'에 국한된다는 점이다. 즉 원칙적으로 여러 개의 부가 성분이 있을 수 있는데 어떤 부가 성분과 어떤 부가 성분이 관계를 맺는지 조율하는 방법이 필요한 것이다.

그렇다면 부가 성분 사이의 관계를 조율하는 방법은 무엇인가? 일단 이 관계를 구조적으로 조율할 수는 없다. 구조적 관점에서는 모두 부가 성분이기 때문이다. 구조가 아니라면 또 다른 방법은 무엇인가? 별다른 약정 없이 설명할 수 있는 길은 구조나 그 구조를 형성하는 어휘 항목을 이용하는 것이고, 방금 언급하였듯이 구조는 타당한 방법이 아니므로 당연히 어휘 항목을 일차적인 대안으로 고려하게 된다. 이제 부가 성분 사이의 관계가 어휘 항목에 의해 조율되는 것으로 보면, '신문'과 '읽-' 사

16 논항(argument) YP는 구조상 보충어(complement)일 수도 있고 명시어(specifier)일 수도 있다. (18)과 (19)에 보인 나무그림은 YP가 보충어인 경우인데, YP가 명시어로 나타난 예로는 '영이와 순이는 각자 철수를 사랑하고 증오한다'를 들 수 있다. 아울러 (21)도 참고.

17 부가 위치에 나타난 부가어가 술어-논항 관계에 참여하는 것은 연속동사 구문이나 보조용언 구문을 위해서도 필요하다(정태구, 1995; 이정훈, 2006, 2010 참고). 또한 술어 논항 관계는 통사 구조적으로만 정해지는 것은 아니고 그에 더해 통사 구조에 참여하는 어휘 항목의 속성도 고려해서 정해져야 한다. 이어지는 논의 참고.

이의 관계는 다음과 같이 설명할 수 있다. '신문과 X의 밥'에서 '신문과'도 부가 성분이고 'X의'도 부가 성분이지만, '읽-'과 관계를 형성할 수 있는 것은 '읽고'에 나타난 어휘 항목인 대등의 '-고'와 어울리는 표지인 대등의 '-과'를 지닌 '신문과'뿐이다. 따라서 서로 어울리는 표지를 동반한 '신문'과 '읽-'이 술어-논항 관계를 맺게 된다.

구조적 관점을 취하고 방금 논의한 사항을 염두에 두면 (15)도 쉽게 설명할 수 있다. 다음과 같은 구조를 바탕으로 앞에서 언급한 관계가 성립한다고 보면 되기 때문이다.

(20) 가. 철수가 신문과 밥과 과일을 읽고 먹었다. (=15가)

가'.

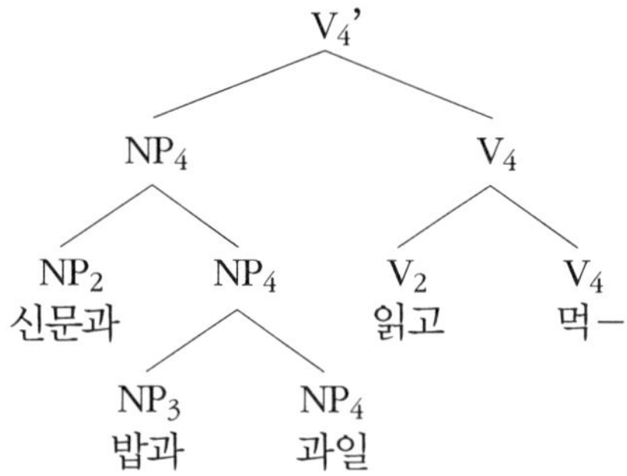

나. 철수가 책과 신문과 밥을 읽고 먹었다. (=15나)

나'.

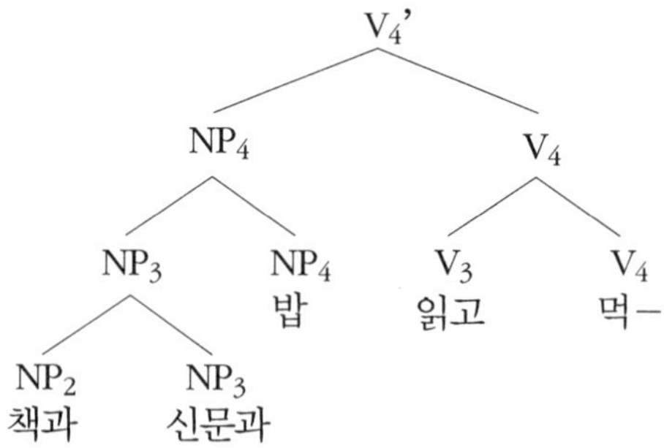

하위 지표로 표시해두었듯이 '읽-'은 (20가) '신문'이나 (20나) '책과 신문'과 관계를 형성하게 되고, '먹-'은 (20가) '밥과 과일'이나 (20나) '밥'과 관계를 형성하게 된다. (20)의 구조는 구조 형성 절차에 의해 형성되는 것으로 별다른 추가적인 논의는 필요하지 않다. 다만 논의를 선명히 하기 위해서 두 가지 사항에 대한 논의를 보태고자 한다.

먼저, (20)에 대한 설명이 좀 더 견고해지려면 걸러야 하는 경우를 걸러낼 수 있는 장치가 필요하다. 구조 형성 절차 따르면 (20가)가 (20가')이 아니라 (20나') 식의 구조를 갖거나 (20나)가 (20나')이 아니라 (20가') 식의 구조를 가질 수도 있는데, 이렇게 잘못 형성된 구조를 거를 수 있는 방법이 필요한 것이다. 그렇다면 올바른 구조를 보장하고 잘못된 구조는 배제할 수 있는 방법은 무엇인가? 여기서 (14나)에 대한 논의를 떠올리면 별다른 방법이 따로 필요치 않다는 것을 잘 알 수 있다. 왜냐하면 (14나)와 마찬가지로, 예를 들어 (20가)가 (20가') [신문과 [밥과 과일]]이 아니라 (20나') [[신문과 밥과] 과일] 식의 구조를 형성하게 되면 '신문'뿐만 아니라 '밥'도 '읽-'과 관계를 맺게 되므로 부적격한 구조로 걸러지기 때문이다.

다음으로, (20가')에서 NP_3이 V_2에 연결되는 것을 막는 방법도 필요하다. (19나)를 곧이곧대로 적용하면 NP_3 '밥'도 NP_4 '과일'의 부가어이므로 V_4의 부가어 V_2 '읽-'에 연결될 수 있게 되는데 이러한 연결을 차단해야 하는 것이다. 그렇다고 해서 이러한 연결을 차단하는 별다른 조치가 필요한 것은 아니다. (19나)에 따르면 NP_3 '밥'과 V_2 '읽-'이 연결될 수도 있고, NP_3 '밥'과 V_4 '먹-'이 연결될 수도 있지만, 앞의 것은 의미적으로 부적격해서 걸러지기 때문이다.

(20가)에서 '먹-'과 관계를 맺는 것은 '밥과 과일'이고, (20나)에서 '읽-'과 관계를 맺는 것은 '책과 신문'이라는 것은 '밥과 과일'이나 '책과

신문'과 같은 접속 구성이 해석상 하나의 단위로 기능할 수도 있다는 것을 뜻하는데 이러한 해석상의 특성을 고려하면 (16)도 별다른 어려움 없이 설명할 수 있다.

(16) 너와 나의 꿈과 희망
　가. 너의 꿈 그리고 나의 희망
　나. 너와 나의 꿈, 그리고 너와 나의 희망
　　너의 꿈과 희망, 그리고 나의 꿈과 희망

접속항이 (14가) 식으로 해석되면 (16가)의 해석을 갖게 되고, '너와 나'나 '꿈과 희망'이 (20가)의 '밥과 과일'이나 (20나)의 '책과 신문'처럼 하나의 단위로 해석되면 (16나)의 해석을 갖게 되기 때문이다.

눈을 돌려 자료의 폭을 넓히면 (14)~(16)에 대한 지금까지의 설명은 별다른 무리 없이 다음과 같은 예에서도 그대로 성립한다.[18]

(21) 철수와 영이는 각자 그림을 그리고 독후감을 썼다.

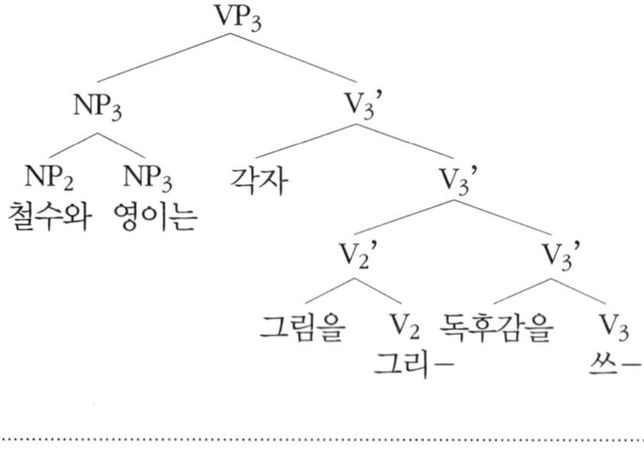

18 번다함을 피하고 핵심을 강조하기 위해 접속어미 '-고'는 표시하지 않는다. 접속어미 '-고'에 대한 처리는 이정훈(2008가) 참고.

무엇과 무엇이 어울려 해석되어야 하는가는 지표로 표시해놓았듯이 앞서와 마찬가지로 (19)를 바탕으로 결정된다. 다만 앞서의 예와 다른 점은 접속항에 V'가 등장했다는 점뿐이다.

5. 접속과 이동의 상호 작용과 구조적 해석

지금까지 (1)을 대상으로 순서에 의존하는 듯이 보이는 현상을 순서 개념 없이 구조적 개념만으로 해명하는 방법을 모색해왔다. 그런데 다음에 반복한 (2)에서 확인했듯이 순서 의존성은 (1)과 같은 구성에만 국한된 현상은 아니다. 이에 이제부터는 (1)에 대한 논의를 토대로 (2)에 제시한 현상을 이해하는 방안을 모색해보기로 한다.

(2) 가. 존은 피아노를, 그리고 메리는 노래를 각각 치고 불렀다.
(박명관, 2007: 89)
나. 노래와 춤을, 철수는 부르고, 영이는 추었다.
다. 철수는 부르고, 영이는 추었다, 노래와 춤을.

일단 (2)에 제시한 현상도 (1)과 마찬가지로 순서 의존성을 띠므로, 별다른 난점이 발생하지 않는 한, (1)과 평행하게 설명하는 것이 바람직할 것이다. 그런데 (2)는 순서 의존성에 더해 (1)에는 나타나지 않은 전치나 후치와 같은 전위(displacement) 혹은 이동(movement) 현상을 포함하고 있다. 따라서 (2)가 제기하는 과제는, (1)을 통해 마련한 순서 의존성에 대한 구조적 해석의 테두리 안에서 이동 현상을 무리 없이 설명하는 것이 된다.

이와 같은 점을 염두에 두고 먼저 (2가)에 나타난 이동 작용과 그로 인해 형성되는 구조를 보이면 다음과 같다.

(22) 존은 피아노를, 그리고 메리는 노래를 각각 치고 불렀다. (=2가)

가.

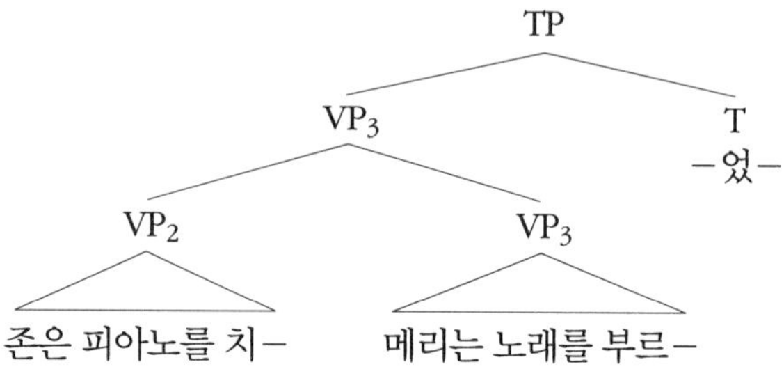

나.

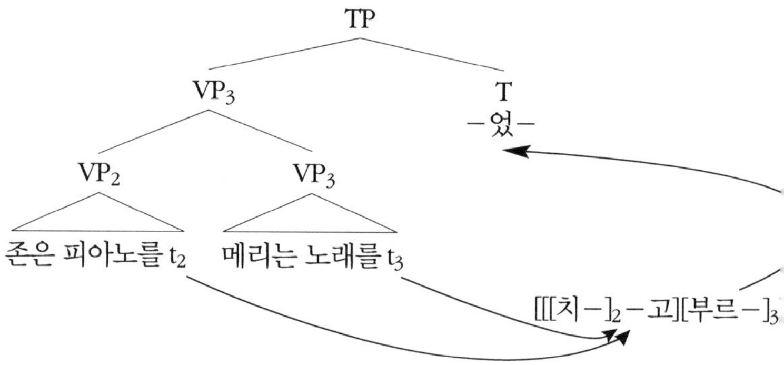

다.

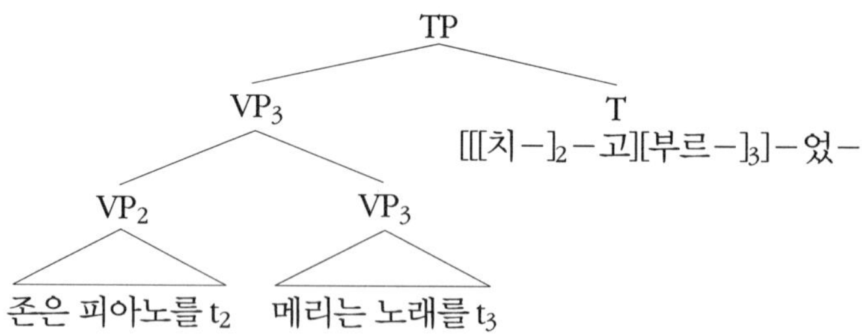

앞에서 보듯이 (2가)는 서로 다른 V를 핵으로 하는 VP가 접속되고, 여기에 V가 선어말 어미로 핵 이동함으로써 형성된다.[19] (22나)에서 서로

다른 V가 핵 이동을 하면서 접속어미 '-고'를 동반하여 접속하는 것이 다소 특이할 수도 있지만 서로 다른 V가 접속어미 '-고'를 매개로 접속하는 것은 이미 (1)에서 확인한 바 있다. 이동이 관여하지 않는 구조에서 허용되는 것은 이동이 적용되는 경우에도 허용되는 것이 자연스러우므로 접속어미 '-고'가 동원되는 것이 별다른 문제를 일으키지는 않는다.

그러나 구조 형성 자체는 별다른 문제를 일으키지 않지만 (22나)에서 접속어미 '-고'가 동원되어 형성되는 것이 '치고 부르-'이어야지 '부르고 치-'가 되어서는 안 된다는 것을 보장하는 방법은 아직 마련되어 있지 않다. 앞서 정리한 (19)로는 방금과 같은 순서를 규제할 도리가 없는 것이다. 하지만 앞서와 마찬가지로 이번에도 순서를 규제하기 위한 독특한 규정이 필요하지는 않다. 핵 이동 제약(head movement constraint. Travis, 1984)이라는 일반적인 통사적 제약만 있으면 순서가 보장되기 때문이다. 즉 핵 이동 제약에 따르면 핵은 그 핵을 지배하는 핵으로 이동할 수 있고, (22)에서 두 개의 핵 V_2 '치-'와 V_3 '부르-' 가운데 T '-었-'에 의해 지배되는 것은 V_3 '부르-'이므로, 핵 이동에 의해 핵 T '-었-'과 직접 통합할 수 있는 것은 V_3 '부르-'인 것이다. V_2 '치-'는 무임승차 식으로 '-고'를 매개로 V_3에 부가되어 간접적으로 T '-었-'과 통합할 수 있을 따름이다.[20]

다음으로 (2나)와 (2다)는 어떻게 설명할 수 있을까? (2가)에서와 마찬가지로 일단 구조를 분석해보면 다음과 같다. 논의의 목적과 관련하여 (2

19 (22)는 이정훈(2007가)에서 자세히 다룬바 있어서 여기서는 거기서의 논의를 간략히 정리하여 제시한다. 자세한 사항은 이정훈(2007가) 참고.

20 물론 무임승차하지 않으면 '*존은 피아노를 치- 메리는 노래를 불렀다'에서 보듯이 V '치-'가 어말 어미 없이 홀로 남게 되어 비문법성이 초래된다. 무임승차 없이도 문법적이려면 VP 접속이 아니라 '존은 피아노를 치고 메리는 노래를 불렀다'처럼 절 접속 구성을 형성하거나, 생략이 적용되어야 한다. 물론 생략은 선후행 V가 동일한 경우에만 적용될 수 있다(이정훈, 2007가 참고).

나)와 (2다)가 큰 차이를 지니지 않으므로 (2나)의 구조만 보이고 논의를 진행한다.[21]

(23) 노래와 춤을, 철수는 부르고, 영이는 추었다. (=2나)

가.

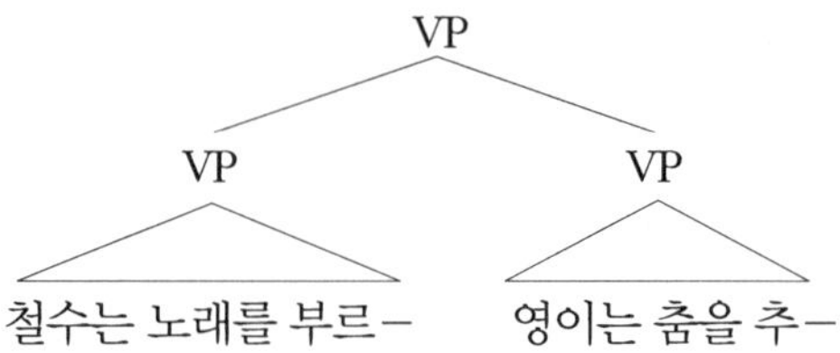

나.

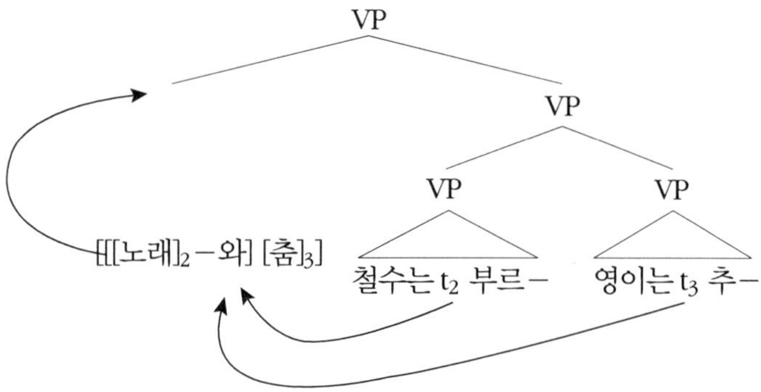

다.

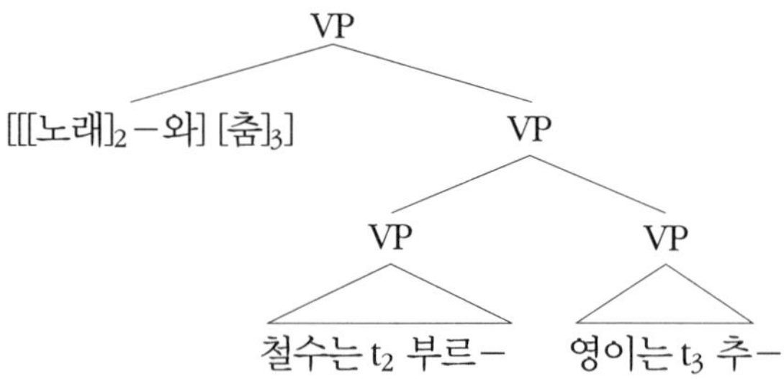

21 (2나)는 전치 현상의 일종으로서 소위 어순재배치(scrambling)가 적용된 경우이고, (2다)는 후치 현상의 하나로서 후보충(afterthought)이 적용된 경우이다. 둘 다 이동을 동반한다는 점에서는 통한다. 차이는 이동의 기착지(landing site)에서 발생하는데, 이를 포함하여 어순재배치와 후보충에 대한 자세한 사항은 이정훈(2004/2008나)와 이정훈(2009) 참고.

(23)과 (22)를 비교해보면 알 수 있듯이, (2나)는 (2가)와 평행한 과정을 겪어 형성되며, 둘 사이에 본질적인 차이는 없다. 다만 이동하는 성분의 범주와 이 성분에 적합한 접속표지에서 차이가 날 뿐이다.

접속표지와 관련하여 첨언할 것은, 접속표지가 무엇이냐에 따라 대격조사의 실현 양상이 다르다는 점이다. 앞에서처럼 접속표지로 접속조사 '-와/과'가 오면, '*[[노래를]-과 [춤을]]'에서 보듯이 접속 구성 내부에 대격조사가 나타날 수는 없고 '[[[노래]-와 [춤]]-을]'처럼 접속 구성 외부에 대격조사가 통합해야 한다.[22] 이와 달리 접속표지로 '그리고'가 오게 되면 '노래를 그리고 춤을, 노래 그리고 춤을'에서 보듯이 대격조사는 접속 구성 내부에 나타날 수도 있고, 외부에 나타날 수도 있다.[23]

그렇다면 '노래와 춤을'의 순서는 어떻게 보장할 수 있는가? 순서를 보장하기 위한 별도의 장치를 마련할 수도 있지만,[24] 지금까지와 마찬가지로 독립적으로 성립하는 규칙이나 조건으로 설명하는 방법은 없는지, 또 이 글에서 지금까지 논의한 사항을 바탕으로 순서를 보장하는 방법은 없는지를 우선 고려하는 것이 온당할 것이다. 이러한 관점에서 (22)를 살피며 동원한 핵 이동 제약이 (23)에서도 힘을 발휘할 수 있는지 고려해보면 그럴 가능성은 거의 없다. (23)에 나타난 이동은 핵이 핵으로 이동하는 핵 이동이 아니므로 (22)에서 제시한 답을 그대로 활용할 수는 없는 것이다.

22 이를 포함하여 조사 통합 관계의 실상과 그 이유에 대해서는 이정훈(2004/2008나, 2007나), 임동훈(2004), 김용하(2011) 등 참고.

23 특히 '노래를 그리고 춤을'은 (23)에 표시한 이동의 효과를 가장 투명하게 보여주는 예이다. 이동과 접속 표지 '그리고' 외에 아무런 특이사항을 지니지 않기 때문이다.

24 박명관(2010: 47)은 절과 절 사이의 순서와 절에서 이동한 성분 사이의 순서가 다르면 어순 평행성(word order parallelism)을 위반하기 때문에 순서가 보장되는 것으로 보았다. 이 제안이 지닌 문제점이 신근영 · 정대호(2011: 401~403)에서 지적되기도 했는데, 여기서는 어순 평행성의 타당성 여부와는 상관없이 그러한 별도의 제약을 통해 순서를 규제하는 방법을 모색하기 이전에 별도의 장치 없이 순서를 보장하는 방법을 추구하고자 한다.

물론 추상적인 기능 범주 F를 동원하면 다음에서 보듯이 (23)에 나타난 '노래와 춤을'의 순서도 핵 이동 제약으로 포착할 수 있기는 하다.[25]

(24)

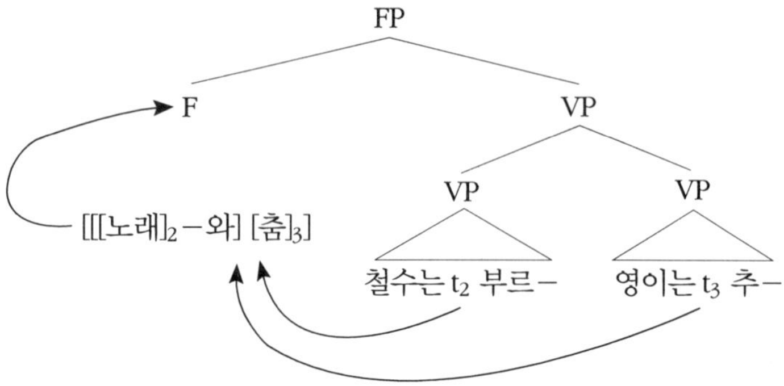

하지만 기능 범주 F가 어휘 항목으로서 존재하는지 확인할 수 없으며, 또 어휘 항목 여부와는 무관하게 기능 범주가 존재할 수 있다고 해도 한국어의 특성에 정면으로 배치되는 선 핵 구조(head initial structure)를 취하고 있는 (24)를 인정하기는 어렵다.

핵 이동 제약이 한계를 보인다면 다른 무엇이 대안일 수 있는가? 여기서는 다음과 같은 두 가지 대안이 존재할 수 있는 것으로 보고자 한다.

첫째, 직관적인 차원의 진술이지만, 접속의 구조에 따른 가장 자연스러운 순서를 지향한 결과가 바로 (23)의 '노래와 춤'인 것으로 볼 수 있다. 이 직관을 자세히 풀면 다음과 같다. 먼저 접속문에서 선행절은 후행절의 부가 성분이므로, 무엇이 핵의 성질을 띠느냐의 관점에서 보면 후행절이 핵으로 판단된다. 다음으로 선행절의 부가 성분으로서의 지위와 후행절의 핵으로서의 지위는 선후행절이 포함하고 있는 성분에도 영향을 미치는

25 (24)는 조사 '−을'이 핵 F로서 VP를 보충어로 취하고 NP가 조사, 즉 핵 F로 이동할 가능성을 염두에 둔 것이다. 이와 관련하여 Koopman(2005) 참고.

데, 이에 따라 선행절 성분 '노래'와 후행절 성분 '춤'을 비교하면 앞의 것은 부가어의 지위를 지니게 되고 뒤의 것은 핵의 지위를 지니게 된다. 따라서 선행절 성분 '노래'와 후행절 성분 '춤'이 접속 구성을 형성하게 되면 부가어 자리에는 '노래'가 오게 되고, 핵의 자리에는 '춤'이 오게 돼서 결국 '노래와 춤'의 순서가 된다.

둘째, (23)의 '노래와 춤'도 (19나) 식으로 해석하는 방법이 있을 수 있다. 즉, (23다)의 선행 VP와 후행 VP는 각각 하나씩의 논항을 결여하고 있는바, 논항이 결여되어 있다는 점에서 술어 성분으로 간주할 수 있다. 그러면 (23다)의 구조는 곧 다음과 같아져서 (19나)에 의해 '노래와 춤'의 순서가 예측된다. 다음에서 Pred는 선후행 VP가 술어처럼 기능한다는 것을 나타내고 'e'는 논항이 필요함을 나타낸다.[26]

(25)

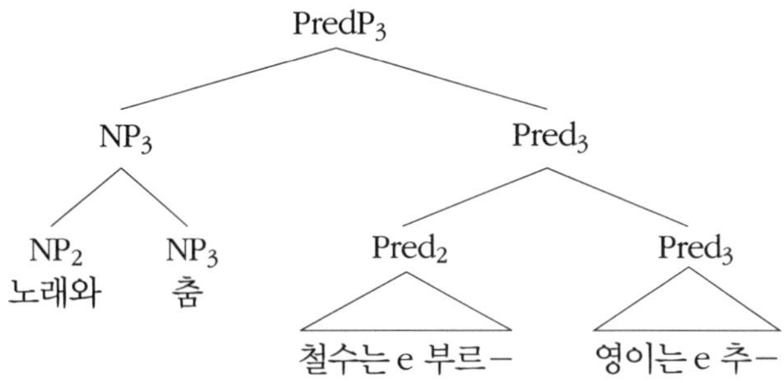

두 가지 대안 가운데 어느 것이 더 타당한지는 현단계에서 확정하기 어렵다. 하지만 현재로서는 (19나)를 확장해서 해석하는 둘째 방안이 첫째

26 이러한 논의가 앞서 제시한 이동에 의한 설명과 배치되거나 다른 것은 아니다. 이동이 하나의 성분이 두 곳 이상에서 출현하는 현상을 나타내는 비유적 표현임을 고려하면 (25)의 '노래'와 '춤'도 이동으로 설명하는 것이 자연스럽기 때문이다. 일반적인 이동과 마찬가지로 (25)의 '노래'와 '춤'도 발음상의 위치와 의미 해석상의 위치(e), 이 두 위치가 필요한 것이다.

방안보다는 믿음직하다고 할 수 있다. (19나)는 앞서 그 가치를 확인했지만, 첫째 방안에서 제시한 가설은 그 실효성이 어느 정도인지 가늠하기 어렵기 때문이다.

6. 결론

지금까지 '순서 의존적 현상'을 대상으로 그 기능적 동기와 형식적 처리 방안에 대해 논의해왔다. 주요 사항을 항목화하여 제시하면 다음과 같다.

첫째, 기능적 관점에서 '순서 의존적 현상'의 '순서'는 시간적 순서가 아니라 제시 순서이다.

둘째, 형식적 관점에서, 순서 의존성은 독립적으로 존재하는 것이 아니라 (19)에 제시한 술어－논항 관계에 의해 파생되는 부수 현상이다.

셋째, 순서 의존적 현상은 이동 작용과 뒤섞여 나타나기도 하는데 핵이동 제약과 같은 독립적인 규칙이나 제약으로 그 순서 의존성을 해명할 수 있다.

순서 개념 없이 (1)과 (2)에 제시한 현상을 설명하는 것을 목적으로 하였지만 (1)에 비해 (2)에 대한 설명이 미진한 것이 사실이다. 특히 (2나)와 (2다)에 대한 보다 깊은 이해가 요청된다고 할 수 있는데, 이와 더불어 이 글에서는 전혀 손도 대지 못했지만 다음의 예에서 '답'으로 제시한 구성에 대한 이해도 절실하다.

(26) 문: 영이는 두 권의 책을 읽었고, 철수는 세 권의 책을 썼다. 그렇다면 영이와 철수가 읽고 쓴 책은 모두 몇 권인가?

답: 다섯 권의 책을 영이는 읽었고, 철수는 썼다.

다섯 권의 책을 영이와 철수가 읽고 썼다.

[참고] Greg captured t_1 and Lucille trained t_2 — [312 frogs]$_{1+2}$ between them. (Postal, 1998: 137; 박명관, 2010; 신근영 · 정대호, 2011 참고)

피상적인 수준에서 (26)의 '답'을 관찰하면 마치 산수에서 덧셈이 성립하듯이 이동에도 덧셈이 성립하는 경우가 있는 듯한데, '두 권 + 세 권 = 다섯 권'과 같은 통사 규칙이 없는 한 방금과 같은 피상적 관찰을 그대로 인정하기는 어렵다(신근영 · 정대호, 2011 참고). 아마도 이동이 있은 후 어휘가 삽입되는 후삽입(late insertion. Lebeaux, 2009 참고)이나, 다음과 같은 구성에서 문제의 답을 푸는 실마리를 구할 수 있을 듯한데,

(27) [국어문법론 분야는]$_{1+2}$ 영이가 [통사론 영역을]$_1$ 담당하고, 철수가 [형태론 영역을]$_2$ 담당하기로 했다.

(2)에 대한 보다 진전된 이해와 (26)이 제기하는 문제에 대한 해답은 다음 기회에 제시하고자 한다.

참고문헌

김용하, 2011, 「격과 조사」, 『국어학』 60, 233~263.

김진석, 1995, 「사건 간의 시간 해석」, 『언어』 22, 27~55.

박명관[Park, Myung-Kwan], 2007, "RNR in Korean as Right-Edge Coordination", 『생성문법연구』 17, 85~97.

———, 2010, "RNR as Midway Conjunction=External Merge", 『현대문법연구』 61, 25~50.

박승윤, 1990, 『기능문법론』, 한신문화사.

신근영 · 정대호[Shin, Keun-Young & Chung, Dae-Ho], 2011, "Remarks on the Midway Conjunction Analysis of RNR Constructions", 『생성문법연구』 21, 389~407.

이성범, 2001, 『추론의 화용론』, 한국문화사.

이정훈, 2001, 「시상 형태의 화용론」, 발표문, 한국어문교육연구회 제139회 학술발표회, 인하대학교.

———, 2004, 「국어의 문법형식과 통사구조 연구」, 박사학위논문, 서강대학교. [이정훈, 2008나에 재수록]

———, 2006, 「'V-어V' 합성동사 형성 규칙과 범주통용」, 『어문학』 91, 129~161. [이정훈, 2008나에 재수록]

———, 2007가, 「한국어 오른쪽 교점 인상 구문의 도출: 이동과 생략」, 『생성문법연구』 17, 337~362. [이정훈, 2008나에 재수록]

———, 2007나, 「문법 자질과 조사의 통합관계」, 『어문학』 96, 111~138. [이정훈, 2008나에 재수록]

———, 2007다, 「국어 어미의 통합단위」, 『한국어학』 37, 149~179. [이정훈, 2008나에 재수록]

———, 2008가, 「한국어 접속문의 구조」, 『생성문법연구』 18, 115~135. [이정훈, 2008나에 재수록]

———, 2008나, 『조사와 어미 그리고 통사구조』, 태학사.

———, 2009, 「한국어 후보충 구문의 구조」, 『어문연구』 142, 31~54. [이 책 16장]

———, 2010, 「보조용언 구문의 논항 실현과 술어-논항 관계」, 『어문논집』 45, 중앙어문학회, 175~192.

———, 2011, 「통사 구조의 형성과 명사구 및 동사구」, 『국어학』 60, 264~288.

임동훈, 2004, 「한국어 조사의 하위 부류와 결합 유형」, 『국어학』 43, 119~154.

정태구, 1995, 「논항구조 이론과 연쇄 동사」, 『생성문법연구』 5, 63~95.

조세연 · 김종복[Cho, Sae-Youn & Kim, Jong-Bok], 2002, "Echoed Verb Constructions in Korean: A Construction-Based HPSG Analysis", 『언어』 27, 661~681.

Arnold, J., T. Wasow, A. Losongco & R. Ginstrom, 2000, "Heaviness vs. Newness: The Effects of Structural Complexity and Discourse Status on Constituent Ordering", *Language* 76, 28~55.

Chomsky, N., 1957, *Syntactic Structures*, Mouton.

Crain, S. & M. Nakayama, 1987, "Structure Dependency in Grammar Formation", *Language* 63, 522~543.

Grice, H., 1975, "Logic and Conversation", In P. Cole & J. Morgan eds., *Speech Acts*, Academic Press, 41~58.

Givòn, T., 1983, "Topic Continuity in Discourse: An Introduction", In T. Givòn ed., *Topic Continuity in Discourse: A Quantitative Cross-Language Study*, John Benjamins, 4~41.

Haiman, J., 1985, *Natural Syntax: Iconicity and Erosion*, Cambridge University Press.

Haspelmath, M., 2007, "Coordination", In T. Shopen, ed., *Language Typology and Syntactic Description 2: Complex Constructions*, 2nd edition, Cambridge University Press, 1~51.

Hatav, G., 1997, *The Semantics of Aspect and Modality: Evidence from English and Biblical Hebrew*, John Benjamins Publishing Company.

Isac, D. & C. Reiss, 2008, *I-Language: An Introduction to Linguistics as Cognitive Science*, Oxford University Press.

Koopman, H., 2005, "Korean (and Japanese) Morphology from a Syntactic

Perspective", *Linguistic Inquiry* 36, 601~633.

Lanik, H., M. Depiante & A. Stepanov, 2000, *Syntactic Structures Revisited: Contemporary Lectures on Classic Transformational Theory*, MIT Press.

Lebeaux, D., 2009, *Where Does Binding Theory Apply?*, MIT Press.

Moro, A., 2008, *The Boundaries of Babel: The Brain and the Enigma of Impossible Languages*, MIT Press.

Newmeyer, F., 1998, *Language Form and Language Function*, MIT Press.

Polinsky, M. & R. Kluender, 2007, "Linguistic Typology and Theory Construction: Common Challenges Ahead", *Linguistic Typology* 11, 273~283.

Postal, P., 1998, *Three Investigations of Extraction*, MIT Press.

Progovac, L., 2003, "Structure for Coordination", In L. Cheng & R. Sybesma, eds., *The Second GLOT International State-of-the-Article Book*, Mouton de Gruyter, 241~287.

Smith, N. & I. Tsimpli, 1995, *The Mind of a Savant: Language Learning and Modularity*, Blackwell.

Smith, N., I. Tsimpli & J. Ouhala, 1993, "Learning the Impossible: The Acquisition of Possible and Impossible Languages by a Polyglot Savant", *Lingua* 91, 279~347.

Travis, L., 1984, "Parameters and Effects of Word Order Variation", Doctoral Dissertation, MIT.

Zhang, N., 2007, "The Syntactic Derivations of Two Paired Dependency Constructions", *Lingua* 117, 2134~2158.

제13장 핵 계층 이론과 단어 형성

1. 서론

언어 형식과 언어 형식은 서로 통합하여 보다 큰 복합적인 언어 형식을 형성하며 이는 단어, 구, 절, 문장 등에 모두 해당하는 일반적인 사항이다. 그리고 통합을 통해 복합적인 언어 형식을 형성하는 방식, 다시 말해 언어 형식이 통합하는 방식은 다음에서 보듯이 크게 두 가지로 나뉜다.

(1) 언어 형식 통합 방식

가. 병합

사례 연구, 새언니, 책을 읽-, 열심히 놀- 등

나. 병렬

명암(明暗), 논밭, 철수 · 영이 · 순이 등이 왔다,

철수 그리고 영이, 불편한 그러나 소중한 진실,

철수가 즉 신입생이 국어학에 특히 형태론에 빠졌다 등

---

* 이 장은 이정훈, 「단어 형성 원리에 대한 고찰-핵 계층 이론적 접근」, 『시학과 언어학』 15(2008: 205~240)에 발표한 글을 다듬은 것이다.

(1가) 병합(merge. Chomsky, 1995 참고)은 무엇이 무엇을 위해 또는 무엇이 무엇을 요구하여 성립하는 통합 방식으로 흔히 논항 관계(argument relation)와 수식 관계(modification) 이 둘로 나뉜다. 이에 비해 (1나) 병렬의 경우에는 복합 언어 형식을 구성하는 성분들 사이에 별다른 관계가 성립하지 않는다.[1] 예를 들어 '명암'(明暗)에서 '명'(明)이 '암'(暗)을 위해 존재하지도 않으며 역으로 '암'(暗)이 '명'(明)을 위해 존재하지도 않는다. 다만 홀로는 나타날 수 없는 '명'(明)과 '암'(暗)이 병렬되고 통합하여 복합 형식 '명암'(明暗)을 형성함으로써 출현의 기회를 얻을 따름이다. 물론 '논밭'이나 '철수 · 영이 · 순이' 등에서 알 수 있듯이 홀로 나타날 수 있는 것들이 병렬되어 복합 형식을 구성하기도 한다.

그렇다면 (1)에 제시한 두 가지 통합 방식에는 어떠한 원리가 존재하는가? 다시 말해 (1가)에 해당하는 논항 관계와 수식 관계는 어떠한 원리를 따르며 (1나)는 어떠한 원리를 따르는가? 또 (1가)가 준수하는 원리와 (1나)가 준수하는 원리는 같은가, 아니면 다른가? 끝으로 (1)에는 단어와 단어보다 큰 통사적 구성인 구나 문장이 함께 제시되어 있는데 문제의 원리는 단어 차원과 통사 차원에서 서로 같은가, 아니면 다른가?

이 장에서는 이와 같은 의문에 답하는 것을 궁극적인 목적으로 삼아, 특히 복합어(complex word)의 형성과 구조에서 제기되는 다음의 문제를 논의하고자 한다.

1 이는 언어 형식 형성 방식이 하나가 아님을 의미한다. 이와 관련하여 Jackendoff(2009)는 Jackendoff(2002)의 입장에서 합성(compounding)을 원시언어(protolanguage) 단계의 속성으로 파악하기도 하였다. 한편 '집집, 길이길이, 보슬보슬, 싱글벙글, 구불구불, 두둥실, 곱디곱다, 기나길다, 생생(生生)하다, 묵묵(默默)히, 가가호호(家家戶戶)'(이익섭 · 채완 1999: 77~80 참고) 등 반복 복합어도 (1나)에 포함시킬 수 있을 듯하다.

(2) 가. 복합어를 형성하는 원리는 무엇인가?

나. 복합어를 형성하는 원리와 구나 절, 문장 등을 형성하는 원리는 서로 같은가? 다르다면 어떻게 다른가?

본격적인 논의에 앞서 복합어를 대상으로 하는 이유를 제시하면 다음과 같다. 먼저 복합어에 비해 구 · 절 · 문장 등의 통사적 형식의 구조가 형성되는 방식은 비교적 선명하게 드러나 있으며 그 대표적인 것이 핵 계층 이론(X-bar theory)이라고 할 수 있는데, 비교적 선명히 드러난 통사적 논의를 기반으로 복합어의 구조를 살피는 것이 보다 효과적이다. 더군다나 (2나)에 제시하였듯이 어떤 원리가 단어 차원과 통사 차원에서 동일하게 작용하는지, 아니면 두 경우에 있어 서로 다르게 작용하는지가 풀어야 할 문제인바 이 문제를 해결하는 데에는 어느 한쪽을 기준으로 삼아 다른 쪽을 분석하는 방식이 적절할 것이다. 여기에 더해 복합어의 생성과 구조 자체에 대한 이해가 아직은 일관된 규칙 내지는 원리적인 차원에서 선명하게 제시되지 않았다는 점도 복합어의 형성과 구조를 논의하게 되는 동기가 된다.

2. 핵 계층 형태론의 가능성

자연언어의 문법은 'S → NP VP' 식의 구 구조 규칙(phrase structure rule)으로 기술되어왔고 구 구조 규칙의 잉여성을 줄이고 일반성을 포착하는 효과적인 방안으로 대두된 것이 핵 계층 이론(X-bar theory)이다.[2] 핵 계층

2 여기에 더해 핵 계층 이론은 A가 어기인 복합어가 형성하는 통사 구조와 A 자체가 형성하는

이론에 따르면 구 구조 규칙은 다음과 같은 일반 형식을 따르게 된다.

(3) $X^n \rightarrow \cdots X^{n-1} \cdots$ (단, $n \geq 1$)

예 ① V' → KP V ([$_{V'}$ 책을 읽-])

② V" → KP V' ([$_{V"}$ 영이가 [V' 책을 읽-]])[3]

(3)은 Jackendoff(1977: 30)에서 가져온 것인데 단서 조항에 따라 n을 1 이상의 자연수로 국한하면 X^1(=X'), X^2(=X") 등의 통사적 구성만을 형성하게 되며, 통사적 구성에서 가장 작은 단위는 X^0 즉 어휘 범주가 된다($X^1 \rightarrow \cdots X^0 \cdots$ 참고).[4]

방금 (3)에 제시한 형식은 논항(argument)만을 고려한 것인데, 앞서 지적하였듯이 언어 형식과 언어 형식은 논항 관계가 아니라 수식 관계를 맺으면서 통합할 수도 있는바, 이 점을 고려하여 수식 관계까지 반영하면 (3)은 (4)로 개정된다.[5]

통사 구조 사이의 상관성을 포착하는 역할도 담당한다(Chomsky, 1970 참고). 예를 들어 destroy가 형성하는 통사 구조와 destroy를 어기로 하는 복합어 destruction이 형성하는 통사 구조 사이의 관련성은 핵 계층 이론을 이용하여 효과적으로 포착할 수 있다. 핵 계층 이론에 대한 자세한 사항은 Chomsky(1970, 1986, 1995), Jackendoff(1977), Radford(1988), Fukui(2001) 등 참고.

3 KP는 격조사가 핵인 구를 나타낸다. 이를 포함하여 국어의 문장 구조에 대한 사항은 임홍빈(1997, 1999), 서정목(1998), 이정훈(2004/2008) 등 참고.

4 Jackendoff(1977)에 제시된 도식에는 '$n \geq 1$'의 단서 조항이 빠져 있다. 하지만 "The head of a phrase of category X^n can be defined in two different ways, either as the X^{n-1} that it dominates or as the lexical category X at the bottom of the entire configuration"(Jackendoff 1977: 30)과 같은 언급에서 '$n \geq 1$'의 단서가 있음을 알 수 있다.

5 (4)는 통사론에서 일반적으로 사용되는 것이며, 단어 형성에서는 특히 Lieber(1988)에서 제안되었다. 참고로 Lieber(1988)는 근본적으로 단어 형성을 통사부의 소관으로 보기 때문에 접사도 영 층위(X^0)로 간주하였다. 수식어가 핵에 부가되는 경우, 즉 '$X^0 \rightarrow \cdots X^0 \cdots$'까지 고려하면 (4)도 다소간 조정이 필요한데 논의를 단순화하기 위하여 따로 고려하지 않는다. 핵 부가 수

(4) $X^{n} \rightarrow \cdots X^{\{n, n-1\}} \cdots$ (단, $n \geq 1$)

예 ① V' → KP V ([V' 책을 읽−])

② V" → KP V' ([V" 영이가 [V' 책을 읽−]])

③ V' → AdvP V' ([V' 열심히 [V' 책을 읽−]])

④ V" → AdvP V" ([V" 열심히 [V" 영이가 책을 읽−]])

그러면 (4)에서 단서 조항 '$n \geq 1$'을 없애면 어떻게 되는가? 물론 통사 구성에 대해서는 이러한 가능성이 별다른 의미를 지니지 않는다. '정의상' 또는 '규정상' 통사적 구성과 작용에 참여할 수 있는 가장 작은 단위는 X^0이기 때문이다. 통사 분석의 결과 가장 작은 단위는 X^0이고 이동과 같은 통사 작용이 적용될 수 있는 가장 작은 단위도 X^0인 것이다.[6] 따라서 n에 대한 제약을 없애고, 예를 들어 X^{-1}이나 X^{-2}와 같은 X^{-n} 층위를 인정하여도 이러한 층위의 단위들은 통사부에서 아무런 의의를 지니지 못한다.[7]

그러나 논의의 초점을 어휘부(lexicon)로 돌리면 사정은 사뭇 달라진다. 어휘부의 단어 형성에는 통사부에 독립해서 나타날 수 있는 단위인 X^0이 참여할 수 있을 뿐만 아니라 통사부에는 독립해서 나타날 수 없는 단위, 즉 어근(root)이나 접사 등 층위 상 X^0보다 낮은 X^{-n} 층위로 보아야 하는

식어의 전형적인 예로는 부정 부사 '안'을 들 수 있다(서정목, 1993 참고).

6 '이곳은 조용도 하고 깨끗도 하구나'와 같은 예에서 볼 수 있는 소위 어근 분리 현상은 X^0보다 작은 단위에 통사 작용이 적용될 가능성을 제기한다. 어근 분리 현상에 대한 구체적인 형태적·통사적 처리 방안은 후고를 기약한다. 어근 분리 현상과 그 특성에 대해서는 임홍빈(1979), 허철구(1997) 등 참고.

7 그러나 이러한 상황은 통사부의 기본 단위(primitives)를 X^0으로 '정의'하거나 '규정'하고 논의를 전개하기 때문에 나타난다는 점에 유념할 필요가 있다. 통사부의 기본 단위에 X^0 뿐만 아니라 다른 층위의 것도 포함시키는 입장을 취하면 논의는 달라지게 된다(고재설 1992, 1993, 김창섭 2001, 2002, Fabb 1984, Lieber 1992, Ackema & Neeleman 2004 등 참고). 이런 점을 고려하여 이 글은 통사부의 기본 단위를 어떻게 보느냐에 좌우되지 않는 논지를 전개한다.

단위들도 참여하기 때문이다. 이러한 사정을 고려하면 (4)는 다시 다음과 같이 개정된다.

(5) 핵 계층 이론: $X^{n} \rightarrow \cdots X^{\{n,\, n-1\}} \cdots$

가. 핵 계층 통사론: $X^{n} \rightarrow \cdots X^{\{n,\, n-1\}} \cdots$ (단, $n \geq 1$)

나. 핵 계층 형태론: $X^{n} \rightarrow \cdots X^{\{n,\, n-1\}} \cdots$ (단, $n < 1$)

(5)는 핵 계층 형태론의 가능성을 제기하는 것과 더불어 통사 구성을 형성하는 원리와 단어를 형성하는 원리를 근본적으로 같은 것으로 본다는 점에서 높이 살 만하다.[8] 또한 다음 (6)에서 보듯이 (5가)에 반영된 투사(projection)의 속성은 (5나)에서도 실제로 유효한바 이는 (5나)와 (5가)를 하나로 통합해서 이해하는 입장을 지지한다.

(6) 까막눈이, 멍청이, 야옹이, 뚱뚱이 등

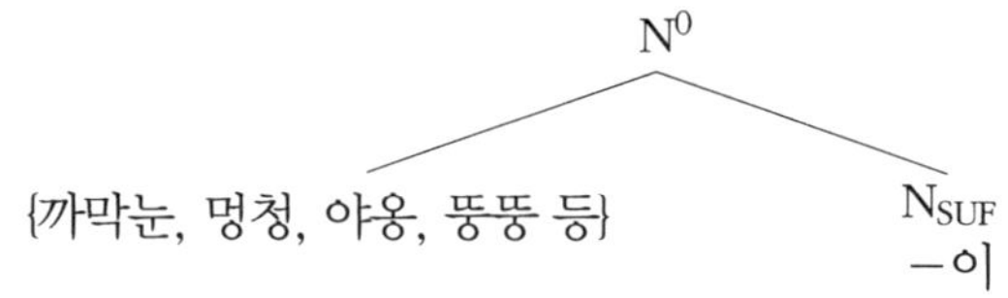

(6)은 어기(base)의 범주와 무관하게 접미사 '−이'가 통합한 파생어는 모두 명사임을 보여준다. 그리고 이러한 사항은 접미사 '−이'에 N 범주

---

8 '$n \geq 1$'과 '$n < 1$'을 심각한 차이로 보기는 어렵다. 이 차이는 통사부와 어휘부의 구분에 따른 귀결이기 때문이다. 따라서 Lieber(1988, 1992)에서처럼 통사부와 어휘부를 구분하지 않는다면 이러한 차이는 사라진다. 이 장은 기본적으로 어휘부와 통사부를 구분하고 단어 형성은 어휘부의 소관으로 보는 입장을 따르는데 단어가 통사부에서 형성되는 것으로 보는 견해의 핵심과 그에 따른 문제점은 Borer(1998) 참고.

를 할당하면 당연한 결과라고 할 수 있다. 국어는 핵 매개변인(head parameter) 상 핵 말 언어(head final language)이므로 (6)의 구조에서 핵(head)은 후행하는 성분, 즉 명사 파생 접미사 N_{SUF} '－이'이며 이 핵이 '까막눈 · 멍청 · 야옹 · 뚱뚱' 등의 어기와 통합하여 투사한 '까막눈이 · 멍청이 · 야옹이 · 뚱뚱이' 등은 명사일 수밖에 없기 때문이다.

그렇다면 (6)에서 N_{SUF}로 처리한 단위의 층위(level)는 무엇인가? 통사적 존재가 아니므로 N_{SUF}는 X^0이나 X^0보다 높은 층위일 수는 없고, X^0보다 낮은 층위여야 한다. 그러면 X^{-1} 층위인가? 그럴 것도 같다. X^{-2} 층위인가? 그럴 수도 있을 것 같다. 그렇다면 도대체 N_{SUF}의 층위는 무엇인가? 또 (5)에 따르면 접미사 '－이'는 파생어 '까막눈이 · 멍청이 · 야옹이 · 뚱뚱이' 등의 핵(head)이 되는데, 그러면 접미사가 핵이듯이 접두사도 핵인가? 파생어에서 눈을 돌려 합성어를 바라보면 어떠한가? 즉 직접 구성 성분으로 접사를 지니지 않는 합성어의 핵은 어떻게 결정하는가? 이러한 의문을 일반화하여 제시하면 다음과 같다.

(7) 가. 단어의 핵은 어떻게 결정하는가?
나. 단어 구성 성분의 층위는 무엇인가?

이 문제는 어휘부에서 활약하는 단위들과 단위들의 통합을 전체적으로 고려해야 풀 수 있을 것이다. 절을 달리하여 살피고자 하는데, 먼저 (7가)에 대해서 논의하고 이어 (7나)를 살핀다.

3. 단어의 핵과 핵 매개변인

언어 형식 A와 B가 통합하여 이루어진 복합 언어 형식 C는 대개 A나 B의 속성을 띠게 되며,[9] 이때 C가 A의 속성을 띠면 A가, 이와 달리 C가 B의 속성을 띠면 B가 구성의 핵(head)이 된다. 그렇다면 핵을 결정하는 속성(property)은 구체적으로 무엇인가? 이에 대해서는 크게 분포(distribution)를 중시하는 입장과 기능(function)을 중시하는 입장 이 두 가지가 있는 듯한데, 여기서는 분포를 기준으로 삼는 입장에 따라 논의를 전개하고자 한다.[10] 형식주의(formalism)의 입장, 즉 핵 계층 이론의 입장에서 단어 형성 원리를 논의하는 데에는 분포를 택하는 것이 적합하기 때문이다. 먼저 파생어의 핵에 대해서 살피고 이어 합성어의 핵에 대해서 논의한다.

9 이러한 경우 C는 내심성(endocentricity)을 띠며 내심 구조를 지닌다고 하고, 이와 달리 복합 언어 형식 C가 A도 B도 아닌 어떤 다른 속성을 지니는 경우 C는 외심성(exocentricity)을 띠며 외심 구조를 지닌다고 한다(Bloomfield 1933: 194~195 참고). '구 · 절 · 문장' 등의 통사적 구조는 내심성을 띠며, 마찬가지로 형태적 구조, 즉 복합어도 내심성을 띠는데 간혹 외심성을 지닌 복합어가 존재하기도 한다. 구 구조 규칙 'S → NP VP'에서 단적으로 알 수 있듯이 1980년대 중반까지는 통사적 구조도 외심성을 지닐 수 있는 것으로 보았으나 핵 계층 이론을 모든 통사 구성에 적용하는 Chomsky(1986)의 견해가 일반화됨으로써 외심적 통사 구조는 더 이상 찾아보기 어렵게 되었다. 예를 들어 외심 구조를 지닌 S는 I가 핵인 내심 구조로 재해석되었다(Chomsky, 1986: 3 참고). 일반적으로 S를 포함하여 Bloomfield(1933)이나 Hockett(1958: 191~198) 등에서 제시한 외심 구조들은 모두 내심 구조로 재해석되었다. 이와 관련하여 김의수(2007)에서는 핵 계층 이론의 내심성에 의문을 제기하기도 하였는데, 분포(distribution)를 핵의 기준으로 삼는 표준적인 방안을 따를 경우에 김의수(2007)의 비판이 성립하는가를 따져볼 필요가 있다.

10 핵 개념에 대해서는 Zwicky(1985, 1993) 등 참고. 단어 형성에 핵 개념이 도입된 경위와 그 전개 과정에 대해서는 전상범(1995), Bauer(1990), Borer(1998) 등 참고.

3.1. 파생어의 핵

앞서 (6)에서 논의하였듯이 접미 파생어의 핵은 접미사이고 이는 핵 매개변인이 예측하는 바와 마찬가지이다. 그런데 접미사를 핵으로 보는 입장은 충분히 일반적인가? 혹시 접미사 '－이'를 포함한 소수의 접미사만이 핵인 것은 아닌가? 또 접두 파생어는 어떠한가?

(8) 가. 접미 파생어: 놀이, 덜렁대다, 어른스럽다, 높이 등

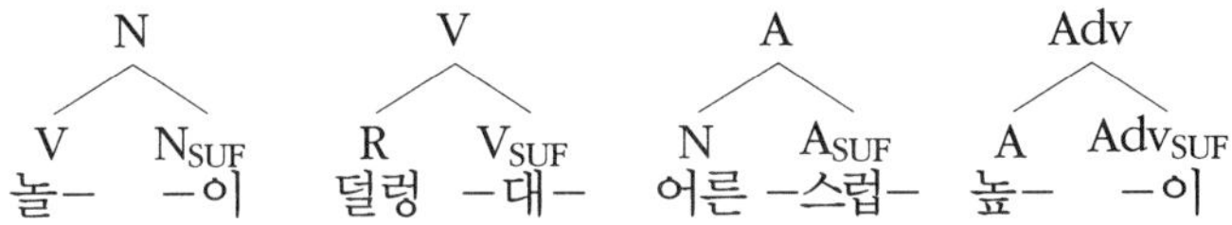

나. 접두 파생어: 햇감자, 휘젓다, 헛일, 헛되다 등

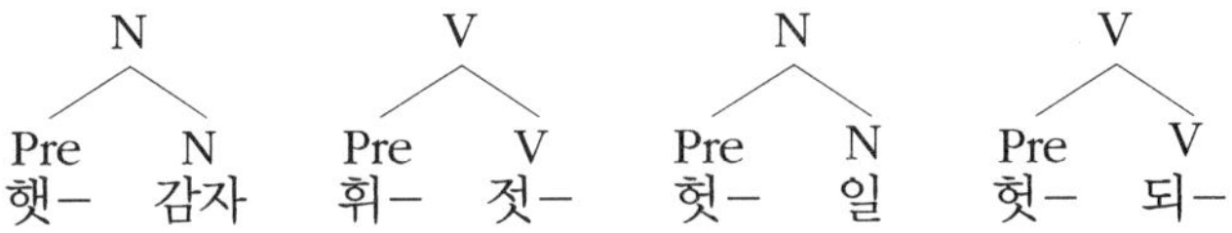

앞에서 확인할 수 있듯이 접미 파생어의 핵은 '어기＋접미사' 구조에서 접미사이고(8가), 접두 파생어의 핵은 '접두사＋어기' 구조에서 어기이다(8나). 특히 (8가)의 '덜렁－대－'와 (8나)의 '헛－일, 헛－되－'는 주목을 요한다. (8가)의 '덜렁'은 어근(root)으로서 특정 범주에 속한다고 보기 어려우며 굳이 범주를 부여하면 '덜렁덜렁'을 고려하건데 부사(ADV)가 되어야 한다. 그런데 '덜렁'의 범주와는 무관하게 '덜렁－대－'는 동사이고 이는 접미사 '－대－'가 파생어 '덜렁대－'의 범주를 결정하는 핵임을 의미한다. (8나)에서는 접두사 '헛－'의 범주가 어떻든 간에 파생어 '헛－일, 헛－되－'의 범주는 어기 '일'과 '되－'의 범주를 따른다. 이는 접두 파생에서 핵은 접두사가 아니라 어기임을 의미한다.

(8)과 달리 접미 파생어에서 접미사가 아니라 어기가 핵인 경우와 접두 파생어에서 어기가 아니라 접두사가 핵인 경우는 찾기 어렵다.[11] 따라서 접미사를 핵으로 보는 입장은 충분히 일반적이며 접두 파생어의 핵은 접두사가 아니라 어기라고 할 수 있다. 그리고 이는 모두 핵 매개변인에 부합한다. 핵 매개변인에 따르면 국어에서 핵은 구성의 끝에 위치하는데 접미 파생어에서는 접미사가, 접두 파생어에서는 어기가 단어 구조에서 끝에 위치하기 때문이다.

그러나 핵 매개변인에 의해 단어의 핵을 결정하는 방안이 모든 언어에 일률적으로 적용되는 것은 아니다. 예를 들어 영어는 핵 매개변인 상 핵 초 언어(head initial language)에 속하지만 접미 파생에서 핵은 선행하는 어기가 아니라 후행하는 접미사이다. 또한 'truck driver'와 같은 종합 합성어(synthetic compound)에서 볼 수 있는 'OV' 어순도 핵 매개변인에 반한다. 핵 매개변인 상 핵 초 언어는 'OV'가 아니라 'VO' 어순이 나타나기 때문이다('Hoon loves Ju'와 '*Hoon Ju loves'의 대조 참고).[12] 핵 초 언어의 특성을 보여주는 것은 'en−large, be−head' 등의 'en−, be−' 접두사 파생 정도인데 이러한 예는 몇몇 소수의 접두사에 국한되며 일반적으로는 접두 파생도 핵 매개변인의 예측과는 달리 후행하는 어기가 핵이 된다. 이로 인해 핵 매개변인과 무관하게 일률적으로 접사를 핵으로 간주하고 자

---

11 만약 $[_W$ B SUF] 구조에서 파생어(W)의 범주가 접미사(SUF)가 아니라 어기(B)에 의해 결정되는 예가 발견되면 접미사가 핵이라는 일반화는 성립하지 않게 된다. 그리고 이러한 예는 소위 의미와 통사 범주를 바꾸지 않는 접미사나 통사적 접사 등에서 발견된다. 의미와 통사 범주를 바꾸지 않는 접미사의 처리는 구본관(1997)을 참고하고 통사적 접사에 대해서는 이 장 4.5절과 15장 참고.

12 Selkirk(1982)를 따라 'truck driver'의 구조를 [[truck drive]−er]가 아니라 어근 합성어(root compound)와 마찬가지로 [[truck][driver]]인 것으로 보아도 논점은 변하지 않는다. 합성어 'pasta eater'와 구 'eater of pasta'에서 보듯이 핵과 보충어의 순서가 단어 형성과 통사부에서 서로 다르기 때문이다.

질 삼투 규약(feature percolation convention)으로 핵을 결정하는 방안이 대두되기도 하였고(Lieber, 1980; Selkirk, 1982 참고), 우측 핵 규칙(righthand head rule)과 상대적 핵(relativized head) 개념이 제안되기도 하였다(Williams, 1981; Di Sciullo & Williams, 1987 참고).

이와 같은 논의는 단어의 구조에서 핵을 결정하는 방안이 핵 매개변인에 의한 방안과 우측 핵 규칙 등과 같은 단어 형성 고유의 규칙에 의한 방안 이 두 가지가 있음을 의미한다.[13]

그렇다면 이 두 가지 설명 방안 가운데 어떤 것을 보다 우선시해야 하는가? 우선 분명히 해야 할 것은 단어 형성 고유의 규칙으로도 국어 자료를 기술할 수 있다는 점이다. 예를 들어 단어 형성 고유의 규칙에 속하는 자질 삼투 규약(feature percolation convention, Lieber, 1980: 78~105 참고)을 동원해도 (6), (8)과 동일한 결과를 얻을 수 있다.

따라서 어떤 설명을 따라야 하는가는 경험적 차원에서 결정하기 어렵고 이론적 차원에서 결정할 수밖에 없다. 이러한 맥락에서 여기서는 핵 매개변인에 의한 설명을 우선시하고자 한다. 핵 매개변인은 언어 유형적 차이를 규정하는 것이므로 원리적인 차원에서 작용하는 것으로 보아야 하고,[14] 단어 형성 고유의 규칙에 의한 설명은 핵 매개변인에 의한 예측이

13 매개변인에 의한 설명은 Scalise(1984: 190~191)에서 그 개요가 정리되었고 이후 통사부 단어 형성을 지지하는 논의들에서도 찾아볼 수 있다. 국어에서는 김인균(1995)에서 매개변인에 의한 설명이 제안되었는데, 여기서는 매개변인적 시각은 공유하되, 구체적인 매개변인에 있어서는 김인균(1995)과 다른 방향을 취한다. 이러한 조치는 다음과 같은 사정 때문이다. 먼저 김인균(1995)은 '지배의 방향성 매개변인'(Stowell, 1981 참고)과 '부사 수식의 방향성 매개변인' 이 두 가지 매개변인을 제안하였는데 핵을 결정하기 위해 두 가지 매개변인을 동원할 필요는 없고 핵 매개변인 하나면 족하지 않은가 한다. 또한 '지배'나 '수식'에 의존하는 매개변인으로는 (1나)에 속하는 합성어의 핵을 결정하기 곤란하다고 판단한다.

14 매개변인에 대한 자세한 사항은 Baker(2001), Newmeyer(2005), Gallego(2011) 등 참고.

실상과 부합하지 않는 경우에 한해 동원되는 것으로 보는 것이 합당하다고 판단하기 때문이다.[15] 더군다나 핵 매개변인이 핵 계층 통사론에서 유효하다면 반례가 없는 한 핵 계층 형태론에서도 유효한 것으로 보는 것이 자연스럽다고 판단한다. 그러면 핵 매개변인과 자질 삼투 규약의 예측이 같다고 하더라도 핵 매개변인에 의한 설명이 보다 원리적인 차원에 부합하는 것이며 분석과 설명에 있어 선호되어야 하는 것이라고 할 수 있다.

여기에 더해 단어 형성 고유의 규칙은 언어 보편적이기보다는 언어마다 다를 수 있다는 점도 충분히 고려할 필요가 있다. 예를 들어 전상범(1995: 424~425)에서 논의되었듯이 우측 핵 규칙은 언어 보편적 성격을 띠지 않는다. 그러면 우측 핵 규칙을 전제로 하는 상대적 핵 개념의 보편성도 인정하기 어렵게 된다.

3.2. 합성어의 핵

국어에서 파생어의 핵은 핵 매개변인에 의해 결정된다. 그렇다면 합성어(compound word)는 어떠한가? 핵 매개변인에 따르면 합성어에서도 핵은 후행하는 성분이어야 한다. 이 점을 염두에 두고 다음에서 제시한 합성어에서 핵이 무엇인지 검토하기로 한다.[16]

---

15 이와 관련하여 Bauer(1990)가 "… conclusion to draw is that heads have no place in morphology"라고 하면서도 "Another point to be borne in mind is that nearly all the evidence in this paper has been taken from English. Other languages may behave in a more regular way with respect to headedness"라고 한 언급은 주목할 필요가 있다(Bauer, 1990 [Katamba ed., 2004: 201] 참고). 참고로 영어 단어의 핵을 핵 매개변인으로 포착하기 어렵다는 점은 핵 계층 형태론의 초창기부터 지적되어왔다(Scalise, 1984: 186~191, 200 주 34 참고).

16 아래 자료는 이익섭 · 채완(1999: 66~87), 노명희(1998)에서 가져온 것이다. 논의 목적상 합성 명사 자료만 제시한다. '어기'는 '어근'을 포함하는 개념이므로 정확히 하면 (9)에서는 '어기'가 아니라 '자립 어기'라고 해야 하나 여기서는 편의상 '자립 어기'의 의미로 '어기'라는 용

(9) 가. 어기 + 어기: 손목, 책상(冊床), 새언니, 늦더위, 살짝곰보 등

나. 어근 + 어기: 보슬비, 뾰족구두, 우정(友情) 등

다. 어기 + 어근: 상장(賞狀), 차비(車費) 등

라. 어근 + 어근: 노인(老人), 안경(眼鏡), 토지(土地) 등

(9가)와 (9나)는 별다른 논의를 필요로 하지 않는다. 핵 매개변인은 후행 어기를 핵으로 간주하게 하는바 (9가)와 (9나)에서 후행 어기는 모두 명사이므로 (9가)와 (9나)의 합성어는 합성명사로 예측되기 때문이다. 문제는 (9다)와 (9라)에서 발생한다. 핵 매개변인에 따르면 여기서도 후행하는 어근이 핵이 되는데 어근 자체는 특정 범주에 속하지 않기 때문이다. 하지만 어근도 명사적 성격을 지니는 것으로 보면 이 문제도 핵 매개변인에 의한 설명에 본질적인 위협이 되지는 않는다.[17] 다시 말해 (19다)와 (19라)에서 후행하는 어근 '장(狀), 비(費), 인(人), 경(鏡), 지(地)' 등에 명사 범주를 배당하면 핵 매개변인에 의해 '상장(賞狀), 차비(車費), 노인(老人), 안경(眼鏡), 토지(土地)' 등의 합성어의 범주는 명사로 결정될 수밖에 없다.

어를 사용한다. 혼동이 없는 한 문맥에 따라서는 '어기'를 일반적인 '어기' 개념으로도 쓴다. 어기와 어근의 개념은 이익섭(1975) 참고.

17 이러한 시각은 정원수(1992)에서도 볼 수 있는데 정원수(1992: 87)는 "어근으로서의 자격을 가지고 있는 한자의 의미 통사적 정보를 바탕으로 한 자질의 명세화가 필요하다. 이를테면 어근을 또다시 하위 분류할 필요가 있다고 하겠다. 즉 단어 형성에 참여하는 어근을 명사적 어근, 동사적 어근, 관형사적 어근, 부사적 어근으로 분류하고 이들에 각각 [+N], [+V], [+A], [+Ad]의 자질을 부여한다"고 하였다.

4. 형태 단위의 층위

복합어는 어기 · 어근 · 접사 등을 구성 성분으로 삼는다. 어기와 어기가 통합하여 복합어가 형성될 수도 있고, 어기와 어근이 통합할 수도 있으며 어기와 접사가 통합하여 복합어가 형성될 수도 있다. 물론 복합어는 어근과 어근이 통합하거나 어근과 접사가 통합하여 형성되기도 한다. 그리고 통합의 결과 형성된 복합어는 앞에서 논의하였듯이 핵 매개변인에 의해 핵이 결정되고 그 범주가 결정된다.

그렇다면 복합어를 구성하는 형태 단위들의 층위(level)는 어떠한가? 우선 X^0 층위를 통사 구조에서 종단 교점(terminal node)을 차지하는 단위, 다시 말해 통사 구조 형성의 입력 단위로 보면 어기는 X^0 층위에 해당하지만 어근과 접사는 X^0 층위일 수는 없고 X^0 층위보다 낮아야 한다. 그렇다면 구체적으로 어근의 층위는 무엇이며 또 접사의 층위는 무엇인가? 그리고 어기는 항상 X^0 층위인가?

어근과 접사의 층위에 대한 구체적인 논의는 잠시 뒤로 미루고 일단 어기의 층위는 어떻게 보아야 하는지부터 논의하기로 한다. 형태소 하나로 이루어진 어기는 층위를 설정하는 데 있어 별다른 고려 사항이 없지만 형태소 둘 이상으로 이루어진 어기는 층위와 관련하여 다소 미묘한 문제가 발생하기 때문이다. 편의상 앞의 것을 단일 어기라고 하고 뒤의 것을 복합 어기라고 하자.

층위와 관련하여 단일 어기는 방금 언급하였듯이 별다른 추가적인 논의를 요하지 않는다. 예를 들어 '하늘, 높-' 등이 이에 해당하는데 이들에는 X^0 층위를 부여하기만 하면 된다. 그러면 '하늘'은 N^0이고 '높-'은 V^0이며 이들은 X^0 층위의 단위에 적용되는 통사 작용의 대상이 된다. 물론 합성어와 파생어 내부에도 X^0 층위 성분이 나타날 수 있으므로 N^0 '하늘'

과 V^0 '높-'은 합성과 파생의 대상이 되기도 한다('하늘나라, 높-이' 등 참고).

단일 어기와 달리 복합 어기는 다소 미묘한 문제를 제기한다. 예를 들어 N^0 '손'과 N^0 '목'이 통합하여 형성된 '손목'은 N^0 층위인가 아니면 N^0보다 높은 층위인가? 이 문제에 대해 Scalise(1984: 188)은 '손목' 같은 복합어는 N^0 층위보다 하나 높은 N^1 층위에 속하는 것으로 보았는데, 여기서는 'X^0 층위 = 통사 구조 형성의 입력 단위'를 기준으로 삼아 '손'과 '목'뿐만 아니라 '손목'도 N^0 층위인 것으로 보고자 한다.[18] 그러면 '손목'은 '(5나) $X^n \rightarrow \cdots X^{\{n,\ n-1\}} \cdots$ (단, $n<1$)'에서 '$X^n \rightarrow \cdots X^n \cdots$'과 '$n<1$'의 하나인 '$n=0$'이 선택되어 형성된 것으로 파악된다($N^0$ '손목' $\rightarrow \cdots$ N^0 '목').

4.1. 접사 = '−1' 층위

애초 단어 형성에 핵 계층 이론을 도입한 Selkirk(1982)는 접사에 특별한 층위(level)를 배당하지 않았으며 이러한 시각은 국어에도 적용되었다(정원수, 1992 참고).[19] Selkirk(1982)나 정원수(1992)에서 접사는 'X^{af}'로 표시

18 Scalise(1984: 188)은 'complex internal structure'를 기준으로 삼아 이러한 구조를 지니면 X^0보다 높은 층위를 지니는 것으로 보았다. '통사 구조 형성의 입력 단위'와 'complex internal structure' 가운데 어느 것이 보다 합리적인 기준인가는 정하기 어렵다. 여기서는 Scalie(1984)를 논외로 하면 복합어의 층위도 영 층위, 즉 X^0 층위로 파악하는 것이 일반적임을 고려하여 '통사 구조 형성의 입력 단위' 기준을 따른다.

19 단어 형성을 핵 계층 이론으로 설명하려면 범주와 층위에 대한 정보가 필요하다. 그래야만 투사 개념이 적용될 수 있기 때문이다. 그런데 접사는 Selkirk(1982)에서 범주 정보는 지니지만 층위 정보는 지니지 않기 때문에 핵 계층 형태론에서 다소 예외적인 존재가 되고 말았다. 따라서 접사에 층위 정보를 주는 방안이 강구되어야 하는데 Selkirk(1982: 96~97)의 나무그림을 참고하면 접사는 단어를 형성하는 '−1' 층위 접사와 어근을 형성하는 '−2' 층위 또는 '−3' 층위 접사로 나뉘는 것으로 볼 수 있다. 후자의 경우 '−2' 층위 접사는 어근의 층위를 '−1' 층위로 본 경우이고 '−3' 층위는 어근의 층위를 '−2'로 본 경우이다. 어근의 층위에 대해서는 이 장의 4.2절과 4.3절 참고.

되는바 여기서 'af'는 층위에 대한 정보와 무관한 것이다. 하지만 접사에 대한 이러한 태도는 Scalise(1984: 188), 전상범(1995: 405~406), Borer(1998: 160~164) 등에서 지적하였듯이 핵 계층 이론과는 어울리지 않는다. 핵 계층 이론에 부합하기 위해서는 접사에도 일정한 층위를 부여해야 하기 때문이다.

이러한 상황에서 접사에 일정한 층위를 부여하려는 시도가 나타나게 되었고 그 결과 접사에는 대개 '−1' 층위가 부여되었다(Scalise, 1984: 188; 김인균, 1995 등 참고).[20] 접사를 '−1' 층위로 보고 앞서 (8)의 예를 보다 정확히 분석하면 다음과 같다.

(10) 가. 접미 파생어: 놀이, 덜렁대다, 어른스럽다, 높이

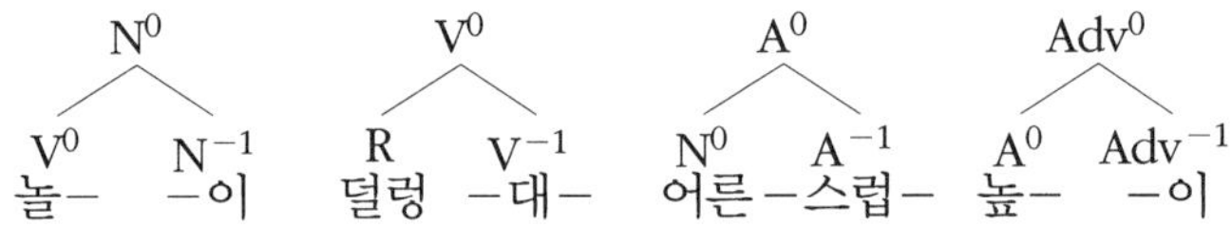

나. 접두 파생어: 햇감자, 휘젓다, 헛일, 헛되다

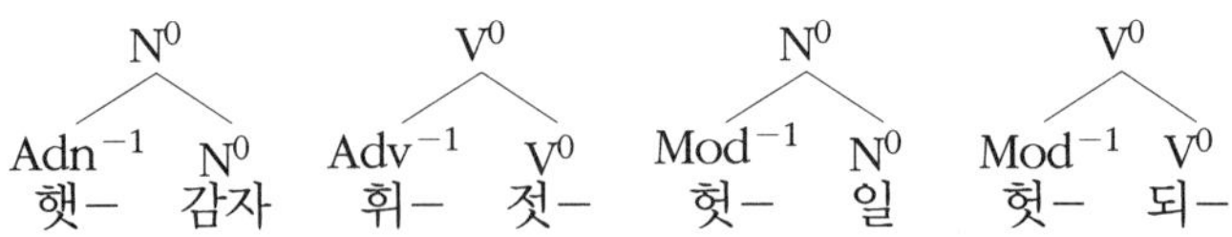

접미사는 '−1' 층위로서 (10가)에서 보듯이 '0' 층위로 투사한다. 이와

---

20 이와 달리 Lieber(1988) 등은 접사를 '0' 층위(X^0)로 파악하였다. Lieber(1988)은 단어를 통사부에서 형성하는바 이러한 입장에서는 통사부에 X^0보다 낮은 층위가 동원될 수 없으므로 접사를 X^0 층위로 보는 것이 당연하다. 하지만 이 장은 단어 형성을 통사부가 아니라 어휘부의 소관으로 보고 또 '통사 구조 형성의 입력 단위'를 X^0 층위의 기준으로 파악하므로 접사에 X^0 층위를 부여하지 않는다.

달리 접두사는 (10나)에서 보듯이 수식어의 일종으로서 어기에 부가되며 핵이 아니므로 투사와는 무관하다. 'Adn, Adv, Mod'는 접두사의 어기 제약을 반영한 것으로 각각 관형성 · 부사성 · 수식성을 의미한다. 수식성은 관형성과 부사성을 아울러 가리키므로 이에 해당하는 접사는 명사뿐만 아니라 동사도 어기로 삼는다.

4.2. 어근 = '−2' 층위?

X^0 층위 이상의 단위는 통사 작용의 대상이 되고 접사는 통사 작용의 대상이 아니라는 점에서 접사에 X^0 층위보다 낮은 X^{-1} 층위를 부여하는 것은 타당한 조치라고 할 수 있다. 그렇다면 어근은 어떠한가? 어근도 통사 작용의 대상이 아니므로 X^0보다 낮은 층위를 배당해야 할 것이다.[21] 그러면 접사와 마찬가지로 어근도 X^{-1} 층위인가? 아니면 접사보다도 낮은 층위, 예를 들어 X^{-2} 층위인가?

이러한 의문에 대해 Selkirk(1982: 7)은 어근이 '−2' 층위에 속하는 것으로 보았고,[22] 이러한 제안은 국어의 단어 형성을 논의한 정원수(1992: 22)에서도 볼 수 있다. 그러나 어근에 '−2' 층위를 부여하는 시각은 재고를

21 김창섭(2001, 2002)처럼 어근을 통사부에 도입하여도 여기서의 논의는 유지된다. 예를 들어 '귀중', '확실' 등의 어근이 조사와 통합하는 것을 막기 위해서는 '0' 층위보다 낮은 '−' 층위 설정에 대응하는 조치가 동원되어야 하기 때문이다. 이후의 논의를 참고하여 김창섭(2001, 2002)의 제안을 층위로 해석하면 '귀중, 확실'은 '−1' 층위(귀중하다, 확실하다)에 속하고 '설명'은 '−1' 층위(설명하다)와 '0' 층위(설명이 어렵다) 양쪽에 속하게 된다.

22 어근의 층위에 대한 시각은 Selkirk(1982)에서 논의가 진전되면서 바뀐다. Selkirk(1982: 7)에서는 '단어 · 어간 · 어근'의 삼분법을 제시하고 이들 각각에 '0' 층위, '−1' 층위, '−2' 층위를 부여하였지만 뒤에서는 "It will become increasingly clear as the discussion develops that the two-way type distinction, Root vs. Word, is adequate for describing the full range of English word structure"(Selkirk, 1982: 98)라고 함으로써 어근이 '−1' 층위일 가능성을 암시하였으며 결국에는 논의를 마감하는 자리에서 어근을 '−1' 층위라고 하였다 (Selkirk, 1982: 124).

요한다.

첫째, 어근에 '−2' 층위를 부여하는 것은 Selkirk(1982)에서 논의되었듯이 Siegel(1974)의 접사 분류를 핵 계층 형태론으로 포섭하기 위한 것인데 국어에 그러한 접사 분류가 어떤 의미를 지니는지 알기 어렵다. 즉 Siegel(1974)와 Selkirk(1982)에서 논의되었듯이, 어근을 어기로 삼는 1종 접사(class I affix)와 단어를 어기로 삼는 2종 접사(class II affix) 이 두 가지로 접사가 대별되어야 어근이 별도의 층위에 속한다고 보는 시각이 효과를 지니는데 국어는 그러한 구별이 나타나지 않을 뿐만 아니라 그러한 구별이 가져올 이득도 불투명한 것이다.[23]

둘째, (9라)에서 논의한 '어근+어근' 합성어의 예를 고려하면 '어근='−2' 층위'는 개념적인 문제를 야기하는 데에서 멈추지 않고 실질적인 문제마저 야기한다.

(11) 어근 + 어근: 노인(老人), 안경(眼鏡), 토지(土地) 등 (=9라)

N^0

N^{-2} N^{-2}

노 인

안 경

토 지

핵 계층 이론에 따르면 (11)에서 N^{-2} 층위 '인 · 경 · 지' 등이 투사한 '노인 · 안경 · 토지' 등은 N^{-2} 층위보다 하나 높은 N^{-1} 층위여야 한다.

23 국어에도 단어만을 어기로 취하는 접사와 어근만을 어기로 취하는 접사의 구분은 있다. 또한 어기로 단어와 어근을 모두 취하는 접사도 존재한다. 하지만 이러한 접사의 구분을 위해 어근에 '−2' 층위를 부여할 필요는 없다. 핵심은 단어와 어근의 구분이므로 어근에 단어와 다른 층위를 부여하면 되지 굳이 '−2' 층위를 고집할 필요는 없기 때문이다.

하지만 '노인 · 안경 · 토지' 등은 통사 작용의 어엿한 대상이므로 N^{-1} 층위가 아니라 N^0 층위로 간주해야 한다. 따라서 어근을 '−2' 층위로 보면 '−2' 층위가 '−1' 층위를 건너뛰어 '0' 층위로 투사하는 불합리한 상황을 인정해야 하는 문제에 봉착하게 된다.

앞의 두 가지 사항을 고려하면 핵 계층 형태론에 불합리한 유보 조항 내지는 예외적 조치를 동원하지 않는 한 어근에 '−2' 층위를 부여하기는 어렵다. 그렇다면 핵 계층 이론 상 어근은 어떤 층위에 속해야 하는가? 물론 가능성은 두 가지이다. '−2' 층위는 아닌 것으로 판단되었으므로 '−2' 층위보다 높거나 낮은 층위일 수밖에 없기 때문이다. 이 두 가지 가능성 가운데 먼저 '−2' 층위보다 높으면 어근은 '−1' 층위가 된다. '0' 층위보다 낮고 '−2' 층위보다 높은 것은 '−1' 층위일 수밖에 없기 때문이다. 다음으로 '−2' 층위보다 낮으면 어근은 '−3' 층위거나 이보다 낮아야 한다. 그런데 '−2' 층위보다 낮은 것으로 보는 견해는 그다지 심각히 고려할 필요가 없다. 어근을 '−2' 층위로 간주하는 데 따르는 문제는 어근을 '−2' 층위보다 낮은 것으로 간주해도 제기되기 때문이다. 이제 남은 선택지는 어근을 '−1' 층위에 소속시키는 길이다.

4.3. 어근 = '−1' 층위

어근을 '−1' 층위에 속하는 것으로 보면 어근과 접사는 같은 층위에 속하게 된다. 이러한 결과는 일견 불합리한 것으로 보일 수도 있다. 하지만 어근이나 접사가 의존 형식(bound form)이라는 공통점을 지니는 것에 주목하면 어근과 접사를 같은 층위에 두는 것이 오히려 합리적이라고도 할 수 있다.[24]

24 물론 이는 어근 개념을 이익섭(1975)에 따르기 때문이다. 앞서 논의한 Selkirk(1982)에서는 어근이 의존 형식일 필요가 없다.

또한 속성이 달라도 같은 층위에 속할 가능성은 충분하다는 점도 고려할 필요가 있다. 예를 들어 '비가 오겠다'에서 '비, −가, 오−, −겠−, −다'는 모두 '0' 층위에 속하지만 그 속성은 확연히 다르다. '비, 오−'는 어휘 형식(lexical form)에 속하고 그밖에 '−가, −겠−, −다'는 문법 형식(grammatical form)에 속하는 것이다. 마찬가지로 접사와 어근도 같은 층위에 속하되 문법 형식이냐 아니면 어휘 형식이냐에 의해 구분되는 것으로 간주하는 것이 합리적이라고 할 수 있다.

이제 접사와 더불어 어근에도 '−1' 층위를 부여하면 '놀이, 속삭이−, 학생, 손발'과 같은 복합어는 다음의 구조를 지니게 된다.

(12)

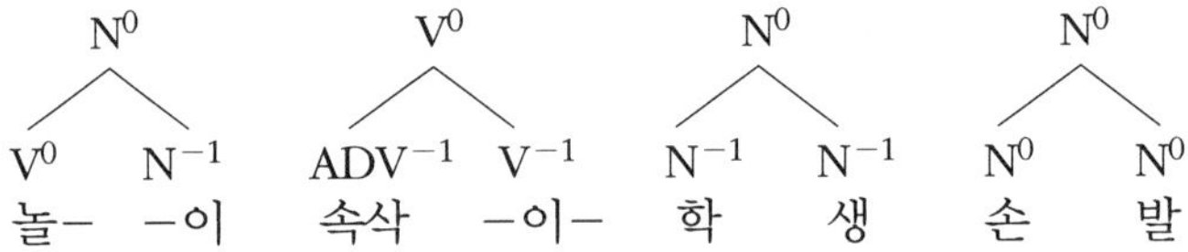

앞에서 논의하였듯이 접사와 어근이 속성만 다를 뿐 문법적으로는, 특히 핵 계층 이론의 시각에서 층위가 서로 같다면 접사가 참여한 복합어와 어근이 참여한 복합어의 구조는 같은 유형인 것이 자연스럽다. 이러한 관점에서 (12)를 관찰하면 동일 유형임을 확인하기 위해서는 두 가지 유형의 자료가 추가되어야 함을 알 수 있다.

'놀이'와 '속삭이−'에서 알 수 있듯이 접사는 '0' 층위는 물론이고 '−1' 층위도 보충 성분으로 취하는 구조를 형성하는데, '학생'에서 어근 '생'은 '−1' 층위 어근 '학'과만 통합하고 있다. 따라서 어근이 '0' 층위 성분과 통합하여 복합어를 형성하는 자료(X^0+어근)가 제시되어야만 제안이 효력을 지닌다. 그리고 이 점은 '손발'류에 대해서도 마찬가지이다. 어근과 접사가 핵으로서 '0' 층위 요소와 '−1' 층위 요소를 보충 성분으로 취하며 복합어를 형성하듯이 어기 '발'도 '손'과 같은 '0' 층위 요소뿐만 아니라 '−1' 층위 요소와 통합하면서(어근+X^0) 복합어를 형성해야 여기서의 논지가 보다 견고하게 성립하는 것이다.

그렇다면 필요한 유형의 자료는 실재하는가? (13)은 이러한 자료가 존재함을 잘 보여준다.

(13) 가. 어근+X^0 나. X^0+어근

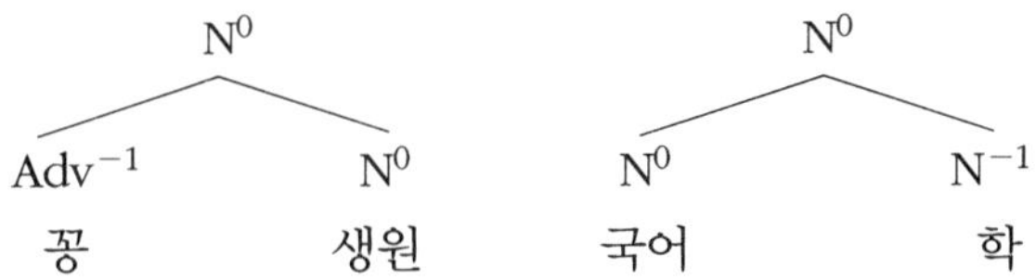

(12), (13)에는 핵 계층 이론에 어긋나는 것이 전혀 없다. 다만 통사부의 핵은 '0' 층위 요소로 국한되지만 어휘부의 핵은 그에 더해 '−1' 층위 요소도 있다는 점이 지적될 만하다.[25] 하지만 이러한 차이는 통사부와 어휘부의 차이로 보는 것이 합리적이라고 판단한다. 다시 말해 통사부와 어휘부는 형성 규칙은 동일하고, 다만 그 형성 규칙에 동원되는 어휘 항목이 다르며 이로 말미암아 형성되는 결과물에 차이가 나타나는 것으로 볼 수 있다. 이를 표로 도식화하면 다음과 같다.

25 더불어 통사부에서 핵과 통합하는 성분은 항상 XP인데 어휘부에서는 어기(X^0)일 수도 있고 어근(X^{-1})일 수도 있는바 이러한 차이도 지적할 수 있다. 이로 인해 접사는 '0' 층위와 통합하는 부류(좁−다랗−), 어근 즉 '−1' 층위와 통합하는 부류(중얼−거리−), '0' 층위와 '−1' 층위 둘 다와 통합하는 부류(자랑−스럽−, 소담−스럽−) 이렇게 세 부류로 나뉘게 된다. 한편 접사에는 '−2' 층위에 속하는 것도 있는데 이 장의 4.4절 참고.

(14) 어휘부와 통사부의 상사와 상위

구분	입력형	형성 규칙	출력형
통사부	X^0	핵 계층 이론	XP
어휘부	X^0, X^{-1}		X^0

어근에 '−2' 층위가 아니라 '−1' 층위를 부여하면 앞서 어근을 '−2' 층위 요소로 봄으로써 야기되는 문제도 피할 수 있다. 앞의 4.2절에서 논의하였듯이 어근을 '−2' 층위로 간주할 때 제기되는 문제는 두 가지인데, 1종 접사와 2종 접사의 구분을 반영하기 위한 '−2' 층위를 동원하지 않았기 때문에 첫 번째 문제를 피할 수 있으며, 어근을 '−1' 층위로 보면 투사에도 문제가 발생하지 않으므로 두 번째 문제 역시 피할 수 있기 때문이다.

4.4. 어근 형성 접미사 = '−2' 층위

어근에 '−1' 층위를 부여하면 접사에는 '−1' 층위 접사에 더해 '−2' 층위 접사가 존재하게 된다. '−2' 층위는 어근보다 하나 낮은 층위이므로 여기에 해당하는 접사는 어근의 직접 구성 요소가 되는바, 소위 어근 형성 접미사가 이에 해당한다. 예를 들어 어근에 '−1' 층위를 부여하면 '먹음직스럽다'에서 '먹음직−'은 어근이므로 '−1' 층위에 속하게 되는데 이러한 처리는 다음에서 보듯이 어근 형성 접미사 '−음직−'을 '−2' 층위로 보게끔 한다.[26]

26 '먹음직스럽다'를 포함하여 '−스럽−' 파생에 대해서는 송철의(1992: 199~206) 참고.

(15) 먹음직스럽다

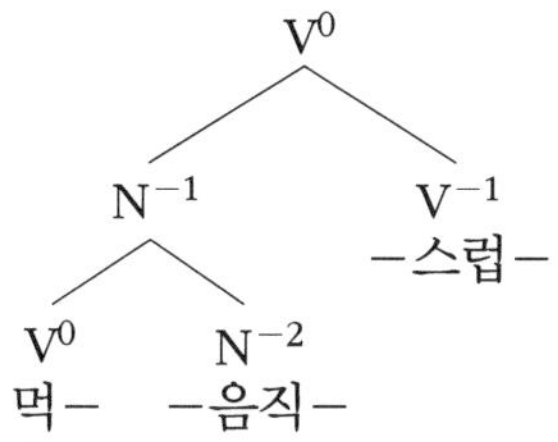

'－음직－'을 명사 범주로 파악한 것은 접미사 '－스럽－'이 명사를 어기로 취하는 것을 반영한 것이다.

4.5. 통사적 접사

통사적 접사도 통사적 존재인 한 X^0 층위에 속하지 X^{-1} 층위에 속하지 않는다.[27] 예를 들어 영어의 자료이기는 하지만 Fabb(1984)는 'ballroom dancing, street singer, pan fried' 등에서 볼 수 있는 '－ing, －er, －ed' 접미사에 X^0 층위를 배당하고 통사적 파생이 핵 계층 이론과 조화를 이루는 것으로 보았다.

그런데 Fabb(1984)와 달리 임홍빈(1989)은 "통사적 파생이라는 구성이 지배적인 문법 구조의 하나가 되는 한에 있어, 교착어는 엑스-바 이론을 정면으로 위배하는 구조를 근간으로 하고 있다"(1989/1998: 60)라고 하였다. 이러한 판단은 통사적 접사(SS)를 핵으로 보면 SS'와 같은 존재가 나타나는데 "접미사 가운데는 선행 어기의 통사적 범주를 바꾸는 것도 있고 바꾸지 않는 것도 있다. 따라서, 통사적 범주를 전혀 바꾸지 않는 접미사

27 통사적 접사에 대해서는 임홍빈(1989), 고재설(1992, 1993), 고창수(1992), Fabb(1984), Lieber(1992) 등 참고.

구성에 대하여 그 상위의 범주를 선행 구성과 구별하는 것은 바람직하지 않"(1989/1998: 61)다고 보기 때문이다. 이러한 지적이 있는 그대로 유지된다면 핵 계층 형태론은 최소한 통사적 파생에 있어 예외적인 상황을 만나게 된다.

물론 예외적인 상황을 그대로 인정하여 핵 계층 형태론과는 독립적으로 존재하는 규칙을 제안할 수도 있다. 하지만 여기서는 그러한 방안 대신에 지금까지 논의한 핵 계층 형태론을 유지하면서 임홍빈(1989)에서 제기된 문제를 해결할 수 있는 방안을 모색하고자 한다.

임홍빈(1989)에서 제기된 문제의 핵심은 (16)에서 보듯이 [$_W$ B SUF] 구조에서 접미사(SUF)가 아니라 어기(B)가 파생어(W)의 범주를 결정하는 경우가 있으며 이는 핵 매개변인의 예측과 어긋난다는 점이다. 핵 매개변인에 따르면 선행하는 어기(B)가 아니라 후행하는 접미사(SUF)가 파생어(W)의 핵이므로 파생어(W)의 범주도 접미사(SUF)가 결정해야 하는 것이다.[28]

(16)

그런데 (16)과 같은 상황은 통사부 파생에 국한하지 않고 어휘부 파생에서도 나타나며 또 접사가 아닌 보조사도 마찬가지 특성을 보인다.

28 '우리 선수들', '매우 열심히들'의 구조를 [우리 [[선수]-들]], [매우 [[열심히]-들]]로 보아도 문제는 여전히 남는다. '학생들, 열심히들'의 범주가 접사 '-들'이 아니라 '학생, 열심히'에 의해 결정되기 때문이다. 참고로 이 구조에 따르면 '학생들'과 '열심히들'을 어휘부에서 형성할 수 있으므로 접사 '-들'이 통사부에 등장하지 않을 수도 있다.

(17)

(18)

(17)은 후행하는 보조사 '－도'가 아니라 선행하는 NP, AdvP가 '우리 선수－도'와 '매우 열심히－도'의 범주를 결정하는 것을 보여주고 있고, (18)은 후행하는 접미사 '－하－'가 아니라 선행하는 상태성 어근 '깨끗'과 동작성 어근 '이룩'이 '깨끗－하－'와 '이룩－하－'의 범주를 결정하는 것을 보여주고 있다.[29]

그렇다면 핵 계층 형태론의 근간을 유지하면서, 특히 핵 매개변인에 따라 (16)~(18)에서도 선행하는 요소가 아니라 후행하는 요소를 핵으로 보면서 범주의 문제를 해결하는 방안은 가능한가? 가능하다면 그 방안은 구체적으로 무엇인가? 여기서는 두 가지 가능성을 제시하고자 한다.

첫 번째 방안은 문제의 후행 요소들이 범주 자질을 결여하고 있거나 아니면 범주 자질이 있더라도 투사하지 않는 것으로 보고 선행 요소의 범주 자질을 상위로 삼투(percolation)시키는 것이다(이정훈, 2004/2008: 101~105;

29 동사 '하－'와 형용사 '하－'가 따로 존재하는 것으로 보는 견해를 따르면 (18)은 핵 매개변인에 전혀 문제가 되지 않는다(고재설, 1999 참고). 핵 매개변인에 따라 '하－'가 핵이며 '깨끗하－'의 '하－'는 형용사, '이룩하－'의 '하－'는 동사로 보면 되기 때문이다. 다만 여기서는 핵 매개변인에 문제를 야기하는 예를 제시하는 것이 목적이므로 '－하－'를 소위 기능동사 내지는 경동사적 접미사로 보는 견해를 따른다(김창섭, 2001 등 참고). 어떠한 입장을 따르더라도 논지가 훼손되는 것은 아니다.

Lieber, 1980; Selkirk, 1982 등 참고).

삼투 방안을 따를 경우 '−들, −도, −하−' 등은 핵이지만 범주 자질이 없거나 상위 교점으로 투사하지 않아서 '우리 선수−들, 매우 열심히−들, 우리 선수−도, 매우 열심히−도, 깨끗−하−, 이룩−하−'의 범주를 결정하지 못하여 범주가 결정되어야 한다는 요구를 충족시키지 못하게 되고 어쩔 수 없이 보충 성분, 즉 선행 요소의 범주 자질이 상위로 삼투되어 '우리 선수−들, 매우 열심히−들, 우리 선수−도, 매우 열심히−도, 깨끗−하−, 이룩−하−'의 범주가 결정된다. 이를 도식화하여 제시하면 다음과 같다. 'A → B'는 A에서 B로의 삼투를 의미한다.

(19) 삼투 방안

[$_{\square}$ [$_{NP}$ 우리 선수]−들] ⇒ 삼투 ⇒ [$_{NP}$ [$_{NP}$ 우리 선수]−들]

[$_{\square}$ [$_{NP}$ 우리 선수]−도] ⇒ 삼투 ⇒ [$_{NP}$ [$_{NP}$ 우리 선수]−도]

[$_{\square}$ [$_{A}$ 깨끗]−하−] ⇒ 삼투 ⇒ [$_{A}$ [$_{A}$ 깨끗]−하−]

두 번째 방안은 이정훈(2005)에서 논의한 범주 통용을 이용하는 방안이다. 이 방안에 의하더라도 첫 번째 방안과 마찬가지로 문제의 후행 요소들은 범주 자질을 결여하고 있거나 아니면 범주 자질이 있더라도 투사하지 않는 것으로 간주된다. 그렇지만 범주는 삼투가 아니라 분포(distribution)에 결정된다. 예를 들어 '매우 열심히−들'의 분포는 AdvP와 마찬가지이므로 그 범주가 AdvP로 결정된다. 다시 말해 '매우 열심히−들'의 범주는 '아이들이 매우 열심히들 공부한다'와 같은 분포에서 '공부한다'를 수식하므로 AdvP로 결정된다. 이 예에서 '매우 열심히들'은

AdvP 이외의 가능성을 지니지 않는다.[30] 그리고 이러한 범주 결정은 별다른 문제를 일으키지 않는다. '매우 열심히-들'이 AdvP로 결정되는데 그 내부에는 AdvP '매우 열심히'가 존재하므로 내심성(endocentricity)이 유지되기 때문이다. (19)에서 다루지 않은 예를 대상으로 범주 통용이 적용되어 범주가 결정되는 과정을 도식화하면 다음과 같다. 분포가 결정되는 환경을 함께 제시한다.

(20) 범주 통용 방안

[$_{\square}$ [$_{AdvP}$ 매우 열심히]-들] ⇒ [$_{AdvP}$ [$_{AdvP}$ 매우 열심히]-들] 공부한다

[$_{\square}$ [$_{AdvP}$ 매우 열심히]-도] ⇒ [$_{AdvP}$ [$_{AdvP}$ 매우 열심히]-도] 공부한다

[$_{\square}$ [$_{V}$ 이룩]-하-] ⇒ [$_{V}$ [$_{V}$ 이룩]-하-] -자

삼투와 범주 통용 가운데 어느 것이 더 합당한 것인가는 정하기 어렵다. 삼투 기제가 국어 이외의 언어에서 쓰인다는 것을 고려하면 삼투가 더 합당한 듯이 보이지만, 범주 통용이라는 것이 국어에 엄연히 존재하는 것을 고려하면 역으로 범주 통용이 더 합당한 것으로 여겨지기 때문이다. 여기서는 궁극적으로 어느 방안이 더 올바른 것으로 결정되든지 간에 임홍빈(1989)에서 제기된 문제는 핵 계층 형태론의 틀 내에서 해결할 수 있

30 이는 '매우 열심히-들'이 예를 들어 N의 분포를 지니지는 않는다는 것을 의미한다. 만약 '매우 열심히-들'이 N이 나타나는 환경에 분포하게 되면 비문법성이 유발된다. 그러한 환경에서 '매우 열심히-들'은 NP가 되는데 '매우 열심히-들' 내부에는 N이 없기 때문이다. 참고로 분포에 의해 범주를 결정하는 방안은 Radford(1988)와 분산 형태론(distributed morphology)에서도 볼 수 있다.

다는 점만을 확인하기로 한다.

5. 결론

지금까지 어근과 접사에 층위가 부여되고 핵 매개변인이 주어지면 복합어는 핵 계층 이론에 따라 형성된다는 것을 살펴왔다. 논의 사항을 간략히 항목화하여 제시하면 다음과 같다.

첫째, 어휘부의 핵은 통사부의 핵과 마찬가지로 핵 매개변인에 의해 결정된다. 핵 매개변인이 적용되지 않는 경우에 한해서 독자적인 단어 형성 규칙이 동원된다.

둘째, 접사와 어근도 핵 계층 이론의 대상이므로 범주는 물론이고 층위에 대한 정보를 지닌다.

셋째, 층위와 관련하여 어근은 '−1' 층위이며, 접사는 '−1' 층위일 수도 있고 '−2' 층위일 수도 있다. 소위 어근 형성 접미사가 '−2' 층위 접사에 속한다.

넷째, 통사적 접사는 통사 작용의 대상이므로 '0' 층위에 속한다.

다섯째, 접미사가 범주를 결정하지 못하면 삼투나 범주 통용에 의해 상위 교점의 범주가 결정된다.

이에 따르면 이제 애초 (2)에서 제기한 질문은 어느 정도 선명한 답을 얻게 된다. 다음에 (2)를 반복하고 이에 대한 답을 제시한다.

(21) 가. 복합어를 형성하는 원리는 무엇인가? (=2가)

⇒ 복합어를 형성하는 원리, 즉 어휘부의 구조 형성 기제는 통사부의 구조 형성 기제와 마찬가지로 핵 계층 이론이다. 각각을 핵 계층 형태론, 핵 계층 통사론이라고 한다.

나. 복합어를 형성하는 원리와 구나 절, 문장 등을 형성하는 원리는 서로 같은가? 다르다면 어떻게 다른가? (=2나)

⇒ 핵 계층 형태론과 핵 계층 통사론은 근본적으로 같다. 다만 핵 계층 형태론과 핵 계층 통사론이 모든 면에서 같은 것은 아닌바, 그 차이는 (14)에 제시하였듯이 입력형과 출력형의 차이에 기인한다.

하지만 핵 계층 형태론이 보다 정교해지기 위해서는 추가로 논의되어야 할 사항들이 적지 않다. 우선 떠오르는 문제 세 가지만을 제시하면 다음과 같다.

우선 무엇보다도 논항과 부가어가 구조적으로 반영되는 양상을 면밀히 고찰할 필요가 있다. 다음 (22)에서 보듯이 핵 계층 형태론에 따르면 그 구조를 어떻게 보든 '통닭구이'와 '장작구이'에서 논항 '통닭'과 부가어 '장작'은 모두 부가 구조를 형성하게 된다(김창섭, 1983, 1996; 고재설, 1992, 1993; 시정곤, 1994/1998; 이재인, 1995; 김인균, 1995 등 참고).

(22) 통닭구이, 장작구이

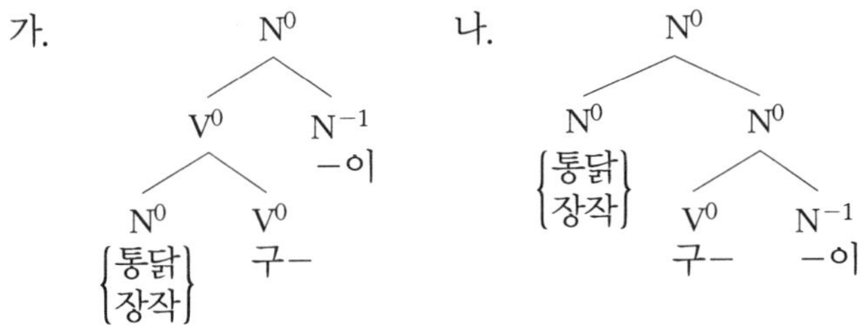

하지만 핵 계층 통사론에서는 논항과 부가어가 각각 대치 구조와 부가 구조로 서로 달리 나타난다.[31] 따라서 이러한 차이가 무엇을 의미하는지를 면밀히 밝힐 필요가 있다. 여기에 더해 특히 (22나)를 택하면 N^0 '통닭, 장작'과 V^0 '구－'의 관계를 보장하는 방안도 마련되어야 한다. 일반적으로 혹은 통사적으로 논항과 부가어는 $[_{V'}$ 장작으로 $[_{V'}$ 통닭을 굽－]]에서 보듯이 V의 투사 내에 위치하는데 (22나)에서는 그렇지 않고 논항과 부가어가 V의 투사 밖에 위치하고 있기 때문이다(시정곤, 1994/1998: 355~363; 안상철, 1998: 553~573 등 참고).[32]

다음으로 단어 형성에 참여하는 어미도 해결을 기다리는 문제라고 할 수 있다. 예를 들어 '굳은살'에서 보이는 '－은'은 어떻게 처리해야 하는가? 이 문제에 대한 해결책으로는 첫째, 일반적인 어미로 취급하여 구 '$[_{NP}$ 굳은 $[_{N0}$ 살]]'이 단어 '$[_{N0}$ 굳은살]'이 되었다는 견해, 둘째, 어미 '－은'을 접미사로 파악하는 견해, 셋째, 어미의 통합이 통사부뿐만 아니라 어

31 나아가 핵 계층 통사론에서 부가어도 대치 구조에 편입시키려는 시도가 있다는 점을 염두에 두면(Larson, 1988; Chomsky, 1995 참고), 핵 계층 통사론과 핵 계층 형태론은 서로 배타적인 성격을 갖게 된다. 논항과 부가어를 처리하기 위해 통사부는 대치 구조만 이용하고 어휘부는 부가 구조만 이용하기 때문이다. 하지만 여기서는 부가 구조와 대치 구조가 서로 구별되는 것이며 또 둘 다 필요하다는 관점을 유지하기로 한다.

32 논항과 부가어의 차이를 구조적으로 포착하면서 투사 문제도 해결할 수 있는 방법은 무엇인가? 이에 대한 분명한 답을 지금 당장 제시하기는 어렵다. 다만 ㉮ $[_{N0}$ 통닭 $[_{N-1}$ 구－ $[_{N-2}$ －이]]], ㉯ $[_{N0}$ 장작 $[_{N0}$ 구－ $[_{N-1}$ －이]]] 이 두 가지 가능성을 제시하고자 하는데, 이 두 가지 구조에 따르면 논항 '통닭'과 부가어 '장작'이 각각 대치 구조와 부가 구조를 형성하므로 논항과 부가어의 차이가 구조에 직접 반영된다. 또 투사의 문제는 접미사 '－이'가 논항을 지니는 것으로 보고 이 논항과 '굽－'의 논항이 합성 또는 결속되는 것으로 보면 해결의 실마리를 얻을 수 있다(시정곤, 1995; 허철구, 1997; Lieber, 2004 등 참고). 더군다나 ㉮에 따르면 핵 계층 형태론에도 명시어(specifier)가 존재하게 되는바 이는 핵 계층 통사론과의 평행성을 보다 분명히 포착하는 길이기도 하다. 물론 ㉮, ㉯가 온전히 성립하기 위해서는 해결해야 할 문제들이 있다. 예를 들어 '－이'가 ㉮에서는 '－2' 층위이고, ㉯에서는 '－1' 층위인데 이러한 처리가 타당한지 검토해야 한다.

휘부에서도 이루어지는 것으로 보는 견해(이정훈, 2008: 589~590), 이렇게 세 가지 정도가 제시되어 있는데 이 가운데 어느 것이 보다 합리적인지 정할 필요가 있다.

끝으로 어근의 범주에 대한 것도 본격적인 검토가 필요하다. 예를 들어 '공격'(攻擊)의 핵 '격'(擊)의 범주가 무엇인지 생각해보자. '공격이 최선의 방어'에서 '공격'은 N 범주이므로 '공격'의 핵인 '격'은 당연히 N 범주가 된다. 그런데 '공격하기는 쉬워도 이기기는 어렵다'에서는 '격'이 V 범주에 속한다. 그래야 '공격하-'의 범주가 V가 되기 때문이다. 그렇다면 어근 '격'(擊)은 N과 V 두 가지 범주를 동시에 지니는가? 아니면 N과 V를 묶는 어떤 범주에 속하는 것인가? 만약 국어에서 N 범주와 V 범주가 자연 부류(natural class)를 이룬다면 '격'(擊)의 범주는 'N 범주 또는 V 범주'라기보다는 N 범주와 V 범주를 동시에 포착하는 그 어떤 것이라고 하는 것이 합당할 것이다. 그래야만 N과 V가 묶이는 것이 우연이 아니라 자연스러운 것이며 국어의 문법 체계에서 유래하는 것임을 분명히 할 수 있기 때문이다.[33]

이러한 문제들을 포함하여 보다 세부적인 핵 계층 형태론의 실상과 다양한 자료에 대한 해석은 다음 기회로 미룬다.

---

33 이와 관련하여 V 범주는 [+V, −N]이고 N 범주는 [−V, +N]이므로 V 범주와 N 범주는 묶일 수 없다는 주장은 성립하기 어렵다. 무엇보다도 V 범주를 [+V, −N]으로 보고 N 범주를 [−V, +N]으로 보는 입장은 국어가 아니라 영어를 대상으로 한 것이기 때문이다(Radford, 1988 등 참고). 시야를 넓히면 주요 어휘 범주(major lexical category)를 N, V, A, P로 보는 것도 영어에 기반한 판단이라는 점을 유념할 필요가 있다. 국어의 주요 어휘 범주는 N, V, A, P가 아닐 수 있는 것이다. 단적인 예로 영어는 A만 있어도 부가어 처리에 문제가 없으나 국어는 그렇지 않다. 영어의 'pretty'와 'prettily'는 A에 속하는 한 형태소의 두 변이형으로 볼 수도 있지만(Radford, 1988 [서정목 · 이광호 · 임홍빈 옮김, 1990: 182~190] 참고), 국어의 관형사와 관형형 그리고 부사와 부사형 등을 한 형태소의 변이형으로 다룰 수는 없기 때문이다.

참고문헌

고재설, 1992, 「'구두닦이'형 합성명사에 대하여」, 『서강어문』 8, 17~46.

———, 1993, 「국어 단어 형성에서의 형태 · 통사 원리에 대한 연구」, 박사학위논문, 서강대학교.

———, 1999, 「동사 '하-'와 형용사 '하-'」, 『국어학』 33, 145~175.

고창수, 1992, 「국어의 통사적 어형성」, 『국어학』 22, 259~269.

구본관, 1997, 「의미와 통사범주를 바꾸지 않는 접미사류에 대하여」, 『국어학』 29, 113~140.

김인균, 1995, 「국어 파생어에 대한 형태 · 통사론적 연구」, 석사학위논문, 서강대학교.

김의수, 2007, 「문장은 내심적인가 외심적인가」, 『국어학』 49, 107~136.

김창섭, 1983, 「'줄넘기'와 '갈림길'형 합성명사에 대하여」, 『국어학』 12, 73~99.

———, 1996, 『국어의 단어형성과 단어구조 연구』, 태학사.

———, 2001, 「'X하다'와 'X를 하다'의 관계에 대하여」, 『어학연구』 37, 63~85.

———, 2002, 「경동사 '하다'의 두 가지 보어」, 『관악어문연구』 27, 149~186.

노명희, 1998, 「한자어」, 서태룡 외 공편, 『문법 연구와 자료』, 태학사, 775~799.

서정목, 1993, 「계사 구문과 그 부정문의 통사에 대하여」, 서울대학교 대학원 국어연구회 편, 『국어사 자료와 국어학의 연구』, 문학과지성사, 488~506.

———, 1998, 『문법의 모형과 핵 계층 이론』, 태학사.

송철의, 1992, 『국어의 파생어형성 연구』, 태학사.

시정곤, 1994/1998, 『국어의 단어형성 원리』, 수정판, 한국문화사.

안상철, 1998, 『형태론』, 민음사.

이익섭, 1975, 「국어 조어론의 몇 문제」, 『동양학』 5, 155~165.

이익섭 · 채완, 1999, 『국어문법론 강의』, 학연사.

이재인, 1995, 「국어의 잠재어에 대한 고찰」, 『배달말』 20, 51~80.

이정훈, 2004, 「국어의 문법형식과 통사구조 연구」, 박사학위논문, 서강대학교. [이정훈, 2008에 재수록]

———, 2005, 「조사와 활용형의 범주통용」, 『국어학』 45, 145~175. [이정훈, 2008에 재수록]

———, 2008, 『조사와 어미 그리고 통사구조』, 태학사.

임홍빈, 1979, 「용언의 어근 분리 현상에 대하여」, 『언어』 4. [임홍빈, 1998에 재수록]

———, 1989, 「통사적 파생에 대하여」, 『어학연구』 25. [임홍빈, 1998에 재수록]

———, 1997, 「국어 굴절의 원리적 성격과 재구조화」, 『관악어문연구』 22, 93~163.

———, 1998, 『국어 문법의 심층』 2, 태학사.

———, 1999, 「국어 명사구와 조사구의 통사 구조에 대하여」, 『관악어문연구』 24, 1~62.

전상범, 1995, 『형태론』, 한신문화사.

정원수, 1992, 『국어의 단어 형성론』, 한신문화사.

허철구, 1997, 「국어의 합성동사 형성과 어기분리」, 박사학위논문, 서강대학교.

Ackema, P. & A. Neeleman, 2004, *Beyond Morphology*, Oxford University Press.

Baker, M. 2001, *The Atoms of Language*, Basic Books.

Bauer, L., 1990, Be-Heading the Word, *Journal of Linguistics* 26, 1~31. [Reprinted in Katamba ed., 2004, *Morphology* IV, Routledge]

Bloomfield, L., 1933, *Language*, Henry Holt and Company.

Borer, H., 1998, "Morphology and Syntax", In A. Spencer & A. M. Zwicky eds., *The Handbook of Morphology*, Blackwell Publishers, 151~190.

Chomsky, N., 1970, "Remarks on Nominalization", In R. Jacobs & P. Rosenbaum, eds., *Readings in English Transformational Grammar*, Ginn and Co., 184~221.

———, 1986, *Barriers*, MIT Press.

———, 1995, "Bare Phrase Structure", In G. Webelhuth ed., *Government and Binding Theory and the Minimalist Program*, Blackwell, 383~439.

Di Sciullo, A. M. & E. Williams, 1987, *On the Definition of Word*, MIT Press.

Fabb, N., 1984, "Syntactic Affixation", Doctoral Dissertation, MIT.

Fukui, N., 2001, "Phrase Structure", In M. Baltin & C. Collins eds., *The Handbook of Contemporary Syntactic Theory*, Blackwell Publishers, 374~406.

Gallego, Á., 2011, "Parameters", In C. Boeckx ed., *The Oxford Handbook of Linguistic Minimalism*, Oxford University Press, 523~550.

Jackendoff, R., 1977, *$\bar{X}$ Syntax*, MIT Press.

———, 2002, *Foundations of Language*, Oxford University Press.

———, 2009, "Compounding in the Parallel Architecture and Conceptual Semantics", In R. Lieber & P. Stekauer eds., *The Oxford Handbook of Compounding*, Oxford University Press, 105~128.

Larson, R., 1988, "On the Double Object Construction", *Linguistic Inquiry* 19, 335~391.

Lieber, R., 1980, "On the Organization of the Lexicon", Doctoral Dissertation, MIT.

———, 1988, "Phrasal Compounds in English and the Morphology-Syntax Interface", *CLS* 24, 202~222.

———, 1992, *Deconstructing Morphology*, University of Chicago Press.

Newmeyer, F. J., 2005, *Possible and Probable Languages*, Oxford University Press.

Radford, A., 1988, *Transformational Grammar*, Cambridge University Press. [서정목 · 이광호 · 임홍빈 옮김, 1990, 『변형문법』, 을유문화사]

Scalise, S., 1984, *Generative Morphology*, Foris Publications.

Selkirk, E. O., 1982, *The Syntax of Words*, MIT Press.

Siegel, D., 1974, "Topics in English Morphology", Doctoral Dissertation, MIT. [Published as Siegel, D., 1979, *Topics in English Morphology*, Garland Publishing]

Stowell, T. A., 1981, "Origins of Phrase Structure", Doctoral Dissertation, MIT.

Williams, E., 1981, "On the Notions "Lexically Related" and "Head of a Word"", *Linguistic Inquiry* 2, 81~114.

Zwicky, A., 1985, "Heads", *Journal of Linguistics* 21, 1~29.

———, 1993, "Heads, Bases and Functors", In G. Corbett, N. Fraser & S. McGlashan eds., *Heads in Grammatical Theory*, Cambridge University Press, 292~315.

제14장
보조용언 구문의 구조 진단

1. 서론

이 장은 지금까지 진행된 한국어 보조용언 구문의 구조와 어미의 통사 구조 형성에 대한 연구를 바탕으로 보조용언 구문의 구조가 이중적임을 논의하고, 보조용언 구문의 구조적 이중성이 이 구문의 특징적 현상 가운데 하나인 대용 현상을 설명하는 데에도 유용하다는 것을 밝히는 것을 목적으로 한다.

이와 같은 목적을 달성하기 위해 먼저 2절에서는 보조용언 구문의 구조가 이중적임을 밝히고, 이어 3절에서는 보조용언 구문의 대용 현상을 해명한다. 이 과정에서 어미의 통합 단위에 대한 이해를 보다 깊이하고, 한국어의 대용 현상을 위한 문법 절차도 모색한다. 특히 한국어에 대한 논의가 온전하려면 현상에 대한 관찰과 더불어 그 현상을 기술하고 설명하는 이론도 개발해야 한다는 인식 하에 현상에 대한 이론적 모색에도 힘

* 이 장은 이정훈, 「보조용언 구문의 구조와 대용 현상」, 『한국어학』 49(2010: 319~344)에 발표한 글을 다듬은 것이다.

쓰고자 한다. 끝으로 4절에서는 주요 내용을 요약하고 관련된 사항과 남은 문제를 간략히 언급함으로써 결론으로 삼는다.

2. 보조용언 구문의 구조적 이중성

이 절에서는 먼저 보조용언 구문의 구조에 대한 기왕의 견해를 일별하고, 이어 이 장에서 주장하고자 하는 구조적 이중성의 문제를 논의하기로 한다. 구조적 이중성은 보조용언 구문에만 나타나는 독특한 현상이 아니라 어미의 일반적인 속성에 의한 자연스러운 현상임을 확인할 것이다.

2.1. 보조용언 구문의 구조에 대한 견해들

보조용언 구문의 구조에 대한 견해는 보조용언의 위상을 어떻게 보는가와 밀접하게 관련된다. 보조용언을 바라보는 시각의 한쪽 극단에는 보조용언이라는 명칭이 나타내듯이 보조용언을 본용언에 종속적인 성분으로 보는 시각이 있고,[1] 또 다른 한쪽 극단에는 보조용언을 그 명칭과는 달리 본용언에 버금가는 존재로 보는 시각이 있다. 앞의 견해를 '핵(X^{o}) 성분 가설'이라고 한다면 뒤의 견해는 '복문 가설'이라고 할 수 있다. 핵 성분 가설 하에서는 통사적으로 보조용언과 본용언이 하나의 핵 성분을 이루지만, 복문 가설 하에서는 보조용언도 본용언과 마찬가지로 독립적인 용

1 나아가 보조용언을 통사적 굴절 요소로 보려는 시각도 있다. 최웅환(1994), 손세모돌(1996) 등 참고. 이러한 시각은, 보조용언 구문이 문법화를 겪어 '－었－, －겠－' 등의 어미나 확인 의문의 '－잖－'과 같이 어미에 준하는 것이 되었음을 고려하면, 타당성을 의심하기 어렵다. 하지만 모든 보조용언이 어미와 같은 굴절 요소에 준한다고 보기는 어렵고, 또 굴절 요소로 굳은 보조용언은 통사 구조적 관점에서 별다른 문제를 제기하지 않는다. 따라서 여기서는 보조용언을 굴절 요소로 보는 시각에 대해서는 따로 논의하지 않는다.

언 성분으로서 본용언이 형성하는 절을 보충어절로 취하게 된다. '핵 성분 가설'과 '복문 가설'의 양쪽 극단 사이에 존재하는 중간적인 입장도 있는데 이 입장은 본용언과 보조용언 사이의 관계를 절 경계, 즉 복문 가설보다는 밀접하게 보면서, 그 둘이 하나의 핵 성분을 형성하는 정도로, 즉 핵 성분 가설의 주장만큼 밀접하지는 않다고 본다. 이 입장은 '단문 가설'이라고 일컬을 수 있을 듯하다. 이 세 가설에서 제안하는 구조를 간략히 보이면 다음과 같다.[2] 번잡함을 피하기 위해 어미에 대한 통사적 표시는 무시하고 핵심적인 부분만 표시한다.

(1) 철수가 책을 읽고 있다.

가. 핵 성분 가설

[$_{S}$ 철수가 [$_{VP}$ 책을 [$_{V^{\circ}}$ 읽고 있다]]] (황병순, 1987: 125 참고)

나. 단문 가설

[$_{VP}$ [$_{VP}$ 철수가 [$_{V'}$ 책을 읽고]] 있다] (강명윤, 1992: 46 참고)

다. 복문 가설

[$_{S}$ 철수가$_{2}$ [$_{VP}$ [$_{S}$ e_{2} 책을 읽고] 있다]] (김영희, 1993: 185 참고)

구조를 어떻게 보든 보조용언 구문의 주요 특징 가운데 하나가 본용언과 보조용언 사이의 의존 관계인데 (1가) 핵 성분 가설은 본용언과 보조용언이 직접 통합하는 구조를 상정함으로써 의존 관계를 통사 구조로 직접 표현하고 있다. 이 가설과 달리 (1나) 단문 가설과 (1다) 복문 가설에서는 본용언과 보조용언의 의존 관계가 통사 구조적으로는 보장되지 않고 있는데 이러한 문제를 극복하는 방안으로 제안된 것이 논리형식부(LF) 동사 이

2 각 가설에 속하는 여러 논의들과 그 논의들에 대한 비판적 검토는 양정석(2007) 참고.

동과 재구조화(restructuring)이다(강명윤, 1992; Choe, 1988; 양정석, 2005). 즉 (1나)에서는 논리형식부에서 본용언이 보조용언으로 동사 이동을 함으로써 본용언과 보조용언이 하나의 성분을 형성하게 되어 둘 사이의 의존 관계가 보장되고,[3] (1다)에서는 절 경계를 사이에 두고 통사 구조적으로 단절되어 있는 본용언과 보조용언이 재구조화를 통해 의존 관계를 형성하게 된다.

2.2. 어미의 통합 단위와 구조의 가능성

2.2.1. 어미의 통합 단위

보조용언 구문에 대한 지금까지의 연구는 대개 모든 보조용언 구문이 (1)에 제시한 어느 한 구조만을 지닌다고 보려는 경향이 강한 듯하다. 하지만 본용언과 보조용언 사이에 개재하는 연결어미를 고려하면 원칙적으로 보조용언 구문의 구조는 이중적이라고 보는 것이 합리적이다. 이와 관련하여 우선 어미가 통합하는 단위를 확인해보자.[4]

(2) 철수가 책을 읽었다.

(3) 가. 참기름과 고추장을 짜고 담그다.

나. 사람들이 철수를 마루에 꿇어 앉혔다.

[참고] 철수가 마루에 꿇어앉았다.

일반적으로 (2)에서 어미 '-었-'과 '-다'는 각각 VP와 TP에 통합하는 것으로 분석되는데(우순조, 1997; 이정훈, 2004 등), 여기서 강조하고자

3 엄정호(1999)는 이 장 3.1절에서 논의하는 대용 현상을 설명하기 위해 논리형식부 동사 이동을 제안하기도 하였다. 여기서는 한국어의 경우 논리형식부 이동에 대한 증거가 그리 강력하지 않다는 점과 논리형식부 이동 자체가 이론적 난점을 지닌다는 점 등을 고려해 논리형식부 이동 가설을 수용하지 않는다.

4 (2)와 (3)에 대한 자세한 논의는 이정훈(2006, 2007) 참고. 여기서는 논의의 흐름을 위해 거기서 논의한 사항을 간략히 정리하여 제시한다.

하는 것은 (2)에 더해 (3)과 같은 자료도 존재한다는 점이다. (3)은 어미가 VP와 같은 구 범주뿐만 아니라 V° 와 같은 핵 범주에도 통합할 수 있음을 의미한다. [V° [[V° 짜−]−고] 담그−], [V° [V° [[V° 꿇−]−어] 앉−]−히−]에서 보듯이 '−고'와 '−어'는 V° 에 통합한다고 보아야 하기 때문이다.

(3)의 현상과 더불어 다음과 같은 현상도 어미가 XP뿐만 아니라 X° 에도 통합된다는 것을 잘 보여준다.

(4) 가. 철수는 사과를 깎아 먹었다.
  나. 철수는 사과를 깎아 먹기는 먹었다.
  다. 철수는 사과를 깎아 먹기는 깎아 먹었다.

(5) 가. 철수가 누가 갔냐고 물었다.
  나. 철수가 누가 갔냐고 묻기는 물었다
  다. ??/*철수가 누가 갔냐고 묻기는 갔냐고 물었다.

(4다)에서 보듯이 반복 구문에서 '깎아 먹−'은 반복될 수 있다. 그런데 (4가)를 (3) 식으로 보지 않고 '철수가 사과를 깎아 ~~철수가 사과를~~ 먹었다' 처럼 절 접속과 생략(=)으로만 보면 (4다)와 (5다)의 차이는 전혀 불가해한 것이 되고 만다. 하지만 (4가)의 '깎아 먹−'을 (3) 식으로 보면 (4다)와 (5다)의 차이는 쉽게 포착된다. 다른 작용과 마찬가지로 반복도 성분(constituent)을 단위로 삼아 적용되는 것이 자연스러운데, (4다)에서 반복되는 '깎아 먹−'은 하나의 V° 성분을 형성하므로 반복에서 문제가 발생하지 않지만 (5다)에서 반복되는 '갔냐고 묻−'은 하나의 성분을 형성하지 않으므로 반복 시 적격성이 많이 떨어지는 것이다.[5]

5 그렇다고 해서 반복이 성분에만 적용되는 것은 아니다. 앞서 12장 2절에서 논의했듯이 구조를 넘어 어순에 기초한 반복도 있을 수 있는 것이다. 따라서 (5다)와 같은 반복이 무조건 불가

나아가 부정의 범위와 부정극어의 분포도 지금까지의 논의를 지지한다.

(6) 가. 철수는 사과를 안 깎아 먹었다.
　　나. 철수는 영이가 안 갔다고 말했다.

(7) 가. 철수는 아무도 업신여기고 홀대하지 않았다.
　　나. *철수는 영이가 아무도 사랑했다고 말하지 않았다.

(6가)에서 부정어 '안'의 범위는 '먹-'에까지 미친다((6가) → 안 먹었다).[6] 하지만 이와 달리 (6나)에서 부정어 '안'은 '말하-'를 부정의 범위에 포함하지 못한다((6나) ↛ 안 말했다). 부정어 '안'의 범위가 절 경계를 넘지 않음을 고려하면 (6가)와 (6나)의 차이가 의미하는 바는 명확하다. '깎-'과 '먹-' 사이에는 절 경계가 없으며, '가-'와 '말하-' 사이에는 절 경계가 있는 것이다. (7)에 대해서도 똑같은 지적이 가능하다. (7가)에서 '업신여기-'와 '홀대하-'의 피동주(patient)인 부정극어 '아무도'는 '업신여기고 홀대하-' 뒤에 나타난 '않-'에 의해 인허될 수 있어서 별다른 문제가 발생하지 않는데 이는 '업신여기-'와 '홀대하-' 사이에 절 경계가 없다는

능한 것은 아니고, 12장 2절에서 제시한 예처럼 의문문이 아니라 평서문이 내포되면 '영이는 [철수가 갔다고] 말하기는 갔다고 말했다'에서 보듯이 내포문 서술어와 모문 서술어의 반복이 그다지 어색하지 않다. 반복 구문은 통사적 성분이나 어순 상 인접한 요소 사이에 적용된다는 원칙에 더해 주제(topic)나 초점(focus)과 같은 의미적 동기를 지니는데, 의미적 동기가 통사적 요건에 우선하므로 방금의 예는 수용성이 낮지 않지만, (5다)는 통사적 성분성에 더해 의미적 동기도 위반하였으므로 그 수용성이 매우 떨어지는 것이다. 의미적 동기와 통사적 제약 사이의 우선성에 대한 것은 이정훈(2004/2008: 387~390)에서도 논의되었으며, 의미적 유인에 의해 문법적 파격 내지는 특이성이 나타나는 것은 구문(construction)의 전형적인 특성이라고 할 수 있다.

6 물론 '안'의 범위가 '깎-'에 국한될 수도 있다. 여기서는 논의의 흐름에 맞게 '먹-'이 '안'의 범위에 포함되는 경우만을 논의한다.

것을 의미한다. 물론 (7나)가 적격하지 않은 것은 '사랑하－'와 '말하－'가 서로 다른 절에 속하기 때문이다.

2.2.2. 구조의 가능성

지금까지의 논의가 합당하다면, 그리고 그러한 사항이 한국어 어미의 일반적인 성격이라면 (8)은 (9)에 제시한 두 가지 구조의 가능성을 지니게 된다.

(8) 철수가 사과를 깎아 먹었다.

(9) 가. 철수가 사과를 깎아 ~~철수가 사과를~~ 먹었다.

[참고] 철수가$_{2}$ 사과를$_{3}$ 깎아 혼자서$_{2}$ 두 조각을$_{3}$ 먹었다.

나. 철수가 사과를 $[_{V^{\circ}}$ 깎아 먹－] －었다.

[참고] 철수가 사과를 맛있게 {*깎았다, 먹었다, 깎아 먹었다}

철수가 사과를 칼로 {깎았다, *먹었다, 깎아 먹었다}

어미는 XP에 통합할 수도 있고, X°에 통합할 수도 있는데, 이 두 가지 가능성에서 (9가)는 앞의 것이 실현된 것이고, (9나)는 뒤의 것이 실현된 것이다.[7]

그렇다면 (9)의 두 가지 가능성은 모든 어미에 적용되는 것일까? 다시 말해 연결어미 말고 선어말어미나 종결어미 등도 (9)의 두 가지 가능성을 지닐까? 논의를 구체화하기 위해 선어말 어미 T° '－었－'과 종결어미 C° '－다'를 예로 들어보자.

---

7 (9나)의 경우 참고로 제시한 예에서 보듯이 원칙적으로 두 가지 수식이 가능하나 개별 예에서는 어느 하나가 선호되기도 한다. 'V_2－어 V_3'에서 'V_2－어'와 'V_3'이 맺는 의미 관계에 따른 차이인 듯하다.

(10) 철수가 영이를 만났다.

(11) 가. $[_{CP}$ $[_{TP}$ $[_{VP}$ 철수가 영이를 만나−] −았−] −다]

나. $[_{CP}$ $[_{TP}$ 철수가 영이를 $[_{T^{\circ}}$ $[_{V^{\circ}}$ 만나−] −았−]] −다]

다. $[_{CP}$ 철수가 영이를 $[_{C^{\circ}}$ $[_{T^{\circ}}$ 만나−았−] −다]]

만약 T° '−었−'과 C° '−다'도 연결어미와 마찬가지로 XP에 통합할 수 있을 뿐만 아니라 X°에도 통합할 수 있다면 (10)은 (11)에 제시한 구조를 지닐 수 있게 된다. (11가)는 T° '−었−'과 C° '−다'가 XP에 통합한 예에 해당하고, (11나)와 (11다)는 각각 T° '−었−'과 C° '−다'가 X°에 통합한 예에 해당한다.[8] 따라서 (11가)에 더해 (11나)와 (11다)도 허용된다면 연결어미와 더불어 T° '−었−'과 C° '−다'도 XP는 물론이고 X°에도 통합할 수 있게 된다. 물론 (11나), (11다)가 성립하려면 V° '만나−'가 지닌 의미역이 T° '−었−', C° '−다'로 삼투 혹은 계승될 수 있다는 가정도 필요하다.

그러나 방금 언급한 가정의 타당성도 확실하지 않을 뿐만 아니라 (11나)와 (11다)는 그 구조 자체가 난점을 지닌다. 우선 (11나)에서 T° '−었−'이 '영이를'을 보충어(complement)로 취한다고 보기 어렵다. 또 (11나)가 성립하려면 (12)에서 보듯이 T° '−었−'이 명시어(specifier)를 지녀야 하는데 T° '−었−'이 명시어를 지닌다고 보기도 어렵다. 특히 후자의 경우 (12)를 제외하고는 T° '−었−'의 명시어를 요구하는 현상도 없을뿐

8 (11)에 따로 제시하지 않았지만 '만나−'와 '−았−'이 통합하여 '만나−았−'이 형성되고 여기에 '영이를'이 통합한 다음 ([영이를 [만나−았−]]) 이어서 '−다'가 통합한 후 ([[영이를 [만나−았−]]−다]) '철수가'가 통합할 가능성도 있다([철수가 [[영이를 [만나−았−]]−다]]). 이렇게 논리적으로 가능한 구조는 (11)에 제시한 것 외에도 있지만 여기서는 (11)에 제시한 것만 살피기로 한다. (11)에 대한 논의만으로도 충분하기 때문이다.

더러 T° '-었-'의 명시어에 대한 어떠한 증거도 없다.

(12) $[_{CP}$ $[_{TP}$ 철수가 영이를 $[_{T°}$ $[_{V°}$ 만나-] -았-]] -다] (=11나)

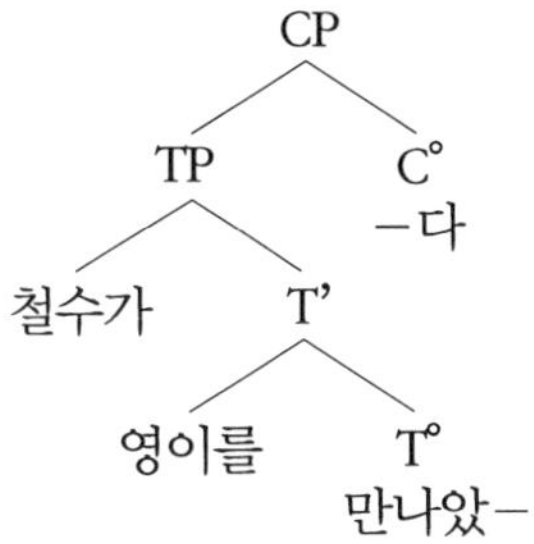

물론 한국어의 T '-었-'이 명시어를 지닌다고 보는 주장이 있기는 있다. 하지만 그러한 주장을 입증할 만한 경험적인 증거가 제시되어 있지 않다는 점에 유념할 필요가 있으며, 명시어 없이도 충분히 문법을 운용할 수 있다는 점도 간과해서는 안 된다(이정훈, 2004; Kuroda, 1988; Fukui, 1995, 2005 등). 예를 들어 영어와 같은 언어에서 명시어를 통해 실현되는 기능이 한국어에서는 명시어가 아닌 다른 방법으로 실현될 수도 있는 것이다. 마찬가지로 언어 보편성에 기대어 명시어의 존재를 주장하는 것도 수용하기 어렵다. 소위 확대투사 효과(EPP effect)의 보편성을 인정하더라도 그것은 명시어가 아니라 다른 수단, 예를 들어 핵 이동으로도 충족될 수 있기 때문이다(Alexiadou & Anagnostopoulou, 1998).

명시어의 존재를 인정하기 어려운 것은 C° '-다'도 마찬가지여서 (11다)도 인정하기 어렵다. 특히 C° '-다'의 명시어는 그 존재가 한국어의 일반적인 특성과 배치되는 예측을 몰고 오기도 한다. 만약 C° '-다'가 명시어를 지닌다면, 영어와 마찬가지로, 한국어에도 의문사가 문두로 이동하는 현상이 나타나는 것이 일반적일 텐데 사실은 그렇지 않기 때문이다.

따라서 XP 통합의 가능성에 더해 X° 통합의 가능성까지 지닌 것은 연결어미에 국한된다고 할 수 있다. 이러한 주장에서 제기되는 질문은 여러 가지일 텐데 그중 몇 가지를 제시하면 다음과 같다.

모든 연결어미가 XP 통합과 X° 통합의 두 가지 가능성을 지니는가?
또 명사형 어미와 관형사형 어미는 어떤가?
왜 한국어의 T° '-었-' 등은 명시어를 지니지 않는가? 등

앞의 의문에 대한 답을 제시할 단계는 아직 아닌 듯하다. 다만 마지막 질문에 대한 기본적인 수준의 답 혹은 입장을 명확히 하고자 하는데, 명시어가 발휘하는 기능을 담당하는 요소가 따로 있기 때문이라는 것이 세 번째 질문에 대한 기본적인 입장이다. 예를 들어 문법은 문법 관계 혹은 격(case)이라는 기능을 필요로 하는데 이 기능을 담당하는 요소가 한국어는 격조사이고 영어는 어순이며 명시어는 어순을 조정하는 역할을 담당하는바, 한국어에는 명시어가 필요치 않은 것이다. 이러한 논리는 C°에도 통한다. 한국어는 의문어미가 별도로 존재하므로 의문사 이동을 통해 의문을 표시할 필요가 없지만, 영어는 의문어미가 없으므로 의문사 이동을 통해 의문을 표시하게 되는 것이다(Cheng, 1991 등).

2.3. 보조용언 구문의 두 가지 구조

연결어미가 VP뿐만 아니라 V°에도 통합할 수 있게 되면 보조용언 구문의 구조도 두 가지 통합 가능성에 맞추어 자연스레 두 가지가 가능해진다. 보조용언 구문에서 본용언과 보조용언 사이에 놓이는 연결어미가 VP에 통합할 수도 있고, V°에 통합할 수도 있기 때문이다.[9] 간단한 예를 제시하면 다음과 같다.

(13) 철수가 책을 읽고 있다.

가.

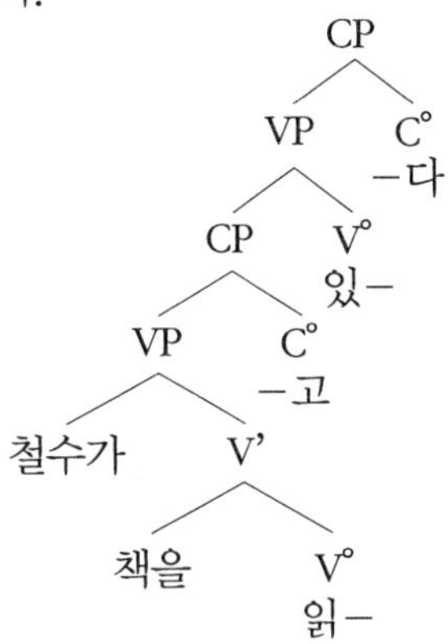

나.

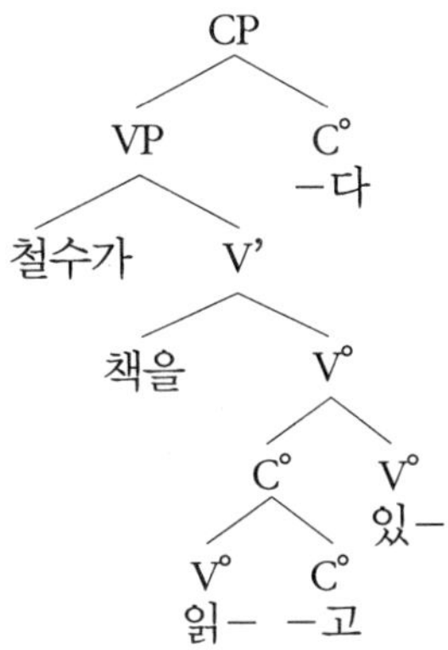

(13가)와 (13나)는 각각 연결어미 C° '-고'가 VP와 V°에 통합한 경우에 해당하는 것으로, (13가)는 (1다)에 소개한 복문 가설과 통하고, (13나)는 (1가)에 소개한 핵 성분 가설과 통한다.[10]

(1나)의 단문 가설은 여기서의 논의로 포착되지 않는데, 그렇다고 해서 문제가 야기되는 것은 아니다. (1나) 단문 가설의 핵심은 소위 VP 패각 구조(VP shell structure. Larson, 1988; 강명윤, 1992, 1994)를 가정하고 VP 패각

9 물론 이러한 견해가 성립하려면 소위 보조적 연결어미와 여타의 연결어미가 같다는 전제가 성립해야 하는데 '-아/어, -게, -고'에서는 별다른 부담이 발생하지 않는다. 하지만 통시적 정보 등을 고려하면 '-지'는 사정이 다른 듯하다. 또한 보조용언이 두 개 이상 나타나면 구조의 가능성은 더욱 늘어나는데 여기서는 논의의 편의상 보조용언이 하나만 나타나는 경우만을 다룬다.

10 (13나)의 구조대로라면 V° '읽-'과 '철수가, 책을'의 술어-논항 관계가 보장되지 않는 듯하다. 이 논항들을 포함하는 VP의 핵은 V° '읽-'이 아니라 V° '있-'이기 때문이다. 즉 (13나)는 본용언 "앞에 나타나는 목적어나 보족어와 같은 명사항이 어떤 동사에 의해서 투사(projection)된 것인지를 명시적으로 나타낼 수 없다"(김영희 1993: 182~183)는 약점을 지닌 듯하다. 이 문제를 포함하여 보조용언 구문의 술어-논항 관계에 대한 것은 이정훈(2010) 참고.

구조를 형성하는 두 V°가 논리형식부에서 동사 이동을 겪음으로써 단문성(monoclausality)을 획득하게 하는 것인데 VP 패각 구조 없이도 단문성은 보장되기 때문이다. 즉 (13나)는 구조 그 자체가 단문이고, (13가)는 구조는 복문이지만 재구조화에 의해 단문성을 얻게 되는 것이다. 오히려 VP 패각 구조에 대한 독립적인 증거가 없다는 것을 고려하면 VP 패각 구조는 상정하지 않는 것이 더 바람직하다고 할 수 있다.[11]

그렇다면 모든 보조용언이 (13)에 소개한 두 가지 구조적 가능성을 실현하는가? 그렇지는 않다. (13)의 두 구조는 연결어미의 통사 구조 형성에 의해 나타나게 되는 구조로서 개별 보조용언 구문은 보조용언의 성격 등에 의해 어느 한 구조가 제약될 수도 있다.

예를 들어 일반적으로 보조용언은 논항의 실현에 별다른 영향을 미치지 않지만 다음에 예시하는 일부 보조용언은 논항의 실현에 영향을 미치는데 이 현상은 (13나)의 구조에서는 가능하지만 (13가)의 구조에서는 불가능하다.

(14) 가. 이 비누는 바닷물에 잘 풀어진다.
　　　[참고] 이 비누는 바닷물에 잘 풀린다.
　나. 그 분의 신분이 밝혀졌다.
　　　[참고] 철수가 그분의 신분을 밝히었다. (이상 이기동, 1978의 예)

(15) 가. 형이 동생에게 책을 읽어 주었다.
　나. 행인이 나에게 길을 비켜 주었다. (이상 남미혜, 1996: 11의 예)

11 Larson(1988)의 VP 패각 구조는 재귀사 해석 등에서 관찰되는 논항 사이의 비대칭성 때문에 제안된 것이다. 하지만 임홍빈(1999), 이정훈(2004, 2011) 등에서 논의되었듯이 한국어는 VP 패각 구조 없이도 논항 사이의 비대칭성을 충분히 포착할 수 있다.

(13가)에서 보조용언이 논항 실현에 아무런 영향을 미치지 못하는 것은 '[철수는 [영이가 순이에게 책을 주었다고] 말했다]'와 같은 예에서 모문의 V° '말하-'가 내포문의 논항 '영이가, 순이에게, 책을'의 실현에 아무런 영향을 미치지 않는 것과 마찬가지이다. 이와 달리 (13나)의 핵 성분 구조는 소위 연속동사 구문(serial verb construction)과 어울리는 것으로 연속동사 구문에 참여하는 동사들은 각자의 논항을 독립적으로 실현시키는 것이 아니라 논항 합성을 통해 공동으로 논항을 실현시키는바, 이는 (14), (15)의 현상과 잘 어울린다고 할 수 있다.[12]

(14), (15)와 같은 현상이 보조용언 구문의 두 가지 구조에서 (13가) 식의 복문 구조를 제약하는 예라면 다음의 현상은 역으로 (13나) 식의 핵 성분 구조를 제약하는 예에 해당한다.

(16) 가. 철수는 학교에 갔나 싶다.
나. 철수는 숙제를 했나 보다.
다. 철수가 그 일을 하지 않았나 한다.
(이상 엄정호, 1990/2005: 15의 예)

이 현상의 특징은 본용언과 보조용언 사이에 연결어미가 아니라 종결어미가 나타났으며, 나아가 '-었-' 같은 선어말어미도 분포할 수 있다는 점이다. 그런데 종결어미는 본질적으로 연결의 기능이 없으며,[13] 나아

12 물론 연속동사 구문도 (13가) 식으로 분석되기도 하고 (13나) 식으로 분석되기도 한다(남미혜, 1996; 허철구, 1997; Baker, 1989; Li, 1993; Nishiyama, 1998 등 참고). 여기서는 이 장 2.2.1절에서의 논의를 중시하여 (13나) 식의 분석을 따른다. 또한 재구조화와 논항 실현은 무관한 것으로 간주한다. 재구조화의 기능을 의존 관계 형성으로 국한하려는 것인데, 재귀사의 의존 관계가 명사의 논항 실현과 무관하듯이 보조용언의 의존 관계도 논항 실현과는 무관한 것이 자연스럽다고 본다.

가 '－었－'은 다음에서 보듯이 의존 관계 형성을 차단하는 효과를 보인다. 따라서 (16)과 같은 예는 (13가)의 복문 구조만을 허용하는 예로 보는 것이 합당하다.

(17) 가.　아무도 밥을 먹고 치우지 않았다.

나. *아무도 밥을 먹었고 치우지 않았다. (이상 윤혜석, 1994의 예)

논의를 보다 충실히 하기 위해서는 개별 보조용언 구문 각각이, (13)의 두 구조를 모두 허용하는 유형, (13가)만을 허용하는 유형, (13나)만을 허용하는 유형, 이 세 가지 유형 가운데 어디에 속하는가를 해명해야 할 것이다. 하지만 이에 대한 논의는 다른 기회로 미루고 여기서는 우선 보조용언 구문의 구조가 이중적이라는 제안이 대용 현상을 설명하는 데 도움이 된다는 것을 확인함으로써 구조적 이중성 자체에 대한 논지를 강화하고자 한다.

3. 보조용언 구문에서의 대용과 구조적 이중성

이 절에서는 보조용언 구문이 보이는 대용 현상의 특징을 살피고 이러한 특징이 앞서 제안한 보조용언 구문의 구조적 이중성과 보조용언의 특성에서 유래함을 밝힌다. 이 과정에서 대용 현상을 설명하기 위한 통사 절차를 제안한다.

13 '본질적으로'라는 단서는 종결어미가 등장해도 '철수는 [[논문을 쓴다] [운동을 한다] 말로만] 세월 다 보내고 있다'와 같은 예에서는 접속문처럼 쓰일 수도 있기 때문이다. 이러한 예에 대한 해석은 이정훈(2005: 165~166) 참고.

3.1. 보조용언 구문에서의 대용 현상

보조용언 구문이 지닌 여러 가지 특징 가운데 논란의 중심에 있는 현상이 바로 보조용언 구문에서의 대용 현상인데,[14] 보조용언만이 단독으로 대용될 수 없다는 점에는 의견이 일치하고 있으나, 본용언만이 단독으로 대용될 수 있는가에 있어서는 의견이 갈리고 있다.

(18) *맏이도 불을 꺼 버렸고, 막내도 불을 꺼 그랬다.

(엄정호, 1999: 410의 예)

(19) 가. *순이는 눈을 빨리 감아 버렸고, 석이는 눈을 천천히 그래 버렸다. (김영희, 1993: 183의 예)

나. 맏이도 불을 꺼 버렸고, 막내도 불을 그래 버렸다.

(엄정호, 1999: 411의 예)

(18)은 보조용언이 대용의 대상이 아님을 보여주고 있고 이러한 판단에 대해서는 앞에서 언급하였듯이 별다른 이견이 없다. 하지만 본용언의 단독 대용 가능성에 대해서는 (19)에서 보듯이 이견이 존재한다. 여기서는 원칙적으로 본용언의 단독 대용은 가능하며 일부 보조용언이나 특정 환경에서 본용언의 단독 대용이 제약되는 것으로 보고자 한다(양명희, 1998: 128~133; 양정석, 2007: 75~76 참고).[15]

14 보조용언 구문이 지닌 여러 특징에 대해서는 김영희(1993), 엄정호(1999), 양정석(2007) 등을, 대용에 대한 일반적인 사항에 대해서는 홍종선(1993), 양명희(1998) 등을 참고.

15 이와 관련하여 (19가)에서 본용언으로 쓰인 '감-'은 보조용언 구문이 아니더라도 '*순이는 눈을 빨리 감았고, 석이는 눈을 천천히 그랬다'에서 보듯이 대용을 거부하는 듯하다. 김영희(1993: 183)에는 (19가) 외에도 '*형은 거기에 가 보았고, 아우는 저기에 그래 보았다'와 '*김씨는 공장에서 떠나 주었고, 이씨는 조합에서 그래 주었다'가 본용언이 단독 대용을 거부하는 현상으로 제시되었는데 이 예들도 (19가)와 마찬가지로 '*형은 거기에 갔고, 아우는 저기에 그랬다', '*김씨는 공장에서 떠났고, 이씨는 조합에서 그랬다'에서 보듯이 보조용언 구문

다음으로 김영희(1993), 엄정호(1999)에서 지적되었듯이 보조용언 구문에서 대용은 본용언과 그 앞의 성분을 대상으로 할 수도 있고, 본용언과 보조용언을 대상으로 할 수도 있다. 각각에 해당하는 예를 제시하면 다음과 같다.

(20) 가. 순이도 눈을 빨리 감아 버렸고, 석이도 그래 버렸다.
나. 형도 거기에 가 보았고, 아우도 그래 보았다.
다. 두목도 이 고장에서 떠나 주었고, 부하들도 그래 주었다.
(이상 김영희, 1993: 183의 예)

(21) 가. 맏이도 불을 꺼 버렸고, 막내도 불을 그랬다.
나. 맏이도 그 글을 읽어 보았고, 나도 그 글을 그랬다.
다. 철수는 돌이를 때리고 싶었고, 영이도 돌이를 그랬다.[16]
(이상 엄정호, 1999: 411의 예)

대용이 본용언과 그 앞의 성분을 대상으로 하는 경우 주어 성분까지도 대용의 영역에 들 수가 있다.[17]

(22) 철수가 대책을 마련해 보았다. 하지만 그래 보았자 헛일이었다.

과 무관하게 대용 자체를 거부하는 듯하다.

16 '-고 싶-' 구문은 '철수는 {영이를, 영이가} 만나고 싶다'에서 보듯이 목적어에 대격은 물론이고 주격을 허용하는 특징을 지닌다(엄정호, 2003; 이정훈, 2004/2008: 72~79 등 참고). 그런데 주격으로 실현되면 (21다)와 같은 대용에서 그 적격성이 다소 떨어지는 듯하다.

17 김영희(1993: 183)에서는 "주어 명사구 제외"와 같은 단서를 두어서 마치 대용이 주어를 포함할 수 없다는 듯한 견해를 제시하였다. 화자마다 직관의 차이가 있을 수 있지만 여기서는 일단 대용의 범위에 주어도 포함되는 것으로 보고자 한다. 주어를 포함한 문장이 대용의 단위임은 양명희(1998: 127~128)에서도 지적되었다.

따라서 [주어 목적어 본용언 보조용언]에서 대용의 단위는 ① '본용언', ② '목적어+본용언', ③ '주어+목적어+본용언', ④ '본용언+보조용언'이 된다. 물론 ②와 ③에 ④가 적용되면 '목적어+본용언+보조용언'은 물론이고 '주어+목적어+본용언+보조용언'도 대용의 단위가 된다.

그렇다면 보조용언 구문에서 관찰할 수 있는 이러한 대용 현상은 어떻게 설명할 수 있을까? 특히 보조용언 구문의 구조적 이중성은 대용 현상과 어떻게 관련되는가? 이러한 의문에 답하기 위해서는 구조에 더해 대용 현상 자체를 보다 선명히 이해할 필요가 있다.

3.2. 대용의 통사 절차

다른 문법 작용과 마찬가지로 '그렇다'에 의한 대용도 통사 구조적인 성분을 대상으로 한다.[18] 물론 다음의 (23가)에서는 대용의 단위가 성분이 아닌 것처럼 보이기도 한다. (23가)의 '그랬다'는 (23나)에서 '학교에서 괴롭혔다'를 대용하는 것으로 볼 수 있는데 목적어 '영이를'이 누락된 '학교에서 괴롭혔다'는 성분이 아니기 때문이다.

(23) 철수가 학교에서 영이를 괴롭혔다. (양명희, 1998: 126 참고)

가. 민수는 순이를 <u>그랬다</u>.

나. 민수는 <u>학교에서</u> 순이를 <u>괴롭혔다</u>.

---

18 이러한 전제는 김영희(1993), 엄정호(1999)처럼 통사 구조에 대한 논의에서는 일반적으로 인정되는 듯하다. 하지만 홍종선(1993), 양명희(1998) 등에서 보듯이 구조적인 면보다는 의미적인 면이 중시되어야 한다고 보는 견해도 있다. 여기서는, 두 입장을 조화롭게 포착하는 방안은 앞으로의 과제로 남기고, 통사 구조와 대용의 상관성을 전제하고 논의를 진행한다. 대용을 포함하여 문법 작용은 성분 구조를 바탕으로 한다는 일반성을 지키면서 문제의 현상을 해결하려는 의도 때문이다.

하지만 유념해야 할 것은 (23가)가 (23나)로만 분석되어야 하는 것은 아니라는 점이다. 다음에서 보듯이 대용의 단위를 성분으로 보는 분석도 충분히 가능하기 때문이다.

(24) 가. 민수는 순이를$_2$ 학교에서 0_2 괴롭혔다.
→ 그랬다

나. 민수는 ~~학교에서~~ 순이를 괴롭혔다.
→ 그랬다

(24가)에서는 '순이를'이 어순재배치(scrambling)에 의해 제 위치를 벗어난 뒤 남게 된 성분 [학교에서 0_2 괴롭혔다]가 대용되고 있고,[19] (24나)에서는 '괴롭혔다'만 대용되고 '학교에서'는 생략을 겪고 있다. (24가)와 (24나) 둘 중 어느 하나가 더 타당한지, 아니면 둘 다 가능한지의 여부는 결정하기 어렵지만, 중요한 것은 (23가)에 대해서도 통사적 성분을 대용의 단위로 보는 견해를 유지할 수 있다는 점이다.

다음으로 대용은 선행사의 범위에 있어서 최대한의 선행사를 선호하는 경향이 있다(preference for maximal antecedents. Frazier & Clifton, 2001 참고).

(25) 가. 철수는 영이를 사랑했고, 순이를 미워했다.

나. 영수도 그랬다.

(26) 가. 영수도 영이를 사랑했고, 순이를 미워했다.

19 어순재배치 현상에 대해서는 이정훈(2004), 임홍빈(2009), Nemoto(1999), Thráinsson(2001), Karimi ed.(2003) 등 참고. (24가)의 효과는 '㉮ *아무도 무엇을 몰랐니?'와 '㉯ 무엇을$_2$ 아무도 0_2 몰랐니?'의 대조와 ㉯에 대용이 적용된 '㉰ 맞아, 무엇을 그랬니?'와 같은 경우에 실제로 나타난다. ㉮와 ㉯의 대조에 대해서는 Beck & Kim(1997) 참고.

나. 영수도 영이를 사랑했다.

다. 영수도 순이를 미워했다.

(25나)가 (25가)에 이어 발화되면, 그 의미로 가장 자연스러운 것은 (26가)이다.[20] (26다)도 어느 정도는 가능하지만 (25가)에 비하면 해석의 자연성이 많이 떨어지고, (26나)로 해석될 여지는 별로 없는 듯하다. 따라서 (25나)의 '그랬다'는 해석에 있어서 '영이를 사랑했고'와 '순이를 미워했다'를 선행사로 삼는다고 할 수 있는데, 이는 해석에 있어 선행사의 범위를 최대로 하는 것이 선호됨을 의미한다.

이제 (25나) 자체가 어떻게 형성되는지 고려해보자. (25나)가 생성되는 방식으로 생각해볼 수 있는 것은 다음의 두 가지 방법이다.

(27) 가. 구조 형성: 영수도 [영이를 사랑했고 순이를 미워했다]

나. S-구조 대용언 대치: 영수도 [그랬다]

(28) 가. 구조 형성: 영수도 그랬다.

나. LF 복사: 영수도 [영이를 사랑했고 순이를 미워했다]

(27)은 대용언을 포함하지 않은 표현이 먼저 형성되고 이어서 선행사에 대응되는 부분이 대용언으로 대치되어 (25나)가 형성되는 것으로 보는 방법이다. 이와 달리 (28)은 대용언이 나름의 통사 구조를 형성한 후 의미해석 단계인 논리형식부에서 적절한 선행사를 찾아 복사(copy)하는 방식으로 (25나)를 설명하는 방안이다.[21] (28)을 따르면 대용언은 구체적인 의

20 '철수는 영이를 사랑했고, 민수는 순이를 미워했다'처럼 선후행절의 주어가 따로따로 실현되면 판단이 갈리는 듯하다. 즉 이 예에서도 (26가) 식의 해석이 가능하다는 직관도 있고, 그렇지 않다는 직관도 있다.

21 논리형식부 복사 작용에 대해서는 Oku(2001), Frazier & Clifton(2001), Arregui et al.(2006)

미역을 지니지 않으며, 논리형식부 단계에서 선행사를 복사함으로써 '영수도'의 의미역 등 필요한 정보를 확인 혹은 복원하게 된다.

이론적인 차원에서 (27)과 (28) 가운데 어느 것이 더 타당한지는 결정하기 어렵다. (27)은 대치 작용의 부담이 있고, (28)은 복사라는 작용을 상정하는 부담이 있기 때문이다. 하지만 경험적인 차원에서 다음의 현상은 (28)을 택하게 한다.

(29) 가. 철수: 나는 나 스스로가 아주 자랑스러워.
　　나. 영이: 나도 그래.

(29)와 같은 담화에서 (29나)는 다음의 두 가지 해석을 지니는데,[22] 이러한 두 가지 해석과 어울리는 것은 (27)이 아니라 (28)이다.

(30) 영이: 나도 그래. (= 29나)
　　가. 나도 나 스스로가 아주 자랑스러워.
　　나. 나도 철수 네가 아주 자랑스러워.

등 참고. 대용 표현이 쓰인 경우, 그 대용 표현이 무엇을 의미하는지 해석되어야 하는데 이러한 경우에 동원되는 것이 논리형식부 복사이다. 일반적으로 이론은 경제적일수록 타당한 것으로 평가되므로 이동, 복사와 같은 이론적 도구는 가급적 가정하지 않는 것이 좋다. 이러한 맥락에서 논리형식부 이동을 인정하지 않는 방안이 대두되는 사정을 이해할 수 있다. 하지만 논리형식부 복사는 논리형식부 이동과는 사정이 사뭇 다르다. 대용 표현에서 의미가 확인되어야 한다는 것은 필수적이기 때문이다. 한편 논리형식부 복사의 설명력이 대용 표현에만 국한되는 것은 아니다. 예를 들어 정대호(2000)는 '논리형식부 복사를 주장한 학자는 ~~누구냐~~?'와 같은 의문사 생략 구문을 설명하는데 논리형식부 복사를 이용하기도 하였다.

22 (30가)를 느슨한 동일성(sloppy identity) 해석이라고 하고 (30나)를 엄밀한 동일성(strict identity) 해석이라고 한다. 이 두 가지 해석의 가능성은 생략과 관련하여 많이 논의되어 왔는데 Ross(1969), Fiengo & May(1994) 등 참고.

(27)에 따르면, 대치는 동일성을 전제로 하므로, (29나)는 '나도 나 스스로가 너무 자랑스러워'에 대치가 적용되어 형성된다. 그러면 (30가)의 해석만 가능하지 (30나)의 해석은 불가능하다. 이와 달리 (28)에 따르면 (30)의 두 가지 해석이 가능하다. (29가)의 논리형식부는 대략 '나는$_2$ 나 스스로가$_2$ 너무 자랑스러워' 정도가 되는데 여기서 '나 스스로가$_2$ 너무 자랑스러워'를 복사하면 (30나)의 해석이 된다. '나 스스로가'의 지표 '2'가 '철수'를 의미하기 때문이다. 그런데 복사를 하긴 하되 지표를 뺀 '나 스스로가 너무 자랑스러워'를 복사하면 어떻게 되는가? 이러한 경우 나타나는 해석이 바로 (30가)이다.[23]

3.3. 대용과 구조적 이중성

이제 보조용언 구문의 구조에 대한 논의와 바로 앞 절에서 살핀 대용의 통사 절차에 대한 논의를 바탕으로 3.1절에서 제시한 보조용언 구문에서의 대용 현상을 해명해보자. 논의의 편의를 위해 보조용언에서의 대용을 ① 본용언 대용, ② 보조용언 대용, ③ 본용언+보조용언 대용, ④ 논항+본용언 대용의 네 가지 유형으로 나누어 살핀다.

먼저 ①의 본용언 대용은 (19나) '많이도 불을 꺼 버렸고, 막내도 불을 그래 버렸다'에서 확인하였듯이 적격하며, 별다른 논의가 필요치 않다. 논리형식부에서 대용언 '그래' 자리에 본용언 '꺼'가 복사되면 아무런 문법적 결함이 나타나지 않기 때문이다.

다음으로 ②의 보조용언 대용은 (18) '*많이도 불을 꺼 버렸고, 막내도

23 이는 논리형식부 복사 작용이 선행사를 있는 그대로 복사할 수 있을 뿐만 아니라 선행사의 일부만을 복사할 수도 있음을 의미하는데, 영어의 활용과 결속(binding) 현상 등을 설명하는 데에도 유용하다(Oku, 2001 참고).

불을 꺼 그랬다'에서 보았듯이 성립하지 않는다. 보조용언 대용이 가능하지 않은 이유는, 본용언과 보조용언의 의존 관계가 논리형식부 이전 단계, 예를 들어 S-구조에서 성립되어야 하는데,[24] 보조용언 대용은 이 조건을 위반하기 때문이다. 즉 S-구조에서는 '꺼 그랬다'가 나타나는데 여기에는 보조용언이 포함되어 있지 않으므로 '꺼'와 '그랬다' 사이의 의존 관계가 성립하지 않게 되고, 논리형식부에서는 '그랬다' 자리에 '버렸다'가 복사되어도 본용언과 보조용언의 의존 관계가 성립하는 단계인 S-구조가 이미 지나버려서 결국 본용언과 보조용언이 의존 관계를 맺지 못하게 되어서 비문법성이 유발되는 것이다.

①과 ②는 보조용언의 구조를 (13가)로 보든, (13나)로 보든 어떻게 보든 상관없이 설명이 가능하다. 적격성 여부의 핵심이 통사 구조가 아니라 의존 관계 형성 여부에 있기 때문이다. 하지만 ③과 ④는 보조용언 구문의 구조적 이중성과 밀접히 관련된다.

우선 ③처럼 본용언과 보조용언이 대용의 단위가 되는 것은 (21가) '맏이도 불을 꺼 버렸고, 막내도 불을 그랬다' 등에서 확인하였는데 이러한 대용이 가능한 것은 바로 (13나)의 구조가 가능하기 때문이다. 즉 (13나)에 따라 본용언과 보조용언이 하나의 성분을 이루므로 대용의 단위가 될 수 있고, 또 S-구조에서 의존 관계가 충족된 선행절의 '꺼 버렸고'가 논리형식부에서 후행절의 '그랬다'에 복사되므로 아무런 문제가 발생하지 않는다.

반면에 (20가) '순이도 눈을 빨리 감아 버렸고, 석이도 그래 버렸다' 등에서 보듯이 보조용언은 내버려 둔 채 논항과 본용언만 대용되는 ④는

24 즉 본용언과 보조용언의 의존 관계는 통사 구조적으로 성립되거나(13나), 논리형식부 이전 단계에 재구조화가 적용되어 보장되어야 하는 것이다(13가).

(13가)의 구조가 있기 때문에 가능하다. (13가) 식의 구조에서는 '눈을 빨리 감아'가 성분이므로 논리형식부에서 '그래' 위치로 복사될 수 있는 것이다. 그리고 본용언과 보조용언의 의존 관계에서도 별다른 이상은 나타나지 않는다. 의존 관계는 S-구조에서 '그래'와 '버렸다' 사이에 성립하기 때문이다.

4. 결론

하나의 표면 어순에는 하나의 구조가 대응할 수도 있지만, 여러 구조가 대응할 수도 있다. 그리고 후자의 경우 표면적으로는 납득하기 어려운 이중적인 현상이 나타나기도 하는데, 이를 이해하기 위해서는 하나의 표면 어순에 잠복되어 있는 여러 구조의 가능성을 모색할 필요가 있다.

이 글은 이러한 관점에서 보조용언 구문의 구조가 이중적임을 논의하고 이러한 이중성이 보조용언 구문의 주요 특징 가운데 하나인 대용 현상의 다양성과 연관됨을 살펴보았다. 대용은 성분성(constituency)을 바탕으로 작동하고 보조용언 구문의 구조적 이중성은 두 가지 성분 구조를 제공하므로 보조용언 구문의 대용 현상도 가능한 성분 구조에 따라 한 가지 유형이 아니라 다양한 유형으로 나타나며, 본용언과 의존 관계를 형성해야 하는 보조용언의 특성상 구조적으로 보장되는 대용 현상 가운데 일부는 제약되는 것이다.

보조용언 구문의 구조와 이 구문에서의 대용 현상에 대한 나름의 견해를 제시했지만, 보조용언 구문 전반에 대한 분류 작업이나 대용 현상 자체에 대한 보다 폭넓은 시각이 요구되는 것이 사실이다. 예를 들어 보조용언 구문 밖으로 시선을 돌리면 대용 현상은 다음과 같은 흥미로운 모습을 드러내기도 하는데 여기서의 제안이 이러한 현상을 설명할 수 있는지, 또 설명할 수 없다면 어떻게 보완해야 하는지를 검토할 필요가 있다.

(31) 철수는 끌고, 영이는 밀었지만, 그래 봐도 소용이 없었다.

(32) 가. 내가 행주를 삶아 빨자, 영이는 걸레를 {*그래, 그렇게} 빨았다.

나. 내가 행주를 삶아 빨자, 영이는 걸레를 삶아 {*그랬다, 빨았다}.

(31)은 소위 분리 선행사(split antecedent) 현상과 관련된 것인데 이 현상 자체가 미해결의 큰 문제로 남아 있는 것이 사실이다. 즉, 일반적으로 언어 현상은 계층 구조를 바탕으로 하는 것으로 간주되는데 분리 선행사 현상은 그렇지 않으므로 성분성이나 성분 지휘 등 계층 구조적인 개념을 바탕으로 하는 문법 이론에서는 이 현상을 설명하기가 어렵다. 이는 대용이, 마치 생략이 의미적 · 담화적 생략과 통사적 생략으로 나뉘듯이(김영희, 1997; Stainton, 2006 등), 구조를 바탕으로 하는 구조적 대용과 그렇지 않은 대용으로 나뉠지도 모른다는 것을 의미한다. (32)는 연속동사 'V_2-어 V_3'에서 'V_2-어'가 '그렇게'로는 대용될 수 있지만 '그래'로는 대용되지 못하며 'V_3'은 아예 대용을 거부한다는 것을 보여주는데 이에 대한 해명이 필요하다. 이러한 현상들을 포함하여 보조용언 구문과 대용 현상에 대한 보다 폭넓은 고찰을 기약하며 지금은 이 정도에서 멈추고자 한다.

참고문헌

강명윤, 1992, 『한국어 통사론의 제문제』, 한신문화사.

———, 1994, 「국어 초점/부정구문의 재탐구」, 양동휘선생 화갑기념논총발간위원회 엮음, 『생성문법의 탐구』, 한국문화사, 782~792.

김기혁, 1991, 「형태 · 통어적 구성과 중간 범주」, 『동방학지』 71 · 72, 233~258.

김영희, 1993, 「의존 동사 구문의 통사 표상」, 『국어학』 23, 159~190.

———, 1997, 「한국어의 비우기 현상」, 『국어학』 29, 171~197.

남미혜, 1996, 「국어의 연속 동사 구성 연구」, 박사학위논문, 서울대학교.

손세모돌, 1996, 『국어 보조용언 연구』, 한국문화사.

양명희, 1998, 『현대국어 대용어에 대한 연구』, 태학사.

양정석, 2005, 「국어의 재구조화 구문 연구」, 『배달말』 36, 5~54.

———, 2007, 「보조동사 구문의 구조 기술 문제」, 『한국어학』 35, 65~120.

엄정호, 1990, 「종결어미와 보조동사의 통합구문에 대한 연구」, 박사학위논문, 성균관대학교. [엄정호, 2005에 재수록]

———, 1999, 「동사구 보문의 범위와 범주」, 『국어학』 33, 399~428. [엄정호, 2005에 재수록]

———, 2003, 「'–고 싶다' 구문의 격 교체」, 『국어학』 41, 169~195. [엄정호, 2005에 재수록]

———, 2005, 『국어의 보문과 보문자』, 태학사.

우순조, 1997, 「국어 어미의 통사적 지위」, 『국어학』 30, 225~256.

윤혜석[Yoon, James Hye–Suk], 1994, "Korean Verbal Inflection and Checking Theory", *MIT Working Papers in Linguistics* 22, 251~270.

이기동, 1978, 「조동사 '지다'의 의미 연구」, 『한글』 161, 537~569.

이정훈, 2004, 「국어의 문법형식과 통사구조 연구」, 박사학위논문, 서강대학교. [이정훈, 2008에 재수록]

———, 2005, 「조사와 활용형의 범주통용: '이'계 형식을 대상으로」, 『국어학』 45, 145~175. [이정훈, 2008에 재수록]

———, 2006, 「'V–어V' 합성동사 형성규칙과 범주통용」, 『어문학』 91, 129~161. [이정

훈, 2008에 재수록]
———, 2007, 「국어 어미의 통합단위」, 『한국어학』 37, 149~179. [이정훈, 2008에 재수록]
———, 2008, 『조사와 어미 그리고 통사구조』, 태학사.
———, 2010, 「보조용언 구문의 논항 실현과 술어-논항 관계」, 『어문논집』 45, 175~192.
———, 2011, 「중간투사 범주 X' 이동의 가능성」, 『언어』 36-3, 765~782.
임홍빈, 1999, 「국어의 여 · 대격 구성에 대하여」, 이홍배교수 화갑기념논총발간위원회 엮음, 『오늘의 문법, 우리를 어디로』, 한신문화사, 577~623.
———, 2009, 「어휘적 속성과 장거리 어순재배치」, 『언어와 정보 사회』 10, 1~56.
정대호[Chung, Dae-Ho], 2000, "WH-Ellipsis and the Theory of Ellipsis", 『생성문법연구』 13, 405~427.
최웅환, 1994, 「보조용언 구성의 형성적 원리」, 『문학과 언어』 15, 65~82.
최현숙[Choe, Hyon-Sook], 1988, *Restructuring Parameters and Complex Predicates: A Transformational Approach*, 한신문화사.
허철구, 1997, 「국어의 합성동사 형성과 어기분리」, 박사학위논문, 서강대학교.
홍종선, 1993, 「국어 대용언 연구」, 『국어국문학』 109, 83~101.
황병순, 1987, 『국어의 상 표시 복합동사 연구』, 형설출판사.
Alexiadou, A. & E. Anagnostopoulou, 1998, "Parameterizing AGR: Word Order, V-Movement and EPP-Checking", *Natural Language and Linguistic Theory* 16, 491~539.
Arregui, A., C. Clifton, L. Frazier & K. Moulton, 2006, "Processing Elided Verb Phrases with Flawed Antecedents: The Recycling Hypothesis", *Journal of Memory and Language* 55, 232~246.
Baker, M., 1989, "Object Sharing and Projection in Serial Verb Constructions", *Linguistic Inquiry* 20, 513~553.
Beck, S. & S. S. Kim, 1997, "On WH- and Operator Scope in Korean", *Journal of East Asian Linguistics* 6, 339~384.
Cheng, L., 1991, "On the Typology of WH-Questions", Doctoral Dissertation, MIT.

Fiengo, R. & R. May, 1994, *Indices and Identity*, MIT Press.

Frazier, L. & C. Clifton, 2001, "Parsing Coordinates and Ellipsis: Copy α". *Syntax* 4, 1~22.

Fukui, N., 1995, *Theory of Projection in Syntax*, CSLI Publications.

———, 2005, "The Principles-and-Parameters Approach: A Comparative Syntax of English and Japanese", In M. Shibatani & T. Bynon eds., *Approaches to Language Typology*, Oxford University Press, 327~372.

Karimi, S. ed., 2003, *Word Order and Scrambling*, Blackwell.

Kuroda, S., 1988, "Whether We Agree or Not: A Comparative Syntax of English and Japanese", *Papers from the Second International Workshop on Japanese Syntax*, Stanford. [Reprinted in Kuroda, S., 1992, *Japanese Syntax and Semantics*, Kluwer Academic Publishers]

Larson, R., 1988, "On the Double Object Construction", *Linguistic Inquiry* 19, 335~391.

Li, Y., 1993, "Structural Head and Aspectuality", *Language* 69, 480~504.

Nemoto, N., 1999, "Scrambling", In N. Tsujimura ed., *The Handbook of Japanese Linguistics*, Blackwell, 121~153.

Nishiyama, K., 1998, "V-V Compounds as Serialization", *Journal of East Asian Linguistics* 7, 175~217.

Oku, S., 2001, "A Minimalist Theory of LF Copy", In G. Alexandrova & O. Arnaudova eds., *The Minimalist Parameter*, John Benjamins Publishing Company, 281~294.

Ross, J., 1969, "Guess Who?", In R. Binnick, A. Davidson, G. Green & J. Morgan eds., *Papers from 15th Regional Meeting of the Chicago Linguistic Society*. [Reprinted in R. Freidin & H. Lasnik eds., 2006, *Syntax: Critical Concept in Linguistics*, Routledge]

Stainton, R., 2006, *Words and Thought: Subsentences, Ellipsis, and the Philosophy of Language*, Oxford University Press.

Thráinsson, H., 2001, "Object Shift and Scrambling", In M. Baltin & C. Collins eds.,

The Handbook of Contemporary Syntactic Theory, Blackwell, 148~202.

제15장
파생접사 '-답-'의 통사적 파생

1. 서론

이 장은 '-답-'의 통사적 파생 현상을 대상으로 하여 통사적 '-답-' 파생의 구체적인 절차를 밝히고,[1] '-답-' 파생이 몰고 오는 통사적인 효과를 '-으시-' 일치 현상으로 확인하는 것을 목적으로 한다. '-으시-' 일치 현상에 대한 고찰은 '-답-' 구문에 나타나는 독특한 일치 현상을 설명하기 위한 것인 동시에 '-답-' 파생의 구체적인 모습을 확인하기 위한 것이기도 하다.

논의 순서는 다음과 같다. 먼저 2절에서는 '-답-' 파생에 어휘부에서 이루어지는 것과 통사부에서 이루어지는 것 이 두 가지가 있음을 확인한다. 다음으로 3절에서는 '-답-'의 통사적 파생이 어떠한 절차를 겪는가

---

* 이 장은 이정훈, 「파생접사 '-답-'의 통사적 파생」, 『생성문법연구』 16(2006: 491~513)에 발표한 글을 다듬은 것이다.

1 한국어의 통사적 파생에 대해서는 임홍빈(1989) 참고. 통사적 파생과 관련된 여러 논의는 전상범(1995), 안상철(1998)에 정리되어 있다.

를 구체적으로 살핀다. 수평 이동(sideward movement. Nunes, 2001), 핵 이동(head movement. Roberts, 2001; 김광섭, 2005), 다중 관할(multi dominance. Wilder, 1999; Chung, 2004; Citko, 2005; Park, 2005) 등에 의한 설명 방안을 검토하고 핵 이동에 의한 설명 방안이 가장 합리적임을 논의한다. 4절에서는 통사적 '−답−' 파생의 통사적인 효과를 '−으시−' 일치 현상을 통해 살핀다. 이 과정에서 '−답−' 구문의 독특한 '−으시−' 일치 현상을 해명하게 된다. 5절은 결론으로서 논의 내용을 요약하고 관련된 문제를 언급함으로써 글을 맺는다.

2. '−답−' 파생의 두 부류

파생접사 '−답−'은 다음에 제시한 (1가)와 (1나) 이 두 가지로 나뉘는데(송철의, 1992; 김창섭, 1996 참고),

(1) 가. 꽃답다, 아름답다, 정답다 등[2]
　　나. 선생답다, 학생답다, 논문답다 등

이렇게 '−답−'을 두 가지로 나누는 것은 (1가)의 '−답−'과 (1나)의 '−답−'이 서로 다른 특성을 드러내기 때문이다. 그렇다면 (1가)의 '−답−'

---

2 '이 꽃은 겨울에 피는 꽃답다, 서로 더 나누어 주려고 하니 그 모습이야말로 바로 따뜻한 정답다' 등의 '꽃답다, 정답다' 등은 (1나)에 속한다. 이러한 예의 '꽃답다, 정답다'와 (1가)의 '꽃답다, 정답다'는 의미가 다르다. 예를 들어 (1가)에 속하는 '정답다'는 '철수와 영이가 {정답다, 사이가 좋다}에서 보듯이 '사이가 좋다' 정도를 의미하지만 (1나)에 속하는 '정답다'는 그렇지 않다.

과 (1나)의 '-답-'은 구체적으로 어떻게 다른가? 이 질문에 답하기 위해 (1가)의 '-답-'과 (1나)의 '-답-' 사이에 존재하는 차이점 몇 가지를 제시하면 다음과 같다.

첫째, (1가)와 (1나)는 '-답-'의 어기가 관형어를 허용하는가에서 차이를 드러낸다(송철의, 1992: 210~212). 다음의 (2다)와 (3다)의 대조에서 보듯이 (1가)의 '-답-'과 통합하는 어기는 관형어를 취할 수 없지만, (1나)의 '-답-'과 통합하는 어기는 관형어를 취할 수 있다.

(2) 가. 그들은 정답다.
　　나. 따뜻한 정
　　다. *그들은 따뜻한 정답다.
(3) 가. 철수는 학생답다.
　　나. 공부를 잘 하는 학생
　　다. 철수는 공부를 잘 하는 학생답다.

둘째, (2)와 (3)의 차이는 결국 (1가)의 '-답-'과 달리 (1나)의 '-답-'은 NP를 어기로 삼을 수 있음을 의미하는데 이는 다음의 차이와도 통한다. (4다)와 (5다)의 대조는 (1가)의 '-답-'과 달리 (1나)의 '-답-'은 접속조사 '-와/과'를 포함한 명사구 NP를 어기로 삼을 수 있음을 의미하기 때문이다.

(4) 가. 순이는 정답다.
　　나. 영이는 꽃답다.
　　다. *순이와 영이는 정과 꽃답다.
(5) 가. 김선생은 스승답다.

나. 철수는 학생답다.

다. 김선생과 철수는 스승과 제자답다.

셋째, (1)에 제시한 두 '-답-'은 어기가 '-들'을 취할 수 있는가의 여부에서도 차이를 드러낸다. 다음에서 보듯이 (1가)의 '-답-'이 취하는 어기에는 '-들'이 통합할 수 없는 반면 (1나)의 '-답-'과 통합하는 어기에는 '-들'이 아무런 문제없이 통합할 수 있다.

(6) 가. 철수와 영이가 정답다.

나. *철수와 영이가 정들답다.

(7) 가. 역시 공부 잘 하는 학생답군.

나. 역시 공부 잘 하는 학생들답군.

'-들'은 [[여학생과 남학생]-들]에서 보듯이 통사적 파생접사로서 NP를 어기로 취한다.[3] 따라서 (1나)에 속하는 (7나)의 '-답-'도 NP를 어기로 취하는 것으로 볼 수 있다. 이 점은 앞서 (3)과 (5)에서 확인한 사항과 통한다.

넷째, (2)~(7)은 어기로 명사구가 올 수 있는가, 그렇지 않은가의 여부에서 (1가)의 '-답-'과 (1나)의 '-답-'이 다르다는 것을 보여주는데, 이러한 어기의 차이에 더해 (1가)의 '-답-'과 (1나)의 '-답-'은 의미적인 차이를 드러내기도 한다. 예를 들어 (1가)의 '-답-'을 포함하고 있는 (8

3 물론 '-들'은 '매우 열심히들'에서 보듯이 AdvP도 어기로 취할 수 있다. '여학생과 남학생들'은 [[여학생과 남학생]-들]로 분석될 수 있을 뿐만 아니라 [[여학생과][[남학생]-들]]로도 분석될 수 있다. 앞의 것은 여학생과 남학생 합쳐서 두 명 이상인 상황을 나타내고, 뒤의 것은 여학생은 한 명이면서 남학생은 두 명 이상인 상황을 나타낸다.

가)는 (8나)를 전제하지 않는 반면 (1나)의 '－답－'을 포함하고 있는 (9가)는 (9나)를 전제한다(송철의, 1992: 210~212).

(8) 가. 그들은 정답다

나. *그들은 정이다.

(9) 가. 철수는 학생답다.

나. 철수는 학생이다.

다섯째, (1가)의 '－답－'과 (1나)의 '－답－'은 "－기' 반복 구문' 형성에서도 차이를 드러낸다.[4] 다음의 (10)과 (11)에서 보듯이 (1가)의 '－답－'은 반복의 단위가 될 수 없는 반면 (1나)의 '－답－'은 반복되어도 아무런 문제가 발생하지 않는 것이다.

(10) 가. 철수와 영이가 정답다.

나. 철수와 영이가 정답기는 정답다.

다. *철수와 영이가 정답기는 답다.

(11) 가. 철수가 학생답다.

나. 철수가 학생답기는 학생답다.

다. 철수가 학생답기는 답다.

여섯째, 끝으로 지적할 차이점은 생산성(productivity)에서의 차이인데, (1나)의 '－답－'은 현대국어에서 매우 왕성한 생산력을 보이지만 (1가)의

4 구문(construction)은 고유한 문법적 · 의미적 정보를 지닌 통사 구성을 가리키는 개념이다(Croft, 2001 참고). "－기' 반복 구문'에 대해서는 강명윤(1992), 최기용(2002) 등 참고.

'-답-'은 그렇지 않다. (1가)에는 기껏해야 '꼴답다, 시답다, 실답다, 예답다, 예모답다, 참답다' 정도만 추가될 수 있을 따름이지만, (1나)에는 매우 많은 항목이 추가될 수 있는 것이다.[5]

지금까지 살핀 차이점들을 고려하면, (1가)의 '-답-'은 어휘부의 어형성에 참여하는 어휘적 파생접사로 간주하고,[6] (1나)의 '-답-'은 통사부의 어형성에 참여하는 통사적 파생접사로 간주하는 것이 온당할 듯하다.[7] (1가)의 '-답-'을 어휘적 파생접사로 보고 (1나)의 '-답-'을 통사적 파생접사로 보면 (2)~(11)의 대조를 자연스럽게 설명할 수 있기 때문이다. 예를 들어 (1가)의 '-답-'은 어휘적 파생접사이므로 어기로 X^0 범주만 가능하지 XP 범주는 올 수 없으므로 (2다)와 (4다)그리고 (6나)가 비문법적인 것으로 판단된다. 또한 어휘부에서 형성된 파생어의 내부는 통사 작용이 적용되는 영역이 아니므로 (10다)도 성립하지 않는 것이 당연하다. 이와 달리 (1나)의 '-답-'은 통사적 파생접사이므로 어기가 수식어를 취할 수도 있고(3다), 또 접속 구성이 어기로 올 수도 있으며(5다), 통사적 파생접사 '-들'이 선행할 수도 있다(7나). 또 통사적 파생접사 '-답-'은 통사적 요소이므로 "-기' 반복 구문'과 같은 통사 작용이 '-답-'만을 대상으로 할 수도 있는 것이다(11다).

5 사실 (1나)에 속하는 '-답-' 앞에는 거의 모든 명사구가 올 수 있다(김창섭, 1984, 1996: 168~169). 심지어 '이 논문은 철수가 쓴 것답다'에서 확인할 수 있듯이 형식명사 구성도 (1나)의 '-답-'의 어기가 될 수 있다.

6 이러한 '-답-'은 '위태롭다, 슬기롭다, 감미롭다, 새롭다' 등에서 볼 수 있는 어휘부 파생접사 '-롭-'의 이형태로 판단된다(송철의, 1992: 212). 따라서 어휘적 파생접사 '-답-'과 통사적 파생접사 '-답-'은 동음이의의 관계에 놓인다.

7 김창섭(1996: 173)은 "격표지가 실현되지 않는 논항을 가지는 형용사이며, 그 논항에 형태론적으로 접미한다고 말할 수 있을 것"이라고 하고 접어(clitic)의 가능성을 제기하였다. 여기서는 3절과 4절의 논의를 고려하여 통사적 파생접사로 간주한다.

3. '-답-' 파생의 절차

'-답-' 파생은 구체적으로 어떠한 절차를 겪게 되는가? 어휘적 파생접사 '-답-'이든 통사적 파생접사 '-답-'이든 어기와 통합하는 점은 공통적이다. 다만 어휘적 파생접사 '-답-'은 어휘부에서 어기와 통합하고, 통사적 파생접사 '-답-'은 통사부에서 어기와 통합하는 데서 차이가 나타난다.

두 가지 파생접사 가운데 어휘적 파생접사 '-답-'의 파생 절차는 별다른 문제를 제기하지 않는다. 예를 들어 어휘부에 '[$_{ADJ}$ [X] -답-]'과 같은 형식의 어형성 규칙이 있으면 충분하기 때문이다.[8] 하지만 통사적 파생접사 '-답-'은 적지 않은 문제를 내포한다. 과연 다음의 (12)에서 '학생'과 통사적 파생접사 '-답-'은 어떻게 통합하는가? '-답-'은 통사적 파생접사(syntactic affix)로서 용언(V)을 파생시키므로 'V_{AF}'로 나타낸다.[9]

8 물론 어휘적 파생접사 '-답-'이 비생산적이므로 이러한 어형성 규칙이 존재하는가의 문제는 제기된다. 여기서의 논의의 초점은 통사적 파생접사 '-답-'이며, 또 규칙의 생산성은 별도의 탐구를 필요로 하므로 규칙과 생산성의 관계에 대한 문제는 다루지 않는다. 파생접사의 생산성에 대해서는 송철의(1992), 고재설(1993), 김창섭(1996) 등 참고. 강범모 · 차준경(1996)과 이광호(2009)는 말뭉치(corpus)를 통해 파생접사의 생산성을 실증적으로 검토하기도 하였다.

9 주어의 위치, 조사를 핵으로 하는 KP 등에 대해서는 서정목(1998), 임홍빈(1999), 이정훈(2004나) 등 참고.

(12) 철수가 책을 가까이 하는 학생답다.

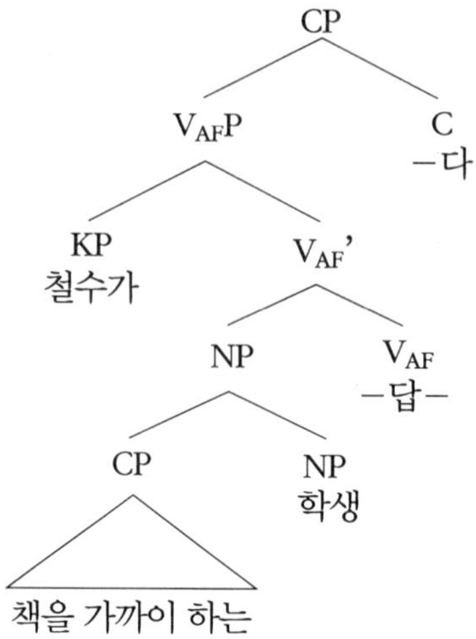

이 절에서는 (12)에서 통사적 파생접사 '－답－'이 어기 '학생'과 어떻게 통합하게 되는지를 구체적으로 살피는데, 이를 위해 통사적 파생접사 '－답－'과 어기 '학생'의 통합을 설명할 수 있는 몇몇 방안들을 검토하면서 합리적인 해결책이 무엇인지 모색한다.[10] 여러 가지 제안 가운데 여기서 구체적으로 논의하는 것은 수평 이동(sideward movment)과 핵 이동(head movement)이다. 그리고 핵 이동 방안을 논의하면서 다중 관할(multi dominance)에 의한 설명 가능성도 간략히 살핀다.

10 이러한 접근법은 통사적 파생접사의 파생 절차가 일반적인 방안으로 포착 가능한가를 우선 살피려는 의도를 반영한 것이다. 물론 통사적 파생접사의 파생 절차에만 나타나는 특이한 문법 절차가 있을 수도 있지만 그러한 것, 즉 특수한 구성에만 적용되는(construction specific) 문법 절차는 가급적 삼가야 할 것이다.

3.1. 수평 이동 분석과 그 문제점

수평 이동(sideward movement)은 이동(movement)이 복사(copy)와 병합(merge)으로 재해석됨에 따라 제기된 가능성으로 그 구체적인 절차를 제시하면 다음과 같다(Nunes, 2001 참고).

(13) 수평 이동(sideward movement. Nunes, 2001: 305)

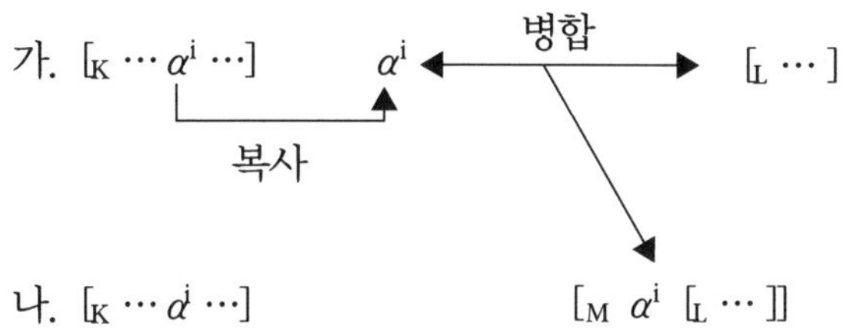

수평 이동이 전통적인 이동과 다른 점은 (13가)에서 복사된 α가 K가 아니라 L과 병합한다는 데에 있다. 이러한 수평 이동을 허용하면 과생성(overgeneration)의 문제가 발생하는데 Nunes(2001)는 어순대응공리(linear correspondence axiom. Kayne, 1994) 등을 도입함으로써 과생성의 문제를 해소하고 제약적인 문법을 제시한다. 또한 수평 이동은 제약성을 지닐 뿐만 아니라 Nunes(2001)에서 논증되었듯이 소위 비순환적 이동(noncyclic movement)을 문법에서 제거하는 장점도 지니므로 새로운 가능성으로 추구할 만한 가치를 지닌다고 할 수 있다.

이제 한국어에도 (13)의 수평 이동이 유효하다고 가정해보자. 특히 통사적 파생접사 '-답-'이 참여한 통사 구조에 수평 이동이 적용된다고 가정해보자. 그러면 (12)는 다음과 같은 도출 과정을 거쳐 형성되는 것으로 볼 수 있다. (14)에는 논의와 관련된 도출 과정만을 제시한다.

(14) 철수가 책을 가까이 하는 학생답다 (=12)

가. [$_{KP}$ 철수가]

[$_{CP}$ 책을 가까이하는]

[$_{VAF}$ [$_{N}$ 학생]－답－]

[$_{C}$ －다]

나. '학생' 복사

[$_{KP}$ 철수가]

[$_{CP}$ 책을 가까이하는]

[$_{N}$ 학생]$_{2}$

[$_{VAF}$ [$_{N}$ 학생]$_{2}$－답－]

[$_{C}$ －다]

다. '학생'과 '책을 가까이하는' 병합

[$_{KP}$ 철수가]

[$_{NP}$ [$_{CP}$ 책을 가까이하는] [$_{N}$ 학생]$_{2}$]

[$_{VAF}$ [$_{N}$ 학생]$_{2}$－답－]

[$_{C}$ －다]

라. 병합

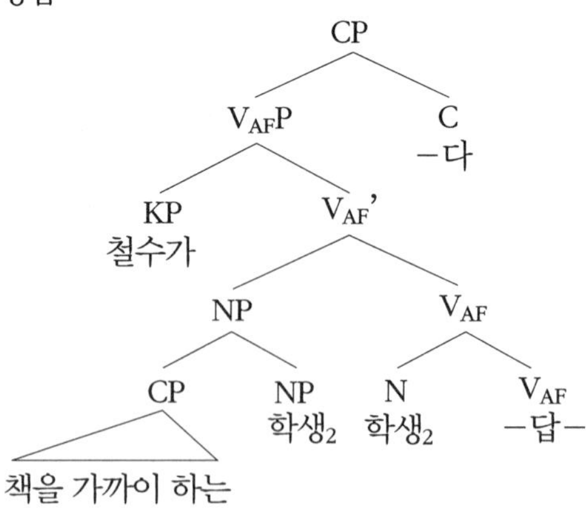

(14가)는 NP '철수'와 K '-가'가 병합해 KP '철수가'를 형성하고, N '학생'과 통사적 파생접사 V_{AF} '-답-'이 병합해 V_{AF} '학생-답-'을 형성한 단계이다. 그리고 이 단계에서 이미 관형절 CP '책을 가까이 하는'이 형성되어 있는 것으로 간주하였다. 문말어미 C '-다'는 VP와 병합하는데 (14가)에서는 아직 VP, 즉 이 경우 V_{AF}P가 형성되지 않았으므로 병합에 참여하지 않았다.[11]

(14가)에 수평 이동이 적용되면 (14나)와 (14다)의 도출 과정이 나타난다. 먼저 (14나)에서 V_{AF} '학생-답-'의 N '학생'이 복사되고, 이어 (14다)에서 방금 복사된 N '학생'과 (14가)에 이미 형성되어 있던 관형절 CP '책을 가까이 하는'이 병합한다. 그러면 [$_{NP}$ [$_{CP}$ 책을 가까이하는] [$_{N}$ 학생]$_{2}$]가 나타나게 된다. (14다)에 이어 계속 병합이 진행되면 결국 (14라)의 구조가 나타나게 된다.

(14)의 도출 과정을 따르면 앞서 통사적 파생접사 '-답-'의 특징으로 제시한 사항들은 별다른 어려움 없이 설명할 수 있다. 다음에 통사적 파생접사 '-답-'의 특징을 반복한다.

(15) 가. 어기가 수식어를 취할 수 있음

철수는 공부를 잘하는 학생답다 (=3다)

나. 어기로 접속 구성이 올 수 있음

김 선생과 철수는 스승과 제자답다 (=5다)

---

11 어미의 통사 구조 형성에 대해서는 유동석(1995), 서정목(1998), 이정훈(2004나) 등 참고. 어미 C '-다'는 VP뿐만 아니라 H '-으시-'가 핵인 HP나 T '-었-'이 핵인 TP, 그리고 M '-겠-'이 핵인 MP와도 병합할 수 있다. 따라서 C '-다'는 보충어 자질로 VP는 물론이고 HP, TP, MP 등도 지닌다고 할 수 있다. 이를 포함하여 어미의 다중적인 보충어 자질에 대한 처리는 10장 5절 및 이정훈(2004나) 참고.

다. 어기에 '-들'이 나타날 수 있음

역시 공부 잘하는 학생들답군 (=7나)

라. "-기' 반복 구문'이 '-답-'만을 대상으로 할 수 있음

철수가 학생답기는 답다 (=11다)

우선 (15가)는 (14)와 마찬가지이므로 추가적인 논의가 필요하지 않다. 다만 관형절이 '공부를 잘하는'이라는 점에서만 (14)와 다를 따름이다. (15나)도 (14)에 준하는 것으로 볼 수 있다. 관형절과 N이 병합하든, 아니면 접속조사 '-와/과'를 매개로 하는 접속 구성이든 그 결과가 NP이긴 마찬가지이기 때문이다. 즉 관형절이 참여한 NP와 접속조사가 참여한 NP는 NP 형성 방식에서만 차이가 나타나지 '-답-'의 통사적 파생에서는 차이를 지니지 않는 것이다. (15나)의 도출 과정을 (14) 식으로 제시하면 다음과 같다.[12]

(16) 김 선생과 철수는 스승과 제자답다 (=5다, 15나)

가. $[_{KP}$ 스승과$]$

$[_{VAF}$ $[_{N}$ 제자$]$-답-$]$

나. '제자' 복사

$[_{KP}$ 스승과$]$

$[_{N}$ 제자$]_{2}$

$[_{VAF}$ $[_{N}$ 제자$]_{2}$-답-$]$

다. '스승과'와 '제자' 병합

12 편의상 '김선생과 철수는'이 주제어일 가능성은 배제한다. 주제어는 CP에 부가된다(서정목, 2000; 이정훈, 2004나 참고). 명사구 접속 구성의 구조에 대해서는 이정훈(2004나) 참고.

[$_{NP}$ [$_{KP}$ 스승과] [$_{N}$ 제자]$_{2}$]

[$_{VAF}$ [$_{N}$ 제자]$_{2}$ −답−]

라. 병합

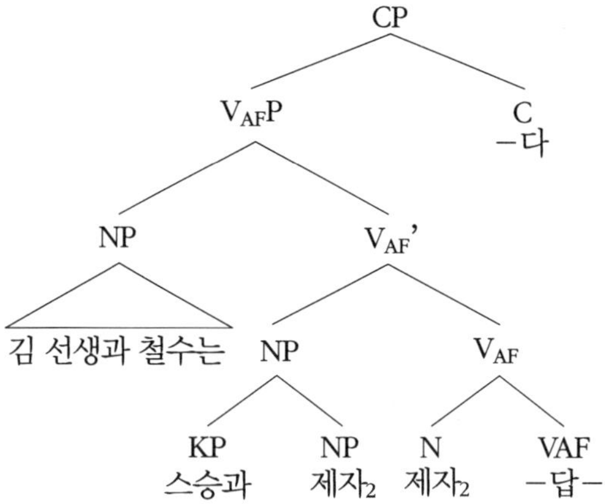

(15다)에서도 별다른 어려움은 발생하지 않는다. '학생'이 NP이므로 여기에 통사적 파생접사 '−들'이 통합될 수 있기 때문이다.

"−기' 반복 구문'의 형성을 어떻게 보는가에 따라 세부적인 논의는 달라지겠지만 (15라)도 수평 이동을 적용하면 별다른 어려움 없이 설명할 수 있다. '−답−'이 통사부에서 독립적인 성분이므로 "−기' 반복 구문'에 의해 '−답−'이 반복될 수 있기 때문이다. 개략적인 도출 과정을 보이면 다음과 같다. "−기' 반복 구문'의 구조는 강명윤(1992)의 것을 따르고 '−기는'은 V의 형태론적 요구에 의해 나타나는 어미 E(ending)로 파악한다. V는 의존 형식(bound form)으로서 어미 '−기는'과 통합하여 자립 형식(free form)을 형성하여야 하는 것이다.

(17) 철수가 학생답기는 답다 (= 11다, 15라)

가. [$_{KP}$ 철수가]

[$_{\text{VAF}}$ [$_{\text{N}}$ 학생] [$_{\text{VAF}}$ −답−]]

[$_{\text{E}}$ −기는]

[$_{\text{C}}$ −다]

나. '−답−' 복사

[$_{\text{KP}}$ 철수가]

[$_{\text{VAF}}$ [$_{\text{N}}$ 학생] [$_{\text{VAF}}$ −답−]$_{2}$]

[$_{\text{E}}$ −기는]

[$_{\text{VAF}}$ 답−]$_{2}$[13]

[$_{\text{C}}$ −다]

다. 병합

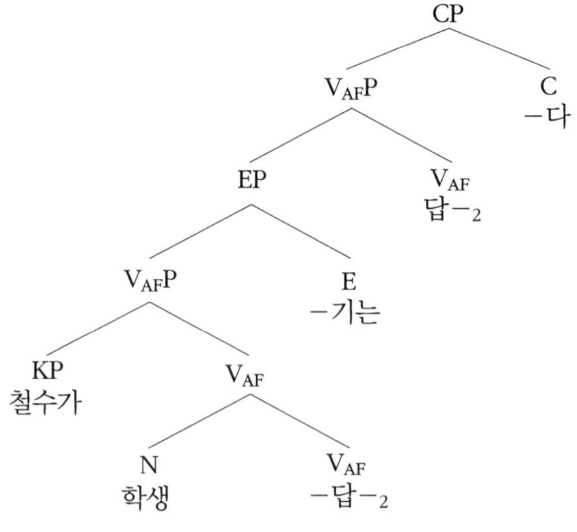

13 선행하는 '−답−'과 달리 후행하는 '답−'은 '−' 표시가 뒤에만 있는 것에서 알 수 있듯이 어기와 통합해야 한다는 조건에서 면제된다. 이는 선행하는 '−답−'이 어기와 통합하며, 또 후행하는 '−답−'은 선행하는 '−답−'과 구별되는 것이 아니기 때문에 나타나는 현상인 듯하다. 그런데 어미 통합 조건은 이와 다른 모습을 보인다. 후행 '−답−'이 어미와 통합하므로 방금의 논리를 적용하면 선행 '−답−'이 어미 요소를 취하지 않는 것이 허용되어야 하는데 사실은 그렇지 않아서 선행 '−답−'에는 항상 어미 요소 '−기는, −기도, −기만' 등이 통합하기 때문이다. 어기 통합 양상과 달리 어미는 선후행 '−답−' 모두에 통합되어야 하는 것이

따라서 수평 이동 분석은 '-답-'의 통사적 파생 절차를 효과적으로 포착하는 방안이라고 할 수 있다. 그런데 수평 이동 분석은 이와 같은 장점에도 불구하고 적지 않은 문제를 내포한다.

먼저 수평 이동 분석은 어순대응공리를 전제로 하는데 한국어에 어순대응공리를 적용하기는 어렵다.[14] 다음으로 어순대응공리가 한국어에 적용 가능한가의 문제를 논외로 하더라도 또 다른 문제가 야기된다. 수평 이동 분석에 따르면 자질이 점검되는 위치의 복사는 음운화(spell-out)되고, 비점검 위치의 복사는 생략(deletion)되는데(Nunes, 2001: 312~314 참고), 이는 (15라)와는 부합하지만 (15가)~(15다)와는 부합하지 않기 때문이다. (15라), 즉 (17)의 경우 하위의 '-답-'과 상위의 '-답-'이 모두 점검 위치에 있는 것으로 볼 수 있어서 '-답-'의 두 개의 복사가 모두 음운화될 수 있지만,[15] (15가)와 (15나), 즉 (14)와 (16)은 자질 점검과 무관한 수평 이동이기 때문에 다음과 같은 비문법적인 음운화를 배제할 수 없는 것이다.[16]

(18) 가. *철수가 공부를 잘 하는 학생$_2$ 학생$_2$답다. ((14) 참고)

나. *김 선생과 철수는 스승과 제자$_2$ 제자$_2$답다. ((16) 참고)

다. 이러한 차이의 원인에 대해서 아직 논의할 단계는 아니지만 파생(derivation)과 굴절(inflection)의 근본적인 차이를 반영하는 현상으로 보아야 할 듯하다.

14 어순대응공리가 한국어에 적용되기 어렵다는 점은 김영희 · 김용하(1997)에서 자세히 논의되었다. 어순대응공리가 없더라도 Saito & Fukui(1998)나 Fukui & Takano(1998) 등의 논의를 따르면 어순 문제는 해결 가능하다.

15 (17)에서 '-답-'의 두 복사가 모두 자질 점검에 참여하는가도 논란의 여지가 있다. 다만 여기서는 하위의 '-답-'은 파생과 굴절에 참여하고, 상위의 '답-'은 굴절에 참여한다는 점을 중시하여 두 개의 '-답-' 모두 자질 점검 위치에 있는 것으로 본다.

16 이 점은 (15다)도 마찬가지인데 번거로움을 피하기 위하여 따로 논의하지 않는다.

(18가)는 (14)에서 수평 이동을 통해 나타난 '학생'의 두 복사가 모두 음운화된 경우이고, (18나)는 (16)에서 수평 이동을 통해 나타난 '제자'의 두 복사가 모두 음운화된 경우이다. 두 경우 모두 비문법적이다.

따라서 Nunes(2001)의 수평 이동 분석을 수용하더라도 그것을 개정하여 (15)의 자료들을 모두 기술할 수 있는 방안이 필요하다고 할 수 있다. 그렇다면 수평 이동 분석은 어떻게 개정되어야 하는가? 일단 (17)을 고려하면 그리고 애초에 수평 이동 분석이 제안된 Nunes(2001)가 제시한 자료를 고려하면 자질 점검 위치의 복사가 음운화된다는 일반론은 유지해야 할 것이다. 그러므로 방금과 같은 일반론으로 포착되지 않는 (14)와 (16)을 위한 조치가 필요하다고 할 수 있는데 다음과 같은 추가 조건을 설정할 수 있을 듯하다.

(19) 수평 이동에 의해 나타난 복사의 음운화 조건

가. 자질 점검 있는 경우

: 자질 점검 위치의 복사를 음운화한다(Nunes, 2001).

나. 자질 점검 없는 경우

: 다른 복사를 성분 지휘하는 복사를 음운화한다.

(17)은 (19가) 유형에 속하므로 '-답-'의 두 복사가 모두 음운화되어 '철수가 학생답기는 답다'와 같은 "-기' 반복 구문'이 나타나게 된다. 이와 달리 (14)와 (16)은 (19나) 유형에 속하는데 (19나)가 제대로 작동하기 위해서는 먼저 (14)의 '학생$_2$답-'과 (16)의 '제자$_2$답-'이 각각 C '-다'로 핵 이동을 해야 한다. 한국어의 어간과 어미가 핵 이동을 통해 통합하는 점을 고려하면,[17] 이러한 핵 이동은 한국어의 일반적인 특성에 어울리는 것이라고 할 수 있다. (14)와 (16)에 방금의 핵 이동이 적용되면 결국 다음

과 같은 연쇄(chain)가 나타나게 된다. 핵 이동 후의 구조도 함께 제시한다.

(20) 가. (14)의 경우

① 수평 이동에 의한 연쇄: (학생2, 학생2)

② 핵 이동에 의한 연쇄: (학생2답-, 학생2답-)

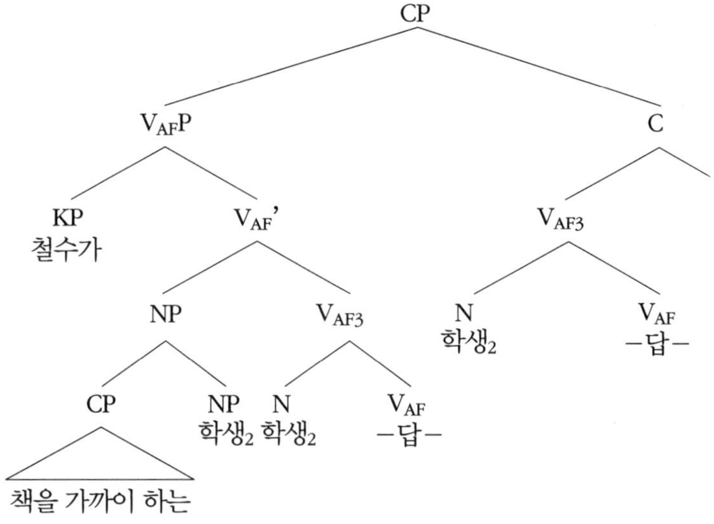

17 자세한 사항은 유동석(1995), 이정훈(2000, 2004나) 등 참고.

나. (16)의 경우

① 수평 이동에 의한 연쇄: (제자$_2$, 제자$_2$)

② 핵 이동에 의한 연쇄: (제자$_2$답−, 제자$_2$답−)

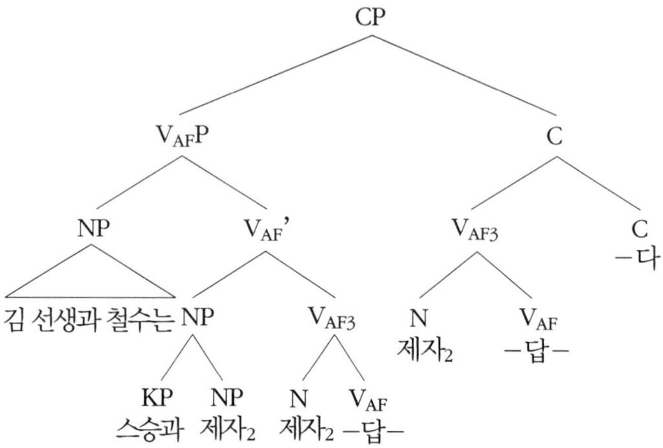

(20가)와 (20나)에서 핵 이동 후의 복사 '학생'과 '제자'는 V_{AF}P에 포함된 복사 '학생'과 '제자'를 성분 지휘하므로 (19나)에 따라 핵 이동된 위치의 '학생'과 '제자'만 음운화되어서 (18)과 같은 비문법적인 경우는 걸러지게 된다.[18]

이렇듯이 '수평 이동'에 '핵 이동'이 가해지면 '−답−'의 통사적 파생은 설명할 수 있다. 그런데 여기서 한 가지 생각해보아야 할 것은 만약 핵 이동만으로 '−답−'의 통사적 파생을 설명할 수 있다면 보다 경제적이라는 사실이다. 더욱이 '−답−'의 통사적 파생과는 독립적으로 요구되는 핵 이동으로 '−답−'의 통사적 파생까지를 설명하는 방안이 수평 이동을 도

18 핵 이동 전에는 성분 지휘로 음운화를 규제할 수 없다. (14)와 (16)에서 핵 이동 전의 복사들은 상호 성분 지휘 관계에 놓이기 때문이다. 여기서의 성분 지휘는 분절(segment)이 아니라 범주(category)를 기준으로 한다(Kayne, 1994 참고).

입하는 것보다 더 합리적이라는 것은 재론의 여지가 없다. 따라서 다음 절에서는 수평 이동 없이 핵 이동만으로 '－답－'의 통사적 파생을 설명하는 방안을 추구해보고자 한다.

3.2. 핵 이동 분석

핵 이동으로 '－답－'의 통사적 파생을 설명하는 것은 '－답－'의 통사적 파생에 핵 이동이 관여함을 전제로 한다. 따라서 먼저 핵 이동이 '－답－'의 통사적 파생에 관여하는 증거를 제시하고 이어 핵 이동으로 '－답－'의 통사적 파생을 설명하기로 한다.

3.2.1. 핵 이동의 증거

한국어는 핵 말 언어(head final language)이므로 어순을 통해 '－답－' 파생에 핵 이동이 관여하는가의 여부를 판가름하기는 어렵고, 다음과 같은 구성을 고려하여야 한다.[19]

(21) 철수는 국어 시간에만, 그리고 영이는 영어 시간에만 각각 학생답다.

만약 (21)이 다음에서 보듯이 절 접속 구조에 생략(ellipsis)이 적용되어 생성된다면 핵 이동은 (21)의 도출에 아무런 영향력을 발휘하지 않는다. (22나)에서 취소선(=)은 생략을 나타낸다.

(22) 가. 접속

19 핵 초 언어는 어순 등을 통해 핵 이동 유무를 판단할 수 있다(Pollock, 1989 참고). (21)은 이정훈(2000, 2004나) 등에서 V와 선문말어미의 핵 이동을 논증하기 위해 사용한 자료를 참고한 것이다.

철수는 국어 시간에만 각각 학생답고, 그리고 영이는 영어 시간에만 각각 학생답다.

나. 생략

철수는 국어 시간에만 ~~각각 학생답고~~, 그리고 영이는 영어 시간에만 각각 학생답다.

하지만 (22)의 분석은 다음과 같은 여러 가지 문제를 야기하므로 인정하기 어렵다. 첫째, 생략이 적용되기 이전의 (22가)가 이미 비문법적이다.[20] (22가)가 문법적이려면 다음에서 확인할 수 있듯이 '각각'과 호응하는 복수 주어가 선후행절에 각각 나타나야 하기 때문이다.

(23) 가. *철수는 국어 시간에만 각각 학생답고, 영이는 영어 시간에만 각각 학생답다.

나. 철수와 민수는 국어 시간에만 각각 학생답고, 영이와 순이는 영어 시간에만 각각 학생답다.

둘째, (24라)와 (24마)에서 보듯이 접속문에서 공통의 부가어가 생략되는 경우 생략되지 않고 남게 되는 부가어는 문두나 문말에 위치해야 한다. 그렇지 않고 생략되지 않는 부가어가 제자리에 남아 있으면 (24나, 24

20 (22가)는 도출의 중간 과정이므로 문법성 판단의 대상이 되지 않는다는 논리는 인정하기 어렵다. 무엇보다도 그러한 처리는 적격한 도출 과정이 무엇인가의 의문을 야기하기 때문이다. 음운론에서 가급적 추상적 기저형을 배제하듯이 문법론에서도 최소한 비문법적인 중간 도출 단계는 배제하는 것이 바람직하다고 본다. 한편 (22가)를 비문법적인 것으로 보면서 동시에 생략에 따른 보수 효과(repair effect, Lasnik, 2001; Merchant, 2004 등 참고)를 원용해 (22나)의 문법성을 설명하려는 시도가 있을 수 있다. 하지만 생략에 따른 보수 효과는 음성 형식부에서의 보수 효과이므로 (22나)를 생략에 따른 보수 효과로 설명하기는 어렵다.

다)에서 보듯이 비문법적인 것으로 판단된다. 그런데 (22)에서는 생략되지 않은 '각각'이 문두나 문말에 위치하고 있지 않음에도 불구하고 문법성에 아무런 문제를 야기하지 않는다. 만약 (21)이 (22)처럼 생성되었다면 (24나)와 (24다)가 비문법적이듯이 (21)도 비문법적이어야 할 것이다. 따라서 (22)의 분석은 타당한 것으로 볼 수 없다.[21]

(24) 가. 철수는 학교에서 놀았고, 순이는 학교에서 공부했다.
　　나. *철수는 학교에서 놀았고, 순이는 ~~학교에서~~ 공부했다.
　　다. *철수는 ~~학교에서~~ 놀았고, 순이는 학교에서 공부했다.
　　라. 학교에서 철수는 놀았고, 순이는 ~~학교에서~~ 공부했다.
　　마. 철수는 ~~학교에서~~ 놀았고, 순이는 공부했다, 학교에서.

접속과 생략으로 (21)을 도출할 수 없다면 어떠한 대안이 존재하는가? 여기서 제안하고자 하는 것은 다음과 같다. 먼저 '－답－'이 핵인 두 개의 $V_{AF}P$가 별도로 생성된 뒤 접속되고 이 두 $V_{AF}P$가 접속된 구조에 핵 이동이 적용되어 (21)이 생성된다.[22] 이러한 도출 과정을 보이면 다음과 같다. 접속은 부가 구조를 형성하는데(이정훈, 2008가 참고), 여기서는 편의상 삼분지 구조를 이용한다.

---

21 (24다)의 비문법성은 생략의 방향성 위반에서 그 원인을 찾을 수도 있다. 김영희(1997)에서 논의하였듯이 좌분지 성분은 후행절의 것이 생략되어야 하기 때문이다. 그리고 (24라)와 (24마)는 생략이 아니라 ATB 이동(across the board movement)에 의해 생성되었을 가능성도 충분하다. 여기서 중요한 것은 (22나)와 같은 생략이 불가능하다는 점이다.

22 시정곤(1995)도 '－답－'의 통사적 파생에 핵 이동이 관여하는 것으로 보았다.

(25) 철수는 국어 시간에만, 그리고 영이는 영어 시간에만 학생답다.

가. $V_{AF}P$ 접속

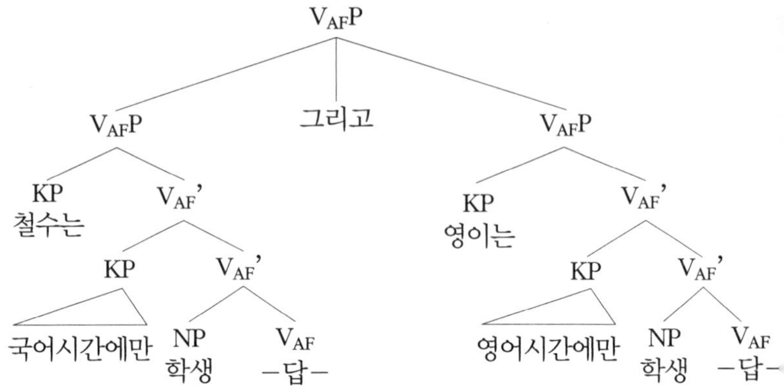

나. 핵 이동

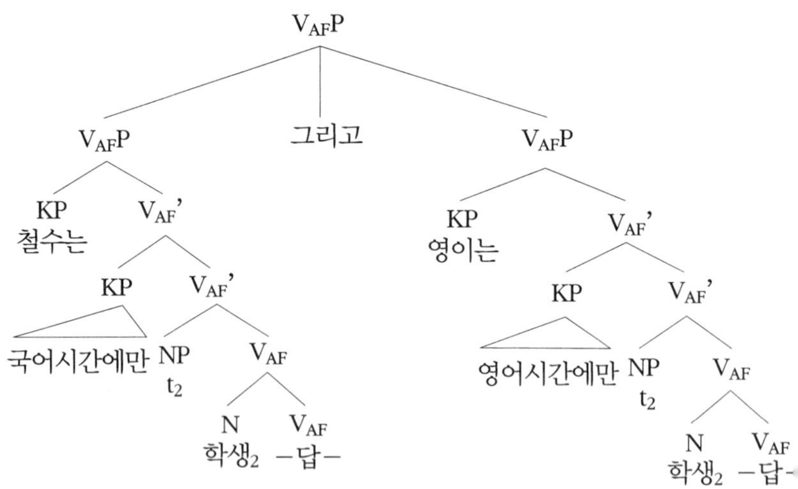

다. 병합과 ATB 방식의 핵 이동

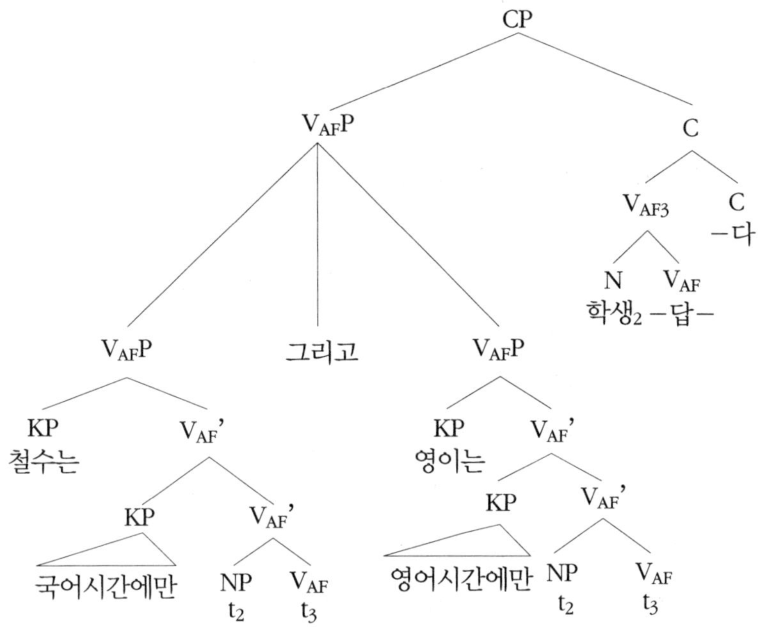

(21)을 (25) 식으로 분석하면 앞서 제기했던 문제는 야기되지 않는다. 먼저 (25)에는 생략 작용이 적용되지 않으므로 생략에 따른 문제가 발생하지 않는다. 또한 (25)에 따르면 '철수는'과 '영이는'은 서로 다른 절에 포함되는 것이 아니라 동일한 하나의 절에 포함되므로 '각각'과 같은 부가어가 나타날 수 있다.[23]

물론 핵 이동만 (22)가 야기하는 문제를 피할 수 있는 것은 아니다. 예를 들어 핵 이동이 아니라 다중 관할(multi-dominance)을 이용해도 (22)에 따르는 문제는 피해갈 수 있다.[24] 하지만 다중 관할 분석을 이용하기 위해

23 '각각'에 대한 상세한 논의는 이정훈(2008가/2008나: 661~668) 참고.

24 다중 관할 분석에 대해서는 Wilder(1999), Chung(2004), Citko(2005), Park(2005) 등 참고. Wilder(1999)는 Kayne(1994)의 어순대응공리를 조정함으로써 다중 관할을 제한적으로 허용

서는 어순대응공리를 유효한 것으로 보아야 하는데, 이 장 3.1절에서 지적했듯이 한국어에는 어순대응공리가 적용된다고 보기 어렵다. 따라서 다중 관할 분석은 정당한 분석의 도구라고 하기 어렵다.

3.2.2. 통사적 파생의 특성과 핵 이동

통사적 파생을 핵 이동으로 설명하는 방안은 이미 (25)에서 구체화되었다. 즉 통사적 핵이면서 접사적 성격을 지닌 V_{AF} '-답-'은 보충어 핵의 핵 이동을 유발하는데 바로 이 과정이 통사적 파생에 해당하는 것이다. 물론 보충어 핵(H_{COMP}. head of complement)이 핵 이동을 통해 '-답-'과 통합한 복합핵 [$_{VAF}$ H_{COMP} [V_{AF} -답-]]은 다시 핵 이동을 통해 어미와 통합하게 되는데 어미와 통합하는 과정의 핵 이동은 통사적 파생과는 무관하다. 통사적 파생이 관여하지 않더라도 어미와 통합하기 위한 핵 이동은 나타나기 때문이다(이정훈, 2000, 2004나 참고).

여기서는 앞서 2절에서 제시한 통사적 파생의 특성이 핵 이동 가설로 해명이 가능한지를 확인함으로써 핵 이동에 의한 통사적 파생의 타당성을 제고하기로 한다. 먼저 2절에서 제시하고 (15)에서 요약한 통사적 파생의 특성을 다음의 (26)으로 반복한다.

(26) 가. 어기가 수식어를 취할 수 있음

철수는 공부를 잘 하는 학생답다 (=3다)

하는 방안을 제안하였고, Citko(2005)는 이동을 통해 어순대응공리가 만족될 수 있는 경우로 다중 관할을 제한하였으며, Park(2005)는 다중 관할 구조가 첫 접속항의 우측 가장자리(first conjunct right edge)와 관련되어 있음을 지적하였다. Chung(2004)는 특히 Wilder(1999)의 제안을 바탕으로 '영이는 논문을 (그리고) 철수는 책을 열심히(들) 읽었다'와 같은 표현을 다중 관할로 설명하고자 하였다.

나. 어기로 접속 구성이 올 수 있음

김 선생과 철수는 스승과 제자답다 (=5다)

다. 통사적 파생접사 '-들'이 올 수 있음

역시 공부 잘 하는 학생들답군 (=7나)

라. "-기' 반복 구문'이 '-답-'만을 대상으로 할 수 있음

철수가 학생답기는 답다 (=11다)

과연 핵 이동 가설은 (26)에 제시한 통사적 파생의 특성을 포착할 수 있는가? 이 질문은 다음의 구조를 통해 (26)의 네 가지 특성이 해명되는가를 검토해 봄으로써 그 답을 얻을 수 있다.[25]

(27) 철수가 학생답다.

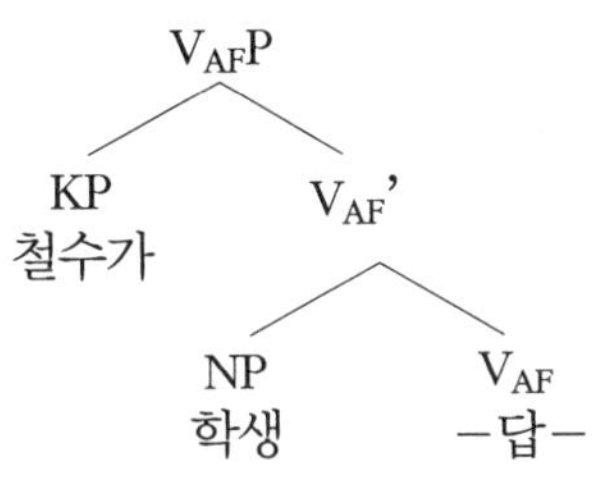

(27)은 '-답-'의 통사적 파생, 즉 N '학생'이 V_{AF} '-답-'으로 핵 이동하기 전의 구조를 보인 것이다. 이 구조를 바탕으로 하면 (26)의 네 가지 특성은 별다른 어려움 없이 설명이 가능하다. 먼저 (27)에서 '학생'은 V_{AF}

25 (27)에서 핵 이동 후에 $V_{AF}P$가 형성되는지 아니면 $V_{AF}P$가 형성된 후 핵 이동이 적용되는지는 따지지 않는다. 두 가지 도출 방안 가운데 어느 한쪽만을 지지하는 증거가 발견되지 않기 때문이다. 참고로 Chomsky(2008)도 국면(phase) 내에서의 작용은 동시적(simultaneous)인 것으로 보았다.

'-답-'의 보충어로서 XP, 즉 NP의 자격을 지닌다. 따라서 N이면서 동시에 NP인 '학생'으로 나타날 수 있을 뿐만 아니라 (26가)처럼 관형절 CP를 취한 NP로 나타날 수도 있고 (26나)처럼 접속 구성을 취할 수도 있으며 (26다)처럼 '-답-' 앞에 또 다른 통사적 파생접사 '-들'이 분포할 수도 있다. 또 (27)에서 V_{AF} '-답-'은 독자적인 통사적 교점을 차지하므로 (26라)에서 보듯이 "-기' 반복 구문'이 VAF '-답-'만을 반복하는 것도 충분히 가능하다. 물론 '철수가 학생답기는 학생답다'와 같은 경우는 '학생'이 V_{AF} '-답-'으로 핵 이동한 구조에 "-기' 반복 구문'이 적용된 결과이다. 핵 이동 후에는 [$_{VAF}$ [$_{N}$ 학생]-답-]에서 보듯이 '학생답-'이 하나의 구성 성분이 되기 때문이다.

3.2.3. 핵 이동의 층위

이제 핵 이동을 통해 '-답-'의 통사적 파생이 실행된다는 것을 확인하였다. 그렇다면 통사적 파생의 층위, 즉 핵 이동의 층위는 어디인가?

방금과 같은 문제 제기는 두 가지 점에서 의의를 지닌다. 첫째, 이론적인 면에서 핵 이동은 통사부에서 나타날 수도 있지만 음성형식부에서 나타날 수도 있는 것으로 알려져 있는데(김광섭, 2005 참고), 그렇다면 '-답-'의 통사적 파생에 관여하는 핵 이동은 어디에서 실현되는지 확인할 필요가 있다. 둘째, 경험적인 면이면서 방금 지적한 것과 통하는 것이기도 한데 음성형식부의 핵 이동과 통사부의 핵 이동은 그 효과가 다르므로 '-답-' 구문에 나타나는 핵 이동의 효과를 실증할 만한 자료를 찾을 필요가 있다. 다시 말해 '-답-'의 통사적 파생을 핵 이동으로 해명한 이상 이론적인 측면에서 '-답-'의 통사적 파생에 관여하는 핵 이동의 층위가 어디인지 확인할 필요가 있으며, 경험적인 측면에서 '-답-' 구문에서의 핵 이동이 몰고 오는 문법적 효과를 확인할 필요가 있다.

핵 이동으로 '-답-'의 통사적 파생이 실행되는 층위가 음성형식부인지 아니면 통사부인지를 확인하기 위해서는 경험적인 자료가 필요하다. 경험적인 자료를 토대로 음성형식부 핵 이동인지 통사부 핵 이동인지를 결정해야 하기 때문이다. 결론부터 미리 밝히면 '-으시-' 일치(agreement) 현상을 고려할 때 '-답-'의 통사적 파생은 음성형식부가 아니라 통사부에서 실행되는 것으로 보아야 하는바, 따라서 '-답-'의 통사적 파생과 관련된 핵 이동도 통사부에서 실행되는 것으로 보아야 한다. 일치 현상이 어떻기에 이러한 결론이 도출되는가는 '-답-' 구문에서의 일치 현상에 대한 고찰을 필요로 하므로 절을 달리하여 살피기로 한다.

4. '-답-' 파생과 일치

이 절에서는 한국어의 '-으시-' 일치 현상을 토대로 '-답-'의 통사적 파생에 적용되는 핵 이동이 음성형식부 이동이 아니라 통사부 이동에 속함을 밝힌다. 우선 V_{AF} '-답-' 구문의 '-으시-' 일치 현상을 관찰하고 이어 이에 대한 통사 구조적인 설명을 시도한다. 이 과정에서 V_{AF} '-답-'의 통사적 파생에 관여하는 핵 이동이 통사부 이동임이 드러나게 될 것이다.

4.1. '-답-' 구문의 '-으시-' 일치 현상

'-으시-'와 일치할 수 있는 성분에는 주어 · 주제어 · 초점어 등이 포함되며 '-답-' 구문도 이 점에서는 마찬가지이다. 여기서 주목하고자 하는 일치 현상은 주어 · 주제어 · 초점어 등이 '-으시-'와 일치하는 경우가 아니라 보충어가 '-으시-'와 일치하는 경우인데,[26] 다음의 예를 살피며 보충어가 '－으시－'와 일치하는 경우가 있음을 확인하기로 한다.

(28) 가. 물론 그때 나는 그저 공초다우신 말씀으로만 받아들였을 뿐 너무나도 비현실적인 제안을 신문에 사설화하지는 못했다. (≪세종≫)[27]

나. 각하를 보니 대통령다우신 모습이라고 느껴진다. (「중앙일보」, 2006년 5월 2일)

다. 지금에야 말하지만 그런 짓은 전혀 선생님다우신 것이 아니었다.

먼저 (28가)에서 '－으시－'와 일치하는 성분은 두 가지가 가능하다. 하나는 V_{AF} '－답－'의 보충어 '공초'이고 또 하나는 외현적으로 실현되지 않은 관형절의 주어이다. 외현적으로 실현되지 않은 관형절의 주어는 관형절이 수식하는 '말씀' 정도로 볼 수 있다(말씀이 공초답다).

(28가)와 마찬가지로 (28나)에서도 '－으시－' 일치의 후보는 두 가지이다. 하나는 V_{AF} '－답－'의 보충어인 '대통령'이고 나머지 하나는 외현적으로 실현되지 않은 관형절 주어이다. (28나)에서는 관형절이 '모습'을 수식하므로 '－으시－'는 V_{AF} '－답－'의 보충어 '대통령'이나 관형절 주어 '모습'과 일치하는 것으로 볼 수 있다(모습이 대통령답다). 그런데 이 둘 가운

26 보충어가 '－으시－'와 일치하는 현상은 (30), (31)에서 보게 되듯이 '이다' 구문에서도 나타난다. '이다' 구문의 '－으시－' 일치 현상을 포함하여 '－으시－' 일치 현상 전반에 대한 통사 구조적인 설명은 이정훈(2004가, 2004나) 참고.

27 21세기 세종계획(http://www.sejong.or.kr)에서 개발한 말뭉치(corpus)에서 가져온 예문 뒤에는 ≪세종≫을 표시한다.

데 '모습'은 (28나)에서 실제로 '－으시－'와 일치하는 성분으로 보기에는 다소 곤란하다. 왜냐하면 만약 '모습'이 '대통령다우신'의 '－으시－'와 일치하고 있다면 '모습이라고'에도 '－으시－'가 개입하여 '모습이시라고'가 나타나는 것이 자연스럽기 때문이다. 그러나 '－으시－' 선택 여부는 필수적인 것이 아니므로 방금의 논의를 토대로 (28나)에서 '모습'이 '－으시－' 일치의 대상이 아니라고 확언할 수는 없다.[28]

(28가)와 (28나)에서는 V_{AF} '－답－'의 보충어와 '－으시－'가 일치하는 것으로 볼 수도 있고 관형절 주어가 '－으시－'와 일치하는 것으로 볼 수도 있다. 하지만 (28다)는 이와 달라서 관형절 주어가 '선생님다우신'의 '－으시－'와 일치하는 것으로 보기 어렵다. 왜냐하면 (28다)의 관형절 주어는 기껏해야 '그런 짓' 정도인데 이것이 '－으시－'와 일치한다고 보기는 어렵기 때문이다(그런 짓이 선생님답다). 또한 '그런 짓'이 '－으시－'와 일치한다면 '아니었다'가 아니라 '아니시었다'로 나타났으리라는 것도 유념할 필요가 있다. 따라서 (28다)에서 '－으시－'와 일치하는 것은 V_{AF} '－답－'의 보충어 '선생님'이라고 결론지을 수 있다.

V_{AF} '－답－'의 보충어가 '－으시－' 일치의 대상일 수 있음은 다음과 같은 예를 통해서 다시 한 번 확인할 수 있다.

(29) <u>선생님다우신</u> 행동이 우리를 {구했다, *구하시었다}

(29)에서 '구하시었다'는 비문법적인데 이는 '행동'이 '구하시었다'에 포함된 '－으시－'와 일치할 만한 대상이 아님을 의미한다.[29] 그런데도 불구

28 '－으시－' 선택 여부는 문법적인 것이 아니다. 그러나 일단 '－으시－'가 선택되어 문장에 나타나면 그와 어울리는, 즉 일치하는 성분이 나타나야 하며 그 성분은 통사 구조적인 요건을 만족시켜야만 한다(이정훈, 2004가, 2004나 참고).

하고 '선생님다우신'은 문법적으로 아무런 문제를 지니지 않는다. 따라서 '선생님다우신'의 '－으시－'는 관형절 주어로 상정되는 '행동'이 아니라 (행동이 선생님답다), V_{AF} '－답－'의 보충어 '선생님'과 일치하는 것으로 보아야 한다.

그렇다면 어떻게 V_{AF} '－답－'의 보충어와 '－으시－'가 일치할 수 있는가? 먼저 이러한 일치 현상이 V_{AF} '－답－'에만 나타나는 것이 아니라 '이다' 구문에도 나타난다는 것을 확인하고 이어 절을 달리하여 보충어와 '－으시－'가 일치하는 현상을 해명하기로 한다. 먼저 '이다' 구문에서 보충어가 '－으시－'와 일치하는 예를 제시하면 다음과 같다.

(30) 가. 선과 교의 근원은 부처님이시고 선과 교의 갈래는 가섭존자와 아난존자이다.

나. 간월도에는 뭣하러 가시는데. 보아하니 인근 간척지에 노동하러 온 인부는 아니구. 어리굴젓 사러 온 도매상도 아닐 터이구. 오호라, 알겠다. 김양식장을 갖고 있는 어장의 주인이신가. … 그도 아니면 안경을 쓴 것을 보니 어장을 순시하러 나오신 공무원 나으리신가.

다. 나를 낳은 것은 어머님이셨지만, 기른 것은 할머님이셨다.

라. 연락을 받는 것은 항상 상무님이셨다.

마. 삼촌은 스물네 살 적에 지금 영재의 어머님이신 선희와 결혼을

29 즉 '－으시－'는 [+존경](honorific) 자질을 가진 성분과 일치할 수 있는데 '행동'은 [+존경]이 아니라 [－존경]이므로 '－으시－'와 일치할 수 없다. 논의를 간략히 하기 위하여 [존경] 자질이 독립적인 것인지 아니면 [유무정]((in)animate) 자질에서 도출되는 것인지는 자세히 다루지 않는다. [유무정] 자질로 '－으시－' 일치를 설명하는 방안은 박양규(1975) 참고. 다만 박양규(1975)에 따르면 '같다, 다르다' 등에는 '－으시－'가 통합할 수 없을 듯한데 실제로는 통합이 충분히 가능하다는 점만 지적해둔다.

하셨다.

바. 열심히 하면 성공한다는 말, 그 말의 증거가 바로 우리 선생님 이시다.

사. 그 차 소유주는 엄연히 선생님이시니까요.

(31) 가. 선생님이시고 선배님이시고 그동안 저 때문에 애 많이 쓰셨습니다.

나. 관대하신 법왕이시여! 내부의 절정에 계시는 법왕이시여!

다. 선생님이시라도 그 문제의 답은 쉽게 찾지 못하셨다.

(이상 이정훈, 2004나/2008나: 371~372의 예)

(30)에서 '-으시-'와 일치하는 성분들은 모두 V '-이-'의 보충어 성분이다. 특히 (30나)는 주어가 같은데도 불구하고 보충어 위치에 무엇이 오느냐에 따라 '-으시-'가 나타나기도 하고 나타나지 않기도 하는 현상을 보여주고 있다. 주어는 생략되긴 하였으나 청자를 나타내는 표현에 해당하므로 차이가 없고 다만 보충어가 '인부'나 '도매상'이면 '-으시-'가 나타나지 않고, '어장의 주인'이나 '공무원 나으리'이면 '-으시-'가 나타나는 것이다.

나아가 (31)은 주어를 상정하기조차 어려운 경우로 보충어 외의 일치대상은 상정하기도 어렵다. 더욱이 (31)의 '이시고, 이시여, 이시라도' 등은 활용형이 아니라 조사일 가능성도 충분한데,[30] 만약 이 형식들이 조사라면 이 경우의 '-으시-'와 일치하는 성분은 '선생님, 선배님, 법왕'으로

30 참고로 『표준국어대사전』에서는 '이시여'를 높임의 호격조사로 처리하고 있다. 활용형과 조사 양쪽에 속하는 '이'계 형식에 대해서는 채완(1993), 최동주(1999), 이정훈(2005) 등 참고.

볼 수밖에 없다.

4.2. 일치와 통사부 핵 이동

그렇다면 어떻게 V_{AF} '-답-'의 보충어가 '-으시-'와 일치할 수 있는가? 또 이러한 일치가 V_{AF} '-답-'의 통사적 파생이 통사적 핵 이동에 의한다는 것과 어떻게 관련되는가? 이 문제에 답하기 위해 먼저 V_{AF} '-답-'의 통사적 파생을 통사적 핵 이동에 의한 것으로 볼 때와 음성형식부 핵 이동에 의한 것으로 볼 때의 통사 구조적인 차이가 무엇인지 확인한다.

(32) 이 주장은 선생님다우시다.

가. 통사부 핵 이동과 통사 구조

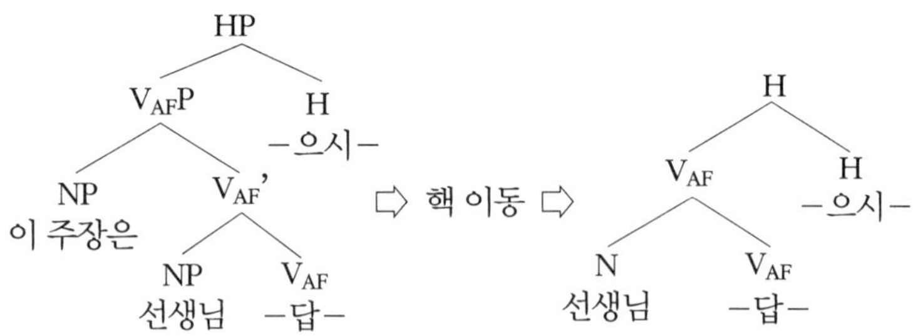

나. 음성형식부 핵 이동과 통사 구조

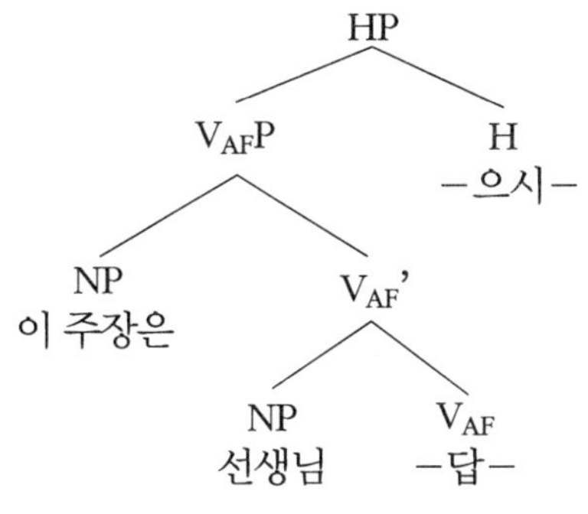

(32가)는 V_{AF} '-답-'의 통사적 파생이 통사부 핵 이동에 의할 때 나타나는 구조이다. 핵 이동 전에는 독립적으로 존재하던 '선생님', V_{AF} '-답-', '-으시-'가 핵 이동 후에는 하나의 복합핵이 된 것을 확인할 수 있다. 핵 이동이 적용된 뒤의 구조는 복합핵의 구조만 나타내었다.[31] (32가)와 달리 핵 이동이 통사부가 아니라 음성형식부에서 실행되면 (32나)에서 보듯이 핵 이동이 적용되기 전이나 후나 통사 구조적인 면에 있어서는 아무런 차이를 지니지 않는다. 음성형식부의 작용은 통사 구조에 아무런 영향을 미치지 않기 때문이다.

만약 V_{AF} '-답-'의 통사적 파생이 음성형식부의 핵 이동에 의한다면, 즉 (32나)를 따른다면 '-으시-'와 '선생님'의 일치는 전혀 기대할 수 없다. 다음에서 확인하듯이 일반적으로 보충어 위치에 머무르는 보충어와 '-으시-'는 일치할 수 없기 때문이다.[32]

31 어미와 통합하기 위한 핵 이동도 통사부 핵 이동 현상에 속한다(이정훈, 2000, 2004나 참고).

32 (33)에서 '선생님에게'가 문두로 어순재배치(scrambling)되면 '선생님에게 이 옷이 어울리신다'에서 확인할 수 있듯이 일치가 가능한데, 이는 어순재배치에 의해 초점화(focusing)된 성분, 즉 초점어가 '-으시-'와 일치하는 경우에 해당한다. 초점어와 '-으시-' 일치에 대한

(33) 이 옷이 선생님에게 {어울린다, *어울리신다}

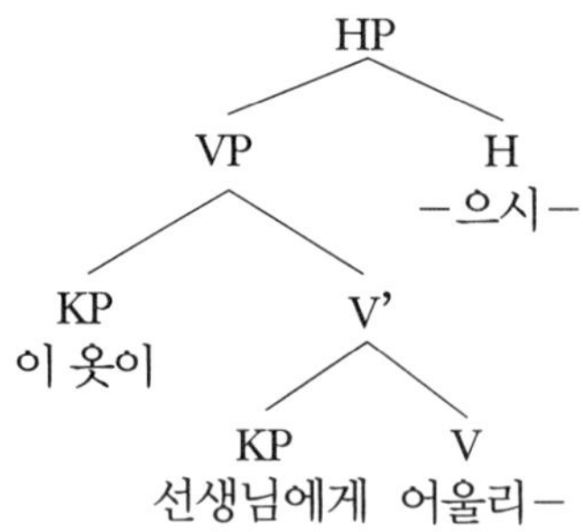

이와 달리 V_{AF} '–답–'의 통사적 파생이 (32가)처럼 통사부 핵 이동에 의한다면 '선생님'과 '–으시–' 사이의 일치가 가능해진다. 핵 이동이 적용되면 '선생님'과 V_{AF} '–답–'이 '핵–핵 관계'(head–to–head relation)를 맺게 되고, V_{AF} '–답–'과 '–으시–'가 핵–핵 관계를 맺게 되므로 결과적으로 '선생님'과 '–으시–'도 핵–핵 관계를 맺게 되기 때문이다.

물론 일치 작용은 이동을 통해 핵–핵 관계를 형성하지 않고 실행될 수도 있다(Chomsky, 2000, 2001a, 2001b 등). 그러나 '–으시–' 일치 현상의 경우 (33)에서 확인할 수 있듯이 V의 보충어가 제자리에서 '–으시–'와 일치하는 것은 불가능하다. 제자리 보충어가 '–으시–'와 일치하지 못하는 것은 두 가지 측면에서 조망해볼 수 있다.

먼저, 기능적인 측면에서 제자리 보충어의 존경 자질과 일치하는 것은 '여쭙다, 뵙다, 모시다' 등의 어휘이므로 선문말어미 '–으시–'는 아예 제자리 보충어의 존경 자질을 일치의 대상으로 삼지 않는 것으로 볼 수 있

자세한 사항은 이정훈(2004나) 참고.

다. 경어법 일치, 즉 존경 자질 일치를 '－으시－'와 같은 문법 형식과 '여쭙다, 뵙다, 모시다' 같은 어휘 형식이 분담하는 것이다.

다음으로 통사 구조적인 면만을 중시하면 Chomsky(2000, 2001a, 2001b) 등에서 제시된 국면 불가침 조건(phase impenetrability condition)에 의해 제자리 보충어와 '－으시－'의 일치가 배제되는 것으로 볼 수 있다. 국면 불가침 조건에 따르면 (33)에서 VP가 국면이 되므로 '－으시－'와 일치 관계를 맺을 수 있는 것은 국면 VP의 명시어(specifier)와 핵(head)으로 제한된다. 그런데 '선생님에게'는 VP의 명시어도 핵도 아니므로 '－으시－'와 일치할 수 없다.

방금과 같은 통사 구조적인 고려는 자연스럽게 (32가)의 일치를 예측하게 된다. 왜냐하면 (32가)에서 보듯이 핵 이동이 실행되면 '－으시－'와 일치 관계를 맺을 수 있는 위치에 '선생님'이 오게 되기 때문이다.[33]

이와 같은 논의를 바탕으로 이제 이 절을 시작하며 제기했던 질문에 대한 답을 제시해보자. 어떻게 V_{AF} '－답－'의 보충어가 '－으시－'와 일치할 수 있는가? 이 질문에 대한 답은 다음과 같다. V_{AF} '－답－'의 보충어가 V_{AF} '－답－'으로 핵 이동하여 복합핵 $[_{VAF}\ H_{COMP}\ [_{VAF}$－답－]]이 형성되고 다시 이 복합핵이 '－으시－'로 핵 이동하면 복합핵 $[_{H}[_{VAF}\ H_{COMP}$ $[_{VAF}$－답－]] －으시－]가 형성된다. 복합핵 $[_{H}[_{VAF}\ H_{COMP}\ [_{VAF}$－답－]] －으시－]에서 보충어와 '－으시－'는 핵－핵 관계를 맺게 되어 일치가 가능

33 국면 불가침 조건에 따르면 (32)에서 '선생님'이 V_{AF} '－답－'으로 핵 이동하는 것만으로도 일치가 가능하다. 보충어 자리에서 핵 자리로 이동함으로써 국면 밖의 '－으시－'와 일치의 통사 관계를 맺을 수 있게 되기 때문이다. 다만 국면 불가침 조건이 한국어에 유효한지 확실치 않으므로 보다 전통적이고 기술적인 '핵－핵 관계'를 중시하고자 한다. 핵－핵 관계에 의한 일치는 '철수가 {아푸－나?, *아푸－노?, *우떻－나?, 우떻－노?}'에서 보듯이 동남 방언에서 용언 의문사와 의문어미가 일치하는 경우에도 나타난다. 의문사와 의문어미 일치 현상에 대해서는 서정목(1987) 참고.

해진다.[34]

다음으로 이러한 일치는, V_{AF} '－답－'의 통사적 파생이 통사적 핵 이동에 의한다는 것과 어떻게 관련되는가? 이 두 번째 질문에 대한 답은 바로 다음과 같다. 일치는 통사 작용이지 음운 작용이 아니다. 따라서 V_{AF} '－답－'의 통사적 파생이 통사적 핵 이동에 의하면 앞에서 언급한 핵－핵 관계에 의해 V_{AF} '－답－'의 보충어와 '－으시－' 사이의 일치가 가능하다. 하지만 V_{AF} '－답－'의 통사적 파생이 음성형식부 핵 이동에 의하면 V_{AF} '－답－'의 보충어와 '－으시－'는 핵－핵 관계를 맺지 못하므로 그 둘 사이의 일치는 불가능하다. 따라서 V_{AF} '－답－'의 보충어와 '－으시－' 사이의 일치는 V_{AF} '－답－'의 통사적 파생이 음성형식부가 아니라 통사부에서의 핵 이동에 의함을 의미한다.

5. 결론

지금까지 V_{AF} '－답－'에 의한 통사적 파생의 형태통사적인 면을 검토하였다. 여기서는 논의 사항을 요약하고 미처 다루지 못한 사항을 언급함으로써 글을 맺는다. 먼저 핵심 사항을 간략히 정리하여 제시하면 다음과 같다.

첫째, 파생접사 '－답－'은 어휘적 파생접사와 통사적 파생접사 두 종류로 나뉜다.

---

34 또는 각주 33에서 지적하였듯이 '－으시－'로의 핵 이동 없이 일치할 수도 있다. 핵 이동에 의해 $[_{VAF}\ H_{COMP}\ [_{VAF}$－답－$]]$이 형성되면 H_{COMP}가 국면 불가침 조건에서 해방되어 '－으시－'와 일치 관계를 맺을 수 있기 때문이다.

둘째, 통사적 파생은 핵 이동에 의하며 이때의 핵 이동은 음성형식부 핵 이동이 아니라 통사부 핵 이동에 속한다.

셋째, '-으시-' 일치 현상에서 '-답-'의 보충어가 '-으시-' 일치의 대상일 수 있다.

넷째, 통사적 파생을 통사적 핵 이동으로 설명하면 '-답-'의 보충어와 '-으시-' 사이의 일치를 '핵-핵 관계'로 분석할 수 있다.

'-답-'의 통사적 파생과 관련하여 추가적으로 논의해야 할 사항들이 적지 않게 남아 있지만, 우선 두 가지만 지적하고 차후의 과제로 삼는다.

먼저 V_{AF} '-답-'의 통사적 파생이 통사부 핵 이동에 의한다면 여타의 통사적 파생도 핵 이동에 의할 가능성이 제기된다. 하지만 이 글에서는 V_{AF} '-답-' 이외의 통사적 파생에 대해서는 다루지 못하였다. 통사적 파생이 일률적으로 핵 이동에 의하는지 그렇지 않은지 검토할 필요가 있는데 이는 차후의 과제로 삼는다.

다음으로 핵 이동에 의해 형성되는 핵-핵 관계가 항상 일치 관계를 성립시키는지도 면밀히 검토할 필요가 있다. 예를 들어 '공부하다'와 같은 복합어도 통사적 파생에 의해 형성될 가능성이 있는데(任洪彬, 1989; 김창섭, 2001, 2002 등), 이 경우에는 '철수는 {선생님하고, *선생님하시고}, 영이는 학생한다'(연극에서 선생님 역할은 철수가, 학생 역할은 영이가 맡게 된 경우)에서 보듯이 보충어와 '-으시-'가 일치할 수 없다. '-답-'의 통사적 파생과 '-하-'의 통사적 파생이 일치에서 서로 다른 모습을 드러내는데 이러한 차이의 원인은 아마도 '-답-'에 선행하는 어기와 '-하-'에 선행하는 어기의 속성이 다른 데서 찾아야 할 것이다. 즉 '-답-'에 선행하는 어기는 지시성을 지니지만 '-하-'에 선행하는 어기는 지시성보다는 서술성을 강하게 지니고, '-으시-' 일치는 지시성을 지닌 성분에 국한되는 것이 아닌가 한다.

이와 같은 점을 적극적으로 고려하여 일반화하면 적어도 한국어의 '－으시－' 일치는 통사 구조적인 요건과 의미적인 요건 이 두 가지를 요구한다고 할 수 있으며, 따라서 어느 한쪽의 요건이 충족되지 않으면, 특히 의미적인 요건이 충족되지 않으면 일치가 원활하지 않으리라고 예측할 수 있다. 흥미로운 것은 이러한 예측이 다음에서 보듯이 실재한다는 점이다.

(34) 가. 아버님께서는 불멸의 군인다우시었다.
나. *그 적군은 불멸의 군인다우시었다.
다. ??/*그 학생은 불멸의 군인다우시었다.

(34)에 제시한 세 예에서 '－답－'의 보충어는 모두 동일한 '불멸의 군인'이다. 만약 '－으시－' 일치에 통사 구조적인 요인만 작용한다면 (34가)와 (34나), (34다)의 문법성은 모두 같아야 할 것이다. 그러나 사실은 이와 달라서 (34가)만 적격한 것으로 판단된다. 이러한 차이는 의미적인 요인을 고려할 때 어느 정도 설명 가능하다. 즉 '－답－'의 의미상 (34가)에서 '불멸의 군인'은 '아버님'과 등가로 간주되므로 [+존경] 자질을 가질 수 있어서 '－으시－'와 일치할 수 있지만,[35] (34나)와 (34다)의 '불멸의 군인'은 각각 '그 적군', '그 학생'과 등가로 간주되므로 [+존경]의 자질을 가지기 어려우므로 '－으시－'와 일치하기 어려운 것이다.[36]

35 앞서 (9)와 관련한 논의 참고.

36 의미적인 요인은 '*여기가 학생들이 선생님을 보았다는 집이시군요'와 '여기가 선생님이 살던 집이시군요'의 대조에서 알 수 있듯이 '이다' 구문의 '－으시－' 일치에도 나타난다. 이정훈(2004나/2008나: 381~386)은 문제의 의미적인 요인을 '통제성'으로 파악하였다.

참고문헌

강명윤, 1992, 『한국어 통사론의 제문제』, 한신문화사.

강범모 · 차준경, 1996, 「코퍼스, 파생어, 생산성」, 『인지과학』 7, 21~37.

고재설, 1993, 「국어 단어 형성에서의 형태 · 통사 원리에 대한 연구」, 박사학위논문, 서강대학교.

김광섭, 2005, 「핵 이동은 왜 그리고 어디에서 발생하는가?」, 최기용 편저, 『최소주의의 최근 흐름: Chomsky(1995) 이후』, 한국문화사, 275~301.

김영희, 1997, 「한국어의 비우기 현상」, 『국어학』 29, 171~197.

김영희 · 김용하, 1997, 「어순 공리와 한국어」, 『어문학』 60, 27~60.

김창섭, 1996, 『국어의 단어형성과 단어구조 연구』, 태학사.

———, 2001, 「'X하다'와 'X를 하다'의 관계에 대하여」, 『어학연구』 37, 63~85.

———, 2002, 「경동사 '하다'의 두 가지 보어: '하다'－어근구와 '하다'－명사구」, 『관악어문연구』 27, 149~186.

박명관[Park, Myung-Kwan], 2005, "When Things are Cumulated or Distributed Across Coordinate Conjuncts", *Studies in Generative Grammar* 15, 415~431.

박양규, 1975, 「존칭체언의 통사론적 특징」, 『진단학보』 40, 81~108.

송철의, 1992, 『국어의 파생어형성 연구』, 태학사.

서정목, 1987, 『국어 의문문 연구』, 탑출판사.

———, 1998, 『문법의 모형과 핵 계층 이론』, 태학사.

———, 2000, 『변형과 제약』, 태학사.

시정곤, 1995, 「핵 이동과 '－이/답/히/같－'의 형태 · 통사론」, 『생성문법연구』 5, 419~456.

안상철, 1998, 『형태론』, 민음사.

유동석, 1995, 『국어의 매개변인 문법』, 신구문화사.

이광호, 2009, 『국어 파생접사의 생산성과 저지에 대한 계량적 연구』, 태학사.

이정훈, 2000, 「국어의 핵 이동과 어순에 대한 최소주의 이론적 연구」, 석사학위논문, 서강대학교.

———, 2004가, 「'이다' 구문의 '－으시－' 일치 현상」, 『국어학』 43, 209~246.

———, 2004나, 「국어의 문법형식과 통사구조 연구」, 박사학위논문, 서강대학교. [이정훈, 2008나에 재수록]

———, 2005, 「조사와 활용형의 범주통용: '이'계 형식을 대상으로」, 『국어학』 45, 145~175. [이정훈, 2008나에 재수록]

———, 2006, 「'V-어V' 합성동사 형성 규칙과 범주통용」, 『어문학』 91, 129~161. [이정훈, 2008나에 재수록]

———, 2008가, 「한국어 접속문의 구조」, 『생성문법연구』 18, 115~135. [이정훈, 2008나에 재수록]

———, 2008나, 『조사와 어미 그리고 통사구조』, 태학사.

임홍빈, 1989, 「통사적 파생에 대하여」, 『어학연구』 25, 167~196.

———, 1999, 「국어의 명사구와 조사구의 통사 구조에 대하여」, 『관악어문연구』 24, 1~62.

전상범, 1995, 『형태론』, 한신문화사.

정대호[Chung, Dae-Ho], 2004, "A Multi Dominance Analysis of Right Node Sharing Constructions", *Language Research* 40, 791~811.

채완, 1993, 「특수조사 목록의 재검토」, 『국어학』 23, 69~92.

최기용, 2002, 「한국어의 용언 반복 구문: 동사의 가시적 이동을 위한 또 하나의 근거」, 『생성문법연구』 12, 139~167.

최동주, 1999, 「'이'계 특수조사의 문법화」, 『형태론』 1, 43~60.

Chomsky, N., 1995, *The Minimalist Program*, MIT Press.

———, 2000, "Minimalist Inquiries: The Framework", In R. Martin, D. Michaels, & J. Uriagereka eds., *Step by Step: Essays on Minimalist Syntax in Honor of Howard Lasnik*, MIT Press, 89~155.

———, 2001a, "Derivation by Phase", In M. Kenstowicz, ed., *Ken Hale: A Life in Language*, MIT Press, 1~52.

———, 2001b, "Beyond Explanatory Adequacy", *MIT Occasional Papers in Linguistics* 20, MITWPL. [Reprinted in A. Bellitti ed., 2004, *The Cartography of Syntactic Structures 3: Structures and Beyond*, Oxford University Press, 104~131]

———, 2008, "On Phases", In R. Freidin, C. Otero & M. Zubizarreta eds., *Foundational Issues in Linguistic Theory: Essays in Honor of Jean-Roger Vergnaud*, MIT Press, 133~166.

Citko, B., 2005, "On the Nature of Merge", *Linguistic Inquiry* 36, 475~496.

Croft, W., 2001, *Radical Construction Grammar: Syntactic Theory in Typological Perspectives*, Oxford University Press.

Fukui, N. & Y. Takano, 1998, "Symmetry in Syntax: Merge and Demerge", *Journal of East Asian Linguistics* 7, 27~86.

Kayne, R., 1994, *The Antisymmetry of Syntax*, Cambridge, MIT Press.

Lasnik, H., 2001, "When Can You Save a Structure by Destroying It?", In M. Kim & U. Strauss eds., *Proceedings of the North East Linguistic Society* 31-2, GLSA, 301~320.

Merchant, J., 2004, "Fragments and Ellipsis", *Linguistics and Philosophy* 27, 661~738.

Nunes, J., 2001, "Sideward Movement", *Linguistic Inquiry* 32, 303~344.

Pollock, J., 1989, "Verb Movement, Universal Grammar, and the Structure of IP", *Linguistic Inquiry* 20, 365~424.

Roberts, I., 2001, "Head Movement", In M. Baltin & C. Collins, eds., *The Handbook of Contemporary Syntactic Theory*, Blackwell, 113~147.

Saito, M. & N. Fukui, 1998, "Order in Phrase Structure and Movement", *Linguistic Inquiry* 29, 439~474.

Wilder, C., 1999, "Right Node Raising and the LCA", In Brid, S., A. Carmie, J. Jaugen & P. Norquest eds., *WCCFL 18 Proceedings*, Cascadilla Press, 586~598.

제16장
후보충 구문의 구조

1. 서론

한국어는 자유 어순을 주요 특징으로 하며, 자유로운 어순이 나타날 수 있게 하는 대표적인 방법은 다음의 (1)에 예시한 주제화(topicalization)와 초점화(focusing) 그리고 후보충(after-thought) 이 세 가지이다.[1]

(1) 철수가 영이에게 책을 주었다.
　가. 주제화: 책은$_2$ 철수가 영이에게 0_2 주었다.
　나. 초점화: 책을$_2$ 철수가 영이에게 0_2 주었다.

* 이 장은 이정훈, 「한국어 후보충 구문의 구조」, 『어문연구』 142(2009: 31~54)에 발표한 글을 다듬은 것이다.

1 주제화와 초점화에 대해서는 서정목(1999), 이정훈(2004/2008), 임홍빈(2007)과 거기에 소개된 논의들 참고. (1)을 포함하여 이 장에서는 '0'을 음성적으로 실현되지 않은 언어 형식의 존재를 나타내기 위한 표기로 사용한다. 이는 논의의 번잡함을 피하기 위한 이론 중립적인 조치이다. '0'은 생략에 의한 것일 수도 있고, 이동에 따른 흔적(trace)일 수도 있으며 소리 없는 대명사 pro일 가능성도 무시할 수 없다.

다. 후보충: 철수가 영이에게 0_2 주었다, {책을$_2$, 책은$_2$}.

그런데 지금까지 한국어 연구는 (1가)와 (1나)에 집중해왔고 (1다)에 대해서는 별다른 관심을 기울이지 않았다. 주제화와 초점화의 담화 기능이나 문법적 특성, 통사 구조 등에 대한 논의는 정리하기에도 벅찰 만큼 다종다양한 반면, 이와는 상대적으로 (1다)의 후보충 구문에 대한 본격적인 논의는 찾아보기 힘든 실정이다. 이에 대한 원인은 크게 두 가지로 요약할 수 있다. 하나는 (1다)의 후보충 구문을 (1나)의 초점화 구문의 일종으로 해석하려는 시각이며, 또 하나는 (1다)의 독자적 특성을 자세히 밝히고 이해하려는 노력의 부족이다.

이와 같은 인식을 바탕으로 이 장은 (1다)로 예시한 후보충 구문(after-thought construction)의 문법적 특성을 밝히고 이러한 특성과 어울리는 구조를 형식화하는 것을 목적으로 한다. 그 과정에서 간략하게나마 후보충 구문에 작용하는 제약도 살피게 될 것이다.

2. 후보충과 초점화의 대비

앞에서 후보충 구문이 제대로 대접받지 못한 원인의 하나로 후보충을 초점화의 일종으로 보려는 시각을 들었다. 후보충을 초점화의 한 변종으로 보면 (2나)에서 보듯이 후보충 구문은 서술어가 초점화되는 과정을 포함하게 된다.

(2) 가. 철수가 영이에게 책을 주었다.

나. 철수가 영이에게 주었다$_2$ 책을 0_2.

그러나 후보충 구문은 초점화 구문과 엄연히 다른 특성을 보인다. 예를 들어 초점화와 달리 후보충은 (1다)에서 쉼표로 표시했듯이 억양의 끊어짐을 동반한다(임홍빈 · 장소원, 1995: 61). 이외에도 후보충과 초점화의 차이는 여러 가지 면에서 나타나는데 여기서는 세 가지만을 지적한다.

첫째, 다음의 (3)에서 보듯이 관형 성분은 초점화될 수는 없지만 후보충될 수는 있다(임홍빈 · 장소원, 1995: 286~287 참고).[2]

(3) 나는 거리에서 아주 순진무구한 소녀를 만났다.

가. 초점화: *아주 순진무구한$_2$ 나는 거리에서 0_2 소녀를 만났다.

나. 후보충: 나는 거리에서 0_2 소녀를 만났다, 아주 순진무구한$_2$.

둘째, (2)를 수용해도 일반적인 초점화와 후보충 구문을 형성하는 초점화는 차이를 드러낸다. 일반적인 경우, 예를 들어 목적어는 내포문의 것이든 모문의 것이든 초점화를 겪을 수 있다. 그런데 다음의 (4가)와 (4나)의 대조에서 보듯이 서술어의 경우 모문의 것은 초점화를 겪을 수 있지만 내포문의 것은 그럴 수 없다. 따라서 후보충 구문을 초점화로 다루더라도 일반적인 초점화와는 구별되는 또 하나의 초점화로 다루어야 하며 이는 후보충 구문을 초점화로 뭉뚱그려 다루는 방안이 그다지 합리적이지 않음을 의미한다.

(4) 영이는 [철수가 책을 읽었다고] 말했다.

가. 영이는 말했다$_2$ [철수가 책을 읽었다고] 0_2.

2 부가성분(adjunct)은 관형사성 부가성분(관형성분)과 부사성 부가성분(부사성분)으로 나뉜다. 관형성분은 관형어 · 관형사구 · 관형절 등을 통칭하고, 부사성분은 부사어 · 부사구 · 부사절 등을 통칭한다.

나. *영이는 [철수가 읽었다고$_2$ 책을 0_2] 말했다.

셋째, 이론적인 것이기는 하지만 초점화는 XP 이동에 속하는 반면 후보충은, 초점화의 일종으로 보면, X^0 이동에 속한다. 예를 들어 (4가)에서는 X^0인 C^0 '말했다'가 이동한다.[3]

앞에 소개한 세 가지 차이점 가운데 특히 세 번째 것은 이론적인 면에서 후보충이 초점화가 아님을 말하는 것이기도 한다. 왜냐하면 한국어가 핵 말 언어(head final language)임을 고려하고 핵 이동의 착륙지는 또 다른 핵 위치임을 고려하면 핵 X^0가 초점화되어 갈 수 있는 곳이 없기 때문이다. (2)와 (4)에 제시한 방식의 초점화는 핵 초 언어(head initial language)에서나 가능한 것이다.

이제 후보충과 초점화를 서로 독립적인 것으로 보고 여기에 (4)와 같은 방식의 이동이 불합리함을 고려하면 앞서 제시한 (2)는 적합한 분석이 아닌 것으로 판단된다. 그렇다면 적합한 분석은 무엇인가? 후보충 구문의 특성을 살피는 데서부터 해결의 실마리를 찾기로 한다.

3. 후보충 구문의 특성

앞서 서론에서 후보충 구문이 제대로 대접받지 못한 원인의 하나로 후보충 구문의 독자적 특성에 대한 고려가 부족했음을 지적하였다. 이를 고려하여 이 절에서는 후보충 구문이 지닌 특성을 정리하고자 한다.

---

3 '말했다'는 $[_{CP}[_{TP}[_{VP}$ … 말하-]-었-]-다]에 핵 이동이 적용되어 형성되며, 핵 이동은 핵 부가 구조를 형성하므로 그 구조는 C^0 $[_{C0}[_{T0}[_{V0}$말하-]-었-]-다]가 된다. 자세한 사항은 시정곤(1992), 유동석(1995), 서정목(1998), 이정훈(2004/2008) 등 참고.

첫째, 다음의 (5), (6)에서 확인할 수 있듯이 후보충되는 성분은 모문(matrix sentence) 또는 근문(root sentence)에 분포해야 한다(임홍빈 외, 2001: 179; 정대호, 2009). 설혹 (5나)와 (6나)가 가능하다고 해도 그것은 후보충 성분과 그 이후 성분 사이에 매우 강한 휴지가 놓이는 경우에 국한된다.[4] 물론 정상적이고 일반적인 후보충 성분, 즉 모문에 분포하는 후보충 성분은 (5가), (6가)에서 보듯이 그러한 제약에서 자유롭다.

(5) 나는 철수가 영희를 만났다고 주장했다.

가. 나는 [철수가 0_2 만났다고] 주장했다, 영희를$_2$.

나. *나는 [철수가 0_2 만났다고 영희를$_2$] 주장했다.

(6) 가. 내가 망치로 0_2 박는다, 못을$_2$.

나. *내가 망치로 0_2 박아서, 못을$_2$, 그림을 걸었다.

(임홍빈 외, 2001: 179)

둘째, 의문사의 후보충은 제약된다. (7가)에서 보듯이 의문사가 하나 나타나면 그 의문사는 후보충될 수 없으며 (7나)와 (7다)의 대조에서 알 수 있듯이 의문사가 둘 이상 있고 그 가운데 일부만 후보충되면 문법적일 수 있다.[5]

---

4 강한 휴지와 더불어 (5나)와 (6나)의 후보충 성분 뒤에 각각 '그렇게'와 '그래서' 등을 첨가하면 훨씬 좋아진다.

5 (7나)의 문법성 판단은 정대호(2009: 8)의 것인데, 이러한 판단에 선뜻 동의하기 어렵다. (7나)도 (7가), (7다)와 마찬가지로 비문법적인 것으로 판단되기 때문이다. 따라서 정대호(2009)의 판단을 존중하면 (7나)를 문법적으로 받아들이는 직관과 비문법적으로 판단하는 직관을 동시에 설명할 수 있는 방안이 필요하다. 한편 의문사가 하나만 나타나도 '영이가 철수를 만났어. 영이가 {만났다고?, 만났어?} 누구를?'과 같은 대화 맥락에서는 의문사의 후보충이 가능한 듯도 한데, 이런 예는 '영이가 {만났다고?, 만났어?} 그렇다면 누구를 ~~만났니~~?'에서 보듯이 후보충이 아니라 접속에 생략이 적용된 것으로 보는 것이 타당하다. '철수가 만났니, (*그렇다면)

(7) 철수가 누구를 사랑하니? 누가 누구를 사랑하니?

가. *철수가 0_2 사랑하니, 누구를$_2$?

(이익섭 · 임홍빈, 1983: 20 참고)

나. 누가 0_2 사랑하니, 누구를$_2$?

다. *0_2 0_3 사랑하니, 누가$_2$ 누구를$_3$?

셋째, 후보충 성분은 양화에서 넓은 의미 영역(wide scope)으로 해석된다. (8가)는 '두 명'이 부정보다 넓게 해석될 수도 있고(즉 안 만난 사람이 두 명), 역으로 부정이 '두 명'보다 넓게 해석될 수도 있지만(예를 들어 만난 사람이 한 명 혹은 세 명), 후보충을 겪은 (8나)의 '두 명'은 넓은 의미 영역을 차지하는 하나의 해석, 즉 안 만난 사람이 두 명인 해석만을 지닌다.

(8) 가. 철수가 두 명을 만나지 않았다.

나. 철수가 0_2 만나지 않았다, 두 명을$_2$.

넷째, 후보충되는 성분은 논항일 수도 있고, 부가 성분일 수도 있다. 특히 부가 성분의 경우 부사 성분은 물론이고 관형 성분도 후보충의 대상이 된다.

(9) 가. 논항 후보충: 철수가 0_2 읽었다, 책을$_2$.

나. 부사 성분 후보충: 철수가 0_2 책을 읽었다, 열심히$_2$.

다. 관형 성분 후보충: 철수가 0_2 책을 읽었다, 아주 어려운$_2$.

영이를?'에서 알 수 있듯이 후보충 구문에는 '그렇다면' 같은 접속어가 동원되지 않는다. 또 의미에서도 후보충 구문과 달리 '영이가 {만났다고?, 만났어?} 누구를?'은 만났다는 것을 강하게 전제한다.

((3나)도 참고)

다섯째, 후보충의 단위는 하나의 문장 성분일 수도 있고, 두 개 이상의 문장 성분일 수도 있다. 그리고 두 개 이상의 성분이 후보충되는 경우에는 각각이 따로따로 후보충될 수도 있지만(10가) 후보충 대상들이 하나의 성분(constituent)으로 간주되어 한꺼번에 후보충되기도 한다(10나).

(10) 가. 영이는 [0_2 0_3 읽었다고] 말했다, 철수가$_2$ 책을$_3$.

나. 영이는 [$0_{2/3}$ $0_{4/5}$ 읽었다고] 말했다, [[철수가$_2$ 책을$_4$] 그리고 [민수가$_3$ 신문을$_5$]]

(10나)에서 [철수가 책을]과 [민수가 신문을]은 접속의 단위가 되어야 하고, 접속의 단위는 성분(constituent)이므로 '철수가'와 '책을'은 하나의 성분으로 묶여야 한다. 그리고 이러한 사항은 '민수가'와 '신문을'도 마찬가지이다.

4. 후보충 구문의 구조

이 절은 3절에서 논의한 후보충 구문의 특성과 어울리는 후보충 구문의 구조를 밝히는 것을 목표로 한다. 먼저 앞선 제안을 비판적으로 검토한 후, 보다 타당한 구조를 제안하기로 한다.

4.1. 후보충 구문 = 반복 + 이동 + 생략?

후보충 구문을 설명하기 위하여 제시된 견해 가운데 최근의 것을 소개

하면 다음과 같다(Tanaka, 2001; 정대호, 2009 참고)[6]

(11) 철수가 영이에게 주었다, 책을.

가. 반복: [[철수가 영이에게 pro$_2$ 주었다] [철수가 영이에게 책을$_2$ 주었다]]

나. 이동: [[철수가 영이에게 pro$_2$ 주었다] [책을$_2$ 철수가 영이에게 t$_2$ 주었다]]

다. 생략: [[철수가 영이에게 pro$_2$ 주었다] [책을$_2$ ~~철수가 영이에게 t$_2$ 주었다~~]]

먼저 pro 출현 여부를 제외하고는 동일한 두 개의 문장이 반복된다(11가). 이어 후보충 성분이 후행문의 문두로 이동하고(11나), 끝으로 방금 이동한 성분을 제외한 모든 후행문 성분을 생략한다(11다).

이러한 도출은 다음에서 보듯이 (11)의 pro가 실제로 대명사로 나타날 수도 있으며 (11나, 11다)는 소위 수문 구문(sluicing construction)의 도출과 평행하다는 점에서 그 개연성을 무시할 수 없다.

(12) 가. 철수가 영이에게 그것을$_2$ 주었다, 책을$_2$.

나. Jack bought something, but I don't know what ~~[$_{IP}$ ……]~~ (Merchant, 2001: 3)

6 여기에 소개하지 않은 분석에 대한 비판적 고찰은 Tanaka(2001), 정대호 (2009), 김선웅 · 박명관(2010) 등 참고. 한편 이정식(2007, 2008)은 한국어의 후보충 구문이 Kayne(1994)이 주장한 SHC(Specifier 〉 Head 〉 Complement) 보편어순 가설에 의한다고 주장하였다. 하지만 이론적 타당성 여부를 논외로 하더라도 '영이를 사랑한다, 사랑한다 영이를, 철수의 학교 사랑, *철수의 사랑 학교, 말도 없이 떠났다, *없이 말도 떠났다' 등에서 알 수 있듯이 VP 이외에 NP나 AdvP 등에는 SHC 어순 가설이 통하지 않는다는 점을 간과해서는 안 될 것이다.

하지만 (11)과 같은 도출은 그 개연성에도 불구하고 몇 가지 문제점을 지닌다. 우선 첫째, (11)은 앞서 (9다)에 소개한 관형 성분의 후보충을 설명할 수 없다. 다음의 (13나)에서 보듯이 애초에 관형 성분은 (11나)와 같은 이동을 겪을 수 없기 때문이다.

(13) 가. 철수가 [세상에서 제일 맛좋은] 술을 빚었다.

나. *[세상에서 제일 맛좋은]$_2$ 철수가 0_2 술을 빚었다.

물론 다음의 (14)에서 보듯이 이동 가능한 단위인 '세상에서 제일 맛좋은 술을'이 이동한 후 '철수가 t_2 빚었다'에 더해 '술을'까지 생략된 것으로 분석할 가능성이 존재한다.

(14) [[철수가 pro$_2$ 술을 빚었다] [[세상에서 제일 맛좋은 ~~술을~~]$_2$ ~~철수가 t_2 빚었다~~]]

하지만 이러한 분석은 후보충의 대상뿐만 아니라 후보충의 대상이 아닌 '술을'까지 이동하는 것으로 본다는 점과 생략의 단위가 성분(constituent)이 아니라는 점을 고려하건대 타당하다고 보기 어렵다. (11)의 강점은 후보충 성분을 이동의 단위로 보고, 수문 구문과 평행한 도출 과정을 제시하는 데 있기 때문이다.

다음으로 둘째, 다음의 (15)에서 볼 수 있듯이 두 개 이상의 성분이 후보충되는 경우 문말 억양은 후보충된 성분의 맨 뒤에 한 번 실현될 수도 있고(15가), 후보충된 성분 각각에 한 번씩 실현될 수도 있다(15나). '↗'는 의문의 문말 억양을 나타낸다.

(15) 읽었니 철수가 책을

가. 읽었니↗ 철수가 책을↗

나. 읽었니↗ 철수가↗ 책을↗

그런데 이 두 가지 가능성 가운데 (15나)는 (11)의 분석을 거부한다. (11)에 따르면 (15)는 (16)으로 분석되는데 (16)의 구조에서는 문말 억양이 '철수가 책을' 뒤에만 놓일 수 있지 '철수가' 뒤에는 놓일 수 없기 때문이다.

(16) [pro$_2$ pro$_3$ 읽었니]↗ [철수가$_2$ 책을$_3$ ~~t_2 t_3 읽었니~~]↗

이러한 비판에 대해 (15나)가 (16)이 아니라 (17)에 의하는 것으로 보면 (11)의 분석이 유지될 수 있다고 할는지도 모른다. 그러나 (17)이 성립하기 위해서는 특히 두 번째 절에서 주어가 이동하는 것을 인정해야 하는데 일반적으로 주어의 이동은 자유롭지 않다.

(17) [pro$_2$ pro$_3$ 읽었니]↗ [철수가$_2$ ~~t_2 책을 읽었니~~]↗ [책을$_3$ ~~철수가 t_3 읽었니~~]↗

또한 다음의 (18)에서 보듯이 후보충된 성분 사이에는 결속 관계(binding relation)가 성립하는데 (17)로는 이러한 결속 관계를 해명하기 어렵다.

(18) 철수가 보냈다, 영이를$_2$ 자기$_2$ 집에.

(18') *철수가 보냈다, 자기$_2$ 집에 영이를$_2$.

(19) [[$_{CP2}$ 철수가 pro_2 pro_3 보냈다]

[$_{CP3}$ 영이를$_2$ ~~철수가 t_2 자기$_2$ 집에$_3$ 보냈다~~]

[$_{CP4}$ 자기$_2$ 집에$_3$ ~~철수가 영이를$_2$ t_3 보냈다~~]]

물론 (18)에서 '자기 집에'가 이동하기 전에 '영이를'에 결속되고, '자기 집에'가 이동한 뒤에 '영이를'이 생략된 것으로 보려고 할 수도 있다. 이를 나타낸 것이 (19)의 CP_4이다. 그러나 이러한 방안은 (18')으로 인해 수용하기 어렵다. 방금과 같은 과정을 인정하면 (18')에서도 결속에 문제가 발생하지 않아야 하기 때문이다.[7]

셋째, (11나)처럼 이동과 후보충을 결부시키면 다음의 (20)과 같은 예를 도출하기 위해서는 별다른 소용이 없는 많은 이동을 가정해야만 한다. (11)의 방안으로 (20)을 도출한 것이 (21)인데 과연 (21)에 표시한 이동들이 실제로 나타나는지 의심스럽다.

(20) 읽었니 책을 철수가

(21) [pro_2 pro_3 읽었니] [책을$_3$ 철수가$_2$ t'_3 t_2 t_3 읽었니]

특히 t_3에서 t'_3으로의 이동을 제외한 나머지 이동은 별다른 동기가 없다. 즉, t_3에서 t'_3으로의 이동에는 '철수가 〉 책을'의 어순을 '책을 〉 철수가'로 바꾸는 실질적인 효과가 있지만, 나머지 이동에는 (11나)의 방식, 즉 후보충 성분과 이동을 결부시키는 방안을 실현하려는 의도만 담겨 있

7 그런데 (18)뿐만 아니라 (18')도 적격하다는 직관도 있는 듯하다. 그렇다면 (18')에 대한 직관이 일률적이지 않은 셈인데 이러한 직관의 차이에 대해서 현재로서는 별다른 설명을 제시하지 못한다. (18')이 적격하다는 직관을 존중하면 결속을 논거에서 제외해야 하지만 직관의 다양성을 고려하여 그대로 둔다.

을 뿐 실질적인 효과가 있다고 보기 어렵다.

그렇다면 3절에서 논의한 후보충 구문의 특성도 포착하고 (11)의 부담도 피할 수 있는 방안은 무엇인가? 이제부터는 보다 타당한 대안을 모색해보기로 한다.

4.2. 문말 억양 Ω와 후보충 성분

비록 몇 가지 난점을 지니기는 하지만 (11)의 방안은 3장에서 논의한 후보충 구문의 특성을 어느 정도는 포착한다(정대호, 2009 참고). 하지만 (11)은 근본적으로 바로 앞 절에서 지적한 문제를 내포하고 있다. 특히 (15)는 (11)의 한 축인 반복을 거부하고, (13)과 (20)은 (11)의 또 다른 한 축인 이동을 거부하므로 (11)의 수정 · 보완보다는 (11)과는 다른 해결책을 모색하는 것이 합리적일 것이다. 그렇다면 대안의 구체적인 모습은 무엇인가? 이 문제에 답하기 위하여 먼저 문장의 속성과 이를 반영한 구조는 무엇인지 살피기로 한다.

4.2.1. 문장의 구조와 문말 억양 Ω

한국어 문장이 온전히 구성되기 위해서는 ① 상황, ② 종결어미, ③ 문말 억양 이 세 가지 요건이 충족되어야 한다.[8] 그런데 경우에 따라서는 이 세 가지 가운데 일부만을 충족하는 예가 발견된다.[9]

---

8 상황은 사건 구조(event structure)와 유사한 개념이다. 다만 비동작성 상태(non-dynamic state)를 포괄하는 술어로는 사건보다 상황이 타당하다고 판단하여 '상황'을 택한다. 또한 논의가 복잡해지는 것을 피하기 위하여 종결어미가 아닌 어미가 종결어미로 전용된 경우도 종결어미로 간주한다.

9 '영이가 누구를 만났니? ~~영이가~~ 철수를 ~~만났다~~'와 같은 문답에서 알 수 있듯이 생략이 적용되지 않는 한 ②가 충족되지 않는 경우는 존재하지 않는다.

(22) 가. [철수가 책을 읽었니] ↗

나. [철수가 왔다 영이가 갔다] 참 말들이 많습니다.

나'. [철수가 왔냐 영이가 왔냐] 참 질문들이 많습니다.

다. [철수가 읽었니] ↗ 책을

앞에서 (22가)는 논항이 모두 구비된 상황이 있고, 종결어미 '−니'가 있으며, 의문의 문말 억양 '↗'까지 나타나 있으므로 온전한 문장으로 판단된다.

그러나 (22나)는 사정이 다소 다르다. 물론 '철수가 왔다 영이가 갔다 참 말들이 많습니다' 전체를 고려하면 온전한 문장으로 판단된다. 여기서 새로 논의하고자 하는 것은 [철수가 왔다 영이가 갔다] 부분으로 이 부분은 상황과 종결어미는 갖추고 있지만 문말 억양은 갖추고 있지 않다. 억양이 있기는 하지만 문말 억양이 아니라 독특한 하강조의 긴 억양을 지닌다. 이 억양이 평서나 의문 등의 문장 유형을 담당하는 문말 억양이 아님은 (22나')을 통해서 확인할 수 있다. 즉 (22나)처럼 평서의 '−다'가 오든 (22나')처럼 의문의 '−냐'가 오든 억양은 한결같이 독특한 하강조의 긴 억양인 것이다. 이 억양이 문말 억양이라면 (22나)와 (22나')은 서로 다른 억양으로 실현되어야 할 것이다. 따라서 (22나)의 [철수가 왔다 영이가 갔다] 부분은 온전한 문장이 아니라 모자란 문장으로 판단해야 한다.

다음으로 (22다)는 어떠한가? 여기서 문제시하는 것은 '철수가 읽었니 ↗ 책을'이 아니라 '철수가 읽었니 ↗' 부분이다. 앞의 것은 상황, 종결어미, 문말 억양 모두 지니므로 온전한 문장이지만, 후자는 상황이 제대로 구비되지 않았으므로, 다시 말해 논항이 제대로(felicitously) 실현되지 않았으므로 온전한 문장으로 볼 수 없고 모자란 문장으로 판단해야 할 것이다.[10]

이상의 논의를 바탕으로 문장의 구조를 제시하면 다음과 같다.[11] (23)에서 ① 상황은 VP에서 충족되고, ② 종결어미는 C, 즉 외현적인 종결어미가 나타남으로써 충족되며, ③ 문말 억양은 Ω를 통해 충족된다.[12] 문말 억양은 초분절적(supra segmental)이므로 분절음(segment) 표기로는 나타낼 수 없으며, 통사적 핵으로서 CP를 보충어(complement)로 취한다.

(23)

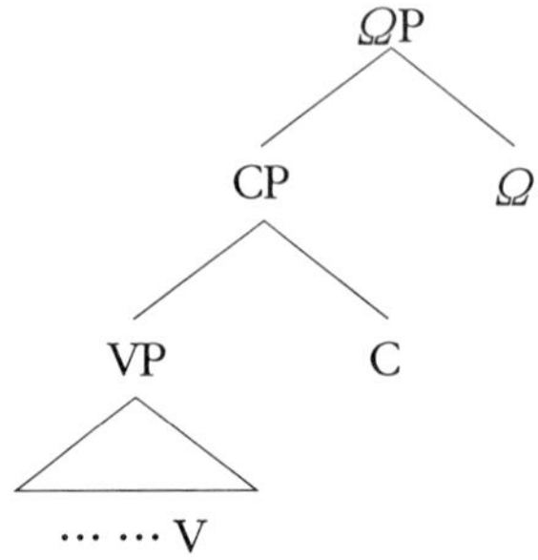

문말 억양 Ω를 통사적 핵으로 간주하는 (23)은 여러 장점을 지니는데 그 중 몇 가지를 제시하면 다음과 같다. 첫째, 다음의 (24가)에서 보듯이

---

10 물론 '철수가 읽었니'의 '철수가'와 '읽었니' 사이에는 대명사적인 '0'이 존재하므로 엄밀한 의미에서는 논항 구조가 충족되지 않았다고 볼 수 없다. 다만 그 '0'의 구체적인 의미가 확인되지 않는다는 의미에서 논항이 '제대로' 실현되지 않았다고 볼 따름이다. 눈에 보이지 않고 귀에 들리지 않는 요소가 '제대로' 실현되기 위해서는 맥락에서 그 의미가 확인되어야 하는데, 이때의 맥락은 생략과 후보충 이 두 가지이다. 한편 후보충 구문에 나타나는 '0'의 자격이 대명사로 고정된 것은 아니다. 명사 성분뿐만 아니라 관형 성분이나 부사 성분, 또 접속절도 후보충될 수 있기 때문이다.

11 (23)은 임홍빈(1984), 서정목(1987: 245~258)과 맥을 같이한다. 또한 한국어를 대상으로 한 논의는 아니지만 Rizzi(1997)이나 Cheng & Rooryck(2000)도 동궤의 것으로 판단할 수 있다.

12 오메가(Ω)는 문말 억양이 문장의 마지막 투사임을 반영한 기호이다.

반문 등의 맥락이 주어졌을 때 문말 억양은 생략에서 살아남을 수 있으며 이는 문말 억양 Ω가 통사적으로 독립적임을 의미한다. 둘째, 문말 억양을 갖춘 온전한 문장이 내포되면 (24나)에서처럼 문말 어미는 유지되지만 문말 억양은 사라지는바 이는 문말 어미와 문말 억양을 별도의 통사적 단위로 보는 시각과 통한다. 셋째, (24다)에서 알 수 있듯이 '-아/어, -게' 등 이른바 반(半)말체 어미는 문말 억양에 의해 문장의 유형이 결정된다. 이것 역시 문말 억양을 문말 어미와 독립된 존재로 보게 한다.

(24) 가. 철수가 영이를 사랑한대. 철수가 ~~영이를 사랑한다고~~ ↗

나. 철수는 [영이가 학교에 가냐] 물었다.

다. 책 읽어 {↗, → 등}

물론 문말 억양 Ω의 통사적 지위와 그 투사를 확고히 하기 위해서는 해명해야 할 문제들이 더 있다. 현 단계에서 완전한 입장과 설명을 제시하기는 어려우나 우선 명확히 해야 하는 것으로 여겨지는 다음의 문제에 대해서 짚고 넘어가고자 한다. (23)과 달리 Ω가 C에 부가되는 것으로 보면 어떠한가? 또 과연 Ω가 구적인 투사, 즉 ΩP로 투사하는가?

방금의 의문에 대한 답을 경험적 차원에서 구하기는 어렵다. Ω가 분절음으로 실현되면 C와의 상대적 순서를 따져서 (23)이 옳은지 Ω가 C에 부가되는 구조가 옳은지를 판단할 수 있으나 Ω가 분절음으로 실현되지 않으므로 그러한 판단을 내릴 수 없기 때문이다. 마찬가지로 ΩP로의 투사 여부를 판단할 만한 경험적 자료가 발견되지 않으므로 Ω가 ΩP로 투사하는지 안 하는지도 관찰을 통해 판단할 수 없다. 따라서 방법은 개념적 · 이론적 차원에서 가장 원만한 안을 채택하는 것이라고 할 수 있고 여기서는 (23)을 원만한 구조로 판단한다. 다시 말해 Ω가 독자적인 통사적 핵이면서 CP 이하를 성분 지휘하는 (23)의 구조가 (24)의 현상과 잘 어울린다고 보는 것이다. 이와 달리 Ω가 C에 부가된 구조 $[_{CP}\ VP\ [_{C0}\ \Omega\ [C^0]]]$를 주장하게 되면 예를 들어 (24가)와 같은 예에서 부가의 숙주(host) C가 생략되어도 숙주에 부가되어 기생하는 Ω는 생략되지 않을 수 있다는 무척 기묘한 주장을 하게 된다. 또한 통사적 핵은 투사하는 것이 일반적이므로 이 일반성에 배치되는 경험적 증거가 부재하는 한 Ω도 ΩP로 투사하는 것으로 보아야 할 것이다.

4.2.2. 후보충 성분의 위치

이제 (23)의 구조를 바탕으로 후보충 성분이 나타날 수 있는 위치를 고려해보자. 일단 후보충 성분은 종결어미 뒤에 오므로 일단 고려할 수 있는 것은 CP에 우측 부가되는 구조이다. 하지만 부사어나 관형어와 같은 부가 성분의 분포에서 알 수 있듯이 한국어에서 가능한 것은 우측 부가가 아니라 좌측 부가이다. 따라서 CP 우측부가 구조의 가능성은 폐기된다. 마찬가지 이유로 ΩP에 우측 부가되는 구조도 인정할 수 없다.

따라서 (23) 그대로는 후보충 성분의 위치를 보장할 수 없다고 결론 내릴 수 있으며, 이러한 결론은 (23)의 구조를 다소 확장할 것을 요구한다. 이러한 요구에 부응하고 후보충 성분의 분포와 억양 실현 등을 고려하면 (23)은 (25)로 확장된다. 확장의 핵심은 후보충 성분을 Ω의 부가어(adjunct)로 간주한 데 있다. 문말 억양 Ω는 의미역과 무관하므로 후보충 성분이 보충어로 기능할 가능성은 없다.

(25) 후보충 구문의 구조

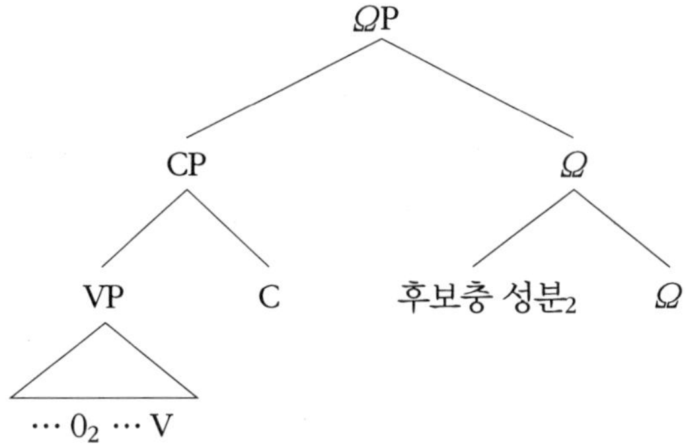

(25)에서 후보충 성분을 보충어가 아니라 부가어로 간주한 것은 '0_2'와 후보충 성분 사이의 성분 지휘 관계를 염두에 둔 것이기도 하다. 일반적으로 의존 관계(dependency relation)는 성분 지휘 관계를 바탕으로 하므로 '0_2'와 후보충 성분 사이의 의존 관계도 성분 지휘 요건을 준수하는 것이 합당할 것이다. 이러한 관점에서 중요한 것은 후보충 성분이 보충어이면 '0_2'와 후보충 성분 사이에 성분 지휘 관계가 성립할 수 없지만 후보충 성분이 부가어이면 '0_2'와 후보충 성분 사이의 성분 지휘 관계가 성립한다는 점이다. 물론 이러한 판단은 부가 구조에서의 성분 지휘를 어떻게 파악할 것인가와 관련된 것인데 예를 들어 X가 AP에 부가된 $[_{BP}$ $[_{AP2}$ X $[_{AP3}$ …]] … Y …] 구조에서 X는 Y를 성분 지휘하는 것으로 본다. 왜냐하면 이 구조에서 AP_2는 X를 관할(dominance)하지만 AP_3은 X를 관할하지 않으므로 결과적으로 AP(= AP_2 + AP_3)가 X를 온전히 관할한다고 할 수 없어서 X는 AP_2를 넘어 Y를 성분 지휘할 수 있게 되기 때문이다.[13]

---

13 이러한 성분 지휘 개념의 필요성은 이정훈(2008: 472~473)에서도 제기되었다. 한편 부가 구조에서의 성분 지휘에 대해서는 무조건적인 최초 분지만을 인정하는 시각도 존재한다. 이에 따르면 $[_{BP}$ $[_{AP2}$ X $[_{AP3}$ …]] … Y …] 구조에서 X는 Y를 성분 지휘할 수 없다. AP의 자격을

5. 후보충 구문의 특성에 대한 해명

이제 남은 것은 (25)의 구조가 이 장 3절에서 논의한 후보충 구문의 특성을 잘 포착하는지, 그리고 4.1절에서 제기한 문제를 야기하지 않는지 등을 검토하는 일이다. 논의의 편의상 3절에서 제시한 후보충 구문의 특성과 4.1절에서 문제로 제시한 사항을 항목화하여 제시한다.

(26) 후보충 구문의 특성 (3절 참고)

가. 후보충 성분은 모문에 분포한다.

나. 후보충 성분은 논항일 수도 있고 부가 성분일 수도 있다.

다. 의문사의 후보충은 제약된다.

라. 후보충 성분은 양화 해석에서 넓은 영역을 차지한다.

마. 두 개 이상의 성분이 한꺼번에 후보충을 겪을 수도 있다.

(27) 추가적인 고려 사항 (4.1절 참고)

가. 이동이 동원되지 않는 것이 바람직하다.

나. 두 개 이상의 성분이 후보충되는 경우 각 성분의 뒤에 문말 억양이 놓일 수 있다.

먼저 (27가) 이동의 문제는 더 이상 제기되지 않는다. (25)에는 (11나)식의 이동이 동원되지 않기 때문이다. (26가)도 (25)에서 예측되는 사항이다. 문말 억양은 모문에 있는 것이기 때문이다.

다음으로 문말 억양 Ω는 의미역과 무관하므로 후보충 성분은 의미역

문제 삼지 않으면 성분 지휘를 정의하는 최초의 분지 교점이 AP_2가 되기 때문이다. 성분 지휘의 정의에 대한 자세한 사항은 Chomsky(1986), Kayne(1994) 등 참고.

을 지닌 논항일 수도 있고, 그렇지 않은 부가 성분일 수도 있다(26나). 또한 의미역과 무관하므로, 마치 원칙적으로 부가어의 개수에 제한이 없듯이, 후보충 가능한 성분의 개수에도 제한이 없다. 더불어 의미역과 무관한 것이 특정 범주를 요구할 이유가 없으므로 후보충 성분은 NP일 수도 있고, AdnP일수도 있으며, AdvP 등일 수도 있다. 이러한 사항들을 반영하면 다음과 같은 구조가 가능하며 이 구조에서 후보충 성분은 문말 억양 Ω의 영역 내에 위치하므로 제각각 문말 억양을 실현시킬 수 있다(27나).[14]

14 논의를 단순화하기 위해 자세히 논의하지는 않지만 후보충 구문의 문말 억양이 ㉮ 유형으로만 실현되는 것은 아니다. '철수를'이 문말 억양이 아니라 일반적인 목적어 위치의 억양으로 실현된 ㉯ 유형과 문말 억양이 어미에는 실현되지 않고 후보충 성분에만 실현된 ㉰ 유형도 상정할 수 있기 때문이다. 그리고 ㉮~㉰와 같은 억양 실현은 문말 억양의 필수성과 문말 억양 Ω와 어미 C의 관계, 그리고 문말 억양 Ω와 후보충 성분 사이의 관계에 의한 자연스런 귀결이다. 즉 ㉯는 Ω와 CP 사이의 보충어－핵 관계에 의한 것이고, ㉰는 Ω와 후보충 성분 사이의 핵－핵 관계에 의한 것이며, ㉮는 ㉯와 ㉰의 가능성이 모두 실현된 것일 따름이다. 보충어－핵 관계와 핵－핵 관계는 명시어－핵 관계와 더불어 국부적 통사 관계(local syntactic relation)를 이루며 문말 억양 실현을 포함하여 문법 작용은 국부적 통사 관계를 바탕으로 한다(이정훈, 2004/2008 참고). 문말 억양과는 독립적인 후보충 성분 혹은 후보충 구문 자체의 독자적이고 특유한 억양도 있을 수 있지만 논의와 직접 관련되지 않으므로 따로 논의하지 않는다.

㉮ 영이가 만났니↗ 철수를↗

㉯ 영이가 만났니↗ 철수를 →(한길, 1991: 14 참고)

㉰ 영이가 만났니 → 철수를↗

(28) 철수가 주었니↗ 영이에게↗ 책을↗

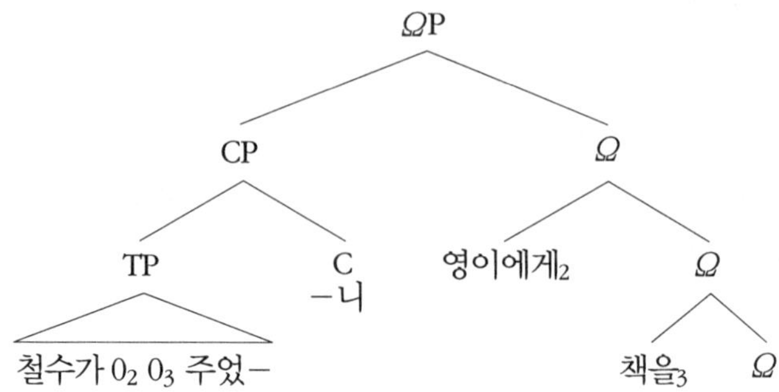

(28)의 구조를 고려하면 (26다)와 (26라)도 당연한 귀결이다. 의문사는 의문어미와 일치해야 하고 일치를 위해서는 의문어미 C가 의문사를 성분 지휘해야 하는데(서정목, 1987 참고), (28)의 후보충 성분 자리에 의문사가 나타나면 의문어미 C가 의문사를 성분 지휘하지 못하므로 의문사는 후보충 성분 위치에 나타나는 것이 제약되는 것이다(26다).[15] 또한 (28)의 구조에서 후보충 성분은 이 장 4.2.2절에서 논의했듯이 CP 이하를 성분 지휘하므로 양화 표현이 후보충 성분 위치에 나타나면 넓은 영역으로 해석되게 마련이다(26라).

이제 남은 것은 다음에 반복한 (26마)이다. 관련 현상을 (29)에 함께 제시한다.

(26) 마. 두 개 이상의 성분이 한꺼번에 후보충을 겪을 수도 있다.

(29) 영이는 [0_2 읽었다고] 말했니↗ [철수가 책을]$_2$↗

[참고] (10나), (15가)

15 (7나)는 문제로 남는다.

(29)에서 중요한 것은 두 후보충 성분 '철수가'와 '책을'이 하나의 성분(constituent)으로 묶여야 한다는 점이다. 그런데 (28) 식의 구조로는 이러한 성분성(constituency)을 보장할 수 없다. (28)에서 후보충 성분은 하나의 성분으로 묶이지 않기 때문이다.

그렇다면 (29)의 '철수가'와 '책을'을 하나의 성분으로 묶을 수 있는 방법은 무엇인가? 여기서 유념할 것은 일반적인 논의를 따르는 한 주어와 목적어는 하나의 성분(constituent)으로 묶이지 않는다는 점이다. 주어와 목적어가 하나의 성분에 포함되기 위해서는 [$_{VP}$ 주어 [$_{V'}$ 목적어 V]]에서 확인할 수 있듯이 최소한 VP의 구조가 필요하다. 그러면 혹시 (29)의 [철수가 책을]은 VP가 아닐까? 이러한 추측은 다음의 예를 통해 더욱 강화된다.

(30) 영이는 [0_2 읽었다고] 말했니↗ [철수가 책을 열심히]$_2$↗

(30)에서는 후보충 성분에 부사 '열심히'가 포함되어 있다. 그리고 부사의 분포는 바로 V의 존재를 웅변하는 것이라고 할 수 있다.

이와 같은 맥락에서 (29)의 [철수가 책을]을 VP로 간주하면 어떠한가? 이제 남은 문제는 VP임에도 불구하고 V가 외현되지 않았다는 점이다. 그렇다면 V가 생략된 것으로 보면 어떠한가? 이러한 가능성을 구체적으로 적용하면 (29)는 (31)로 분석된다.

(31) 영이는 [0_2 읽었다고] 말했니↗ [철수가 책을]$_2$↗ (=29)

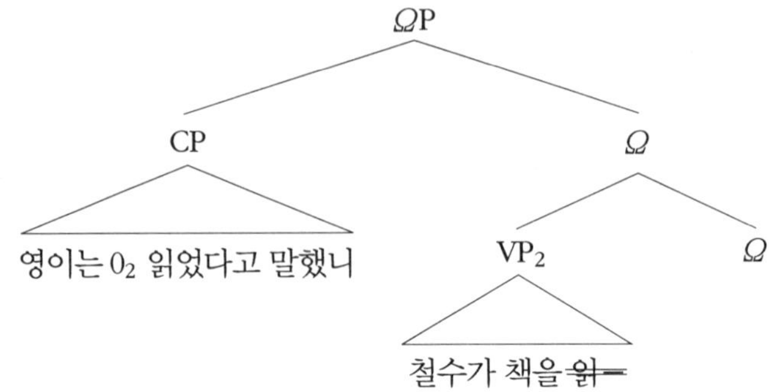

(31)에서는 후보충 성분의 자리에 VP가 왔고, 이 VP의 핵 V '읽−'은 CP에 포함되어 있는 V '읽−'과 동일하므로 생략될 수 있다. V는 의존 형식으로서 어미와 통합해야 한다는 점과 그럼에도 불구하고 (31)의 VP_2 위에는 어미가 존재하지 않는다는 점을 고려하면 V '읽−'은 필수적으로 생략되어야 한다.[16]

한편 (31)은 다음의 (32가)와 (32나)의 대조를 설명하기 위해서도 필요하다. 내포문 부사어는 단독으로 후보충될 수는 없지만 논항과 함께라면 후보충될 수 있는데 이는 (31)에서 VP가 후보충이 되듯이 V' [$_{V'}$ 열심히 책을 읽−]도 후보충될 수 있음을 의미하기 때문이다.

(32) 가. *영이는 철수가 0_2 책을 읽었다고 말했다, 열심히$_2$.

　　나. 영이는 철수가 0_2 읽었다고 말했다, [$_{V'}$ 열심히 책을 ~~읽~~]$_2$.

(31)의 분석을 인정하면 이제 다음과 같은 예측이 성립한다. 즉 (31)에

16 어간의 의존성은 핵 이동과 생략 이 두 가지 방안으로 해소된다(이정훈, 2004/ 2008 참고).

서 V '읽-'의 생략은 V '읽-'의 의존성을 해소하기 위한 것인바, 만약 V '읽-'의 의존성을 해소해줄 수 있는 어미 요소가 나타나면 그러한 생략이 적용되지 않을 것이다. 그리고 이러한 예측은 다음에서 보듯이 사실로 드러난다.

(33) 영이는 읽었다고 말했니↗ 철수가 책을 읽기는↗

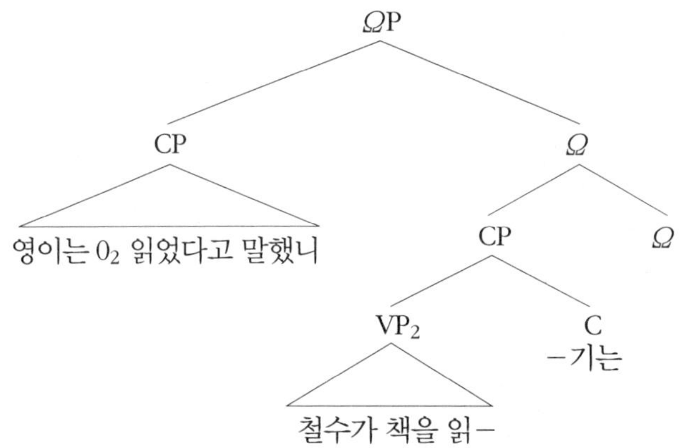

(33)에는 (31)과 달리 어미 요소 '-기는'이 있기 때문에 생략이 아니라 핵 이동을 통해 V '읽-'과 C '-기는'이 통합하여 의존성이 해소된다.[17]

17 C '-기는'은 '철수가 밥을 먹기는 먹었다'에서 보듯이 소위 용언 반복 구문에서도 나타난다. 용언 반복 구문에 대해서는 강명윤(1992), 최기용(2002), 조세연 · 김종복(2002), 이동혁(2008) 등 참고.

6. 후보충 구문의 제약

지금까지 후보충 구문의 구조에 대해서 논의를 펼쳐왔다. 그런데 구조가 있으면 대개 그에 대한 제약(constraint)이 존재하는바 구조에 대한 탐색이 보다 온전해지려면 구조에 작용하는 제약도 더불어 밝혀야 한다. 여기서는 후보충 구문의 구조에 대한 탐색을 일단락하는 의미에서 후보충 구문에서 관찰할 수 있는 제약 네 가지를 간략히 제시하고자 한다.

첫째, 부가 성분의 후보충에는 다음과 같은 제약이 작용한다. ① (34)에서 보듯이 내포문의 부가 성분은 후보충될 수 없다. ② (35)와 (36)을 통해 알 수 있듯이 모문의 것이라고 하더라도 관형 성분은 부사 성분과 달리 비교적 무거운 것이 후보충을 겪을 수 있으며,[18] 논항을 수식하는 관형 성분이 후보충의 대상이 된다.

(34) 철수는 [영이가 아주 어려운 논문을 열심히 읽었다고] 생각했다.

가. *철수는 [영이가 0_2 논문을 열심히 읽었다고] 생각했다, 아주 어려운$_2$.

나. *철수는 [영이가 아주 어려운 논문을 0_2 읽었다고] 생각했다, 열심히$_2$.

(35) 가. 나는 거리에서 0_2 소녀를 만났다, 아주 순진무구한$_2$. (=3나)

나. ??철수가 영이에게 0_2 선물을 주었다, 잊지 못할$_2$.[19]

---

18 물론 이러한 언급이 타당하려면 무거운 관형 성분에 대한 정의가 주어져야 한다. (35가)와 (35다)의 차이에 우선 주목하면 단어보다 큰 구(phrase)나 절(clause)을 후보충의 대상 즉 무거운 관형 성분으로 볼 수 있다.

19 이 예는 임홍빈 · 장소원(1995: 61)의 것으로 거기서는 비문법적인 것으로 판단하였다. 하지만 정도성을 염두에 두고 (35가), (35다)와 비교하면 비문법적인 것으로만 치부하기는 어렵다. (35나)의 적격성에 대한 판단이 어정쩡한 것은 '잊지 못할'의 애매한 구조적 지위 때문이

다. *철수가 0_2 책을 읽었다, {그, 새, 어려운}$_2$.

(36) 나는 아주 혼잡한 거리에서 아주 순진무구한 소녀를 만났다.

가. 나는 아주 혼잡한 거리에서 0_2 소녀를 만났다, 아주 순진무구한$_2$.

나. *나는 0_2 거리에서 아주 순진무구한 소녀를 만났다, 아주 혼잡한$_2$.

둘째, 관형 성분은 피수식 성분을 남겨둔 채 홀로 후보충에 참여할 수 있지만 그 역은 성립하지 않는다. 즉 다음에서 보듯이 피수식 성분은 홀로 후보충되지 못한다.

(37) 철수가 아주 재미있는 책을 영이에게 주었다.

가. 철수가 0_2 책을 영이에게 주었다, 아주 재미있는$_2$.

나. *철수가 아주 재미있는 0_2 영이에게 주었다, 책을$_2$.

셋째, 접속문의 경우 선행절 성분은 후보충의 대상에서 제외되며, 후행절 성분도 선행절 성분보다는 낫지만 아주 자연스러운 후보충 구문을 형성하지는 못한다.[20]

(38) 영이는 노래를 부르고, 철수는 책을 읽었다.

가. *영이는 0_2 부르고, 철수는 책을 읽었다, 노래를$_2$.

나. ?영이는 노래를 부르고, 철수는 0_2 읽었다, 책을$_2$.

라고 할 수 있다. '잊지 못할'은 (35다)의 '그, 새, 어려운'보다는 구에 가깝지만 $[_{C0}[_{V0}[_{C0}[_{V0}$ 잊-]-지] 못하-]-ㄹ]의 구조를 고려하면 단어, 즉 X^0일 수 있기 때문이다(이정훈, 2007나 참고).

20 그렇다고 해서 접속문이 아예 후보충을 거부하는 것은 아니다. 접속문에서 후보충이 나타나는 양상에 대해서는 12장 5절 참고.

(39) 영이가 노래를 불러서, 철수는 방문을 닫았다.

가. *영이가 0_2 불러서, 철수는 방문을 닫았다, 노래를$_2$.

나. ?영이가 노래를 불러서, 철수는 0_2 닫았다, 방문을$_2$.

넷째, 내포문 서술어의 후보충은 제약된다. 이는 내포문 서술어가 후보충되면 구조해석(parsing)에 있어서 내포문 서술어와 모문 서술어의 구분이 어려워져서 나타나는 제약으로 이해할 수 있다.

(40) 가. 영이는 [철수가 그 책을 읽었다고] 말했니↗

나. *영이는 [철수가 그 책을 0_2] 말했니↗ 읽었다고$_2$↗

7. 결론

한국어의 후보충 구문은 지금까지 본격적인 관심의 대상으로 부각되지 않았다. 흔히 초점화나 주제화에서 볼 수 있는 어순 변이 현상의 일종으로 치부되어 왔을 따름이다. 하지만 후보충 구문은 초점화나 주제화와는 다른 특성을 지닌다. 따라서 초점화 · 주제화에 대한 설명과는 별도로 후보충 구문의 특성을 설명할 수 있는 길이 모색될 필요가 있다. 그렇다고 해서 전혀 엉뚱한, 또는 한국어의 특성을 도외시한 설명 방안을 무작정 믿고 따를 수는 없다. 한국어 문법이 쌓아온 기존의 성과에 아주 미세한 변화나 개신을 가해서 문제를 해결하는 것이 최선일 것이다.

이와 같은 인식과 태도를 가지고 이 장에서는 후보충 구문의 구조에 대해 문장의 최상위 핵인 문말 억양 Ω에 후보충 성분이 부가되는 구조를 제안하였다. 문말 억양이 통사적 핵이라는 통찰은 전혀 새로운 것이 아니다. 다만 그러한 통찰을 후보충 구문의 설명에 도입했을 따름이다. 그 과정에서 후보충 구문의 특성이 제대로 포착되는지와 그러한 처리가 문법에 무리한 부담을 야기하는 것은 아닌지에 주의를 기울여 왔다. 더불어 후보충 구문에 작용하는 제약도 몇 가지 살펴 보았다.

여기서의 논의는 후보충 구문의 기본 구조에 국한된 것으로 논의가 보다 충실해 지려면 구조에 대한 논의가 더 정교하게 다듬어지고 풍부한 예를 포함할 필요가 있다. 또 제약의 원인도 해명되어야 한다. 그리고 무엇보다도 시급한 것은 후보충 구문의 구체적인 생성 과정 또는 도출 과정을 밝히는 일이다. 이러한 작업에 더해 초점화와 주제화에 대한 연구의 한 축이 초점과 주제의 담화 기능을 밝히는 것이듯이 후보충 구문도 그 담화 기능에 대한 논의를 펼칠 필요가 있다(이기갑, 1996; 이원표, 2000; 강소영, 2006, 2008 등 참고). 이 문제들에 대한 탐구는 앞으로의 과제로 삼는다.

참고문헌

강명윤, 1992, 『한국어 통사론의 제문제』, 한신문화사.

강소영, 2006, 「우측 어순 변동 구문의 실현양상과 의미기능 연구」, 『한국어 의미학』 20, 281~303.

———, 2008, 「어순도치구문의 담화 기능 분석」, 『한국어 의미학』 26, 1~20.

김선웅 · 박명관[Kim, Sun-Woong & Park, Myung-Kwan], 2010, "Parallel Linearization: A Thought on Afterthoughts", 『언어연구』 26-3, 459~480.

서정목, 1987, 『국어 의문문 연구』, 탑출판사.

———, 1998, 『문법의 모형과 핵 계층 이론』, 태학사.

———, 1999, 「국어의 WH-이동과 주제화, 초점화」, 『이홍배 교수 화갑기념 논총: 오늘의 문법, 우리를 어디로』, 한신문화사, 255~289.

시정곤, 1992, 「통사론의 형태정보와 핵 이동」, 『국어학』 22, 299~324.

유동석, 1995, 『국어의 매개변인 문법』, 신구문화사.

이기갑, 1996, 「한국어 첨가 구문의 담화론적 해석」, 『국어학』 27, 1~27.

이동혁, 2008, 「'X-으면 Y-을수록' 구문에 대하여」, 『국어학』 51, 29~56.

이원표, 2000, "A Conversational Analysis of Right-Dislocation in Korean: Discourse Functions and Implications", 『담화와 인지』 7-2, 1~40.

이익섭 · 임홍빈, 1983, 『국어문법론』, 학연사.

이정식[Lee, Jeong-Shik], 2007, "Deriving SOV from SVO in Korean", 『언어학』 15-3, 1~20.

———, 2008, "Non-vacuous Object Movement in Korean", 『언어』 33-2, 229~250.

이정훈, 2004, 「국어의 문법형식과 통사구조 연구」, 박사학위논문, 서강대학교. [이정훈, 2008에 재수록]

———, 2007가, 「문법 자질과 조사의 통합관계」, 『어문학』 96, 111~138. [이정훈, 2008에 재수록]

———, 2007나, 「국어 어미의 통합단위」, 『한국어학』 37, 149~179. [이정훈, 2008에 재수록]

———, 2008, 『조사와 어미 그리고 통사 구조』, 태학사.

임홍빈, 1984, 「문종결의 논리와 수행-억양」, 『말』 9. [임홍빈, 1998, 『국어 문법의 심층』 1, 태학사. 재수록]

———, 2007, 『한국어의 주제와 통사분석: 주제 개념의 새로운 전개』, 서울대학교 출판부.

임홍빈 · 장소원, 1995, 『국어문법론』 1, 한국방송통신대학교 출판부.

임홍빈 · 안명철 · 장소원 · 이은경, 2001, 『바른 국어생활과 문법』, 한국방송통신대학교 출판부.

정대호[Chung, Dae-Ho], 2009, "An Elliptical Coordination Analysis of the Right Dislocated Construction in Korean", 『언어학』 17-4, 1~23.

조세연 · 김종복, 2002, "Echoed Verb Constructions in Korean: A Construction-Based HPSG Analysis", 『언어』 27, 661~681.

최기용, 2002, 「한국어의 용언 반복 구문: 동사의 가시적 이동을 위한 또 하나의 근거」, 『생성문법연구』 12, 139~167.

한길, 1991, 『국어 종결어미 연구』, 강원대학교 출판부.

Cheng, L. L. -S. & J. Rooryck, 2000, "Licensing WH-In-Situ", *Syntax* 3, 1~19.

Chomsky, N., 1986, *Barriers*, MIT Press.

Kayne, R., 1994, *The Antisymmetry of Syntax*, MIT Press.

Merchant, J., 2001, *The Syntax of Silence*, Oxford University Press.

Rizzi, R., 1997, "The Fine Structure of the Left Periphery", *Elements of Grammar*, Kluwer Academic Publishers, 281~337.

Tanaka, H., 2001, "Right-Dislocation as Scrambling", *Journal of Linguistics* 37, 551~579.

세상일은 복잡하기도 하고 이상하기도 하며 때로 근사하기도 하다. 또 세상일은 그렇게 되어야만 하는 이유가 존재하기도 하지만 가끔씩 별다른 이유 없이 또는 필연이 아니라 우연에 의해 이러구러 돌아가기도 하는 듯하다. 언어도 마찬가지다. 살피면 살필수록 복잡한 언어 현상을 마주하게 되고 파고들면 파고들수록 도대체 왜 그런 현상이 나타나는지 어리둥절하기 일쑤이다.

그런데 호기심을 가지고 계속 탐구해 나가다 보면 어느새 복잡하고 이상한 현상에 잠재하고 있던 근사한 구조와 규칙을 발견하게 된다. 그러면 복잡하고 이상했던 것은 다양하고 아름다운 것으로 탈바꿈하게 되고, 우연은 근거를 지닌 필연이 된다. 그러고 보면 세상사든 언어 현상이든 모든 것이 구조와 규칙에 의해 지배되는 것 같다.

*　　*　　*

이제 구조와 규칙에 대한 직감을 토대로 모든 언어 현상을 구조와 규칙으로 해명하려고 기획한다고 해 보자. 그러면 어떻게 될까? 구조와 규칙에 어울리는 현상의 발굴과 더불어 구조와 규칙에 어긋나는 현상, 즉 예외가 쌓이게 될 것이다.

구조와 규칙을 버리지 않는 한 예외에 대해 취할 태도는 명확하다. 예외를 구조와 규칙에 순응하는 것으로 해석할 수 있는 보조적인 가정을 동원한다. 다시 말해 보조 가정을 동원해서 구조와 규칙에 대한 믿음을 지킨다. 탐구는 가설과 검증을 기초로 하지만 사실 그에 못잖게 가설에 대한 믿음을 바탕으로 진행되는 것도 사실이다. 탐구는 가설과 검증과 믿음, 이 세 가지가 하나가 되어야 가능하다.

보조적인 가정은 충분히 일반적이어야 한다. 어떤 특정한 하나의 현상 하나만을 위한 가정은 인정하기 어렵다. 아무리 해도 특정한 현상 하나만을 위한 가정이 필요하면 그 현상은 진짜 예외로 간주하게 되고, 그 예외가 나타나게 된 요인을 찾게 된다.

미역국에 파리가 들어 있으면? 밥상에서 미역국을 자주 접한 사람이면 파리가 들어 있는 미역국은 뭔가 잘못된 것이며 파리는 미역국의 일부가 아니라고 판단한다. 파리 미역국은 그 존재를 인정하기에는 너무 극단적인 것이므로 예외로 간주되고, 조리 과정에서 우연히, 예를 들어 청결하지 못한 환경 탓으로 파리가 미역국에 빠졌다고 생각한다. 물론 미역국의 구조와 규칙을 모르는 사람, 예를 들어 제대로 조리된 미역국을 접해 보지 못한 사람은 파리를 미역국의 재료로 파악하게 되고, 파리는 미역국에 빠진 것이 아니라 미역국에 넣어진 것이 된다. 그러면 미역국이라는 음식은 파리 육수에 미역을 넣어서 끓인 이상한 음식으로 해석될 수도 있고, 나아가 바퀴벌레를 넣어서 끓인 바퀴벌레 미역국은 없나 하고 찾아 헤매는 부질없는 짓을 하게 될 수도 있다.

*　　*　　*

지금까지 이 책에서 논의한 모든 내용은 구조와 규칙의 발견으로 요약된다. 어떤 현상을 만나든지 간에 구조와 규칙이라는 가설을 가지고 그 현상을 이해하려고 노력해 왔다. 그러면 이제 두 가지 질문이 대두된다.

첫째, 구조와 규칙으로 줄곧 밀어붙였지만 그래도 간간이 구조와 규칙으로 해명하지 못하는 현상을 지적했고 또 구조와 규칙의 한계를 언급하기도 했는데, 이런 것은 어떻게 이해해야 하는가? 이 질문과 관련해서 3부 이곳저곳에서 지적한 구문에 대한 본격적인 탐구가 필요하다. 탐구를 해 보면 구문도 결국 구조와 규칙에 순응하는 것으로 판명될 수도 있지만, 어쩌면 구조와 규칙 이외의 것이 언어에 작동한다고 보는 결론이 나타날 수도 있다. 구조와 규칙이 참이긴 하지만 그렇다고 해서 구조와 규칙만 참이라고 판단할 수는 없는 것이다.

둘째, 구조와 규칙이 그렇게 중요하다면, 그렇다면 구조와 규칙은 왜 중요한가? 또 구조와 규칙의 진짜 핵심은 무엇인가? 1부와 2부를 논의하면서 유한이 무한에 대응하기 위해서는 구조와 규칙이 필요하다고 했다. 그러면 유한이 무한에 대응하는 방법은 구조와 규칙뿐인가? 다른 방법은 없나? 또 있다면 그 방법과의 관계는 무엇인가? 구조와 규칙을 제대로 이해하기 위해서는 유한이 무한에 대응하는 방법들의 체계가 밝혀지고 그 안에서 구조와 규칙을 조명해야 한다. 나아가 구조와 규칙, 예를 들어, 핵계층 규칙은 이 책에서 주어진 모습 그대로가 더 이상 분석되지 않는 원초적인 모습인가? 혹시 더 분석될 수 있지 않을까? 더 분석하다 보면 더 깊이 있는 일반화가 추출되지 않을까?

*　*　*

이해와 더불어 더 많은 궁금증을 남기면서 일단은 이 정도에서 멈춘다. 확실하게 말할 수 없음에도 불구하고 너무 많은 말을 한 듯도 싶다. 실수를 고치고 한 걸음 더 나가는 기회는 미래를 기약한다.

찾아보기

ㅅ

ㅇ